房地产经营与管理系列教材

房地产金融

周爱民 成力为 主编

中国建筑工业出版社

本书分上下两篇共十四章。上篇为金融基础，内容包括货币及货币制度、信用、金融市场、银行与金融体系、货币供求与均衡、国际金融等；下篇为房地产金融，包括房地产金融概述、房地产信贷资金的来源、筹集、运用及业务结算、房地产信托、房地产保险、房地产金融市场、国外房地产金融等内容。

本书可作为高校有关专业或其他培训用教材，亦可供房地产工作者学习、参考。

* * *

责任编辑：向建国

房地产经营与管理系列教材
房地产金融
周爱民　成力为　主编

*

中国建筑工业出版社出版、发行（北京西郊百万庄）
新　华　书　店　经　销
北京建筑工业印刷厂印刷

*

开本：787×1092毫米　1/16　印张：16¼　字数：391千字
1997年3月第一版　2003年3月第二次印刷
印数：5,001—6,500册　　定价：21.00元
ISBN 7-112-02698-9
F·211　（7795）
版权所有　翻印必究
如有印装质量问题，可寄本社退换
（邮政编码100037）

房地产经营与管理系列教材编委会

主任委员：骆锦星　任玉峰
副主任委员：王文丽　武永祥
委　　　员：王要武　刘忠臣　田金信　陈佛来
　　　　　　　李恩辕　房乐德　徐广德　黄清文
（以上按姓氏笔画为序）

序

房地产是房屋财产与土地财产的总称,在物质形态上二者紧密结合、不可分割,在经济形态上其经济内容和运动过程也具有内在整体性和不可分割性。房地产是房屋建筑和建筑地块的有机组成整体,是人类物质生活中一种稀缺资源和重要的生产要素。在市场经济条件下,房地产是为人们所重视的最为具体的财产形式之一。随着经济的发展、社会的进步和人口的增加,人们对房地产的需求日益增长,房地产在社会经济生活中的地位日益突出,尤其在人类社会经济活动向城市形式集约化发展的今天,房地产已不仅仅只具有作为人们生产、居住、服务等活动场所的意义,而是逐步成为现代社会经济大系统的有机组成部分,直接影响着社会的消费、就业、金融、信贷、保险和众多相关产业的发展。

房地产业是由从事房地产的开发、经营、管理、中介服务等多种经济活动的企、事业群体所组成的重要产业,具体包括土地的开发经营,房屋的开发建设、买卖、租赁、信托、维修、综合服务和以房地产为依托所进行的多种经营管理等项工作。在国民经济发展中,房地产业作为基础性、先导性的产业起到了重要的积极作用。

房地产业在我国是一个既古老而又新兴的产业。说其古老是因为作为人类生产、生活物质资料的房屋与土地是人类赖以生存的基本条件,其生产几乎与人类自身形成同步开始,几千年前人类就有了田地的交换与买卖。然而,它与农业、工业相比,房地产业又是一个新兴产业,是随着社会分工更加明确、商品经济和城市化程度日益发展而出现的,房地产业是世界各国,特别是经济发达国家的重要经济支柱之一。

党的十一届三中全会以来,随着改革开放的深入,社会主义市场经济体制的建立和城市化程度的不断提高,我国的房地产业获得了巨大的发展,房屋商品化、住宅制度改革、土地有偿使用制度、房地产综合开发等政策理论与改革实践对房地产业的发展起到了积极的推动作用。房地产业的形成和发展,对于增加国家财政收入、促进住房发展与消费结构合理化、加强城市基础设施建设、吸引外资、促进相关产业发展等都具有十分重要的意义。

党的十四大明确提出建立社会主义市场经济体制,因此,过去长期以来形成的计划经济体制下封闭的房地产管理模式必须向开放型、社会化转变,必须建立一系列符合我国国情的房地产经济理论、生产理论和管理理论。

为振兴我国的房地产业,大力发展房地产专业教育事业,更好地实行教学与生产实际相结合,同时也为适应广大读者对房地产经营与管理系列教材的迫切需要,中国建筑工业出版社、哈尔滨建筑大学和深圳经济特区房地产(集团)股份有限公司决定出版一套具有较高水平、系统性较强、理论与实践相结合的"房地产经营与管理系列教材",这套教材共计12本,包括《房地产经济学》、《房地产开发》、《房地产经营》、《房地产管理》、《房地产估价》、《房地产投资分析》、《房地产金融》、《房地产市场》、《房地产法律制度》、《房地产会计》、《房地产管理信息系统》、《建设项目建设监理》等,由哈尔滨建筑大学和深圳经济特区房地产(集团)股份有限公司的专家、学者共同编写。

这套系列教材汇集了作者多年的理论研究、教学实践和生产实践经验,并参考了许多国内外有关研究成果和实践,较全面地阐述了房地产业的理论与实践,可作为房地产经营与管理及其相关专业大学本科教材,也可作为房地产专业人员的参考书。我们希望,这套系列教材的出版,对我国房地产业的理论与实践、对房地产专业教育发挥积极的作用。

但是,由于我们的理论水平和实践经验有限,在纂写过程中难免有不当之处,敬请读者批评指正。借此机会,向本系列教材借鉴过的有关参考书、论文的作者以及给予我们热情支持和帮助的有关同志表示最诚挚的谢意。

房地产经营与管理系列教材编委会

前　言

《房地产金融》一书是根据房地产经营与管理专业教学计划和该课程的教学大纲编写的。它是哈尔滨建筑大学和深圳经济特区房地产（集团）股份有限公司合作编写的房地产经营与管理系列教材（12本）之一。全书分上下两篇共十四章。上篇为金融基础内容，包括货币及货币制度、信用、金融市场、银行与金融体系、货币供求与均衡、国际金融等；下篇为房地产金融部分，包括房地产金融概述、房地产信贷资金的来源、筹集、运用及业务结算、房地产信托、房地产保险、房地产金融市场、国外房地产金融等。

本书编写过程中注意理论联系实际，联系我国经济改革、金融改革、住房制度改革的现状和不断变化的发展动态。特别针对房地产专业学生所学课程结构中缺少必要的金融基础理论的实际情况，本书用相当篇幅系统阐述了金融基础理论的基本概念、基本理论、基本方法，以有助于学生对房地产金融知识的正确、深刻地理解，提高学习效果。

本书可作为普通高等学校房地产经营与管理专业学生学习的教材，也可作为成人高等教育房地产经营与管理专业学生学习的教材，还可作为房地产领域实际工作者的参考书。

本书由哈尔滨建筑大学管理工程系周爱民、成力为主编。第一、二、四章由周爱民、张国宏编写；第三、五、六、十二、十四章由成力为编写。第七、八、十一章由周爱民、陈莹编写；第九、十章由王广亮、李秀华编写；第十三章由周晓静编写。

本书编写过程中，参考了有关教材、论著、资料，在此谨向编著者致谢。

由于编者水平有限，书中难免有不妥之处恳请读者批评指正。

目 录

上篇 金融基础

第一章 货币及货币制度 ··· (3)
  第一节 货币的基本概念 ··· (3)
  第二节 货币的职能与种类 ··· (6)
  第三节 货币制度 ··· (12)
  第四节 我国的人民币制度 ··· (19)

第二章 信用 ··· (24)
  第一节 信用概述 ··· (24)
  第二节 信用形式 ··· (28)
  第三节 信用工具 ··· (33)
  第四节 利息与利率 ··· (41)

第三章 金融市场 ··· (50)
  第一节 金融市场的概念和构成 ··· (50)
  第二节 金融市场存在的条件和作用 ··· (51)
  第三节 短期资金市场 ··· (53)
  第四节 长期资金市场 ··· (58)

第四章 银行与金融体系 ··· (66)
  第一节 银行 ··· (66)
  第二节 金融体系 ··· (68)
  第三节 商业银行 ··· (71)
  第四节 中央银行 ··· (78)
  第五节 中央银行的货币政策 ··· (81)
  第六节 中国金融体系 ··· (89)

第五章 货币供求与均衡 ··· (95)
  第一节 货币供求的几个基本概念 ··· (95)
  第二节 货币供给理论与分析 ··· (98)

第三节　货币供应量及其管理 …………………………………………（100）
　　第四节　货币需求及其分析 …………………………………………（105）
　　第五节　货币供求均衡 ………………………………………………（108）
　　第六节　通货膨胀 ……………………………………………………（111）
第六章　国际金融 ……………………………………………………（114）
　　第一节　国际收支 ……………………………………………………（114）
　　第二节　外汇与外汇汇率 ……………………………………………（118）
　　第三节　外汇市场与外汇交易 ………………………………………（124）
　　第四节　外汇汇率风险 ………………………………………………（130）

下篇　房地产金融

第七章　房地产金融概论 ……………………………………………（139）
　　第一节　房地产业与金融业 …………………………………………（139）
　　第二节　房地产金融概述 ……………………………………………（142）
　　第三节　房地产金融机构 ……………………………………………（148）
第八章　房地产信贷资金来源与筹集 ………………………………（154）
　　第一节　房地产信贷资金筹集的作用 ………………………………（154）
　　第二节　房地产信贷资金的来源 ……………………………………（155）
　　第三节　住房基金 ……………………………………………………（157）
第九章　房地产金融资金的运用 ……………………………………（164）
　　第一节　房地产金融资金运用的方式和种类 ………………………（164）
　　第二节　房地产开发贷款 ……………………………………………（166）
　　第三节　房地产经营贷款 ……………………………………………（169）
　　第四节　供楼贷款 ……………………………………………………（170）
　　第五节　房地产抵押贷款 ……………………………………………（173）
第十章　房地产信托 …………………………………………………（178）
　　第一节　房地产信托的基础知识 ……………………………………（178）
　　第二节　房地产信托投资机构 ………………………………………（179）
　　第三节　房地产信托业务 ……………………………………………（180）
第十一章　房地产保险 ………………………………………………（184）
　　第一节　保险概述 ……………………………………………………（184）
　　第二节　房地产保险概述 ……………………………………………（190）
　　第三节　房地产领域的几种主要保险 ………………………………（197）
第十二章　房地产金融市场 …………………………………………（206）
　　第一节　房地产金融市场的构成 ……………………………………（206）
　　第二节　房地产金融市场的框架和运行机制 ………………………（209）
　　第三节　房地产金融市场的作用及其完善的对策措施 ……………（216）
第十三章　房地产信贷业务结算 ……………………………………（219）

  第一节 房地产信贷业务结算的原则及作用…………………（219）
  第二节 汇票结算……………………………………………（220）
  第三节 银行本票结算和支票结算…………………………（226）
  第四节 其他结算方式………………………………………（229）
第十四章 国外房地产金融………………………………………（235）
  第一节 国外房地产金融机构………………………………（235）
  第二节 国外房地产抵押贷款………………………………（238）
  第三节 国外住房金融………………………………………（245）
主要参考文献………………………………………………………（248）

上篇　金融基础

第一章 货币及货币制度

第一节 货币的基本概念

一、货币的产生与发展

在人类历史上,伴随着生产力的发展,社会分工和私有制的产生,人们有了将一些剩余劳动产品相互交换,以获得自己生产、生活必需品的需求与可能,于是就发生了最初的物品交换活动。那些用于交换的劳动产品即为商品。

一切商品都具有两重性,它的自然属性——使用价值是显而易见的;而它的社会属性——价值则是抽象的,不能自己表现出来。商品的价值只有在商品交换时才能表现出来。即在两种商品交换时,A 商品的价值是用与之交换的 B 商品来表现的,这时 B 商品即为 A 商品的价值表现形式。在当代社会经济活动中,世界各国都是用货币这种特殊的商品作为其他一切商品的价值表现形式。货币是商品交换长期发展的产物,是价值形态长期演进的结果。商品的价值形式随着商品交换的发展而发展,货币随着价值形式的发展而产生,其间经历了简单价值形式、扩大的价值形式、一般价值形式和货币形式四个阶段。通过对商品交换发展的进程及商品价值形式发展各个阶段的认识和分析,我们可以了解货币的产生和发展。

(一) 简单价值形式

最初的商品交换大约发生在原始社会末期,部落之间有时进行一些物物交换。当用 A 商品换回 2 个 B 商品时,即 A 商品 $= 2B$ 商品,A 商品的价值(数量与质量)就由 2 个 B 商品的使用价值表现出来了。这时 A 商品作为主动交换的商品处于相对价值形态,与之对应的 B 商品处于交换的被动地位,充当了 A 商品价值的表现材料,成了价值的代表,是 A 商品的个别等价物,处于等价形态。

在这种商品萌芽时期发生的偶然交换中,A 商品仅仅与 B 商品交换。A、B 均可视作商品,而 B 商品又可看作是货币的胚芽。在这次交换中 A 商品价值的表现是完全偶然的,充当等价物的 B 商品只是 A 商品的个别等价物,因此这是一种不充分的价值形式,称之为简单偶然价值形式。

(二) 扩大的价值形式

随着经济的发展,畜牧业与农业分离,出现了第一次社会大分工以后,商品交换行为日益频繁,交换商品的数量品种不断增多。一种商品不再是偶然与另一种商品发生交换,而是经常与许多商品发生交换。如 A 商品可能与 B、C、D 等一系列商品发生交换,即

$$\text{相对价值形式}:A \text{商品} = \left.\begin{cases} 2B \text{ 商 品} \\ C \text{ 商 品} \\ 3D \text{ 商 品} \\ E \text{ 商 品} \\ \vdots \end{cases}\right\} \text{等价形式}$$

这时 A 商品的价值可以由 B、C、D、E 等多种商品表现出来,这是简单价值形式的扩大,称为扩大的价值形式。

扩大价值形式与简单价值形式发生了质的进步。

从相对价值形式看:A 仍处于相对价值形式,但不再是只同一种个别商品偶然发生交换,而是可以和整个商品世界发生联系,交换变得经常而且相对固定,其价值不仅可以用不同使用价值的各种商品来表现,而且表现出来的 A 的价值量都是一样的,因而相对价值形式 A 的价值表现系列是无限的,而且价值量是确定的。

从等价形式看:充当等价物的商品,从个别商品过渡到使用价值各异的系列商品,但在一次具体交换中,只有一种商品发挥等价物作用。我们称这一系列互相排斥的各有特殊使用价值的等价物是特殊等价物。在多次交换中,A 商品的价值可以由多个特殊等价物来表现,这充分说明了,A 商品的价值与特殊等价物的使用价值无关,从而反映了一切商品的价值都是无差别人类劳动的凝结物的本质。

但是扩大价值形式在价值表现上还有很大不足。

首先,其价值形式表现不充分。因为实现物物交换的前提条件是双方都需要对方商品的使用价值。当有些商品不被 A 商品生产者所需要就不能充当等价物。因而 A 商品的价值就不能表现在其他一切商品上。

其次,没有统一的等价物,在扩大价值形式下,每次交换中等价物都不尽相同,使得同种商品没有统一的价值表现形式,缺乏社会公认的统一衡量尺度。一系列等价物的存在,导致了交换过程迂回复杂,造成交换困难。

扩大的价值形式要求互换商品具有互适性,交换时间、地点偶合性,交易效率低等缺点来源于物物直接交换的局限性,阻碍了经济的发展。

(三) 一般价值形式

随着商品生产及交换的进一步发展,许多商品生产者为了交换方便,经常是将自己的商品先与一种在市场上经常交易的商品作为媒介商品进行交换,然后再用媒介商品换回自己所需商品。久而久之,这种自发行为的结果就使得公认的媒介商品从整个商品界分离出来,并以其使用价值去表现所有其他商品的价值,媒介商品就成为了一般等价物。扩大的价值形式也就演变为一般价值形式,即

$$\text{相对价值形式} \left\{ \begin{array}{l} 2B \text{ 商品} \\ C \text{ 商品} \\ 3D \text{ 商品} \\ E \text{ 商品} \\ \vdots \end{array} \right\} = A\text{商品} \longrightarrow \text{等价形式}$$

B、C、D、E 商品的价值都可以用 A 商品的使用价值表现出来。A 商品是一般等价物。

在一般价值形式中,所有商品的价值都可以用一般等价物表现出来,使得各种商品的相对价值形式在质的方面得到了简单明了且统一的表现,在价值量的方面也可以互相比较。

作为一般等价物的某商品,能具有与其他一切商品相交换的能力是整个商品世界共同、自发交换活动的必然结果。它的出现克服了直接物物交换中要求必须同时实现使用价值和价值的困难,代之以一般等价物为媒介的间接物物交换,从而使得商品交换过程在时间上、空间上可以分离。商品生产者可以先卖——用一般等价物表现自己产品的价值,而后买——

用一般等价物换得具有自己所需使用价值的商品，交换过程变得更加方便易行。

一般等价物为社会所公认，具有社会垄断性、排它性。当某一商品充当一般等价物时，其他商品就不能再取得这一地位。在一般等价形式阶段，一般等价物并不固定，常常是在一定时间、一定地域内，由那些经常处于流通中，主要用于交换的商品，或外来商品交替、暂时充当，如牲畜、粮食、贝壳、毛皮、布帛等。

一般等价形式的出现是价值形态演变过程中的一个重大飞跃，为货币形式的出现准备了条件。

(四) 货币形式

在一般价值形式中，一般等价物不固定，其有效作用范围有限。当商品交换跨越地区界限时，此时此地的等价物可能就变成了普通商品，失去了等价物地位。于是，固定由一种特殊商品充当一般等价物就成为经济发展的客观要求。这种特殊商品即成为货币，一般等价形式也就演变为货币价值形式了。

作为货币的一般等价物，要长时间在较大范围内流通，应满足能表现各种商品不同价值量的要求，因而在币材的选择上也经过了长期的选择和淘汰。随着生产和冶炼技术的发展，一些贱金属如铁、铜做为币材，使用了较长时间，后来过渡到采用贵金属作币材，最后固定到黄金上。

黄金本身也是一种商品，在价值形式不断发展的历史中，曾充当过个别等价物、特殊等价物和一般等价物。由于黄金的自然属性具有同一性、同质性、可分性，且价值高，体积小，便于运送、携带，同时黄金具有耐磨耐腐，适于保存和储藏等无与伦比的优点，最适于充当币材，使之在排斥了其他一般等价物之后，取得了表现价值，表现抽象劳动和社会劳动的独占权，而居于垄断货币地位，至此等价形式就与黄金的自然形式社会地结合在一起，做为国际货币广泛流通。

二、货币的本质

(一) 货币是固定的充当一般等价物的特殊商品

货币是商品，与其他普通商品一样，都是价值与使用价值的统一体。正是由于具有这一共性，货币才能与其他商品发生相互交换的关系，并在交换发展过程中被分离出来，充当一般等价物。

同时货币又是特殊商品，与普通商品存在本质区别。

在商品世界中，普通商品以自身特定使用价值的资格出现，因而不能直接与其他商品相互交换，其价值也不能自我表现出来，只能与货币直接交换，并通过货币来表现自身的价值。

货币商品以价值的体现物资格出现，是处于其他一切商品对立地位的一般等价物，是表现衡量一切普通商品价值的材料，因而它具有与其他一切商品直接交换的能力，并以货币数量的多少表现与之交换商品价值的质和量。

用货币去交换商品就是用货币购买商品，以获得需要的商品使用价值，因而谁掌握了货币谁就拥有社会财富，就可以通过交换获得任何使用价值，所以货币商品比起一般商品还多了一重使用价值，即交换手段，这是固定的一般等价物所独有的。

货币自身的价值则是由交换中的一切商品综合表现出来的。

(二) 货币体现着一定的生产关系

商品交换的实质是人类不同劳动之间的等价交换。

在社会分工条件下，私人劳动的类型形式、质量与效率水平千差万别，不能直接衡量、交换，只能采取价值形式表达。货币则充当了表达价值及交换的媒介。当私人劳动产品为社会所必需，在商品交换市场上，则可很快转换为货币。这种转换即表明了生产者的劳动得到了社会承认，私人劳动成为社会总劳动的一部分。如果劳动产品在市场上供大于求，或不被需要，则只能部分转换为货币，甚至不能换回货币，生产者的劳动就是低效劳动或毫无价值。这种商品向货币转化的关系及转化程度体现了货币对商品生产的制约机制，要求人们应根据市场需求按客观规律交换劳动的必然性。

货币在与一切商品交换的同时，体现了所有商品生产者劳动的等价交换的社会联系——商品经济的生产关系。

第二节 货币的职能与种类

一、货币的职能

货币具有价值尺度、流通手段、储藏手段、支付手段和世界货币五个职能。货币职能是货币本质的具体表现。

（一）价值尺度

价值尺度是货币衡量和表现其他一切商品价值的职能，是货币的首要职能之一。在商品进入流通之前的准备阶段，观念形态上的货币行使价值尺度的职能。

在商品市场上货币是固定的一般等价物。一切商品都首先与货币比较，以货币数量的多少表现自身价值的大小，而后才能交换。货币就成为衡量一切其他商品的共同价值尺度。

不同种类、数量、质量的商品其价值都不相同，所对应的货币数量——商品价格也不相同。商品交换之前要以货币价值度量商品的价值量，标志出商品的价格作为未来交换的依据。这里并不需要真实的货币出场，观念形态上的货币就执行了价值尺度的职能。

为了定量准确表明商品的价值，作为价值尺度的货币也应有一个计量标准，其道理就如同我们规定标准米作为长度单位，以及它的更细等分：分米、厘米、毫米等去衡量、标志一切几何形体的长度一样，人们也规定了货币单位及其等分，称之为价格标准。

价格标准是国家权力机关根据货币历史的沿革，民族地域的习惯及市场流行的通用作法，用法律形式规定的。最初的价格标准直接借用了金属货币的重量单位，如英国以1英镑白银作为货币单位，我国以1两白银作为货币单位。随着经济的发展，由于外国货币流入、币材改变、不足值货币出现等原因，价格标准与重量标准逐渐脱离，形成了自己独立的价格标准体系。

价值尺度与价格标准是两个既有区别，又有联系的不同概念，二者关系由表1-1可以表明。

（二）流通手段

流通手段是指货币在商品流通中充当交换的媒介，是货币的基本职能之一。在商品交换中，起媒介作用的现实货币执行流通手段职能。

以货币为媒介的间接商品交换称之为商品流通。商品流通与原始的物物交换在形式上、实质上都有很大不同。

价值尺度与价格标准的关系　　　　　　　　　　　　　　　　　　表 1-1

	价 值 尺 度	价 格 标 准
形成原因	在商品交换中自发形成的货币基本职能	由价值尺度职能派生出来，国家权力机关依法确定的技术规定
代表内容	衡量表现商品价值大小的尺度代表一定量的社会劳动	法定的货币价值计量单位，一般与货币金属重量相同
计量对象	商品	货币
作　用	使商品的价值表现为商品的价格	使货币实现其价值尺度职能的作用，表明单位货币所含货币金属的重量
变化依据	随生产货币商品的劳动生产率变化而变化	依法律程序，由国家权力机关调整

在物物直接交换条件下，交换行为局限于互换自己商品的商品交换者之间，而且必须在交换双方相互需求一致且价值量相等的情况下才能发生。买卖过程同时同地完成，不可分割。

在商品流通中，一方面出让商品，由商品形态转化为货币形态——卖的过程；另一方面是用货币购买商品，货币形态转化为商品形态——买的过程，这不仅打破了物物交换的局限性，使买卖过程分离为两个完全独立的过程，而且商品生产者、消费者们在商品交换市场上可以有更为广泛更为自由的选择，促进了商品的竞争与发展。但是与此同时也将会产生买卖脱节、供应和需求不一致的矛盾，从而把全社会所有成员都纳入到受商品经济规律支配的错综复杂的商品货币关系中。如果发生违背商品经济客观规律的经济行为，就有可能导致危机发生。

在商品流通中充当媒介的货币必须是现实的货币。商品生产者出卖其产品换回了现实货币，就象征着自己的具体劳动转化为了抽象劳动，商品的使用价值转化为价值，私人劳动得到了社会承认，成为社会总劳动的一部分。反过来购买商品当然也一定要现实的货币。在每一次交换行为结束之后，货币仍继续在流通中作为媒介为商品流通服务。这种在买卖者手中不断转手的货币运动即为货币流通，它是商品流通的表现形式，由商品流通引起并为之服务。

随着商品交换的发展，人们逐渐认识到货币在流通中，无论是用货币购买商品，还是出卖商品获得货币，其目的主要是为了获得某种商品的使用价值为自己所用，货币在其中不过是转瞬即逝的交换手段，因而在流通中最重要的不在于货币自身的价值，而是货币所代表的价值，以及货币能否很好的履行流通手段的职能——即货币购买力，于是就产生了用价值符号代替真实金属货币的可能性。

最初流通中的金属货币具有规定的形状、成色、重量，是足值货币。由于经常流通磨损，出现了一些实际重量与名义重量发生背离的不足值货币。两种货币同时流通，不足值货币实际上充当了足值货币的代表和符号。这一事实逐渐为人们所接受，这是人们对货币本质认识的深入发展。在流通中用价值符号代替足值货币的可能性也就变为了现实。由于贵金属生产有限，其数量不能满足日益增长的货币流通的需要，国家开始有意识的铸造不足值货币进入流通，以后又发展到发行自身价值很低的纸币。

（三）储藏手段

退出流通领域，处于静止状态的现实足值货币执行储藏手段职能。

随着商品经济的发展，人们认识到货币代表着社会财富，手中握有货币，就可以通过购买手段，随时获得现实的商品，于是就产生了将目前剩余产品转化为货币保存的行为，以满足未来消费或投资生产的需要。这些暂时闲置的货币处于货币流通之外，行使着货币的储藏职能。

用于储藏的货币即不能是观念形态上的货币，也不能是象征性的货币价值符号，必须是现实的足值的货币。因为足值的贵金属货币的储藏是无限制无条件的，并可自发调节货币流通数量去适应商品流通需要，即当流通中货币量过多时，多余的金属货币，就自发退出流通领域，而成为储藏货币；当货币流通量不足时，储藏货币又会自动进入流通领域。因而世界各国无论国家还是个人，都乐于选择黄金条块及其饰品形式长期储藏货币。黄金自身价值昂贵，易于保存，它所代表的社会财富，具有牢固的稳定性和流通的广泛性。而纸币没有内在价值，只有在货币发行量与经济发展对货币需求量相适应条件下，币值稳定，不致发生贬值条件下，才被人们选做暂时的储藏货币。换句话说纸币可以储藏的程度取决于币值的稳定程度。

（四）支付手段

在延期付款方式买卖商品的情况下，货币在清偿债务时不与商品流通同时进行而做单方面转移时，货币执行支付手段的职能。最初只用于偿还、清偿债务，后来扩展到用于支付工资、租金、交纳捐税等。

货币的支付手段起源于商业信用，随着商品生产和商品交换的发展，赊买赊卖的商品交换行为经常发生，使得商品出售和商品价值的实现在时间上相分离。当甲急需某商品而暂时无钱时，向乙赊购商品，约定日后还款，这时甲乙双方发生债权债务关系。甲为债务人，乙为债权人。到了约定日期，甲向乙支付货款，此时货币行使了支付手段职能。

支付手段与流通手段比较，其区别见表1-2。

支付手段与流通手段的区别 表1-2

	流 通 手 段	支 付 手 段
商品货币交换过程	同时交换、钱货两清	不同时交换，货币延期支付发生单方面转移
货币作用	在交换中起媒介作用，必须是现实的货币	支付货币是商品退出流通后的补充环节，在清偿结算中有些可以相互冲销，是观念上的货币
交换者双方关系	买卖关系	买卖关系及债权与债务关系

（五）世界货币

货币越出国界，在世界市场上发挥一般等价物的作用时，执行世界货币职能。

世界货币的职能主要表现在：世界货币具有与全世界一切商品相交换的能力，是通用于世界范围的价值尺度。它可以作为国际间的支付手段，用以平衡国际收支差额。它在国际贸易中作为一般购买手段，单方面购买另一国商品，如购买粮食、军火等。它还可以作为一般财富从一国转移到另一国，如援助、输出资本、赔款等。世界货币还可作为国际金融市场流通需要的必要的货币准备金。

执行世界货币职能的货币，通常只能以贵金属的条块形式出现才能发挥作用，不能是铸币，更不能是纸币。国际间的交易多是以黄金计价、结算和支付的。

在当代世界市场上，一些国家的经济实力雄厚，币值稳定，国内货币价格体系易于为别国公众所接受，他们所发行的纸币在国际范围内也能充当世界货币，人们称之为硬通货。如美元、英镑、德国马克、法国法郎、比利时法郎、瑞士法郎、日元等。

世界货币职能是在货币的前四个职能的基础上发展起来的，是一国货币在世界市场上的继续和延伸。

（六）货币职能之间的关系

货币的五个职能具有密切的内在联系。它们都体现着货币作为一般等价物的本质。其中价值尺度、流通手段是货币必须具备的、缺一不可的基本职能。货币作为一般等价物区别于普通商品的两个特点：一是能表现一切商品的价值，为货币向商品转化提供可能——价值尺度职能；二是具有和一切商品直接交换的能力，使商品转化为货币成现实——流通手段职能，二者的统一就是货币。

货币产生时仅具有上述两个职能，随着经济的发展，商品发生信用交易，这时货币发挥价值尺度与支付手段职能，而支付手段职能是由流通手段职能发展而来的。

由于货币在商品流通中可以随时用以购买、支付，货币就成为了社会财富的代表，因而在货币稳定的条件下，人们愿意保存货币。货币的储藏手段是一种潜在的流通手段，在需要时储藏手段可以随时转化为流通手段。

当今各国货币在国内市场上都具有并发挥着上述四个职能。某一国货币具有坚强实力，在国际市场上也能发挥上述四个职能，它就具有了第五个职能——世界货币的职能了。

二、货币的类型

货币作为一般等价物，从商品世界分离出来后，仍伴随着商品交换和信用制度的发展而不断演进。货币因币材的选用经历了由自然货币（实物货币）→金属货币→信用货币的发展过程。

（一）实物货币

实物货币是货币发展史中最初的货币形式。早期简单商品交换时代，生产力不发达，交换目的以满足需要为主，要求交换媒介必须具有价值和使用价值，因而货币多由自然物充当。在人类经济史上，许多商品：粮食、牲畜、毛皮、布帛等都充当过货币。我国最早采用的货币是贝壳。实物货币多采用经常进入交换领域的商品或人们的生活必需品充当。由于它们作为非货币的价值与之在交换中作为货币用途的价值相等，所以它们又都称为足值货币。

实物货币一般价值小、体积大、不便携带运送，有些实物货币易腐烂、不宜长期保存，还有些货币价值不稳，不能分割为较小单位，这些缺点阻碍了商品经济的发展。

（二）金属货币

金属货币是用金属作为币材的货币。金属货币具有使用价值和价值，也是足值货币。当人们学会冶炼金属技术之后，一些贱金属铜、铁等被用作币材。由于金属比其他实物货币有质地均匀、能铸造、易分割、计量准确、价值稳定、便于携带、运送、保管、耐磨损等特性，是理想的币材，几乎世界各国都很自然地选择了某种金属充当币材，持续了相当长时间。我国从春秋战国时代开始流通铜币，一直沿用了2000多年，直至清朝末年。

金属货币最初以条块形状流通，使用时要称重量、鉴定成色，很不方便。于是有些大商人在金属条块上加有印记，以其信誉保证货币的重量、成色，免去许多麻烦，但只能在有限范围内流通。后来由国家统一币材、统一规格、统一铸造金属货币，简称铸币。

贱金属铸币自身价值较小，只能与生产力水平较低的发展阶段相适应。当经济进一步发展，社会财富更加丰富之后，人们又选择了生产难度大、相对价值较高的贵金属白银、黄金作为币材，最后固定在黄金上。

铸币在流通中难免磨损，不仅带来交易中的麻烦，而且增加流通费用。于是出现代用货币。

（三）代用货币

代用货币是金属货币的代表，通常是由政府和银行发行的代表金属货币流通的纸币，如银行券，它是人们可以向银行兑换金属货币的凭证，它与金属铸币同时参与商品流通。代用货币本身价值低于所代表货币价值，但它有足够的贵金属作准备，而且还可以自由地向发行机关兑换等价的足值铸币或黄金条块。代用货币印制成本低，便于流通、携带、运送、保存，而且避免了日常损耗，节约流通费用，因此被广泛承认为货币，对商品流通起到了一定的积极作用。但是由于代用货币的发行需要有十足的贵金属作准备，有限的发行数量仍不能满足商品流通的需要。

（四）信用货币

信用货币是代替金属货币充当流通手段和支付手段的票据。是目前世界各国所普通采用的货币形式。

信用货币只有使用价值，而没有价值，与黄金没有兑换性，是由国家权力强制流通的"法币"。

1. 信用货币的产生

信用货币的发行量取决于贵金属的数量，不能满足日益扩大的商品生产和商品交换的需要。各国政府和金融机构就根据货币流通规律依照流通中商品价格总额对货币的需要量来确定纸币的发行量。这样发行的信用纸币已没有十足的金银做准备，而是部分准备，与黄金、白银的联系削弱了。于是本身没有价值的纸币取代了原来具有价值的商品货币的地位，进入了商品流通领域。

20世纪30年代发生的世界性经济危机和金融危机也促进了信用货币的产生。当时西方主要资本主义国家先后被迫脱离了金本位制和银本位制的货币制度，各国中央银行凭借着国家赋予的权力，发行不再兑换金、银的纸币——信用货币。

银行的信用创造也是信用货币产生的主要原因。银行的负债业务中，总会保留一定数额的存款余额，银行可保留其中一小部分作为现金准备，其余通过放款、投资而创造了信用货币。

综上所述，信用货币是随着商品生产和商品流通的发展而产生和发展起来的，它又反过来对商品经济的发展起到了极大地促进作用。

2. 信用货币的主要类型

（1）纸币。纸币作为一般等价物的符号，充当了特殊商品的代表。其主要功能是作为人们日常生活中的购买手段和支付手段。

在货币发展史上，一些国家的中央银行、商业银行都曾发行过纸币。银行发行的纸币主要是为了适应商品生产和商品流通的需要，政府发行的纸币常常是为了满足财政上的需要。目前世界各国都是由国家授权中央银行发行信用货币。

（2）存款货币。存款货币是指存在商业银行，使用支票可以随时提取的活期存款，又称支票货币。它在流通中也执行流通手段和支付手段，与现金相比，只是形式各异而无本质区别，同时还有许多优点。

利用存款货币，人们可以不必随身携带大量现金，仅凭一纸支票，存款人就可在需要时提取现金，而且还能在商品交换中通过银行存款帐户进行商品交易结算，将钱款由买方划转到卖方，用记帐凭证代替货币完成大额商品、劳务的交换和债务偿还，其间支票既衡量了商品价值，又能充当交换的媒介。因此存款货币不仅是信用凭证而且也是信用流通工具。另外银行还可以借助支票超出实有资本而扩大信用能力，促进经济发展。

现在支票货币，已成为大多数国家的一种重要货币形式。

（3）电子货币。电子货币是以电子货币工程系统代替铸币、纸币等传统货币的无实体货币，它能行使流通手段、支付手段职能。

电子货币又称信用卡，是银行、金融机构或专营公司向消费者提供的一种信用凭证，具有购物、消费、汇兑、取现、转账等多种功能：

消费购物结算功能：持卡人凭信用卡在特约商户内直接消费购物，不必支付现金。信用卡采用高新技术制作，具有容易携带、难以伪造、安全方便的优点。

转账结算功能：持卡人可根据实际需要增加或减少购货量，从而确定支付款项金额，比银行汇票等结算方式更加方便，为持卡人异地大额购货提供安全保障。

存取现金功能：持卡人可在信用卡受理网点通存通兑现金。银行对持卡人的备付金按活期储蓄利率计付利息，对保证金存款按定期储蓄利率计付利息。

自动存取功能：持卡人凭信用卡可以在 ATM 自动柜员机上根据私人密码办理自动存取款和帐户查询及修改密码事宜。自动柜员机提供 24 小时服务。

消费信贷功能：持卡人在购物消费资金周转不开或不足时，经发卡银行同意允许短期、小额善意透支。超过限额，经发卡行批准，持卡人可享受一定额度的消费信贷。

代发工资：企事业单位与银行签定协议，定期由银行把职工工资自动转入职工信用卡帐户，职工凭卡可享用银行为持卡人提供的多种服务。

代收各种费用：通过有关方面与银行互订协议，由银行提供代收费（如房租、水电费、煤气费、电话费、汽车加油费、公路养路费等）服务。从而大大节约了社会劳动，为广大单位和人民群众提供方便。

综上所述，信用卡是一种现代化的支付工具。用信用卡消费取代现金消费，不仅可大大减少市场货币投放量和流通量，提高资金周转速度，还有利于国家宏观的经营和管理。由于使用了信用卡，资金的流入支出，随时可以通过自动付款机为代表的银行清算系统，和以销售终端机为代表的商店柜台业务系统，借助电子计算机网终端通讯反馈出来。这样国家经济管理部门便可以随时掌握市场上流通的"活货币"和银行里的"死货币"的比例变化，及时利用银行利率杠杆进行调节，既可活跃市场，又可及时抑制通货膨胀，从而避免按长官意志决策的随意性，以及按报表统计决策的滞后性。税收部门也可掌握每个人应缴的税额，从而彻底改变我国每年流失税款几百亿元人民币的现状。

信用卡，即电子货币的推广使用，必须凭籍高新科学技术和庞大的电子货币系统工程才能成为可行。电子货币工程是一个以电子计算机、网络通讯、电子化金融机具、电子化商业机具为基础，以各种储蓄卡为媒介的现代化网络系统，其中电子化金融机具、电子化商业机具包括自动付款机、销售终端机及它的配套系统,识别信用卡是否可信的自动授权机等;储蓄卡又可根据存储信息容量的大小及信息传递媒介不同分为磁卡、电子卡、光卡等。

电子货币工程的三大电子系统有:

自动柜员机 ATM(Autometed Tellet Machine),又称自动取款机。是可以替代银行柜面人员工作,由持卡人自行使用的自动化机器或终端装置。ATM与银行计算机联网并受之控制。

ATM具有存入现金、提取现金、查询帐户余额、修改信用卡密码、帐户间资金调拨等功能。持卡人将信用卡插入ATM,ATM阅读信用卡磁条,如验明其为有效卡,荧光屏会显示出各种提示,持卡人按提示分步操作即可。

销售终端机 POS(Point of Sale)是安装在信用卡特约单位使用,与银行计算机联网的多功能终端装置。主要有三种类型:简易授权型可用于查对止付名单和本地信用卡授权;转帐型除授权交易及查验止付名单外,还具有查询余额、实时转帐、冲正、清算等功能;收银型为超级POS,本身是一台286/386微机,配合附属设备实现柜台全面自动化,可将现金帐及信用卡帐同时汇总,在每一笔交易的同时,将库存、销售、会计等项目同时更新。

电话银行系统 TBS(Telephone Bank System)是90年代国际上出现的一种新型电子银行服务。它采用了世界上最先进的电脑/语言转换技术,将电话、电脑化语音、数据转换与银行计算机形成网络,使银行的各种资料不再仅仅局限于用文字表达,也可以用语音的形式直接表示出来,并且不受时间和地点限制。电话银行系统可自动接听电话,并以语音引导持卡人使用各项功能,也能通过电话用语音说明服务结果,持卡人只需通过一部普通的音频式电话,在拨通电话银行的服务专线后,利用按键正确输入,即可得到满意的服务。

近十年来,货币电子化和银行现代化,已经成为当今世界社会文明进步的标志。用电子货币代替传统货币,向无现金社会迈进,已日渐成为世界各国的金融发展目标。在一些发达国家以信用卡为主要载体的电子货币支付量已超过社会资金总量的90%。据统计美国有52%的家庭使用信用卡,每百人持卡400张;日本每百人持卡150张。相比较而言,我国信用卡推广才刚刚起步,全国发出的信用卡约150万张。目前正在实施在全国范围内建立以电子转账方式取代传统货币流通的"金卡工程",并逐步向电子货币时代迈进。

第三节 货币制度

货币制度简称币制,是指一个国家用法律形式规定的该国货币流通的结构与组织形式。资本主义以前的货币及货币流通极为分散紊乱。资本主义经济发展要建立一个统一的民族市场,有统一定型规范的货币流通,货币制度就随着资本主义的发展逐步建立起来了。

一、货币制度的构成要素

货币制度的主要构成要素有:本位货币金属、货币单位,各种通货的铸造、发行与流通程序,金准备制度等。

(一)本位货币金属

本位货币是一国的基本货币,又称主币,是国家法定的计价结算货币。在金属货币时代,本位货币都是国家依照法定价格标准铸造的铸币。

建立货币制度的第一步就是要确定本位货币金属,即选择何种金属充当主币币材,这是建立货币制度的基础。不同的金属币材构成了不同的货币本位制度。从货币发展史看,在经济不够发达,生产力水平较低的时期或地区,一般选择白银作币材,从而建立了银本位制。随着经济的进一步发展,许多国家过渡到了选择白银、黄金同时作为币材的金银复本位制,后来又建立了金本位制。

(二) 货币单位

货币单位即货币的价格标准。

规定了主币币材之后,还要确定货币单位名称,并规定其中所含货币金属的数量,作为铸造货币的标准。如美国货币单位名称为"Dollar"(美元),根据1934年1月的法令规定,1美元含纯金重量为13.714格令(合0.888671g);英国货币单位名称为"Pound Sterling"(英镑),按1870年的铸币条例规定每英镑含纯金123.27447格令(合7.97g);我国1914年北洋政府颁布的"国币条例"规定本位货币为"国币",国币单位为"圆",每圆含纯银6钱4分8厘(合23.977g)。

(三) 各种通货的铸造、发行、流通程序

流通中的货币称通货,包括本位币和辅币。

1. 本位币

本位币亦称主币。在金属货币制度下,本位币是指按国家规定的货币单位(价格标准)铸造的铸币,它的名义价值(面值)与实际价值(金属价值)相一致,是足值货币。其特点是可以自由铸造,具有无限法偿能力,即具有无限的法定支付能力。

本位币可以自由铸造,是指国家允许每个公民可以随时请求国家铸币厂将手持货币金属代为铸造成本位货币,只交少量甚至不交造币费。同时国家也允许居民把本位币熔化为金属条块储藏。这样当流通中货币量不足,本位币名义价值可能有超过实际价值趋势时,居民纷纷将本位币金属条块铸造成有利可图的铸币,投入流通;当流通中货币量过多,本位币的实际价值将要高于名义价值时,居民就会将多余货币熔成金属条块,退出流通。本位币的这种自由铸造机制,使得本位币能随市场变化而自动交替发挥储藏手段和流通手段职能调节货币流通量,使市场上货币流通量与货币必要量相一致,从而保证了本位货币是名符其实的足值货币。

国家还赋予本位货币具有无限支付能力,即每次支付中无论货币数量多大,出售者和债权人都不得拒绝接受,否则视为违法。这不仅是因为国家允许本位币自由铸造,使之具有自发调节功能,同时国家还规定了铸币的公差,在公差允许范围内的铸造误差及磨损,国家都予承认,超过公差损耗还可向国家兑换新币,这样就从技术上保证了本位币不会贬值。

2. 辅币

辅币是流通中起辅助作用的货币。辅币主要作为日常零星交易或作为找零之用的面值在主币以下的小额通货。辅币一般用贱金属铸造,或采用纸币,其实际价值低于名义价值,是不足值货币。美国的辅币为美分,1美元等于100美分;英国的辅币为先令、便士和法新,1英镑等于20先令,1先令等于2便士,1便士等于4法新。

辅币的特点是不能自由铸造,是有限法偿货币,辅币采用贱金属铸造或采用纸币,是不足值货币。

辅币不能自由铸造,只能由国家统一铸造。这是因为辅币名义价值高于实际价值,若允许居民自由铸造,将会造成辅币充斥市场,排挤主币,致使币值不稳。国家垄断了辅币铸造权,其高出成本的铸造利差是国家重要的财政来源。

辅币是有限法偿货币,当用辅币支付货款金额过大,超过规定限额时,收款人有权拒绝接受。这样可以限制辅币的数量,不致超过实际需要量,防止辅币充斥市场。

辅币采用贱金属为币材,可减少流通费用。因为贵金属铸币的重量、成色在流通中损耗,要造成社会财富的浪费。

辅币是不根据实际价值铸造的不足值货币。由于辅币是主币的一个可分部分,国家法定了二者固定的兑换比例。如果辅币也是足值货币,随着经济地发展,两种货币金属的实际价值都要发生变化,不易保证主辅币的兑换比例,辅币将失去辅助货币的作用。如果辅币币材价格上升时,大量辅币会被私自熔化,造成辅币不足,因而辅币只能按面额流通,而不依赖于实际价值。

(四)金准备制度

金准备又称黄金储备,是指集中到国库和国家发行银行的金块和金币的总额。世界各国的黄金储备大多是由中央银行或国家掌握,是一国货币稳定的重要因素,也是货币制度的重要构成要素。

在金属货币流通条件下,金准备可以作为国际支付(即世界货币)的准备金;作为时而扩大时而收缩的国内金属货币流通的准备金,还可作为支付存款和兑换银行券的准备金。现在世界各国都放弃了金本位制,而发行信用货币。黄金不再作为国内货币的准备金,但仍然作为国际支付的准备金。

二、货币制度的演变

在货币金融发展史上,货币制度随着经济发展,生产力水平提高,经历了一个不断进化的发展过程:各个发展阶段曾采取过的货币制度类型如图1-1所示。

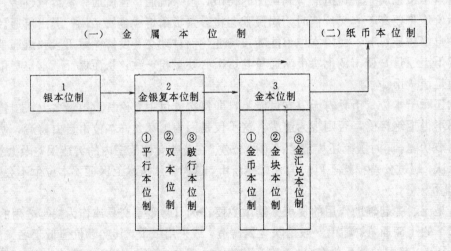

图 1-1 货币制度的发展阶段

(一)金属本位制

1. 银本位制

银本位制是以白银作为本位货币币材的货币制度。

银本位制度的内容:
(1) 以白银作为本位币材,银币为无限法偿货币,具有强制流通能力;
(2) 本位币价值与所含白银价值相等,是足值货币;
(3) 银币可以自由铸造,铸币的代用货币可以自由兑换银币或等量白银;
(4) 白银和银币可自由输出输入。

银本位制是历史上最早的货币制度。早在货币制度萌芽的中世纪,许多国家就已实行银本位制。它适用于经济不够发达,商品交易额度较小的封建社会。随着经济发展,价值较小,体积较大的白银作币材已不能适应日益扩大的大宗商品交易的需要,一些国家选择了黄金作为币材,实行金本位制。到了19世纪中叶,白银价格大幅度下降,金银比价差距越来越大,致使实行银本位制国家的货币对外(实行金本位制国家)贬值,影响了国际收支平衡和经济发展,到19世纪末,世界大多数国家逐渐放弃了银本位制。

2. 金银复本位制

金银复本位制是以金银两种金属同时作为本位币币材的货币制度。

金银复本位制的主要内容是金银两种本位货币都是具有无限法偿能力的足值货币,都可以自由铸造、自由融化、自由兑换、自由输出输入。在这种货币制度下金银两种都作为货币金属,使币材充足,并可分别用于大中小额交易,方便商品流通,曾是资本主义发展初期(16~18世纪)世界各国广泛采用的货币制度,在实行的过程中曾出现过三种形式:

(1) 平行本位制——复本位制的早期形式

平行本位制是金银两种货币按各自的实际价值任意流通的本位制度。由于政府不规定金银两种本位币的比价,完全由市场上生金、生银的比价自由确定金币、银币的兑换比价。从而使金银币的兑换率变动频繁,不能很好地发挥价值尺度的作用,造成交易混乱,影响了经济的发展。

(2) 双本位制——复本位制的主要形式

在双本位制度中,金银两种本位币按国家法定比值(铸造比率)流通。如美国1792年实行复本位制,规定1金元含纯金24.75格令(厘),1银元含纯银371.25格令(厘),金元与银元法定比价为1:15。国家依据市场金银比价规定金、银币固定兑换比率是企图克服平行本位制的缺点,但是当市场金银比价变动大,而国家不能及时调整其法定兑换比率时,就会引起实际比价与法定兑换率相背离,在商品交换市场上将出现"劣币驱逐良币"现象。

"劣币驱逐良币"现象,又称"格雷欣法则",是指两种实际价值不同而名义价值相同的货币同时流通时,实际价值较高的通货(良币)必然被熔化、输出退出流通,实际价值较低的通货(劣币)将不断铸造,最终占领市场,良币被驱逐流通。比如金银的法定比价(名义价值)为1:15,而实际比价(市场比价)为1:17时,人们就会将金币熔化为金块,在市场上1:17的比价兑换白银,然后申请铸成银币,再按1:15的比价换成金币,再将金币熔化,每一次可赚取2个单位的银币。如此反复下去,结果是市场上金币大量减少,而银币充斥市场。尽管法律规定两种本位币同时流通,事实上,在一定时期内,市场上主要是一种金属货币在发挥货币职能。最后结果必然是由"双本位制"分裂为单本位制(或金本位制或银本位制。)

综上所述,复本位制是一种价格紊乱,货币流通不稳定的货币制度,其根本原因在于这种货币制度违背了货币垄断性、排它性的要求,理论上是不科学的。

（3）跛行本位制——复本位制的变体

跛行本位制是在双本位制基础上的改进，对银币作了限制：即规定金币可以自由铸造，银币不得自由铸造。这时银币的币值不再取决于本身金属的价值，而是取决于金、银币的法定兑换比率，银币实际也演化为金币的符号，起着辅币的作用。由此可见跛行本位制已经不是复本位制，而是由复本位制向金本位制过渡的一种货币制度。

3. 金本位制

金本位制是以金币或可以与金币自由兑换的价值符号（代用货币）为本位币的货币制度。按货币与黄金的联系程度还可区分为金币本位制、金块本位制、金汇兑本位制等形式。

（1）金币本位制。金币本位制是金本位制的典型形态。它的主要内容：

1）以国家规定的价格标准铸造的金币为本位货币；

2）金币可以自由铸造，自由熔化，具有无限法偿能力，是足值货币，而对辅币（同时流通的银币、纸币）限制铸造，是有限法偿货币。这样可以保证金币的主导地位，克服了复本位制度下的货币混乱现象，同时金币还能自发调节其货币量以适应流通需要。

3）辅币（代用货币）是价值符号，与金币同时流通，并可按面值自由兑换金币，从而保证价值符号稳定的代表一定的金币流通，使其数量与流通中的需要量相适应，不致发生通货膨胀。

4）黄金可自由输出输入。执行金币本位制的国家可按其货币含金量换算比价，黄金可在国际间自由转移，保持外汇市场稳定，使世界市场得到统一。

5）货币储备全部是黄金，并以黄金进行国际结算。

金币本位制是具有较强稳定性的货币制度。在国内流通中通货币值对黄金不贬值，在国际间使用外汇行市相对稳定，有利于商品的生产和流通，也促进了信用制度的发展，以及国际贸易和资本输出的发展。从1816年英国最早实行金币本位制后，世界上一些主要资本主义国家：德国、法国、比利时、意大利、美国等国家也都先后实行了。金币本位制成了世界性货币制度，直到1914年第一次世界大战时中断，金币本位制通行长达100年之久，金币本位制盛行时期是资本主义的黄金时期。

由于资本主义国家经济发展不平衡，经济实力雄厚的列强，为扩军备战过量发行代用纸币，以弥补财政巨额赤字，使市场上纸币充斥，不能兑现金币，同时为本国垄断资本的利益，用高额关税限制进口，使被限国不得不以黄金支付外债，导致中小国家黄金外流、储备不足，代用货币也难兑现金币，中小国家也开始限制黄金输出。经济大国的这一系列对内搜刮，对外掠夺黄金的结果，使得黄金高度集中在经济大国的中央银行、国库，市场上的黄金流通量大大减少，到了1913年末英、美、法、德、俄五国所拥有的黄金占世界储备的2/3。

在第一次世界大战期间，各参战国由于大量发行纸币，发生了通货膨胀，纸币无法兑换黄金，各国就废除了金币本位制。战后1924～1928年资本主义经济出现了一个相对稳定的时期，各国曾企图恢复金币本位制来稳定货币，但由于实行金币本位制的基础遭到削弱和破坏。金币本位制已难以维持了，除了美国外其他大多数国家实行的都是没有金币流通的金本位制，即变相的金本位制：金块本位制和金汇兑本位制。

（2）金块本位制。金块本位制是指没有金币的铸造和流通，而由中央银行发行以金块为准备的货币符号流通的货币制度。货币符号可以按规定限额与比例兑换金块，因而又称生金本位制。如英国1925年规定了本位币的含金量（纸币的官定价格），并规定了每次兑换额以400盎司纯金为最低限。法国1928年规定要有215千法郎才能兑换金块，因而又称之为富人本位制。

英、法、比、荷等国家在1924~1928年间曾实行过金块本位制。

（3）金汇兑本位制。金汇兑本位制又称虚金本位制。其特点是规定了货币单位含金量，但国内流通银行券，无铸币流通，无金块可兑换。中央银行将黄金外汇存在另一个实行金币本位制的国家，并规定本国货币与该国货币的法定兑换比率，居民可按这一比例用本国银行券兑换该国货币，再向该国兑换黄金。第一次世界大战前，菲律宾、印度就实行了金汇兑本位制。战后1924~1928年德国、智利、意大利等30多个国家也实行了金汇兑本位制。二次大战后建立的以美元为中心的资本主义货币体系的美国以外的各国的货币制度也属于金汇兑本位制。

采用金汇兑本位制的国家在财政金融和对外贸易等方面都要受到实行金币本位制国家的控制。无法保持本国货币的稳定性，是一种附庸的货币制度。

金块本位制、金汇兑本位制都是残缺不全的不稳定的货币制度。在这两种货币制度下，都没有金币流通，货币符号也不能兑换黄金，降低了黄金的货币作用，金币被逐出流通市场，仅用于国际支付，已不能发挥本位币自发调节货币流通的作用，减弱了货币制度的稳定性。

1929~1933年资本主义发生了世界性经济危机、金融危机，严重冲击了当时的货币制度，金币本位制、金块本位制、金汇兑本位制全部崩溃。世界各国先后实行了不兑现信用货币制度——纸币本位制。

（二）纸币本位制

1. 纸币本位制的特点

纸币本位制是指以不兑换黄金的纸币为本位货币的货币制度，是当今世界各国普遍通行的一种货币制度。其特点是：

（1）以国家或中央银行发行的纸币作为主币，由国家法律规定赋予无限法偿能力；

（2）本位币不能兑换黄金，也不规定含金量；

（3）货币由现钞和银行存款构成；

（4）货币发行通过银行信贷渠道投放，发行量不受贵金属约束，客观上受经济发展水平制约。由国家实施货币管理以保持货币流通量与经济发展水平相适应。

纸币本位制中，纸币与黄金割断了联系，纸币的供应量、对外汇率都不受任何金属约束，具有较大弹性。国家可根据经济政策形势的需要，根据国际收支与贸易情况，随时进行适当调节、控制，便于管理，但随之而来的也带来了一定的风险。纸币发行主要靠国家政府管理调控，无自动调节功能，受人为因素影响大，一旦发行货币量过大时，多余纸币不会自动退出流通，使商品供应量相对减小，有引起物价上涨，货币贬值的可能性。

2. 纸币的发行准备制度

目前各国都设有一定形式的发行准备制度，其目的是以发行准备金来限制纸币的发行数量，保持货币价值稳定，使人民对纸币的购买力具有信心，同时它还可以作为银行券兑现和偿付存款的准备金，也可作为国际收支平衡基金，确保对外汇率的稳定。

(1) 发行准备金的内容。纸币的发行准备金通常可以分为现金准备和保证准备。

现金准备可以是金属的准备,如金、银铸币,或金块、银块;也可以是非金属准备,如作为法定准备的其他纸币(兑现的或不兑现的),或对其他银行(国内或国外)的活期存款或通知存款。

保证准备的内容因各国的发行准备规定而有不同,一般均以易于兑换为现金的即期票据、短期票据、国家债券,以及殷实可靠的股票、公司债券来充当。保证准备不具有兑现准备的意义,其主要作用在于使纸币的发行受到一定程度的限制,保证币值的安全性。

现金准备和保证准备各有利弊。

1) 现金准备可以直接应付纸币的兑现与现金的输出。在兑现的安全性和维持汇价稳定性方面现金准备优于保证准备。

2) 现金准备制度要求在发行纸币时必须有一定量的金银或外汇做保证,货币供给的伸缩性小。采用保证准备,货币发行量不受金银或外汇数量限制,各种有价证券或票据可充当保证准备,货币供给量弹性大。就货币供给而言,保证准备优于现金准备。

3) 就银行经营而言,保证准备可以使银行盈利,现金准备不仅不使银行盈利,而且还要花掉保管费,还要冒贬值的风险,因而保证准备优于现金准备。

4) 从一国经济与国际经济联系看,现金准备可充当国际货币,方便国际结算,促进国际贸易发展,而保证准备则无此功能,现金准备优于保证准备。

现在各国的发行准备制度大多是两者兼用,既可稳定币值,又可发挥货币供给弹性的目的。

(2) 纸币发行准备制度的种类

1) 十足现金准备制度,即纸币发行量必须完全与现金准备相等。货币发行量无自由伸缩余地,无法适应经济发展需要。目前世界上已没有国家实行这种发行准备制度。

2) 比例准备制度,又称最低现金准备制度,即规定纸币发行额中现金准备应占的最低比重,其余可用保证准备。这种准备制度兼有两种准备的优点,但两种准备金的比例应合理确定。现金准备比例过低,纸币兑换缺乏安全性,若比例过高则货币供给弹性小,不能满足要求。1913年美国联邦准备法案规定现金准备与保证准备的比例为40%和60%。1945年改为25%和75%。

3) 固定保证准备发行制度,又称部分信用发行制度,即由法律规定在一定金额以下的纸币发行可以由保证准备作为发行准备,超过规定的纸币必须为完全现金准备发行。最低信用限额的确定是保证货币稳定的关键。一般根据以往经验和未来的经济发展引起的流通对货币需求量的增加程度而定。纸币发行在规定限额之内都不致引发通货膨胀。固定保证准备发行制度可以保证商品交易需要的最低货币供给量,但弹性小。

4) 最高限额发行制度,即法律规定一定时期内纸币的最高发行量,而不规定发行准备的内容是现金准备还是保证准备。这种制度限制了最高纸币发行额,使纸币发行不致发生通货膨胀,但货币量常常不能满足商品交易的需要,阻碍了经济的发展。

5) 伸缩性限制发行制度,即纸币发行在规定限额内全部为保证准备,超过限额部分全部为现金准备,但根据经济发展的需要,在一定条件下,如经财政部核准或缴纳一定比例的发行税,或发行期一定(期限一到立即收回),可以增加保证准备的发行额,这一发行为限额发行。采用伸缩性限制发行制度,纸币的发行量可随经济的发展需要而增减。

第四节 我国的人民币制度

一、人民币制度的建立

1948年12月1日在原华北银行、北海银行、西北农民银行的基础上成立了中国人民银行，并于当天开始发行全国统一货币——人民币。人民币的发行标志着我国社会主义货币制度开始建立。

人民币发行后，全国货币流通并未统一。为了制止通货膨胀、稳定币值和物价，促进国民经济的恢复和发展，为建立健全人民币制度，建立和完善全国统一的人民币流通市场，党和政府采取了一系列有力措施。

（1）在解放区建立统一的人民币市场。根据当时各大解放区的物价水平及货币的实际价值，确定了与人民币的合理比价，逐步收回各解放区原来货币，实行了人民币在解放区的统一流通。

（2）肃清伪币，建立全国统一的人民币市场。每新解放一个地区，立即发行人民币，并禁止伪币流通，迅速驱逐伪币出境。采取的方针是"禁止流通、规定比价、限期兑换、坚决排挤"。对居民手持的伪币，兑换回收。由于国民党政府拼命滥发纸币，伪币日益贬值，同人民币的比价越来越低，收兑期限也越来越短。

（3）禁止外币在我国市场上流通。解放前，有多家外国银行在我国发行纸币。解放后我国政府坚决取缔了外国银行在我国发行货币和垄断中国外汇经营特权，禁止外国货币在我国流通和私下买卖，由国家银行规定合理的牌价收兑外币。严厉打击对外币的投机倒把和违法活动。加强了对外汇的统一管理。

（4）禁止金银计价流通和私下买卖。由于第二次世界大战以后，世界黄金储量的80%掌握在美国手中。建国初期，美国对我国采取敌视政策，企图通过黄金买卖来控制、左右我国的货币制度，使我国货币制度失去独立性。在国内金银也主要掌握在大地主和资产阶级手中，他们利用黄金投机，破坏金融市场。为了维持我国人民币货币制度的独立自主，保持金融市场的稳定，党和政府取缔了金银市场，严禁金银计价流通，不准私自买卖；整顿金银饰品行业，并限制其业务范围；允许个人持有金银并实行低价冻结；对持少量金银的劳动人民，国家银行以优惠价格收兑；对金银生产销售，国家实行严格计划管理和控制。

以上一系列措施的实施，维护了人民币货币制度，建立健全了人民币流通市场，保护了国家和人民利益，对国民经济的恢复和发展起到了巨大的促进作用。

二、人民币制度的基本内容

人民币制度的基本内容有：规定人民币的单位、性质、发行原则和流通程序，黄金外汇储备和汇率管理等。

1. 我国的法定货币是人民币

人民币的单位为"元"，"元"是本位币，即主币。辅币的名称为"角"和"分"。1元等于10角，1角等于10分。人民币的票券、铸币的种类由国务院统一规定。现行的人民币主币有1元、2元、5元、10元、50元、100元等六种；辅币有1分、2分、5分、1角、2角、5角等六种。

人民币是我国的法定货币。以人民币支付中华人民共和国境内的一切公共的和私人的债务，任何单位和个人不得拒收。

人民币由中国人民银行——我国的中央银行统一印制、发行。中国人民银行成立初期，发行的人民币面额较大，随着大规模社会主义建设的开始，这种大面额人民币（旧币）不便于计算、清点和记帐，国家于1955年3月发行了新人民币，以1:10000的比价收兑了全部旧人民币。1957年12月我国又发行了一分、二分、伍分三种铜锌合金金属辅币。1980年4月中国人民银行又发行了一角、二角、伍角、一元等四种铜镍合金铸币。为了适应经济改革的需要，1987年4月27日起，中国人民银行又分次发行了第四套新版人民币纸币（1980年版），共九种面额。为了保证人民币安全，防止假钞流通，经国务院批准，中国人民银行1992年8月20日在全国发行了1990年版五十元、一百元人民币。历次发行的各套、各版新人民币与原来发行的新人民币都是等比价兑换。

2. 人民币是我国唯一合法的货币

国家规定在国内严禁一切外国货币流通，禁止人民币输出国境。国家法令还规定严禁伪造、变造人民币，以此破坏我国货币的声誉。禁止出售、购买伪造、变造的人民币。禁止运输、持有、使用伪造、变造的人民币。禁止故意毁损人民币。禁止在宣传品、出版物或者其他商品上非法使用人民币图样。任何单位和个人不得印制、发售代币票券，以代替人民币在市场上流通。残缺、污损的人民币，按照中国人民银行的规定兑换，并由中国人民银行负责收回、销毁。凡违犯上列规定的均应按国家有关法律条文加以处罚，以维护人民币的信誉和合法地位。一切企业、事业单位和机关、团体印刷和使用内部核算的凭证，必须报经上级机关批准，并且一律不准模仿人民币的样式。

3. 人民币的发行必须坚持集中统一发行的原则

集中发行的原则是指人民币的发行权集中于中央，掌握在国家手中；统一发行的原则是指国家授权中国人民银行具体掌管货币发行工作。中国人民银行总行是货币发行的唯一机关，并集中管理货币发行基金。中国人民银行根据经济发展的需要，在经国务院批准的额度内，组织年度的货币发行，货币发行时要注意有相应的物资作保证，销售物资后，应及时组织货币回笼。除中国人民银行以外，任何地区、任何单位、任何个人都无权动用国家的货币发行基金。

人民币之所以必须坚持集中统一发行的原则，是因为人民币是我国唯一合法的通货。人民币的发行数量、时间、流向和分布状况，都直接关系到我国的生产、流通和人民生活，关系到财力、物力的分配和再分配。国家每年批准中国人民银行发行货币，是人民银行向商业银行提供的基础货币的一个重要组成部分。坚持集中统一发行的原则，中国人民银行就可以根据经济发展和市场状况向商业银行提供基础货币，从而控制货币的扩张量，控制社会购买力。

4. 人民币的发行必须坚持经济发行的原则

经济发行是指为适应生产发展和商品流通的正常需要，而通过信贷程序进行的货币发行。若超过生产和商品流通的正常需要而通过信贷程序进行的货币发行是非经济发行，其表现形式有两方面：一是财政性发行。即财政赤字，动用历年结余或向银行透支（借款），银行在不能自求平衡的情况下而增加的货币发行。二是银行本身的过量信贷投放。过量的信贷投放是指银行凭空向流通中注入了过多的货币量。坚持人民币经济发行的原则，才能使投放出去的货币所形成的购买力买到相应的物资。保持货币购买力与物资供应量的平衡及物价和币值稳定。一旦出现财政赤字，财政应谋求其他途径求得财政收支平衡，而不能在银行信贷资金比较紧张的情况下向银行借款扩大银行信贷差额；银行则应根据生产和流通发展的需要来增加新的贷款量，以保持信贷收支平衡，从而保证了财政信贷收支综合平衡，避免非经济发行。

5. 对货币流通实行计划管理

人民币在全国范围内流通，国家对货币流通实行计划管理，主要是通过实行现金管理和工资基金监督来实现的。

（1）实行现金管理。为了有计划组织和调节货币流通，国家法令规定一切机关、团体、部队、学校、企、事业单位，都必须实行统一的现金管理，并指定国家银行为现金管理的执行机关，负责办理和检查有关现金管理事宜。实行现金管理的单位，只能按照规定的现金库存限额保存现金，其余必须存入国家银行；受管单位支付现金，要限制一定的范围和数量，超过规定的不允许支付现金，只能通过非现金结算，其经济往来必须通过国家银行转帐结算；严禁有现金收入的单位坐支现金等等。实行现金管理可以控制人民币的投放，促进现金回笼，掌握现金收支动向，摸索现金运行规律，为国家有效地调节货币流通提供有利的条件。

（2）实行工资基金监督。工资基金监督的主要内容是：实行工资基金监督的单位，要根据国家有关劳动工资政策和本单位情况，编制按季分项的工资基金使用计划，报上级主管部门审批，然后由银行监督支付；各单位不得在各项业务收入中坐支，也不准用其他形式变相支付；不得巧立名目向职工发放变相奖金和实物；对于违犯工资基金管理制度的单位，银行有权拒绝支付现金。

由于工资性现金支付在现金支出总额中占极大的比重。因此加强工资基金的监督，对控制现金投放，有效地调节货币流通中有着极其重要的作用。

目前中国人民银行专门行使中央银行职能后，授权商业银行按照国家有关规定，执行现金管理和工资基金监督。

6. 统一管理黄金储备和外汇储备

金银储备和外汇储备及汇率不仅要用于国际结算，同时也关系到人民币的发行、流通及在国际上的信誉。它们作为国际收支的准备金，对开展国际经济合作，促进国际友好关系的发展有着极其重要的作用。

我国的金银储备和外汇储备由中国人民银行集中掌握、统一管理、统一调配，储备数量定期公布。人民币对外币的汇率由中国人民银行统一制定每日公布，一切外汇的买卖和国际结算都必须按此进行。

三、人民币制度的特点

从人民币制度的建立与发展及其基本内容可以看出，人民币是我国唯一合法的通货，人民币制度具有独立性、统一性和稳定性的特点。

1. 人民币制度是完全独立的货币制度

旧中国的货币是依附于外国货币，完全依附于英镑、美元集团，受帝国主义国家操纵、控制。新中国建立后，我国在政治上、经济上取得了完全的独立自主，也建立了相应独立自主的货币制度，发行了人民币，金融上不再受任何国家的控制。人民币的发行、保证制度、流通和管理，汇率的制定，外汇的管理等都不依附于任何国际货币集团，由我国政府独立自主进行。

2. 人民币制度是高度集中的货币制度

旧中国,货币流通紊乱,银元和黄金可以在市场上计价流通,外国货币也可以与本国货币混合流通,各种信用工具泛滥于市场。我国自统一了货币发行以后,人民币成为唯一合法通货,金银、外币禁止流通,支票、汇票等信用工具也不准进入市场流通。人民币发行权集中于中央,由中国人民银行有计划地发行与管理,从而加强了国家对货币流通进行有计划的管理和有效地调节。

3. 人民币是基本稳定的货币

建国以来,人民币币值基本稳定,这是因为我国有强大的社会主义经济基础,掌握着大量的商品物资,并按需要和稳定的价格供应市场,这是货币币值稳定的基本保证;我国坚持经济发行人民币,并对货币流通实行计划管理,使现金的投放和回笼处于国家的控制之下,国家银行可以按市场需要调节货币流通;同时我国统一管理外汇收支消除了资本主义国家通货膨胀和物价波动对人民币流通的影响。

总之我国政府始终坚持的稳定金融政策、物价政策,独立自主的货币制度及各种具体措施保证了人民币货币的基本稳定。

四、人民币的发行

人民币的发行权属于国家,国家委托作为中央银行的中国人民银行发行货币。中国人民银行是中国唯一的货币发行机关,它根据国务院批准的货币发行额度,具体办理人民币的发行事宜。

货币发行是通过发行库与业务库之间调拨发行基金实现的。

发行库是发行基金保管库的简称。是人民银行代理国家保管发行基金的金库,是人民银行机构的重要组成部分。发行库在人民银行总行设有总库,各省、自治区、直辖市分行设分库,地、市级分行设中心支库,县(市)支行设支库。发行库的主要任务是:根据国务院核定的货币发行额度,统一调度发行基金;具体办理货币发行、损伤票币的回收和销毁工作;保管调运发行基金,调剂票币券别比例;办理发行业务的会计核算,反映市场货币的投放与回笼情况。

发行基金是发行库保管的尚未进入流通领域的人民币票券,是货币发行的准备金,而不是流通中的货币。发行基金一部分来源于人民银行总行印制部门印刷的钞票,一部分是从市场收回的交存发行库的现钞。发行基金的动用权属于总库,下级库只能凭上级库的调拨命令办理出库。发行库之间的发行基金调拨是人民币票券的转移,由总库负责分库之间的调拨,分库负责支库之间的调拨。商业银行交回人民银行发行库的人民币票券,发行库不得抵用。各分支发行库都保存有一定数量的发行基金,以保证辖区内货币投放需要,又不会长期积压。发行库的业务对象是上下级库和商业银行,货币呈纵向垂直运动。

业务库是商业银行基层行处为办理日常现金收付业务而设立的金库。业务库保存的现金库存是业务收付的备用金,处于周转状态,是流通中货币的一部分。为了保证各行处日常现金收支活动需要,促使回笼货币及时上缴发行库,减少业务库的资金占用,防止现金的分散与浪费,根据现金收支规律和业务量,各业务库可保存上级行和同级人民银行核定的库存限额。商业银行的业务库其业务面向全社会,一切现金的流出和流入都要通过业务库,它一方面与发行库进行现金的上缴下拨,实现人民币的转移,即现金调拨;另一方面它又通过银行业务向市场投放货币或从市场回笼货币。业务库保管的人民币是流通中的现金,货币呈多方位运动。

人民币的发行程序是:发行库根据出库命令,将货币从发行库调出投到业务库,即为货币发行;再通过业务库的现金支付,将现金投入市场,增加市场上的货币流通量,即为现金投放。从市场上流回到银行的现金,存入业务库,称之为现金归行,虽然此时市场上的货币流通量实际上减少了,但由于未交入发行库,仍可周转使用,属于业务支付备用金,仍应计为流通中的货币量。当现金从业务库上缴到发行库,即入库,这就是真正的货币回笼。人民币发行业务图示见图1-2。

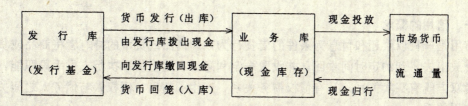

图1-2 人民币发行业务示意图

第二章 信 用

第一节 信用概述

一、信用的概念

信用是一种以偿还和付息为条件的借贷行为，即商品或货币的持有者将商品或货币赊销或贷放出去，到约定时间收回，并收取一定利息。在这里货币执行支付手段职能，商品交换者双方既有买卖关系，又有债权债务关系，产生了信用，债权人与债务人之间关系称之为信用关系。

信用的基本特征是偿还性、流动性、增殖性和融通性。

商品货币交换中是同时同地等价交换，一手钱一手货，是购销双方价值的同时相向运动，只发生价值形式上的改变；财政分配的价值运动要发生所有权的转移，具有无偿性和强制性；而信用形式的价值运动，在出借时价值从出借者流向借用者，归还时价值从借用者流向出借者，是价值以独立形态进行不在同一时间的相向运动，不发生所有权变化，同时接受信用者要还本付息，使价值增殖。

信用产生于商品交换，伴随着商品货币关系的发展而不断发展。最早的信用是实物借贷。现代信用的标的物主要是货币，包括以货币作为延期支付标准的一切信用活动，如商业信用中的赊销（借物还钱）、预付（借钱还物）和租赁信用中的设备租赁（借物还钱）等。现代经济是信用经济，信用以其灵活的形式渗透到整个经济领域。

二、高利贷信用

信用发展的最初形式是高利贷信用。

高利贷信用是以实物或货币为放款形式，收取高额利息，占有小生产者剩余劳动和一部分必要劳动的生息资本，主要存在于奴隶社会和封建社会。

高利贷信用的历史作用具有两重性，即一方面高利贷促进了商品货币关系的发展和自然经济的解体；另一方面，高利贷又破坏生产力，使生产力萎缩，从而延缓社会历史的进程。一方面高利贷促进了货币资本的积累和雇佣劳动后备军的形成，它是促使资本主义前提条件形成的有力杠杆；另一方面，由于高利贷的寄生性和保守性，又阻碍高利贷资本向产业资本的转化，阻碍资本主义生产方式的产生和发展。

三、借贷资本

借贷资本是生息资本的现代形式，主要存在于资本主义社会，是货币资本家为了获得利息收入而暂时贷放给职能资本家使用的货币资本。

（一）借贷资本的经济基础和来源

借贷资本的经济基础是产业资本的循环与周转。在产业资本的循环与周转过程中，一些企业会游离出暂时闲置的货币资本，闲置资本不会增殖，必然要千方百计地寻找新的投资方向或贷给别人；而另一些企业为维持生产或扩大规模，也可能发生资金周转困难，要急需补充资金。两者通过信用关系联系起来，调剂余缺，形成借贷关系，使得闲置货币为所有者带来利息收入，同时也使需要资本企业的要求得到满足，被调剂的闲置货币资本转化为借贷资本。随着信用关系的发展，出现了一些专门从事调剂资本暂时余缺的货币资本家。

借贷资本主要来源于产业资本循环过程中暂时游离出来的闲置货币资本，如固定资本、流动资本循环周转过程的暂时闲置资金和经营成果及剩余价值积累过程中的暂时闲置资本。另外货币资本家的货币资本和居民的货币收入和储蓄也是借贷资本的来源。居民的货币收入和储蓄并非资本，但当其被货币资本家吸收并贷放给职能资本家使用时，就转化成为借贷资本。

（二）借贷资本的特点

借贷资本是从产业资本中独立出来的一种特殊的资本形式，是在职能资本运动的基础上产生的。它的主要特点有：

1. 借贷资本是一种特殊的商品

货币资本家将其货币资本贷放给职能资本家的过程，类似商品的买卖一样，货币也可视作"商品"，职能资本家是买方，货币资本家是卖方，利息则可看做为货币商品的价格。但借贷资本又不同于普通商品。普通商品的使用价值是其自然属性，其价格是商品价值的货币表现，而借贷资本的使用价值是货币资本生产利润（产生剩余价值）的能力，借贷资本家把货币资本贷放给职能资本家使用，利息则是作为购买这种商品的使用权付出的代价，因此它又具有以利息形态出现的价格。

2. 借贷资本是一种所有权资本

借贷资本是一种商品资本，货币资本家卖出（贷出）借贷资本时，只是出让了一定时期内的借贷资本的使用权，对其仍拥有所有权。在这里资本（商品）的使用权和所有权发生分离。在资本商品让渡时，借贷资本家虽未获得相等的等价物，但他得到了职能资本家的承诺，即他可凭借对借贷资本的所有权，在到达约定日期时，分享职能资本家使用借贷资本所获得的利润，即收回本金并获得一定的利息收入，因此借贷资本是一种所有权资本。而普通商品买卖时，其交换是等价的，卖出商品即放弃了对商品的所有权及使用权，同时获得相等的货币收入。

3. 借贷资本具有特殊的运动形式

借贷资本对于货币资本家是所有权资本，在职能资本家手中才能发挥职能资本的作用，并在资本运动中产生剩余价值。借贷资本的运动经历两个阶段：即贷出和归还。贷者向借者贷出的运动用公式表现为 $G \rightarrow G$，而借者向贷者归还可表示为：$G'' \rightarrow G'$，前面的 G'' 包括利润，后面的 G' 包括利息和本金，由于利息是利润的一部分，二者量上并不相等。贷和还的统一是 $G \rightarrow G'$。这里借贷资本的增殖——利息来源于产业资本运动中的利润，如果纳入产业资本运动，借贷资本运动的全过程如图 2-1 所示。

由图 2-1 可以看出借贷资本的运动在货币的形态上表现为二重支付和二重回流。在借贷资本家把货币贷给职能资本家时，表现为货币 G 的第一次支出（左侧单箭头）$G \rightarrow G$，是借贷资本运动的起点；职能资本家用借来的货币购买劳动力 A 和生产资料 P_m，并投入生产过程，是货币的第二次支出（左侧双箭头）$G \Rightarrow W$；经过生产和流通过程，当职能资本家销

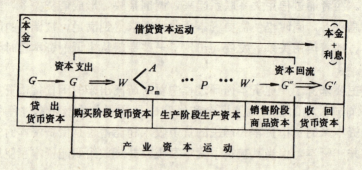

图 2-1 借贷资本运动过程

售出商品（产品）取得已增殖的货币时，是货币第一次回流（右侧单箭头）$W'→G''$；职能资本家用销售收入的一部分以还本付息方式归还借贷资本时，是货币的第二次回流（右侧双箭头）$G''⇒G'$，是借贷资本运动的终点。

综上所述，信用是借贷资本的运动形式，货币无论是在借者手中，还是在贷者手中都是作为资本，通过借贷活动而使资本增殖的。而资本增殖的真正原因是由于职能资本家把借入的资本在生产中加以运用，产生剩余价值，职能资本家把剩余价值的一部分，以利息形式支付给借贷资本家。

四、信用的要素

信用要素是指信用关系的结构因素。

（一）债权与债务

信用中债务是将来偿还价值的义务，债权是将来收回价值的权利，债权债务关系构成了信用关系，这是信用的第一要素。借贷的当事人：货币资本家是提供货币的债权人，职能资本家是借入货币的债务人。

（二）时间间隔

授受信用规定的起始和截止期限。信用是价值在不同时间的相向运动，即授信人提供一定的价值物，经过一段时间受信人将债务归还并附加一定利息。这个期限具有法律约束力，对借出人来讲在期限内不能随意提前收回信贷资金；对于借入人也不能逾期不偿还所欠资金，按期偿还是保证信用活动的必不可少的要素。

（三）信用工具

信用工具是证明债权债务关系的法律凭证。信用工具多种多样，但都必须载明支付偿还的各种条件，具有法律效力，可以向他人转让，是保证信用关系建立、转移及正常运行的要素。

信用关系的三个要素互相联系，缺一不可。

五、信用的作用

当代经济是一种信用经济。商品交换、投资、生产、消费以及人民生活的各个领域的商品货币关系都主要表现为信用关系。丰富的信用工具一方面为资金的需求者和供给者提供了相互融资的条件和机会，另一方面也使这种信用关系法律化、流动化；信用关系中资金借贷的价格—利率，既调整着资金供求关系，又引导着资金流向，调整着产业结构；各国的中央银行也都是通过对整个信用体系的管理实现宏观经济调控的。离开了信用，也就没有了经济，信用经济以货币经济为基础，是其发展的高级阶段，对经济的发展具有更加优越的功能。

1. 扩大投资积累生产资金

个人收入货币主要用于个人消费或为未来消费而储蓄，都不具有资金的性质与功能。一些社会团体或企业的货币资金闲置，也不会为他们带来任何收益，甚至会遭受贬值的损失。但银行或信用机构运用各种信用工具，以支付利息为代价，引导他们踊跃储蓄，认购各类债券、股票时，这些间歇的、节余的、分散的、闲散小额资金就集中为巨额金融资金，投入生产就成为生产资金。同时银行信用体系还可以通过不断吸收存款，发放贷款，以现有社会资本创造信用货币。信用就这样通过资金余缺的调剂和社会闲散资金的聚敛，积累生产资金，优化社会资本结构，为企业增加生产提供服务。同时对于个人来讲，通过信用活动进行投资也可带来一定的收益。

现代经济的资本积累，主要是通过资本集中来实现的。一个国家信用制度越发达就越能充分地动员集中资本，加速和扩大资本积累，推动整个经济的高速发展和科学技术现代化进程。

2. 提高社会平均利润水平

投资要求盈利，生产讲求效益，这是商品经济的基本准则。各部门、各行业的利润率是高低不等的，资本必然要从利润率低的部门（行业、企业）转移到利润率高的部门（行业、企业），但是生产资本固着于生产资料的实物形态上，短时间内不能随意按需要转移。在信用经济中，人们占有了信用，就是占有了社会财富，这种纯价值财富的占有在分割、流动、重组等方面突破了物的限制，具有极大的灵活性、优越性。信用则可按照盈利性、流动性、安全性等原则决策并调整资本的投向与规模，实现资本转移或企业转产，优先发展经济效益好和社会效益好的行（企）业，从而优化产业（产品）结构，提高整个社会平均利润率。同时对于获得贷款的企业，信用要求到期必须还本付息，因而也促进了企业必须对借贷资金科学管理、合理安排、节约使用，以尽量少地投入获得更多的产出，从而提高了社会经济效益。

3. 调节货币供求

信用经济中，货币通过贴现或放款进入市场流通。许多信用工具代替现实货币流通，执行流通手段和支付手段职能，使相当大一部分交易可通过赊销、赊购或债权债务抵消来清理结算。信用的这一切功能极大节约了现金流通量以及与此有关的大量清点、运输、保管、流通等劳务，闲置的货币资本通过银行再贷放出去投入流通，加速了货币资金的周转速度。因而信用规模的大小直接关系到货币供应量的多少。若信用规模扩大，即贷款增加就标志货币投放量增加，但如果货币投放过多，则会导致信用膨胀，使社会供求失衡，物价上涨。目前许多国家的中央银行都是利用各种手段方式，通过收缩或扩张信用来吞吐货币，对经济进行调控，实现社会总供给与总需求的平衡。

4. 调剂消费

信用可调剂居民的消费和社会消费品的供求关系，使不同消费者均获得满意的消费总效用，提高消费质量改善人民生活。有些居民重视即期消费，而另一些居民则重视未来消费，当货币收入与消费需求发生矛盾时，他们就可通过信用工具调剂，或抵押、或分期付款、或购买债券等手段解决矛盾。信用机构也可以根据市场状况正确引导消费，或者采用分期付款等形式的消费信用刺激消费,或者利用信用工具具有收益性、安全性、流动性的优越性吸引储蓄而推迟消费。信用的这种功能可以平衡商品供应和消费的供求关系,使不合理、畸型消费趋于合理。

5. 调节经济

在信用发达的社会中,经济层次多而复杂,活动领域广泛而多变,国家难于用直接行政干预手段调节经济,信用作为联接经济的纽带,成为国家间接调节经济的最有效杠杆。中央银行可以利用货币供应量、利率变动、法定准备金制度、公开市场业务等经济手段,达到调节经济的目的。利用信用调节经济,各国的重点均放在总供给和总需求上。调节总需求,主要是通过信用控制货币供应量,达到调节有支付能力的需求;调节总供给,主要是通过信用紧缩或放松银根,达到控制生产规模和产品总量及结构,以调节市场商品和劳务供给。

综上所述,要实现对经济的调节,特别是以间接调节为主,必须以信用的发展为基础和前提。

第二节 信用形式

信用形式即表现借贷关系特征的形式。信用形式多种多样,从不同角度划分,可以有多种不同分类。如依偿还期限不同可分为:定期(长期、中期、短期)信用、不定期信用;按贷款用途不同可分为:投资信用、消费信用;按信用主体不同可分为商业信用、银行信用、国家信用;按有无抵押可分为对物信用、对人信用;按空间范围可分为国内信用、国际信用等等。以下重点介绍商业信用、银行信用、国家信用、消费信用。

一、商业信用

(一)商业信用的概念

商业信用是在商品交换过程中,企业之间按照相互约定和承诺的条件,以商品垫支的形式所产生的一种借贷行为。商业信用发生的主体是从事商品交换的具有法人地位的企业,其客体是商品,是企业之间以商品资金为对象进行的一种直接融资活动。商业信用是按借贷双方承诺的条件进行的。当商品的所有权转移后,提供信用的一方总是以能保证按期安全收回货款为前提条件的,而接受信用的一方,则要求按质、按量地取得所需要的商品。因此商业信用的关系既是一种经济合同关系,又是一种货币支付契约关系,借贷双方都必须严格履行承诺条件。

在商品交易中,以商品形态提供信用,到期以货币进行债权债务清偿,如赊销商品、延期支付的形式在简单商品生产的条件下就出现了。也就是说当商品的让渡同商品价格的实现在时间上相分离的交易形式出现,货币发挥支付手段职能的同时,商业信用也就产生了。只是最初的商业信用规模有限,且范围也只涉及延期支付的赊销赊购方面。随着商品生产和商品交换的不断发展,信用关系也得到了广泛发展。特别是当生产要素的供应与取得,资金循环过程中各类资金分布不平衡、货币资金相对短缺时,企业之间可以借助于商业信用的形式买卖商品,使之能在买卖双方暂时缺乏现款的情况下成交,从而促使卖方加速了商品实现过程,也有助于买方的再生产过程连续不间断地进行。商业信用促进了商品经济的发展。商业信用的范围也更加扩展。商品交易中的赊销、预付、代购代销、委托寄销、补偿贸易、分期付款等都属于商业信用。

（二）商业信用的特点

（1）商业信用关系中的债权人、债务人都是生产经营企业，只有借贷双方都从事生产经营活动时，才可能发生以商品形式提供的商业信用。

（2）商业信用活动同时包含着两种性质不同的经济行为——买卖和借贷。在赊销过程中商品所有权由卖者转移到买者手中，其买卖行为完成了，但由于没有立即支付其货款，从而使卖者成了债权人，买者成了债务人，买卖双方建立了货币形式的债权债务关系。

（3）商业信用以产业资本的循环为基础。在商业信用中，产业资本拥有者是借贷资本所有者，其贷出的是商品资本，买者是产业资本需求者，他虽未支付货币资本，却完成了货币资本向生产资本要素的转化，并把生产资本要素投入再生产过程。再生产过程的不同阶段都是以信用为媒介的，因此再生产过程的状况直接决定着商业信用的供求规模和流动速度。在经济繁荣时期，再生产规模扩大，商品增多，对商业信用的供应、需求都会随之扩大；在经济危机时期，生产萎缩，商品滞销，对商业信用的需求也会减少，使其数量和规模大大缩减。同时再生产过程的不断正常进行能确保信用的正常回流，使信用关系可以继续维持或扩大。一旦再生产过程失常，资本周转受阻，欠款不能及时清偿，信用流回延迟，将导致信用危机。

（4）商业信用的存在和发展有局限性，其主要表现在：

1）商业信用有明显的方向性。商业信用是企业之间以价值的实物形态——商品垫支提供信用，需要信用的企业将其直接用于生产或在经营中补充进货，因此商业信用提供的对象受物资流转方向的制约，具有一定的方向性。即由生产生产资料的部门向需要它的产品的生活资料部门提供；按原材料的产品供应关系，由供货方向购货方提供；由工业部门向商业部门提供，由批发企业向零售企业提供等等。这种不可逆转的方向性特点使商业信用的范围和灵活性受到限制。

2）商业信用的数量规模具有局限性。商业信用中，贷放出去的只是再生产过程中处于资金循环阶段的商品资本，即产成品或可以出售的半成品。一个企业所能提供的商业信用最大量不会超过它在一定时期所能提供的商品资金，因此每次赊销的商品或产品的数量都有一定限量，时间也不能太长。

3）商业信用能力的局限性。商业信用的借贷行为只有在商品出卖者确信需求者具有按期如数偿还的支付能力时才能发生，相互不了解的企业之间不易发生商业信用关系，因而商业信用被局限在彼此了解信任的范围内，从而亦限制了商业信用的发展。

二、银行信用

（一）银行信用的概念和种类

银行信用是指银行和各类金融机构通过货币形式以存放款、贴现等方式进行的借贷行为。银行信用冲破了商业信用的局限性，使得资金融通在数量规模上，使用方向方面都更为方便灵活，更为广泛，对商品经济的发展起到了巨大推动作用，使信用制度更为完善。

银行信用可分为中央银行信用和商业银行信用两部分。中央银行信用是指中央银行作为宏观经济调控的主体，国家货币的唯一发行者，向商业银行和其他金融机构提供的信用，其提供信用的过程也是进行宏观调控的过程。中央银行信用是整个信用体系的总枢纽。商业银行是微观信用运行的主体。商业银行信用是指从事企业化经营的商业银行以货币形态向企业提供的信用。

（二）银行信用的特点

与商业信用相比，银行信用（以下主要指商业银行信用）具有以下特点：

（1）银行信用的借贷双方。债权人是银行或其他金融机构，债务人是不同类型的企业、公司。银行信用表现的是银行与企业之间的信用关系。

（2）通过银行信用形式提供的资本不是商品资本，而是从产业资本循环中暂时游离出来的闲置货币资本和各种社会游资，所动员的资本来源广泛，数量充裕。银行信用的动态不再与产业资本动态完全相一致，不受其制约，而且银行信用的规模也不受个别资本数量的限制，克服了商业信用在数量上的局限性。

（3）银行信用是以货币形态提供的信用。货币资金是商品世界的一般代表，不受商品流转方向和使用时间上的限制，可以随时向一切需要资金的企业、部门作有条件的贷放，克服了商业信用在方向上的局限性，可以在更为广泛的领域内发挥作用。

（4）银行信用是一种间接信用，流动性高，且银行信誉高、稳定性好，与社会有广泛的联系，有足够的人力物力搜集市场信息，情报和资料，能充分了解信用需求者的财务状况和经营管理状况，为投资放款提供可靠依据，减少风险，克服了商业信用在信用能力上的局限性。任何企业和个人都可以与银行建立借贷关系，随时得到银行的支持。

从历史发展上看，商业信用产生较早。在商业信用发展到一定水平，其自身的局限性束缚了经济的发展时，银行信用应运而生，商业信用是银行信用的基础。商业信用的主要工具是商业汇票，它在流通中客观上要求银行信用的支持，这不仅促进了银行信用的发展，而且银行信用正是通过商业汇票的贴现逐步使商业信用转化为银行信用，随着现代经济的发展商业信用向银行信用转化和过渡已成为不可逆转的必然趋势了。商业信用虽然可以单独存在，但它必然要依赖于银行信用。无论是哪一种生产方式的国家，在各种信用形式中，起主导作用的都是银行信用。

三、国家信用

（一）国家信用的概念和种类

国家信用是以国家为主体，国家以政府名义同国内外其他信用主体结成的借贷关系。它属于财政分配范畴，因而也称财政信用。

狭义的国家信用是指国内信用，又称公债信用，是国家以债务人身份向国内居民、企业、团体取得的信用，如发行公债、国库券等，它形成了国家内债。

广义的国家信用还包括国际信用中的政府信用，即国家以债务人身份向国外居民、企业、团体、政府取得的信用，如发行国际债券和吸收贷款等，它形成了国家的外债；另外国家还可以以债权人的身份，向国外政府提供贷款形式的信用。以下讲国家信用主要指国内信用。国际信用将在第六章中详述。

国家信用是动员国民收入中闲置资金弥补财政赤字的重要工具。政府通过发行公债券或国库券，可以聚集闲置资金，作为预算资金的组成部分，即变私人资金为政府资金，其债券收入属于财政收入，而且占财政收入比重越来越大，是国家预算中不可缺少的重要资金来源。它与资本生产、流通过程没有关系，是借贷资本的另一种运动形式，一方面国家债券持有者能定期获得稳定的利息收入，另一方面国家取得的并非货币资本，而是作为购买手段的货币,将其集中起来转化为资本,既可用于生产性建设,又可用于非生产性支出,其还本付息资金主要来源于社会积累和税收。

(二) 国家信用与银行信用的区别

在现代社会中,国家信用与银行信用同是信用经济的重要组成部分,二者主要区别是:

1. 信用基础不同

银行信用是以银行在资金流通中的地位、作用、信誉为基础,以银行的收入和财产为担保,信用主体是以银行为债务人或债权人,以与银行发生借贷关系的法人或自然人为债权人或债务人,国家信用是以国家政权、政府的威望、国家的经济发展状况为基础,以国家财政收入、国有资产、黄金储备和国家拥有的资源作为担保,只要国家存在,债权人的利益就有保障,信用等级高于银行信用。国家信用的债务人是拥有政治权力的国家政府,债权人是自然人、法人或社会团体,受政府制约,双方的地位不平等,使公债券(或国库券)的发行常常带有义务性、强制性。

2. 信用形式不同

银行信用是一种间接信用形式,银行自身不是资金的最终使用者,而是起着资金媒介体的作用。国家信用则是一种直接信用,政府直接向社会各种主体借款,并使用这些资金用于生产性投资或非生产性投资。

3. 信用目标不同

银行信用包括中央银行信用和商业银行信用。中央银行信用目标是稳定币值,调节货币市场流通量,抑制通货膨胀和物价上涨;商业银行信用目标是以取得存贷利差,在形成自身利润的同时,为企业经营提供资金,以便生产社会所需的产品。而国家信用的目标是弥补财政资金的不足,保证国民经济协调稳定发展。

4. 信用成因不同

银行信用是由商品买卖中货币的保管和汇兑而产生的,随着银行信用的扩大又产生了各种信用工具,成为经济运行的主要媒介。国家信用是由于财政资金来源不足向社会举债而产生的。

(三) 国家信用的功能

在现代经济中,国家信用不仅是财政筹资的手段,还成为调节市场需求、弥补社会投资缺口、扩大就业机会、稳定金融和物价的重要手段。

中央银行通过国家信用买进卖出国家债券,调节货币供应,影响金融市场的供求关系,可以把短期资金变为长期资金,私人资金变为政府资金,消费资金变为生产资金,从而可以增加商品供应、减轻市场压力;当国家财政出现赤字时采取国家信用形式发行债券,筹集资金,既可作为弥补财政赤字的重要手段,又可抽紧银根,缩减购买力,达到调节经济,稳定经济发展的目的。

综上所述,利用国家信用对改变资金结构、投向,保证国家重点建设和解决财政收支不平衡等方面具有其他信用方式所不能及的特殊作用。因而国家信用作为国家政府进行宏观经济管理,调节干预经济,使经济稳定发展的重要经济杠杆。自国家信用产生之日起,都一直在为国家服务,为政府提供财源,在世界范围内都得到了充分的发展和广泛的运用。但在使用国家信用时,要注意国家对债务负担的承受能力和偿债能力的限度,绝不可无限制使用,否则会导致债务负担过重,影响经济稳定增长,成为货币流通不稳定因素。

四、消费信用

（一）消费信用的概念及方式

消费信用是由工商企业、银行或其他金融机构向消费者提供的用于消费支出的信用。消费信用涉及范围很广泛，有购买住房、汽车以及其他高档消费品的贷款还有教育、学费贷款等。其主要方式有：

1. 商品赊销

是零售商对消费者提供的信用。消费者凭银行或其他机构发给的信用卡，在约定公司、商店购买零星商品，或作其他支付，定期结算清偿。这种商品赊销实质上是延期支付购买消费品的商业信用，但仅限于消费者个人零星的日常购买，属于短期信用。

2. 分期付款

是最常见的延期支付购买消费品的商业信用，属于中期消费信用。一般是消费者先支付一定比例的货款，然后按合同分期加息支付其余货款。在分期付款尚未偿清之前，这些耐用消费品所有权仍属于卖者。在我国分期付款的消费信用主要用于购买电冰箱、彩电、录放机等，随着人民生活水平提高及住房的商品化，用于买车和住房的消费信用也将普及。

3. 消费信贷

是银行或其他金融机构对消费者个人发放的，用于购买耐用消费品或支付其他费用的信贷（住宅抵押放款除外）。消费者可一次或分期偿还贷款。消费信贷又可分为直接信贷和间接信贷。直接信贷是银行直接与消费者发生借贷关系，又称买方信贷；如果银行通过某一企业间接与消费者发生借贷关系，如银行凭分期付款单作抵押，对销售企业发放消费贷款，因此也叫卖方信贷。

消费贷款按贷款用途可以分为：耐用消费品贷款、个人住房消费贷款、大学生生活贷款、汽车贷款、教育和学费贷款等。

（二）消费信用的特点与功能

1. 消费信用主要特点

（1）消费信用的债权人是工商企业、银行或其他金融机构，债务人是消费者个人。

（2）消费信用直接用于个人消费。由于消费的扩大和超前，创造了新的生产需求，也间接促进了销售消费品企业生产的发展。

（3）消费信用中，商品赊销、分期付款发生时，商品销售者一次将商品提供给消费者，但商品所有权仍归卖者。消费者付款是分次的。

2. 消费信用的功能

在现代经济生活中消费信用愈来愈重要，特别是在经济发达国家中，如美国的零售商品销售额中有一半以上都是通过信用交易方式进行的。

消费信用的发展扩大了需求，使消费者提前享受了当前尚无能力购买的高档消费品，刺激了经济发展。特别是在市场经济条件下，生产厂家要按市场需求按排生产，消费信用可以及时向企业提供需求信息，引导生产发展，通过改变消费结构来改变生产结构，通过加速商品资金的转化来加速资金周转。我国住房商品化的进程也要在很大程度上依赖于消费信用的发展。

消费信用在刺激经济发展同时，若使用过度，也要带来隐患：如减少居民储蓄，增加债务，超前消费可能引起需求过度，信用膨胀，造成虚假繁荣，导致消费积累比例失调，给生产、流通带来不利影响，须有节制的利用。

五、其他信用形式简介

1. 证券信用

是指国家、金融机构或企业以发行有价证券向社会取得的信用，如国家发行国债、金融机构发行金融债券，企业发行股票、公司债券等。证券信用是直接融资信用，筹资者以证券发行方式直接在证券市场上取得资金，而购入证券者则拥有以证券表示的产权或债权。

2. 信托信用

是以信任为基础，财产（包括资金、动产和不动产）的所有者（单位或个人），为了取得收益或达到某种目的，将财产委托给可以信赖的第三者，按照自己的要求代为管理、经营或处理其财产的一种信用形式。

3. 租赁信用

是指专业性租赁公司或商业银行的租赁机构购买机器设备出租给承租人，以收取租金的方式回收贷款本息所提供的信用。在租赁合同期内，租赁财产的所有权属于出租人，使用权属于承租人，承租人要支付租金。租赁双方既有债权债务关系，又有出租、承租关系。

4. 保险信用

是保险公司以自己的信誉作担保向投保人收取保险费用，建立保险基金，当投保人在未来事故或自然灾害中造成经济损失，或人身伤亡，或丧失工作能力时，保险公司按原订契约予以经济赔偿或提供劳务的信用形式。投保人交纳了保险金，就可以取得一种预期信用，而保险公司则是以信用方式无偿取得保险金，并按信用条件无偿进行理赔活动。

5. 国际信用

是指以各种形式跨国界提供的信用，又称国际信贷。它是国际贸易的直接产物，是世界经济发展的重要工具。

第三节　信　用　工　具

一、信用工具的概念与特点

信用工具是以书面形式发行和流通，借以保证债权人权利和债务人义务的合法凭证。

现代信用工具必须具备以下特点：

（一）债务偿还性

信用工具上均注明自发行日至到期日的期限。债务人必须到期偿还信用凭证上所记载的应偿还债务，债权人按到期债权金额收回债权。

债权人、债务人还可根据到期日计算偿还期。偿还期是指债务人必须还债之前所剩余的时间，是针对当前时间计算的，而不是针对发行日期计算的。例如：某种公债1980年发行，2000年到期，对于发行日期来讲，偿还期为20年，当时间到了1995年时，偿还期则为5年。偿还期是一个动态指标。

（二）凭证流动性

又称信用工具可转让性。信用工具是信用活动的载体，这一载体可以流动，即债权人可以将所持有的信用工具在金融市场上随时转让、买卖，以获取现款，收回投放到信用工具上的资金。信用工具的流动性使信用工具具有变现能力，即在债权人急需资金的时候可及时获得现金,这一功能促使了整个社会的资金融通规模和投资规模得以稳定和扩大。

变现能力是指信用工具在较短时间内变卖为现金而不至亏损的能力。能随时出卖而换取现金的信用工具变现能力强,流动性强,如活期存款、信用卡等;在短期内不易脱手卖出的信用工具,流动性差;在变现过程中耗费较高交易成本的信用工具,或在变卖时容易受市场波动的影响而蒙受损失的信用工具,其流动性也相应较差。流动性受偿还期及债务人信用影响,一般来讲,流动性与偿还期呈负相关关系,即偿还期长,流动性较差;而与债务人信誉及实力呈正相关关系,即债务人信用越高,实力越强,其流动性亦越强。

(三)投资收益性

持有信用工具就意味着投资,因而应带来收益。信用工具能定期或不定期带来收益,其中债券、存单等凭证在票面上或存单上载明了利息率,投资者按规定利息率取得收益,这属于固定收益;还有些信用工具是在金融市场上按市场价格出卖而获得收益,这称之为即期收益或当期收益。

投资收益性用收益率表示,数值上等于净收益与本金之比值。即期收益的收益率是不固定的。以下介绍几种收益率的计算方法:

1. 名义收益率

$$名义收益率 = \frac{票面收益}{本金}$$

如某债券面值100元,10年还本,每年利息8.00元,则:

$$名义收益率 = \frac{8}{100} = 8\%$$

一般信用工具上所标明的年利息率,就是名义收益率,也称息票率。

2. 当期收益率

$$当期收益率 = \frac{票面收益}{市场价格}$$

上例中,若债券可转让,某日市场价格为95元,则:

$$当期收益率 = 8/95 = 8.42\%$$

显然,以低于票面价格购买债券,资本不会亏损。

3. 折扣与积累

折扣是当按低于面值购买某一信用工具时,面值与买价之间的差额。这一差额与成本(市场)价格之比为折扣率。

$$折扣率 = \frac{面值 - 买价}{成本价格}$$

积累是按低于面值购买某一信用工具的价值升值。这种升值是购买日期与到期日期(到期时按面值偿还)之间的升值。如美国国库券就是按折扣发行的。一张按九八折发行的,面值为100美元的三个月期国库券,其

升值:2美元,即 $100 - 98 = 2$ 美元

折扣率:2.04%,即 $\frac{2}{98} = 2.04\%$

4. 升水与分期偿付

升水是购买一种信用工具超过面值所支付的金额。这一金额与成本价格之比即为升水

率。

$$升水率 = \frac{买价 - 面值}{成本价格}$$

分期偿付是按升水购买一种信用工具时的价格贬值，这种贬值是购买日期与到期日期或偿付日期（到期按面值偿还）之间的贬值。

5. 应计利息

应计利息是指一种信用工具从最近一次偿付日期起到转让交割时止（不包括交割日）已经积累的利息数额。大多数债券价格开价多是以利息为基础的。除约定价格外，从前一个偿付利息日起，买者应把应计利息数额偿付给卖者。因为在下一个偿付日期（如半年或一年）将要把整整一个偿付期间的利息付给买者，而卖者在此期间也已持有一定期限，应拥有这段持有期的利息。如一种年利率为15%的债券，利息偿付日期在9月1日，若出售于10月17日，交割时间是10月24日，则该卖者可享有按年息15%，时间为一个月零23天的利息。

6. 实际收益率

实际收益率是指信用工具持有者到期所获得的纯收益率。计算公式为：

$$实际收益率 = \frac{实际收益}{实际支出}$$

如有面值为1000美元，年利率为8%的10年期债券，某人于第二年末以八折价格购得，并保留债券到期为止，他所获得的实际收益率计算如下：

偿还期：8年

每年获利息：80美元　即　$1000 \times 8\% = 80$美元

每年积累：25美元　即　$\frac{1000-800}{8} = 25$美元

每年收益：105美元　即　$80 + 25 = 105$美元

实际收益率：13.125%　即　$\frac{105}{800} = 13.125\%$

又如，上例中某人在第5年末，按面值的105%价格购买得该种债券，并保存至到期为止，他所获得的实际收益率计算如下：

偿还期：5年

每年获利息：80美元

每年分期偿付：10美元　即　$\frac{1050-1000}{5} = 10$美元

每年收益：70美元　即　$80 - 10 = 70$美元

实际收益率：6.67%　即　$\frac{70}{1050} = 6.67\%$

实际收益率的计算既考虑到名义收益，又包括了资本损益和偿还期长短的影响，因而能够更为准确地反映投资收益率。

（四）本金安全性

是指信用工具的本金是否有可能遭受损失，又称风险性。由于债务人不履行合同，未按时还本付息而使持有者受到损失，称爽约风险，这种风险大小视债务人的信誉和实力而定；还有一种是由于市场利率上升而导致信用工具市场价格下跌的风险。一般说来，本金安全性与偿还期长短呈负相关关系，与凭证的流动性、与债务人的信誉和实力呈正相关关系。

二、信用工具的分类

随着信用在现代经济生活中不断深化和扩展，多种多样的信用工具被创造出来。信用工具的种类可以从不同的角度来划分。

按接受性程度可分为一般接受性的信用工具和有限接受性的信用工具。一般接受性的信用工具是指为社会公众所普遍接受，能充当交易媒介和支付手段的信用工具，如政府发行的钞票和银行活期存款等。有限接受性信用工具是有不同程度的流动性，但不能充当一般性交易媒介的信用工具。其被接受程度和范围取决于该工具的性质，出票人及付款人的信用，以及是否可以转让和如何转让等因素。如各种可转让存单、商业票据、支票、股票、债券等。

按发行者的性质可分为直接信用工具和间接信用工具。直接信用工具是指非金融机构，如工商企业、政府和个人所发行和签署的商业票据、股票、公司债券、国库券、公债券、抵押契约等。这些信用工具可直接用来在金融市场上进行融资或交易。间接信用工具是指金融机构所发行的银行券、存单、存折、人寿保险单、各种借据、银行票据等，这类信用工具是融资单位通过银行或信用机构融资而产生的。

按投资的期限可分为长期信用工具和短期信用工具。长期信用工具又称资本市场信用工具，一般把一年以上期限的融资凭证称为长期信用工具，如股票、公司债券、公债券等。短期信用工具又称货币市场信用工具，目前把一年以下期限的融资凭证称为短期信用工具，如商业票据、可转让存单、国库券、同业拆借等。西方一般把短期信用工具称为"准货币"，这是因为这类信用工具偿还期短、流动性强，随时可以变现，近似于货币的缘故。

信用工具还可以按付款方式、可否转让、地理范围等进行分类，不再详述。

以下介绍几种较主要的信用工具。

三、短期信用工具

短期信用工具又称信用货币，是指期限短，变现较容易的票据和其他信用凭证。

(一) 票据

1. 票据的概念及票据行为

票据是具有一定格式，记载有一定金额、日期，到期由发票人或指定付款人向持票人或票面指定人无条件支付一定款项的书面债务凭证。

票据的主要行为有：出票、背书、转让、承兑、保证、贴现、付款等。

出票是创造票据的行为，即指出票人签发票据的行为。票据上的权利与义务都因出票而产生，出票是最基本的主要的票据行为。

背书是票据的收款人或持票人为了将未到期的票据转让给第三人，而在票据的背面或粘单上记载有关事项并签章的票据行为。背书是转让的依据，其目的是保障持票人利益，即转让人对票据起担保作用。背书人一经背书即为票据的债务人，并与支付人同样负有对票据的支付责任，称第二债务人。第三人收到经背书的票据以后，待票据到期，可持票据向付款人收款，若付款人不能付款，可向背书人索款。

转让是持票人经背书将票据权利转让给第三人或者将一定的票据权利授予第三人行使。第三人也可以再经背书转让给第四人，如此等等。这样一张票据就可能在金融市场上经过多次背书使用，去完成多次商品交易，节省了现金的使用。

承兑是票据付款人在票据上签名盖章,承诺票据到期日支付票据金额的票据行为。付款人承兑票据,不得附带条件,承兑后应当承担到期付款的责任。

保证是票据的保证人保证票据到期偿付的法律行为。即票据的保证人对合法取得票据的持票人所享有的票据权利承担保证责任,保证人与被保证人对持票人承担连带责任。保证人应由票据债务人以外的他人承当。

贴现是票据持有者将未到期的票据交给银行(或其他机构),银行按照票面金额扣除从贴现日至到期日之间的利息付给现款,收进票据或债券,待到期后持此向付款人收款。

付款是持票人在票据到期日获得付款,在票据上签收,并将票据交给付款人的票据行为。持票人亦可委托银行代为收款。付款人亦可委托银行付款。付款人依法足额付款后,全体票据债务人的责任解除。

2. 票据的种类

票据主要有汇票、本票和支票。

(1) 汇票。汇票是出票人签发的,委托付款人在见票时或者在指定日期无条件支付确定的金额给收款人或者持票人的票据。

汇票的主要关系人有:出票人(签发票据人)、付款人(债务人)、受款人(持票人)、承兑人(承诺付款责任者)。

汇票按出票人不同分为商业汇票、银行汇票。商业汇票是因异地交易而引起的债权债务关系所签发的信用凭证。出票人是销货人或收款人,在国际贸易中是出口商,然后通过银行向异地购货人或进口商收款。银行汇票由银行签发,交汇款人寄给外地收款人,凭此向指定银行兑取款项的汇款凭证。

按承兑人不同可分为商业承兑汇票和银行承兑汇票。由于汇票是由债权人发出,这就必须在债务人承认兑付后才能生效,经过承兑的汇票称承兑汇票。承兑由企业作出称商业承兑汇票;由金融机构作出承兑的汇票称银行承兑汇票。银行承兑汇票大大提高了商业票据的信用能力,因为当债务人不能按期如数付款时,将由银行直接付款。

按汇票付款期限分为即期汇票、定期汇票。即期汇票为见票付款的汇票;定期汇票即在见票或出票后指定的日期付款的汇票。

按是否限定收款人可分为记名汇票和不记名汇票。记名汇票要指定收款人;不记名汇票也称来人汇票,是凭票付款。

按汇票是否附有担保分跟单汇票(附有商品凭证和货运单据)和光票(不附凭证)。

(2) 本票。本票是出票人签发的,承诺自己在见票时无条件支付确定的金额给收款人或者持票人的票据。本票的出票人在持票人提示见票时,必须承担付款的责任,因而出票人必须具有支付本票金额的可靠资金来源,并保证支付。本票的发票人即为付款人,银行签发的为银行本票;企业签发的为商业本票;见票付款的是即期本票;到期付款的是定期本票;注明持票人(受款人)姓名的为记名本票,不注明持票人姓名的为不记名本票。

(3) 支票。支票是出票人签发的,委托办理支票存款业务的银行或者其他金融机构在见票时无条件支付确定的金额给收款人或持票人的票据。也就是指银行的活期存款人,通知银行在其存款金额内或约定的透支额度内无条件支付一定金额给持票人或指定人的信用凭证。支票的当事人有发票人(存款户)、付款人(银行)、受款人(持票人)。支票被存款人从银行提取现款时,只是一种普通的信用凭证。当支票被存款人用来向第三者支付款项时，它则作为一种信用工具，代替货币发挥流通手段和支付手段职能。**特别是支票多数用于转账而不是提取现金，这样支票的流通大大节约了现金。在信用制度发达的国家，绝大多数交易和债权债务关系都是利用支票转移存款予以结清的。**

支票按是否记载收款人姓名可分为：记名支票（又称抬头支票），即银行只对支票上的指定人付款，同时还必须经持票人背书方可付款。不记名支票则对任何持票人付款。

按支付方式可分为：现金支票：可用来支取现款；转账支票：只能用于转帐，不得提取现款；保付支票：票面上注明保付字样，由银行保证付款，不会发生退票。

（二）信用证

信用证是办理国际间债权债务货币收支结算的信用工具。信用证是根据进口商的要求，银行对出口商发出的授权出口商签发以银行或进出口商为付款人的汇票，保证交来符合条款规定的汇票和单据必定承兑和付款的保证条件。

信用证的种类很多：根据付款时间不同可分为：即期信用证、远期信用证、预支信用证；根据信用证项下汇票是否附有单据可分为：跟单信用证和光票信用证；根据信用证是否经由另一银行保证兑付可分为：保兑信用证和不保兑信用证；根据信用证用途可分为：商业信用证和旅行信用证等。

（三）信用卡

信用卡是对具有一定信用的顾客（消费者）所发行的一种赋予信用的证书。持卡人到发卡机构指定的商店或饭店消费时，可凭卡结算，不必付现金。持卡人还可以凭卡到指定的银行或自动柜员机上存取现金。信用卡是现代社会经济生活中必不可少的工具，它比现金交易安全、卫生、文明，对于在银行开有存款帐户的人来说，免去了使用支票的麻烦，对特约商业单位来说，可以增加营业额，并可以解除收受空头支票或假支票的顾虑，对于发卡银行来说，则可以多吸收存款或通过垫付客户欠款，扩大利息收入。

现在信用卡已为各国所采用，正在成为国际通用的电子货币。

（四）国库券

国库券是由财政部发行的短期政府债券。可根据国库收支急需，解决财政年度内先支后收的矛盾而随时发行，期限一般为三、六、九、十二个月，以三个月期为普遍。国库券是一种按竞争出价销售的无担保、无记名债券，它未附息票，也不指明利息，而是按面值打折扣销售，到期时政府按票面足额还本，买卖价格的差额即为利息。例如票面额 10000 美元的 6 个月期国库券，如按九七折发行，即只需付 9700 美元就可购得这张国库券，持有者 6 个月后便可得到 10000 美元，而获利 300 美元，这相当于年利息率 6.186%（300×2/9700=6.186%）。

国库券以国家信用为后盾，信誉高，投资风险小，期限短，随时可以在金融市场上买卖变现，且不交所得税，因而具有安全性、流动性、盈利性都好的优点，是品质很高的证券，在金融市场上是最受欢迎的交易工具，有金边债券之称。

（五）大额可转让定期存单

大额可转让定期存单是短期金融债券。是由经营存款业务的银行发行的一种到期无条件偿付的存款凭证。其特点一是面额大，美国规定最低面额为 10 万美元，日本为 1 亿日元；二是期限短，一般在一个月到一年之间；三是可以自由流通转让；四是实行定期存款利率。由于它与活期存款一样可以随时变现，又享受定期存款利率，因此是一种很有竞争力的信用工具。

四、长期信用工具

长期信用工具包括债券和股票两大类,它们都属于有价证券。有价证券是指具有一定票面金额,代表财产所有权和债权的凭证,是可以在证券市场上自由让渡,融通资金的资本证券。

(一) 债券

债券是债务人向债权人承诺在指定日期支付一定利息和偿还本金的有价证券。按发行者不同可分为公债券、公司债券、金融债券等。

1. 公债券

公债券是国家政府向社会举债而发行的借款凭证,又称政府债券。发行公债的目的是增加政府收入,弥补财政赤字的称财政公债;筹集经济建设资金的称建设公债。公债发行要经过立法机关通过,列入国家预算,并以法律形式公布。发行时要按公债发行条例执行,规定如下内容:

(1) 公债的发行利率,一般采用固定利率;

(2) 公债的面额及发行价格,即发行的名义价格,一般分平价发行、溢价发行、折价发行;

(3) 利息支付方式,即利息的支付形式,支付次数和支付时间。公债利息的支付形式有货币利息、实物利息、以奖代息等三种;利息支付次数和时间有以下几种:到期一次性还本付息的是定期公债;在一定时期内分若干次还本付息的是分期公债;而按期付息、永不还本的是永续公债,此种现在已不多见;还有以低于票面价格发行的无息票公债券等。

(4) 公债偿还期。是指从公债发行期结束,正式计算公债利息之日起,到偿还为止的日期。公债偿还期都在1年以上,1~5年为中期公债,5年以上为长期公债。我国目前发行的国库券实际上是中期公债券;

(5) 公债偿还办法。即期满偿还和期中偿还两种;

(6) 公债还本付息的场所。

国家向国内人民发行公债券借款属内债,向国外政府及公众发行公债券借款属外债,都属于政府负债。偿还公债的资金必须是财政资金,其主要来源于税收、发新债还旧债、向银行借款、发行货币、变卖国有资产和黄金储备等五个方面。

还有地方政府发行的债券称地方债券。其性质同中央政府债券,但信誉较之为低。

2. 公司债券

公司债券是企业(股份公司)向社会发行筹集长期资金的借款凭证。发行债券的企业出卖债务凭证,以公司财产作为清偿保证,向持券人承诺在指定时间,按票面规定还本付息。公司债券可以流通转让,由于风险较大,其利率一般高于政府债券和金融债券。

发行公司债券是企业资金的重要来源之一,一般都为特定目的或用途而发行。企业要发行公司债券,必须先参加信用评级,达到一定标准才有资格发行,而且发行额度不得超过企业现有资产与现有负债相抵后的余额。若企业以前在发行公司债券中有违约或推迟支付利息情况,一般不准再发行新公司债券。在通货膨胀情况下,企业只按票面规定还本付息,等于把通货膨胀的损失转嫁到持券人身上了。为了保障持券人利益,企业常委托投资银行、保险公司、信托公司等金融机构充当受托人，订立契约，即维护了持券人利益，也同时提高了公司债券的信誉，便利发行。

公司债券种类很多，主要有以下几种：

（1）抵押公司债券。指发行公司债券的企业必须以自己的不动产作抵押品，到主管机关办理债券发行手续。如一项抵押品价值很大，可用同一抵押品发行数次公司债券，分为第一抵押公司债、第二抵押公司债；当债券到期企业无力还本付息时，主管机关可依法处理抵押品，按次序清偿第一、第二公司抵押债券的本息；若抵押品资不抵债时，持券人可与企业的其他债权人一样，有要求发券企业以剩余财产偿付的权利，这种债券有利于保障持券人权益。

（2）无担保公司债券。指仅凭企业的信用发行债券，无担保品作抵押。为了保障持券人利益，往往对发行者在发行数额上，支付股息、红利方面作出限制。

（3）偿债基金公司债券。即规定发行企业在债券到期之前，按发行总额的一定比例把现款交给受托人，以便受托人偿还到期债券本息。

（4）转换公司债券。即债券的持有者可以根据自己的意愿，在一定时期内按规定的价格和条件，将该项公司债券换成该公司的其他债券，一般换成该公司的优先股票和普通股票。由于股票的求偿权利在债券之后，因此利息率高于债券。转换债券的持有人进行兑换时，可使公司债务下降，而资本额随之增加。

（5）设备信托公司债券。这是一种与租赁设备有关的公司债券。发行人多为航空、铁路或轮船公司等。发行公司购买一项设备，支付若干比例的定金，其余价款以发行公司债券的形式交给销售设备的企业，销售设备的企业因此而成为该公司债券的债权人，并将该项设备以租赁的形式交给发行债券的公司使用，发行债券公司按期交付租赁费给受托人，受托人用租赁费支付公司债券的本息，到全部本息偿清后，也就是购买设备未支付的另一部分价款偿清后，该项设备归发行公司所有。

3. 金融债券

金融债券是指银行为筹措中长期贷款的资金来源而向社会发行的债务凭证。金融债券的特点是：

（1）具有高度的流动性。金融债券是不记名有价证券，可以上市流通转让，银行只对持券人承担到期偿还本息的责任，一旦证券转让，债权债务也随之转移；

（2）具有相对稳定性。金融债券是长期信用工具，有固定的偿还期，持券人不得要求提前偿还；

（3）所筹资金有特定用途，主要用于经济建设；

（4）定期发行，时间集中，发行量有一定限度；

（5）金融债券利率高于银行存款利率，有较高收益性。

金融债券种类很多，有不动产抵押债券、息票金融债券、贴现金融债券、累进利息金融债券、浮动利率金融债券等。

（二）股票

股票是以股份制形式组织起来的企业发给股东证明入股并有权取得股息的有价证券。股票是股份公司筹集和营运资金的工具，所筹集资金不必还本，同时股票又代表了股东对公司的所有权，股东拥有按股票比例分享公司盈利取得股息、红利等权利；股票还可以在证券市场上自由转让和抵押，因而股票是金融市场主要的长期信用工具。

股票的分类方法很多。

1. 按股东权利可分为普通股和优先股

（1）普通股。是股份公司依法最先发行的股票，是股票的最基本形式。普通股股东是企业的所有者，有权出席股东大会，拥有表决权、选举权，对公司的经营方针有一定的发言权和监督检查权。普通股的股息不固定，随公司利润大小而变动，对公司的税后剩余利润享有按照股份比例取得股息和红利的权利，在公司解散和清算时亦有权按股份比例获得财产的权利，当公司增发新股票时，享有在一定优惠条件下优先认购的权利，另外股东还可以在必要时出售或赠送股票，这时股东的权益也就随之转移了。

（2）优先股。是股份公司发行附带优惠条件的一种股票。通过提供比普通股优惠的条件吸引投资者。比起普通股，优先股股息固定，并在普通股之前支付股息，不参加公司分红；当公司破产清理时，有比普通股优先分得剩余财产的权利。优先股股东不参予公司经营管理、没有选举权和被选举权等权利。优先股是一种比普通股风险较小的股票。

2. 按股票票面形式可分为记名股票和无记名股票；有面额股票和无面额股票

（1）记名股票。即股票票面上记载持股人姓名或名称的股票。记名股票不得私自转让，出让时须办理过户手续，否则受让人不能行使股东权利。

（2）无记名股票。票面上无须记载股东姓名或名称，这种股票可任意转让，流动性大。

（3）有面额股票。是指股票上标有一定金额的股票。但股票发行并不按面值发行，特别是在证券市场上，优质股票价格要高出票面价值许多倍，而劣质股票价格又可能低于票面价值，因此股票面值的实际意义不大。

（4）无面额股票。是只注明所占股份份数而无金额的股票。这种股票便于股份分割，增加了股票的流动性。

3. 按股票持股主体可分为国家股、企业股和个人股

（1）国家股。是指由国家投入的资金构成的股份。主要包括：一是由国家对股份公司投资持有的股份；二是国有企业转化实行股份制经营时，对原有国家资产评估后折算的股份。

（2）企业法人股。是指由企业投入资金构成的股份。主要包括：一是由新组建股份公司用自有资金认购的股份；二是原集体企业以自有资产重新估价折算成的股份；三是原企业改组成股份公司时，将原企业多余未发的职工奖励基金转作职工共有股份；四是按照规定可以持股的银行、其他金融机构、其他企业、事业单位投资所持有的股份。

（3）个人（自然人）股。是指由个人投入资金构成的股份。其中包括发行公司、参股单位内部职工或地区内居民（特定对象）持有的股份以及社会广大城乡居民（非特定对象）持有的股份。

第四节　利息与利率

一、利息的概念及本质

利息是借款人支付给贷款人的使用借贷资本的代价，是借贷资本增殖的一部分。

货币在商品交换中充当媒介时，自身是不会增殖的，但在金融市场上，职能资本家从

货币资本家手中获得一笔贷款,并将其投入到生产过程中去时,这些货币就作为货币资本执行资本的职能,也就拥有了生产利润能力的使用价值。

借贷资本的运动,从借贷资本家的角度看是 $G-G'$ 的运动,但究其实质是包含了双重支付、双重回流的二重运动。同一货币在职能资本家的再生产过程中成为货币资本,并通过劳动者的追加劳动创造了剩余价值——利润。在产业资本运动的全过程中,货币资本取得了两重存在:即一方面以资本所有权的形式存在于生产过程之外;另一方面又以资本使用权的形式存在于生产过程之中,因而对货币资本的增殖——利润,应进行分割,即货币资本家因拥有货币所有权而获得利息,产业资本家因资本的使用权而获得业主收入。后来这种借钱付息、还本的关系固定化、独立化了,对每笔贷款都必须到期按一定比率付息、还本,而不论具体的再生产过程如何,这样借贷资本运动和某一次特定的再生产过程中的真实的资本运动状况无直接关系了,而是和全社会的再生产过程中的资本运动的总体状况相关,因而其利息的多少在一定程度上取决于社会平均利润的高低。

综上所述,利息的本质是:在商品经济条件下,无论采取任何生产方式,利息都是劳动者创造剩余价值的一部分,即利润的一部分。

二、利率的概念及利息的计算

利率是指借贷关系下,货币使用权的价值,数值上等于一定时期内利息额与本金之比值。是表示借贷资本每一单位本金在一定时期内所获得的报酬。

利率一般用 i 表示。根据计息时间长度不同分为年利率:按年计算利息的比率,用%表示;月利率:按月计算利息的比率,用‰表示;日利率:以每日为时间单位计算利息时的比率,用‰表示。我国习惯上以"厘、毫"称谓利率,如月利率7.5‰,常读作月息7厘5毫,又日利率1‰,常读作日息1厘。

计算利息的方法有单利、复利两种。

1. 单利

单利是不论期限长短,仅按本金计算利息,而所生利息不加入本金重复计算利息的方法。计算公式:

$$I = PiD$$

式中 I——利息;

i——利率;

P——本金;

D——时间。

如本金1000元,以月利率9.5‰存入银行,存期3个月,则利息为:

$$I = PiD = 1000 \times 9.5‰ \times 3 = 28.5 元$$

我国的年、月、日利率的换算公式:

日利率=年利率/360=月利率/30

月利率=年利率/12=日利率×30

年利率=月利率×12=日利率×360

一般习惯上用年、月利率表示。

2. 复利

复利是计算利息时,按一定期限(一般为1年)将利息加入本金,再计算利息的方法。

这种逐期滚算的方法俗称"利滚利"。时间越长，复利所计算的利息越多，反映了货币的时间价值。复利计算方法的理论依据是：在扩大再生产的情况下，资金在每一次循环后，增殖部分并不退出循环过程，而是同原来的资金一起参加下一次资金循环运动使增殖部分再增殖。

其计算公式：
$$S=P(1+i)^n$$
$$I=S-P$$

式中　S——本金、利息之和；
　　　n——计息期数。

如某人借款10000元，年息12%，两年后到期，试按复利计算这笔贷款利息。
$$S=P(1+i)^n=10000\times(1+12\%)^2$$
$$=12544（元）$$
$$I=S-P=12544-10000=2544（元）$$

若按单利计算：

第一年利息：$I_1=PiD=10000\times12\%\times1=1200$

第二年利息：$I_2=11200\times12\%\times1=1344$

两年合计利息：$I=1200+1344=2544（元）$

由此可见复利利息相当于以本利和作为本金的同期单利利息之累加。

用单利法计算利息，方法简单，习惯上都采用单利法计算长期（一年以上）利息。但是制定长期利率时必须要考虑时间因素的影响，长期利率要高于短期利率，这样才有利于吸收长期资金。

三、几种主要利率

（一）基准利率与市场利率

基准利率是指在各种利率中具有核心作用，并能制约其他利率的基本利率，是由中央银行操作、执行的处于利率体系的核心地位的利率。主要有中央银行的再贴现率、中央银行对其他银行、金融机构的存、贷款利率。正常情况下，中央银行的存、贷款利率是整个社会利率体系中处于最低水平的利率。基准利率水平的确定与变动，对整个利率体系中的各项利率具有引导作用。

在现代经济生活中，利息率是国家调节经济进行宏观控制的重要经济杠杆。基准利率的变化体现了政府货币政策的意向。当中央银行根据货币政策的需要和市场资金供求变化趋势重新确定利率政策之后，其意图总是以基准利率的变动传递出去的。

基准利率的确定一般遵循两个原则：一是贷款利率要高于金融机构向社会筹集资金的成本，以抑制向中央银行借款；二是存款利率要高于金融机构吸收存款的平均利率，低于其向中央银行借款的平均利率，使金融机构在中央银行的存款利率处于盈亏临界点的中性地位。

市场利率是指在借贷市场上借贷双方通过竞争而形成的利率。市场利率是中央银行制定基准利率的重要依据，反过来，基准利率又对市场利率起着制约和引导作用。市场利率反映非常灵敏，它不仅要随基准利率变化而变化，同时还受到借贷货币资金供求状况等一系列相关因素影响，因而与基准利率变化又并非完全一致。

(二) 固定利率与浮动利率

固定利率是在整个借贷期内利率固定不变,即不随借贷供求关系而变动的利率,适用于短期借贷或市场利率变化不大的条件下。

浮动利率又称可变利率,是指在借贷期间随市场利率变化而定期调整的利率。调整期限及调整时作为基础的市场利率的选择均由借贷双方在借贷时协定。如欧洲货币市场上的浮动利率一般是以3个月或半年作为调整期限,多采用伦敦市场银行间3个月或半年的拆放利率作为调整的基础利率。浮动利率适用于借款期限较长,或市场利率变化较快,其变化趋势很难预测情况时。实行浮动利率,借款人在计算利息成本时要困难一些,利息负担也可能加重,但是借贷双方承担的利率变化风险较小,利息负担同资金供求状况紧密结合,因此一般中长期贷款都选用浮动利率。

(三) 名义利率和实际利率

名义利率是以名义货币表示的利息率。

实际利率是名义利率剔除通货膨胀率以后的真实利率。

即:实际利率=名义利率-通货膨胀率(物价上涨率)

在纸币流通条件下,由于纸币代表的价值随纸币数量增减而变化。当流通中纸币数量超过市场上的货币必要量时,单位纸币代表的价值量必然下降,于是产生了纸币的名义价值和实际价值之分,进而也出现了名义利率和实际利率。因而判断利率水平高低不能只看名义利率,必须以实际利率为依据。当物价上涨率高于名义利率时,实际利率就成为负数,即负利率。负利率对经济起逆调节作用。

(四) 存款利率与贷款利率

从历史上看是先有存款利率,后有贷款利率。贷款利率高于存款利率,这是二者的基本关系。存款利率与贷款利率之差称存贷利差,正常情况下存贷利差大于零。

一个国家的金融政策,金融业的发达程度,金融市场的竞争状况都会引起利差的变动。一般来讲,当国家金融政策重点是吸收存款,抑制资金需求时,就会提高存款利率,降低贷款利率,使存贷利差缩小。一国的金融业发达,技术水平高,银行经营成本费用就会降低,使存贷利差减小。当金融市场打破垄断,竞争激烈时利差就会缩小。而利差过大过小都不利于调动银行和金融机构的积极性,存款利率过低不利于组织社会闲散资金;贷款利率过高又要增加企业负担;贷款利率过低又不利于提高资金的使用效益,因而应综合考虑存款及贷款利率的关系及存贷利差变动影响因素,科学确定合理存贷利差。

(五) 短期利率与长期利率

时间短于一年的借贷资金所形成的利率称短期利率。

时间长于一年的借贷资金所形成的利率称长期利率。

长期利率应高于短期利率。

首先由于有复利因素存在,短期借贷资金可以累计生息。以存款为例,某人将100元存入银行,或存期1年的年利率为10%,连续存两年其利息为:

第一年利息:$I_1=100\times10\%\times1=10$元

第二年利息:$I_2=(100+10)\times10\%\times1=11$元

若折算为存期两年的年利率为:

$$i=\frac{I_1+I_2}{P \cdot D}=\frac{21}{100\times 2}=10.5\%$$

由此可见存期两年的年利率为10.5%时与存期一年的年利率10%相一致。

事实上仅仅是长期利率与短期利率在同样期间内的利息相一致还不够，长期利率还要更高些。这是因为当资金的借贷时间较长时，因物价涨、市场行情变化、经济波动等不确定因素带来的风险也较大，即风险性大小与时间长短有正相关关系，所以一般的存贷款人在长短期利率相一致的情况下仍不愿意采取长期存贷款方式，致使长期资金短缺。另外信用工具融资期限长、变现能力差，货币流动性也差，反之融资期限短，变现能力强，货币流动性亦强。人们都普遍具有保持货币最大流动性的愿望，在长短期存贷利率一致的时候都必然会选择短期存贷方式。为此借款人必须以支付较高利率的优惠条件才能足以补偿存款人在较长时间内失去资金使用权所冒的更多的风险损失和以较高收益吸引，使之放弃货币的流动性；从另一方面来讲借款人获得了长期资金和货币的流动性，也理所当然应支付较高利率的代价。这样考虑对借贷双方都是合理的，可接受的。

四、我国现行的利率体系

利率体系是一个国家在一定时期内各类利率的总和。各类利率之间相互影响，构成一个有机的整体在整个经济活动中发挥调节作用。

利率按不同的标准有不同的分类方法。按利率的管制方法可分为法定利率、限制利率和自由利率；按借贷的主体划分，可分为银行利率、非银行金融机构利率、有价证券利率和市场利率；按利率的作用可分为基准利率、优惠利率和普通利率；按期限可分为货币市场利率和资本市场利率。

各类利率之间和各类利率内部都有一定的数量关系，形成了一定的利率结构。一般情况下同类利率中期限长的利率高于期限短的利率，风险程度小的借贷主体的利率高于风险程度大的借贷主体的利率。各类利率间存款利率要低于贷款利率；商业银行利率要高于中央银行的再贴现利率；市场拆借利率要低于商业银行的贷款利率；政府债券利率要低于银行的存款利率；普通贷款利率要高于优惠贷款利率。各类利率的总水平受经济因素的制约，在一定的利率总水平下，各类利率的变动取决于基准利率的变动。

利率体系的简单与复杂，主要由经济发展的客观需要所决定，也有国家政策的导向影响。我国建国初期，与多种经济成份相适应，存在多种金融机构，利率体系比较复杂。1956年之后随着经济的集中和经济成份的单一化，利率体系则相对比较简单。改革开放以来，利率体系逐渐复杂起来，初步解决了某些利率倒挂问题，利率体系逐渐趋于合理。为适应社会主义市场经济的要求，利率改革的总目标是利率市场化，即利率总水平及各类利率的差别将主要取决于市场的资金供求，决定于风险及流动性程度。国家将放松对利率的管制，使其尽可能反映市场资金供求的变化，从而使官方利率逐渐与市场利率并轨，最终形成以中央银行基准利率为核心、市场利率为基础的利率体系。在完全放开利率管制之前，将逐步扩大各金融机构存、贷款利率的浮动范围和幅度，逐步理顺存款与贷款利率，存贷利率与有价证券利率之间的关系，为最终实现利率的并轨创造条件。

五、决定和影响利率变化的因素

（一）平均利润率

平均利润率是决定利率变动的基本因素，是利息率的最高限。当资本量一定时，平均利润的高低决定着利润总量多少。平均利润率越高，利润总量越大，可能分割出的利息总额越多，利率也就越高。

一般情况下，利息率与平均利润率呈正相关关系。至于利息率与利润率的实际比率，则由借贷双方（金融企业与工商企业）竞争等因素而定。

另外，平均利润率越高，投入生产领域的资本量就会增大，借贷资本需求量也随之增大，必然引起利率上升。但利息率只能在平均润率和零之间变动。如果利率过高，企业借入资金无利可图，就不会借款经营，利息率若低于零，即负利率，那也不会有人出借资金。

（二）借贷资金供求状况

借贷资本是一种特殊商品，利息即为它的价格。这种价格也同普通商品的市场价格一样，受供求关系的影响。在平均利润率一定的情况下，市场上资金供求关系和竞争决定利息在利润中的分割比例。当借贷资金充裕，供大于求，利率下浮；反之，借贷资金紧俏，供应紧张，供小于求时，利率则上升。

（三）经济变动周期

经济变动周期又称经济循环变动，即指经济发展经常出现的呈繁荣、危机、萧条、复苏、繁荣……的周期性波动。经济变动周期将引起利率的周期性变动。

当经济运行处于危机阶段，生产过剩，商品滞销、物价暴跌、生产下降、工厂倒闭、工人失业，社会各方对购买手段、支付手段需求非常强烈，对借贷资本需求量增大，而贷款人却因风险大不愿提供资金，致使供求矛盾尖锐，利率急剧上升，达到最高限度。

萧条阶段，危机过后，市场萎缩，物价降至最低点，投资前景悲观，企业信心不足，压缩或不增加生产投资，购买生产资料和支付工人工资所需货币减少；物价虽低，但交易量减少，对借贷资本需求量减少；而贷款人又极希望将资本尽快贷出，以致借贷资本供大于求，利率不断下降，最后跌至最低水平。

当经济进入复苏阶段，市场及投资环境好转，投资逐渐增多、交易量加大，工厂开工，企业对借贷资本需求量增加，利率逐渐回升。但这一阶段信用周转灵活，支付环节畅通，借贷资本充足，借贷资本在低利率情况下得到满足，由于借贷资本供大于求，利率水平不会上升太快、太高。

经济进入繁荣阶段，生产迅速发展、投资规模扩大，市场需求旺盛，企业对借贷资金的需求猛增，虽然此时资本回流畅通，信用周转加快，抵消了一部分借贷资本的需求，但市场上仍是供小于求，利率迅速上升，达最高点。

综上所述，社会再生产状况是影响利率的决定性因素。即生息资本从属于产业资本和商业资本。

（四）物价因素

在纸币流通条件下，通货膨胀表现为物价上涨、纸币贬值，这时如果名义利率不变，则实际利率就会下降，甚至变为负值，而零利率、负利率都不仅不能控制通货膨胀，反而会起推波助澜的作用，同时还会抑制投资和储蓄，甚至使银行"脱媒"，即存款大量流失投向其他资产或导致亏损。因而在这种情况下存贷款利率都应提高，使实际利率保持合理水平，避免损失，使存款者或贷款银行不致亏本。同样道理，在物价下降的时候，名义利率也应相应下调，使实际利率仍保持在一个合理幅度上，不致过高。

（五）风险因素

资产贷放到回收时间的长短以及具体的债务人都会带有不同程度的风险。一般规律是：期限越长，风险越大，如物价上涨，更有利投资机会出现等。作为借款人在较长时间内失去资金使用权所冒风险的补偿，利率应更高些。债务人不同所带来风险的大小依次是：国家政府、银行、金融机构、企业、个人。债务人是国家政府，本金安全性大，风险小，而借款人是企业或个人时，就有可能有破产倒闭而造成本金受损的风险，为争取贷款，加大吸引力，其利率也相应高一些。

（六）国家经济政策

现代经济生活中，利率是国家调控经济的重要经济杠杆。国家可以根据需要调整官方利率、制定差别利率等，干预经济的发展。当国家要抑制经济的过热增长，降低物价水平时，就会提高利率。相反，要刺激经济发展时，则会降低利率。国家在某一时期，要鼓励和支持一些地区、部门和行业的发展，则可对他们降低贷款利率，予以优惠。而对另一些地区、部门、行业则实行较高利率，抑制其发展。如我国对粮食、中药材、民族贸易和民族用品生产企业，民族手工艺品、小商品生产等企业实行优惠利率；对采购农副产品贷款、民政福利工厂、老苏区县办工业贷款适当降低利率；对于国家经济政策限制发展的企业，对同先进的大工业争原料、争能源的小企业和落后企业要适当提高贷款利率。对列入国家计划内的能源、交通、通讯和一部分原材料工业等13个行业，对盐业、农业的基本建设贷款，实行差别利率。

（七）国际因素

国际经济的一体化，导致了信用的国际化。在经济开放的条件下，各国的利率变化都会彼此影响。一个国家利率上升，就会吸引其他国家的资本流入，当其他国家资金短缺时就会被迫相应提高利率。一般来讲为防止国内资金外流，需要提高国内利率，为限制外资流入，可降低国内利率。国际市场利率水平变化，发生不平衡时，就会引起国际间资本（金）的流动，影响各国的国内利率水平变动，一个国家经济的国际化程度越高，这种影响就越大。

六、利率的经济杠杆功能

利率是国家调控经济的重要经济杠杆之一，对经济发展的结构、规模和速度都有重要的导向和调节作用。

（一）聚集社会资金，增加信贷资金来源

银行对存款支付利息的制度，能够有效吸引企业再生产过程中暂时闲置的资金和民间各种闲散货币，具有集中借贷资本的能力。特别是小额社会闲散货币，本不具有货币资本职能，但存入银行，结合成巨额资金后，就可转化为借贷资本，发挥货币资本的作用，满足生产发展需要。较高的存款利率能增加存款者收益，可以扩大借贷资本积累的规模。同时利率的高低直接影响社会总资本的来源及其规模和结构，也影响着资本积累的速度和效率，从而影响整个资本的积累。现代经济中，各国都以灵活的多档次、多形式的利率，尽可能地动员吸引国内外的闲置货币资本，来加速扩大本国资本积累，推动整个经济发展。

（二）调节信贷规模和投资规模

利息是企业利润的一部分，贷款利率高低直接影响企业净收入，贷款利率过高，企业难以承受，它们可能不再借款投资，甚而将资本从生产过程中抽回，将生产资本转化为借贷资本，因此贷款利率的变化与借贷资本总量呈反方向变化。于是国家就可以通过调节贷款利率来调整银行信贷规模及投资规模，以达到抑制投资过热，使经济稳定发展。

（三）调节产业结构和产品结构

国家可以通过差别利率调节借贷资本的分配结构。如以低利率贷款支持国家重点发展的行业，扶持经济落后地区，或发展市场急需的短线产品；也可以提高贷款利率抑制低效益、负效益企业或长线产品的生产。差别利率左右了资金的流向和流量，从而达到调整产业结构、产品品种结构，使之协调、趋于合理。

另外，作为企业的银行总是要追求较高的贷款利率，因此利润较高的产业就容易获得贷款。在价格合理的条件下，一般利润率较高的产业都是生产产品求大于供的产业，这样的贷款机制必然会使产业结构不断被优化、被调整，落后、亏损的企业及长线产品不断被淘汰，从而有利于技术进步，产业结构均衡，经济稳定发展。

（四）提高资金使用效益

大多数企业进行生产经营活动时，都要向银行借款，是重要的资金需求方，利率对其有很大的督促作用。对同一利率水平，经营管理好、经济效益高的企业可以顺利支付利息，继续取得贷款，求得更快发展。而那些经营管理不善，资金周转缓慢经济效益差的企业则无法承担利息的压力，往往延期付息。银行可以利用利率杠杆对逾期不还贷款的企业实行加息罚款，甚至停止贷款，强制收回贷款等方法，促使后进企业必须改善自身的经营状况，以求生存发展；而对于信用状况好的企业实行优惠利率，这样就可以提高资金的使用效率。

（五）稳定物价

利率高低直接影响银行信贷总规模，继而又决定货币供应量。当流通中货币供应量超过商品流通的需要量时，必然表现为纸币贬值，物价上涨，这时提高利率，就可以吸引资金，回笼货币，使物价趋于稳定。

另外，为了防止某些商品价格上涨引起价格的推进螺旋式上涨，在结构上银行也可以对该商品生产厂家实行低息贷款；以增加企业收入，扩大再生产，增加产品产量，降低该产品价格，以达到稳定物价，抑制通货膨胀的目的。

（六）调节消费与储蓄的比例

当社会或个人的总收入一定时，舍掉其他因素的影响，则有收入＝消费＋储蓄的关系，而利率的变动将有可能改变消费与储蓄的结构比例。一般来说，利率升高，就会刺激人们追求增殖的愿望，提高大众的储蓄积极性，而推迟消费，使储蓄额增加，消费相对减少。但是消费总是有一个最低限度的，它降到一定程度就会稳定，否则消费过度萎缩会使再生产难以维继，因而利率的这种调节功能是有一定限度的。

（七）平衡国际收支

当国际收支出现严重逆差时，可提高本国利率，阻止本国资金流向他国，并可吸引大量国外短期资金。如果国际收支逆差时恰逢国内经济衰退，则可对利率进行结构性调整，即降低长期利率，鼓励投资，刺激经济回升，同时提高短期利率，吸引外资流入，消除国际收支逆差。

综上所述，存款利率高低直接影响银行存款规模，对实现社会购买力商品可供量的平衡有调节作用；贷款利率的高低直接影响银行的贷款规模，决定货币供给量，对币值的稳定有重要作用；贷款利率的差别对贷款结构和产业结构有重要影响，而产业结构的合理化是直接关系到货币正常流通的基础；利率的高低还直接影响企业的生产规模和经营状况，从而影响社会商品供给总量和结构，对货币流通有重要作用。总之国家可以利用利率杠杆调节货币流通。

利率在经济中的调控作用可以用图 2-2 表示:

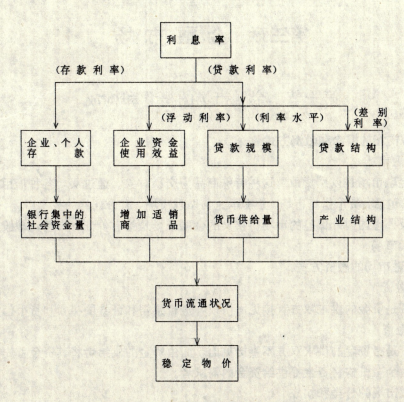

图 2-2 利率的经济调控作用示意图

第三章 金融市场

第一节 金融市场的概念和构成

一、金融市场的概念和融资方式

（一）金融市场

广义的金融市场是以"货币"这种特殊商品为交易对象，通过买卖各种信用工具融通资金的市场。包括：货币借贷市场，票据承兑与贴现市场，有价证券的买卖市场，黄金、外汇交易市场及办理国内外保险的市场。狭义的金融市场是指有价证券市场，即股票和债券的发行和买卖市场。

（二）金融市场的融资方式：

1. 直接融资

直接融资是资金的供求双方直接见面协议，进行票据和证券的买卖和货币借贷。

2. 间接融资

间接融资是指资金的供求双方不直接见面，而由资金的供给者将其资金首先提供给金融机构，再由金融机构将资金提供给资金的需求者。

二、金融市场的分类和构成

（一）金融市场的分类

（1）按金融交易的期限划分，金融市场分为短期资金市场和长期资金市场两种。短期资金市场是指期限在一年以内的短期资金交易市场。它的特点是：期限短、流动性强、风险小，基本上与货币差不多，所以短期资金市场也叫货币市场。长期资金市场是指期限在一年以上的债券与股票市场，由于发行债券和股票主要是为了筹集固定资产投资的资金，所以长期资金市场也叫资本市场。

（2）按金融交易的性质划分，金融市场分为发行市场和流通市场两种。发行市场是从事新证券和票据等金融工具首次问世的市场，也叫初级市场。流通市场是从事已上市的旧证券和票据等金融工具买卖的转让市场，也叫二级市场。

（3）按进行交易的直接对象划分，金融市场分为票据承兑、贴现市场；有价证券市场；黄金、外汇市场。票据承兑、贴现市场是指银行以现款买进未到期的商业票据，对持票人提供资金或专门提供承兑服务的市场。有价证券市场是指买卖股票、债券的市场。黄金、外汇市场是指以黄金、外汇为交易对象的市场。

（4）按金融交易的时间划分，金融市场分为现货市场和期货市场两种。现货市场指金融交易成交后三至四日内交割的市场。期货市场是指金融交易成交后，需要双方约定一定期限（一个月、两个月或半年）后交割。

（5）按金融交易的空间划分可分为国内金融市场、国外金融市场与有形市场、无形市场两类。国内金融市场是指一个国家境内，以本币为中心形成的各种资金交易场所；国际金融市场是指以国际货币为中心的经营和交易场所。有形市场是指有具体地点、固定场所和专门设施的金融市场。无形市场是指无具体地点、固定场所，主要通过电讯手段联系买卖的市场。

（二）金融市场的构成

(1) 金融市场的主体。金融市场的主体是银行和非银行的金融机构，包括中央银行、商业银行、其他专业银行、投资公司、退休基金会、证券公司、证券经纪人、证券交易所。它们是金融市场的中介机构，是投资人和筹资人进行金融交易的桥梁。

(2) 金融市场的客体。金融市场的客体是交易对象。总括而论，金融市场的交易对象是资金，具体讲，交易对象的资金又是以缔结各种金融契约的形式表现出来。这些金融契约又叫金融工具和金融商品，它包括简单的借据，到注明限期、利率等内容的银行票据，直到更为复杂的由公司发行的股票、债券等。

(3) 金融市场的参加者。金融市场的参加者除了中介机构外，还包括金融市场客体的提供者和金融市场客体的需求者，前者在金融市场中处于债权人地位，后者在金融市场中处于债务人地位。

(4) 各种类型的金融市场。

第二节 金融市场存在的条件和作用

一、金融市场存在的条件

金融市场的形成是以发达的商品经济为客观基础的。它必须以发达的市场体系为依托，具体地说，对于一个发达的金融市场的形成，必须具备如下一些外部条件：

(1) 在整个国民经济中，微观企业的经济活动具有完全的自主权，资本可以自由流动，市场可以自由竞争；

(2) 形成了以中央银行为核心的多层次、多元化的金融体系，银行制度完善，现代化信用工具广泛使用；

(3) 有价证券品种多，数量大，而且买卖活跃；

(4) 经济法规比较健全，价格机制、竞争机制比较完善；

(5) 通讯和交通设施比较发达，信息传递迅速、准确；

(6) 有一批市场经营和金融管理的专门人才。

二、金融市场的作用

金融市场为社会的投资和融资提供了一个公开公平公正的场所，对经济发展有重要作用。主要表现在以下几个方面：

(1) 为社会各单位的融资、投资行为提供方便。投资行为，是企业、银行和个人，为了获取利润或利息，而将其资金投入某种经营活动。具有投资能力并有投资愿望的人在金融市场根据自己的要求，可以找到理想的投资方式。筹资和投资是一个问题的两个方面，金融市场集合了这两个方面，为两种完全不同目的的人们提供了能够实现自己愿望的灵活方式。

(2) 提高资金的使用效益。金融市场的存在，不仅扩大了资金供给者和资金需求者接触的机会，便利金融交易，降低融资成本，提高资金使用效益。而且，金融市场为筹资人和投资人开辟了更广阔的融资途径，投资人可以选择适合自己的投资工具，而筹资人可以选择最适合自己的筹资形式，双方都在谋求最佳经济效益，将资金投向最有利的投资项目，那些没有效益或效益不佳的投资项目将很难取得资金，使社会资金配置优化。同时，金融市场融资形式灵活，融资工具较多，有利加速资金周转，节约资金，使较少的资金为较多的生产和流通服务。

（3）便于长短期资金的相互转换。金融市场上的金融交易，可以实现长短期资金的相互转换。这一功能首先表现在金融资产的流动性上，比如商业银行有超额准备时，可以在货币市场上暂时拆出，或购买短期证券和票据，而在资金不足时，又可以随时收回，变成现款。金融市场造成的金融资产的流动性，扩大了银行可以贷放的资金，增加了银行盈利，也满足了企业对资金的需要。其次，机关、团体、企业事业单位和个人可把手中短期闲置资金投入长期有价证券，因为有价证券在金融市场上可以转让，随时转换为现款。这种长短期资金的相互转换，不仅方便了短期资金的投资人，也便于企业筹集长期资金，用于扩大再生产。

（4）有利引导消费向生产转化。金融市场是资金供求的中心，是储蓄投资的桥梁。它把国民储蓄与企业所需资金连结起来，有利资本的形成和经济的发展。因为，个人为了预防意外事件，为了满足将来生活需要，通常总要在自己货币收入中储蓄一部分，特别是收入不固定的或收入较低的阶层。就个人来说，一个小的数额，不能当作资本来运用，但就社会来说，把这些小的金额集中起来，就形成一个巨大的货币资本，将其投入生产运行，可以扩大社会总资本，有利于促进经济的发展。所以，以利率为动力，引导推动国民储蓄的集中，并转向生产事业，这是金融市场的一个重要作用。

（5）为经济活动提供信息。在金融市场上，资金的供求规律决定其利率水平，金融市场利率水平的升降，就成为社会资金供求状况的最灵敏的指示器。资金供应不足，需求过大，势必利率上升；反之，资金供给过多，需求不足，利率则相应下降。同样，股票债券在市场上价格的变动，与企业的经济活动和经营利润密切联系。持有价证券者预测到企业经营利润上升，有价证券价格看涨，便买进有价证券。相反，若预测到企业经营利润下降，证券价格看落，便卖出证券。通过证券市场上证券价格的升降，可以预测企业经济活动和利润水平。因此，利率和证券价格的变动就成为未来经济发展趋势最灵敏的金融指标。金融市场上发出的这种金融信息，可以作为国家和中央银行进行金融决策的依据，同时又为企业经营提供了决策的依据。

（6）有利调节国民经济

在商品经济条件下，生产的发展，商品的流通，必然伴随着货币资金的运动。资金的运动体现了物资的运动。通过金融市场能够促进国民经济各部门间资金的合理配置，有利于产业结构、产品结构和技术结构优化。另外，中央银行的公开市场业务就是中央银行在金融市场上买卖有价证券、收放银根，以达到政府调节经济的最终目标。

第三节　短期资金市场

一、拆借市场

拆借是金融机构同业之间为了平衡其业务活动中资金来源和运用而发生的一种短期资

金借贷行为。银行每天的业务经营中,由于存款、贷款的变化,汇款的收支以及库存增减等原因,必然会在一日营业终了,出现收支不平衡的情况。某些金融机构收大于支,另一些金融机构则情况相反,这样,资金暂时多余者,必须设法贷出去,否则不能更多的盈利;资金暂时不足者,必须设法弥补,否则,第二天的正常营业就不能进行。于是就需要金融机构间进行短期的资金相互拆款。资金不足者从资金多余者借入款项,称为拆借;资金多余者向资金不足者拆出款项,称为拆放。这种同业之间进行资金拆借活动的市场统称为同业拆借市场,简称拆借市场。

(一) 拆借市场上的拆借种类和拆借利率

1. 拆借种类

拆借属临时性资金调剂,期限一般在七天以内。以日本的拆借市场为例,它可分为以下四种。

(1) 半日拆借。半日拆借当日结算,是结算时间最短的拆借形式。这种形式主要用于向地方汇款,结清票据交换金额,以及取得现金等。这种半日拆借又分两种情况,一种是上午营业开始到午后1点(周六是上午11:30)的拆借和清偿称为上午半日拆借;另一种是午后1点到3点(周六是上午11:30到12点)则称为下午半日拆借。这种拆借具有期限短,调度资金灵活的特点。

(2) 隔夜拆借。即当天借第二天还。这种形式在日本从1979年4月2日后不再实行。

(3) 无条件拆借。无条件拆借是一种期限较自由的拆借方式,它一般是头天借第二天还,但如果拆借双方都不发出要求收回或返还的通知,该交易就可以自动延续,一直可延续到第七天。在此期间如果借方或贷方要求收回和返还,可于头天发出通知,第二天结清。

(4) 七天以内期日拆借。这是一种期限预先确定的同业拆借方式。它可分为2、3、4、5、6、7日拆借,拆借必须在预先规定的期日结算,不得中途解约和后延。

2. 拆借利率

拆借利率一般采用市场自由利率,即利率根据市场资金供求情况自由浮动,需求增加上浮,否则下浮。

(二) 拆借方式

拆借市场上进行拆借活动的方式较多,包括:

1: 买卖中央银行存款帐户余额。

当代各国一般都实行存款准备金制度,商业银行存款准备金集中央银行收存,中央银行随时根据经济发展情况,调整法定存款准备金率。由于各银行存款每日都会变动,各个银行在中央银行的准备金帐户每天都可能发生多余和不足,准备金存款不足的银行必须补足,否则要受到中央银行处分,而准备金存款多余的银行,则不能充分运用资金,自然影响其盈利(因为中央银行对准备金存款不支付利息或仅支以低息)。这样,各银行之间相互拆借,解决存款准备金帐户的多余或不足,就很有必要。那么,在中央银行准备金帐户的存款余额就成了各商业银行之间相互融通短期资金的对象。

资金拆借的方式,一般由拆入资金的银行开给拆出资金的银行一张本票,拆出资金的银行开给拆入资金的银行一张它在中央银行存款的支票。这样就可以将拆出资金的银行在中央银行的超额准备金转划给拆入资金的银行使用。归还时,从拆入者帐户划出,转入拆出者帐户。

中央银行准备金帐户资金的拆进拆出，虽然没有创造任何新的银行储备，但是却导致了现有储备的更多运用。从货币政策角度来观察，其意义在于：在一定储备基础上，银行系统具有的准备金帐户资金交易市场，能够支持较大的信贷量，而且，全国各地区、各银行的资金盈绌全部置于中央银行的帐面，有利于中央银行金融政策和金融措施的执行。从普通银行的角度来观察，这种准备金帐户资金交易，是一种短期的普通贷款，对贷款行来说，是对一个银行的贷款，对借入银行来说，则是一笔非存款负债，对于这种非存款负债，是不需要交纳存款准备金的。

2. 票据交换所日拆

票据交换所是同一城市各银行间因办理单位转帐结算、资金划拨而相互代收、代付票据集中进行交换票据及清算资金的场所。参加票据交换的各银行，均需在票据交换所开立为进行票据交换而设立的存款帐户。各银行在每天的营业中，为客户代收的款项和代付的款项，均以转帐支票形式，在一天营业终了后，各银行均在统一规定的时间派人在票据交换所进行交换，将应收款项的票据交给付款行，将应付款项的票据从其他有关行收进来，计算总额，相互轧差抵消，结出本行是付出还是收进的数额，在交换所的存款帐户上支出或收进。如果是净付出，就在交换所存款帐户上支出，如果是净收进，也在交换所存款帐户上记收。这样，票据交换所就将因经济往来形成的客户之间的债权债务关系变成银行之间的债权债务关系，经过票据交换，相互轧抵，予以结清。

在票据交换中，由于各银行每天都有收入和付出，而且数字不等，每天在票据交换时，都会发生在票据交换所存款帐户上的资金不足或者多余。如果各银行在交换所存款帐户多存入资金，虽可避免发生交换时资金短缺，但这会影响自己资金运用，因而各行在交换所存款帐户上款项不会过多，这就不可避免地会出现有时头寸不足，占用别家银行的资金，使对方受到损失，对方是不会同意的，于是，通过相互拆借解决这个矛盾。一般的做法是：票据交换所在交换结束时，一般通过电子显示器，把本场交换结果和各行资金多余或不足的金额显示在墙壁的门牌板上，这样，各家银行就可以相互交易，头寸不足的银行看显示板上哪家银行头寸多余，向之拆借，并签定拆借合同，办理手续。这种资金拆借，时间很短，往往只需一天，第二天票据交换时就可能收进，偿还借款。所以称为隔夜拆款。

3. 经纪人贷款

银行对证券经纪人和自营商以所持证券为抵押品的贷款，称为经纪人贷款。金融市场的证券经纪人，如同工商业者一样，常常需要短期资金，以便为客户垫款，而这种短期周转性资金常常需要银行融通。在证券市场上，购买证券的客户未必一定要有自有资金，在他认为股票、债券看涨时，为了获得较高利润，他就可能用信用交易方式购买证券。一般客户购买股票、债券多通过证券经纪人，证券经纪人接受客户委托时，不仅要为其代购股票、债券，也往往要为其作短期垫款，这种垫款实际上是一种借款，并以所购证券作抵押。由于经纪人自有资金有限，为了扩大业务，便以客户提供的股票、债券作抵押，向银行取得借款。这种贷款并非没有风险，风险的大小，在于放款数额占抵押证券价值比率的高低。如购买股票100元，借款人自有资金40元，自有资金占40%，这叫保证比率。保证比率高，借款比率低，贷款风险小；相反，保证比率低，借款比率高，贷款风险大。银行为了保证这种贷款资金安全，根据经济发展的需要，保证比率可随时调整，并随借款人不同升降。

二、票据市场

（一）票据市场的概念

票据市场是专门办理商业票据承兑与贴现的市场。

票据贴现和承兑等市场活动都应当遵守《中华人民共和国票据法》及有关行政法规、不得损害公共利益。票据的签发、取得和转让、应当遵循诚实信用的原则，具有真实的交易关系和债权债务关系。票据的出票人制作票据，依法签章，并按照所记载事项承担票据责任，即票据债务人向持票人支付票据金额的义务。持票人行使票据权利，即持票人按照法定程序在票据上签章，出示票据，向债务请求支付票据金额的权利，包括付款请求权和追索权。

（二）票据贴现

贴现是一种用票据来融通短期资金的行为，它是指用未到期的票据到银行或有关金融机构融通资金、银行或该金融机构按市场利率或以票据的信誉程度作出的某一贴现率，扣去自贴现日至到期日的贴现利息，然后将票面金额支付给持票人。票据到期时债权人凭票据向最初发票的债务人或背书人兑取现款。

贴现有初贴现、转贴现、再贴现等级次。初贴现是持票人将未到期的票据向商业银行贴付一定利息所作的初次转让。转贴现是商业银行将所持有的初次贴现票据向其他商业银行贴付一定利息所作的票据再次转让。再贴现又称重贴现是指商业银行在对客户办理贴现的基础上，贴付一定利息向中央银行所作的贴现票据转让。

贴现利息和实付贴现金额的计算公式为：

贴现实付金额＝票据面额×（1－贴现率×贴现日至到期日天数）

贴现利息＝票据面额×贴现率×贴现日至到期日天数

例如，票面额为10000元的票据，三个月后到期，要求银行贴现，银行确定年贴现率8%，则

贴现实付金额＝$10000×(1-8\%×\frac{3}{12})$＝9800元

票据贴现是商业银行的传统业务之一。它通过贴现行为使票据在到期之前转化为货币，同时也将商业信用转化为银行信用，这不仅扩大了票据的流动性，而且可以使投资人按照市场利率收到合理的利息收入，不影响投资人的资金运用。同时贴现银行也可在公开市场上转贴现，随时转让，通过转贴现或再贴现，向其他银行或中央银行再贴现，获得信用支持，这就为中央银行调节货币市场提供了有效工具。

在西方国家，贴现市场在货币市场中占主要地位。

（三）票据承兑

承兑和承兑汇票。

所谓"承兑"是指汇票到期前，由汇票的付款人或银行及其他金融机构，按照票据记明的事项，对汇票的金额，在票面上作出表示承认付款的文字记载及签名盖章的一种手续。未经承兑的汇票不仅银行不会办理抵押贷款和贴现，并且也不能背书转让进入流通，因为法律上无法保证它的合法性，到期付款人不予以支付也无法追究。

承兑汇票有两种：一种是商业承兑汇票，即付款人作为汇票的承兑人，在票面上办理了承兑手续的汇票；一种是银行承兑汇票，即银行作为汇票承兑人，在票面上作出承兑手

续的汇票。与商业汇票相比，银行承兑汇票更具有权威性，在异地商品交易中，尤其是在国际商业信用活动中，被广泛地采用。这是因为，在商业信用中，由于商业承兑票据的承兑人，仅仅是个人或工商企业，其信誉不为广大市场参与者所了解，尤其在异地商品交易中很难广泛流通使用，因此，收款人便要求银行对商业汇票进行承兑。所谓银行承兑，就是商业汇票的付款人在汇票签章之后，向银行提出承兑申请，由银行在其汇票上签名盖章，承认汇票到期，由承兑银行负责支付。当然承兑银行不仅要向承兑申请人收取承兑费用，同时要求承兑申请人在汇票到期前必须将该笔款项如数交存承兑银行；如果承兑申请人在汇票到期前不能如数交存票款，承兑银行就得垫付，然后向承兑申请人追索票款。这样把商业信用转化为银行信用，提高了商业汇票的信誉，从而扩大了它的使用和流通范围。

（四）商业票据融资

早期的商业票据多为真实票据即直接由商品交易而产生的信用凭证，随着金融市场业务的发展，特别在美国等西方国家，这种与商品劳务相联系的真实商业票据，逐渐发展成为一种与商品劳务交易无直接联系的，独立的融资性商业票据，为高信用等级的大企业融通短期资金所用。

融资性商业票据时间短，通常为30天，最长不超过270天。

融资性商业票据无担保，发行企业信誉如何，须经信用评级机构评定。

融资性商业票据一般采用贴现发行（折扣发行）其利率一般低于银行贷款利率，高于相应期的国库券和大额存单利率。发行时可由企业直接投放，也可以由交易商、中介机构投放，通常后者投放的票据价格低，收益相对高。

融资性商业票据基本上只有初级市场，没有确定二级市场。因为时间短，收益好，风险小，很少人再转让，同时其发行者有可能在到期前将它购回，来不及转入二级市场。

三、国库券市场

国库券市场是国库券的发行、推销和贴现市场。

（一）国库券及其特点

国库券是政府为弥补国库资金临时不足而发行的一年期以内的短期债券。在西方国家它是短期资金市场的重要工具之一。这种短期债券和我国目前发行的国库券性质不同，它主要用于调节国库季节性先支后收的矛盾。

以美国为例，国库券发行分为定期发行和不定期发行两种。前者发行期限3个月，6个月（每周发行），和1年期的（每月发行）。后者发行期限不定，最短的有几天，最长的达9个月等。

短期国库券时间短，安全性高，流动性强，其利率较能公正反映货币市场资金供求情况，而且利息收入多可免税，因此成为个人和其他机构很好的投资选择项目。

（二）国库券的发行

国库券的发行一般采取折扣和贴现方式，即发行价格低于债券面值，其差价即为投资者的利息收入，国库券到期按面额偿还。

美国财政部3个月和6个月的国库券每周发行一次，通过发行市场于每周星期四公布七天后发行国库券的种类和数量。国库券采取拍卖的方式发行，要求投资人（购买人）投标，并在下周星期一以前将投标书送达中央银行。投标形式有两种：竞争性投标和非竞争性投标。前者是在投标书中列出购买国库券的数量和价格，后者不提投标价格，而以前者的平均价格为价格,购买数量有最高限额。中央银行于次周星期一下午开标,将投标价格高低依次通知财政部,财政部分配国库券给投标者,首先分配的是国外官方机构和联邦储备银行更换已到期的旧国库券,然后是非竞争投标者,非竞争投标者按限额购买之后,其余所发国库券按价格高低分配给竞争性投标者,于星期二公布于报刊,同时由中央银行通知得标人,到星期四正式办理发售手续,得标者到中央银行交款领券。

(三) 国库券的转让

国库券的交易流通渠道:一是投资人向银行购买;二是向市场证券商人购买;三是直接向财政部购买,有些银行和证券商人没有国库券时,可以为客户向其他有国库券的银行和商人代买。持有国库券的人要出售自己手中国库券也可以卖给银行和证券商人。银行和证券商人充当国库券交易的中介人,从中赚取买卖差价和手续费。

国库券转让"价格"是按银行贴现收益率方法计算,而不是按偿还期收益率方法计算。其计算公式(以美国为例):

$$\frac{票面价值-市场价格}{票面价值} \times \frac{360}{偿还期}$$

例:一种91天期的国库券,其面值为100元售价为98元,年收益率:

$$\frac{100-98}{100} \times \frac{360}{91} \times 100\% = 7.92\%$$

如果把上述的贴现收益率转换为息票率相等的收益率,可用下述公式:

$$\frac{365 \times 贴现基础(利率)}{360-(贴现基础利率 \times 偿还期天数)}$$

$$=\frac{365 \times 0.0792}{360-0.0792 \times 91} \times 100\% = 8.2\%$$

四、可转让的大额定期存单市场

(一) 可转让大额定期存单及其产生背景

可转让大额定期存单是西方国家在60年代初推出的一种面额大,不记名,可转让的定期存款凭证,此种存单的发行是60年代以来金融创新的重要标志,至此以后,存单就日益成为货币市场主要交易工具之一,由银行和允许吸收存款的金融机构发行。

50年代以来,美国货币市场利率提高,而银行活期存款没有利息,定期存款的利率也远低于市场利率,导致许多公司将自己的资金投入国库券和其它货币市场,商业银行的存款下降,针对资金来源减少,美国花旗银行在1960年8月首先推出了可转让大额定期存单这一新工具。

(二) 可转让大额定期存单的特点

可转让大额定期存单是定期的,期限最短的两周,最多的一年,多数期限在3至6个月之间。

存单面额大。以美国为例,面额最小为10万美元,在二级市场一次交易通常要100万美元以上。存单金额固定,不记名,可转让。

存单的收益较高。其利率通常高于同期的国库券利率,但由于存单是由不同银行和金融机构发行的,其信誉程度不同,风险状况不等,因此其利率是有差异的。同时在市场上转让时,受市场利率影响,其风险高于国库券。此外,其收益不享受免税待遇,这是它的不足。

可转让的大额定期存单的上述特点,决定了它的主要经营者是商业银行和市场经纪人。可转让的大额定期存单的发行方式有两种:批发式即把发行总额、利率、发行日期、期限、面额公布于众,由投资者认购;零售式即按投资者要求随时发行,利率可以协商。

第四节 长期资金市场

长期资金市场是实现长期资金融通的市场,包括证券(股票和债券)市场和中长期信贷。证券市场又包括发行市场和证券流通市场。

一、证券发行市场

证券发行市场是办理第一次进入市场的新证券发行业务的市场,是政府部门、地方公共团体、企业等,通过发行单位,发行新证券的场所。

(一)证券的发行程序和发行种类

1. 证券的发行程序

证券发行程序,必须依照国家法律规定的办法进行。

第一步,提出申请。任何企业在提出发行新证券之前,必须首先向政府证券管理部门提出正式书面申请。申请的内容包括:本单位近年来财务状况,如资产负债表;最近几年的利润及亏损记录;拟发行证券的数量和条件;综合经营管理素质资料;拟发行新证券的种类、方式、用途及票面应列事项;对新筹资金使用效益前景的分析预测等等,以供证券发行审批者决策参考。

第二步,批准申请。政府证券管理部门根据有关法律规定对申请证券发行人的申请书逐项审查,认为真实、合理,可以批准发行。

第三步,落实发行任务。在取得政府证券管理部门同意发行的命令或文件后,就可以向社会正式发行证券。在证券发行市场上,新证券的发行或由发行人直接向投资者出售,或由发行人委托投资银行代理发行。多数情况下企业发行证券采用后一种方式进行。

发行企业债券和股票,一般都要依上述程序进行,不过发行股票有创设新股份公司的股票发行和旧股份公司增资发行两种情况。股份公司创设,首先要有若干发起人,根据资源、市场、技术、劳动力和资金等具体情况,制订详细的创业计划,报送政府主管机关。经政府主管机关批准后,公司发起人需制订公司章程并认购股份,召开成立大会,选举产生临时管理机构,向工商管理部门办理登记,领取营业执照,然后公开向社会发行股票筹集资金。一般来说,创建公司的资金来源主要是由股份公司发起人认购股票,他们作为原始股东,多是认购普通股。由发起人认股而筹集起来的资金是这个企业的注册资金,是其开展业务的基础,为法定资金,企业资金在任何时候都不能低于法定资金。这部分股金在内部认购,不公开发行。如果发起人所创设的公司是小公司,则创设完成。如果是大公司,需要巨额资金,还必须向社会公开招募。股份公司在其经营过程中,由于发起人集资不足需要,或企业扩张,或企业欲将已发行的债券调换为股票,或以发行股票的形式分配股息,或将公积金拆成股份分配给原股东等等,叫增资发行新股票,其募股方式与创设新公司不同,多数情况下是配予原股东,或对企业内部职工发行,因为这里涉及企业控股权问题,要优先满足原股东,其次才是企业内部职工和与企业关系密切的其他人。对于分配公积金或分发股息的增股一律是无偿配发股票给原股东。当然有时增资发行新股票在满足原股东和企业内职工之后也进行公开募集。

2. 证券发行种类

按不同的标志划分，证券发行的有不同的发行种类。

（1）根据购买对象的选择分为私募和公募

私募：面向少数特定的投资人发售有价证券。私募对象主要有金融机构；与发行单位来往密切的工商企业；发行单位内部职工等。私募可使筹资人避开向投资人公布企业财务经营状况和还本付息能力等信息的手续和成本，简化销售过程，迅速集资。因此其收益较高，但难以转让。

公募：面向市场上大量的非特定投资人发售有价证券。通常要求发行单位公布财务经营状况，还本付息能力等信用资料，这些证券比较容易上市转让。

（2）根据发行方式分为包销、推销、赞助推销三种。有价证券通常由投资银行代理发行。投资银行发行证券的方式大体上可分为包销、投标和赞助推销三种。

包销。是投资银行将企业所发行的证券按约定的价格全部购买，然后在市场上出售，承担销售风险。如果一家投资银行无力全部包销或风险很大，可组织一个承购集团共同承购包销。负责组织承购集团的投资银行包销证券的份额最多，成为集团的经理。

投标。由发行证券的单位通知各投资银行，各投资银行以投标申请书的形式参加投标，由出价最高者获得新证券经销权。

赞助推销。是发行单位直接向本公司的证券持有人或其它有关团体出售新证券，剩余部分由投资银行按双方商定的价格推销。

投资银行在证券发行中的主要作用是：帮助筹资企业选择发行证券的种类；帮助筹资企业选择、确定最佳发行时间；帮助筹资企业确定证券的发行价格、测算股息、利息水平及对新发行的种证券进行包销、推销和赞助推销。

（二）有价证券的信用评级与发行价格

1. 有价证券的信用评级

发行有价证券要求对发行者在一定时期内发行某期证券时的还本付息能力评估，用于衡量投资风险，即信用评级。它使企业的财务状况、经营管理公开化和社会化，有利于共同监督。

信用评级通常是由专门的评级机构组织投资专家、学者列出评等标准，再按此标准，客观地计算各种相关数据。

一般来说，证券评级的标准是：获利能力；股价波动幅度；经营能力；交易周转率；偿债能力；财务结构。但是，各国或各评级公司都有自己的评定标准，并没有统一的方式。在美国，穆迪公司的评级标准四条：发行者的资产流动性、负债比率、金融风险和资本效益，四项标准具体化作20多个具体公式。

信用评级的等级：一般分为三档九级。即 AAA、AA、A；BBB、BB、B；CCC、CC、C 九级。此外，各评级机构还可在此基础上用"1、2、3"或"＋"、"－"符号进行微调，使评级更趋准确。一般来说前四级 AAA、AA、A、BBB，通常表示能如期还本付息叫"投资机"，其中 AAA 品质最优，依次递减；后五级 BB、B、CCC、CC、C，信用度较差，风险较大，越后的级别表示违约的可能性越大，信用评级是确定证券发行价格的重要参考。

2. 有价证券的发行价格

有价证券的发行价格取决于发行单位的信用状况,经营好坏、利息收入高低、利息计算方式、派息次数、市场利率水平和市场管制因素等。

有价证券的票面利率确定以后,该证券发行价格的决定因素便是市场收益率。所谓市场收益率,是金融市场上多数投资人对特定类型有价证券所要求的最低收益率。

$$发行价格 = \frac{(票面额 + 票面额 \times 票面利率 \times 期限)}{(1 + 市场收益率 \times 期限)}$$

例:有三年期债券,票面额为100元,票面利率为10%,在市场收益率为9%,10%,11%时计算发行价格。

$$发行价格 \text{ I} = \frac{100 + 100 \times 10\% \times 3}{1 + 9\% \times 3} = \frac{130}{1.27} = 102.36(元)$$

$$\text{II} = \frac{100 + 100 \times 10\% \times 3}{1 + 10\% \times 3} = \frac{130}{1.3} = 100(元)$$

$$\text{III} = \frac{100 + 100 \times 10\% \times 3}{1 + 11\% \times 3} = 97.7(元)$$

发行价格与面额相等称为"平价发行";发行价格低于票面价格称为"折价发行";发行价格高于面额称为"溢价发行"。股票多为平价或溢价发行,溢价发行可使企业获得一笔创业利润。

二、证券流通市场

证券发行后,如果持有人要求出售变现,必须进入证券流通市场即旧证券的转让市场。旧证券的买卖不增加社会有价证券总量,也不增加全社会投资总量,只是有价证券所有权在不同的所有者手中转移、流动。

(一)证券交易所

证券交易所是有组织的,专门买卖有价证券的二级金融市场即旧证券的转移市场,也是证券投机商进行投机活动的中心。证券交易所本身不买卖有价证券,也不决定有价证券的价格,只是为买卖有价证券提供场所、设施,向投资者提供证券上市的数量、价格、发行者的财务状况等相关资料和信息。

投机是证券交易所存在的前提,投机是在市场经济中人们寻找为自己带来最大收益的机会方式。它分为非法投机和合法投机两种,所谓非法投机是指违反国家法律,内外勾接,搞内线交易,这是任何国家的法律都不允许的;合法投机是指在不违反国家法律的前提下,根据自己对预期收益的不同评价寻找市场的"空白点"投行市涨落之机。合法投机又分两种情况,一是过度投机即价格波动过大,使公众对市场丧失信心;二是适度投机,而这种适度投机恰恰是证券市场存在的条件。

证券交易所的交易是由经纪人和证券商办理的,这里有必要介绍一下证券经纪人和证券商。

1. 证券经纪人

证券经纪人是以获得佣金为目的,代客户买卖有价证券的中介人。一般情况是:经纪人接受客户买卖有价证券的委托后,立即电话通知其交易所的场内代表人。这样,经纪人的场内代表可根据上市证券的登记情况联系买卖(因为在交易所上市的有价证券都必须经过交易所登记)。买卖成交后,由经纪人通知客户准备交割。

经纪人为客户买卖有价证券有两种方式:一是限价委托即客户按愿意的价格填写"委

托书",交由经纪人,经纪人按限定的委托价格向交易所申报后买进或卖出;另一种是市价委托即指买卖双方通过讨价还价决定其交易价格。一般情况下,买进时挂牌价格低于市场价格,卖出时挂牌价格高于市场价格。如果一定时期内有价证券的限价委托购买者越多,市价委托的出售者也就越多,这时有价证券供过于求,价格下跌。

2. 证券商

证券商是自己买卖有价证券,从中赚取差价的证券经营商人。证券商自己有一定资金,如果资金不足可向银行申请贷款。

(二) 场外证券交易市场

场外证券交易市场是买卖未在证券交易所登记的有价证券市场。

有些有价证券不在证券交易所登记的原因:一是发行证券的企业不符合证券交易所规定的条件不能登记;二是不愿受交易所条件的限制不去登记。

场外证券交易市场的特点是没有固定、集中的场所,一般是证券商和证券经纪人与投资者磋商后进行交易。这种市场也叫电话市场、柜台市场或店头市场。

(三) 证券市场的交易方式

1. 现货交易

现货交易,也称为现金现货交易,是证券交易双方成交后,立即办理交割手续的交易方式,卖者交出证券,买者付出现款,钱货两清。这是证券交易传统的古老方法,近代由于交易数额增加,当下交割有困难时,可以延迟到一两天之后或下一次交易时交割。

现货交易的特点是成交与交割同时进行,卖者实实在在转移证券,买者必须交付现款;购买证券者一般均是真正的投资人,希望能在长期投资中获得利息或红利收入,不是为了投机证券价格的时间差。

2. 信用交易

信用交易是购买证券者先付一部分证券价款或叫保证金,其余部分由经纪人垫付,经纪人以有价证券的抵押权向银行申请贷款,作为垫款的资金来源。由于这种交易是取得了经纪人信用购买的,所以叫信用交易。

信用交易有两种类型

(1) 保证金买长交易。保证金买长交易也叫"多头交易"即"买空"。它指的是看涨有价证券的买卖者先缴纳一部分保证金,其余部分由经纪人垫付,并为其买进某种有价证券,经纪人向客户收取垫款利息,并将客户购买的有价证券作为借款抵押。等到该种证券价格上涨后再按当时的市价卖出去,从中赚取买卖差价。

例如,某投资者预测某种股票的价格上涨,于是他决定购进100股,每股协定价格100元,这样,他预先交给股票经纪人3000元(30%的保证金),其余部分由经纪人以该股票抵押权向银行贷款垫付,用10000元买进该种股票100股,3个月后,该股票价格上涨为110元。(假定银行贷款的年利率为10%,垫款年利率为15%)。

这时,投资人获利 $=110\times100-10000-7000\times\dfrac{15\%}{12}\times3=737.5$(元)

经纪人的收益 $=7000\times\dfrac{15\%-10\%}{12}\times3=87.5$(元)

若3个月后,股票价格下跌为每股90元,则投资人就会遭受一定损失。

(2) 保证金卖短交易。保证金卖短交易即"空头交易"也叫"卖空"。它指的是看跌证券的买卖者先缴纳一定的保证金,然后通过经纪人借入某种证券,同时卖出该证券。日后,待这种证券价格下跌了,再按下跌后的价格买入同等数额的证券还给借出者,从而在这种交易中获利。

信用交易的特点,在于客户能够超出自身现金资力进行大宗交易,大大便利了客户,使客户以较少的资本获取较大利润的机会。当然,信用交易也会造成证券市场的虚假需求与供给,人为地造成市场波动,所以,各国政府证券管理当局,对信用交易多有较严格的管理。

3. 期货交易

期货交易是证券交易双方成交后,按契约规定的价格、数量,在远期进行交割的交易方式。用这种交易方式买卖证券,一般与经纪人谈妥后,要签订成交协议,按规定的价格和数量在指定的时间内交割。

(1) 期货交易的交易价格。在期货交易中,所涉及的交易价格有:现货价格即市场价格,包括成交日的现货价格和交割日的现货价格;期货价格即签订契约上双方协议的价格。

期货价格与现货价格之间的关系:

预计未来证券市场行市稳定,期货价格＝成交日的现货价格＋成交日至交割日同等金额存款的利息。

预计未来证券市场行市下跌,期货价格＝成交日的现货价格＋成交日至交割日同等金额存款的利息－价格下跌因素影响的金额。

预计未来证券市场行市上涨,期货价格＝成交日的现货价格＋成交日至交割日同等金额存款的利息＋价格上涨因素影响的金额。

(2) 投资者把现货交易和期货交易结合起来采取套期保值措施。

顺套:买进现货,卖出期货,防止有价证券价格下跌。例如某投资者以现货买进某种股票100股,每股100元,同时卖出2个月的期货100股,每股101元,如果2个月后,股票价格下跌为每股90元,它可以避免1000元的损失而获得100元的稳定收益;如果2个月后,股票价格上涨为每股110元,这时如果不卖出2个月的期货,则可获得1000元的收益,但由于进行了期货交易,在这种情况下也只能获得100元的稳定收益。

逆套:卖出现货,买进期货,防止有价证券价格上升。例如,某投资者以现货方式卖出某种股票100股,每股价格100元,同时以期货方式买进股票100股,每股101元,交割时间是2个月后的某一天。待交割日股票价格上涨为110元,他仍可以用每股101元的价格购进,减少了价格上涨的损失,但如果价格下跌为每股90元,他也不能获得价格下跌的收益。

(3) 投机者利用现货价格和期货价格不一致,卖空买空。

买空即多头交易。预计证券价格上涨,以期货交易买进某种证券,待交割时,价格上涨再买出获利,或由出售者支付价格上涨差额。

卖空即空头交易。预计证券价格下跌,于是以期货交易卖出他并没有的证券,待交割时,如果证券价格真的下跌了,再低价买进证券补上空头卖出的证券,或由购买人支付价格上涨差额。

4. 期权交易

期权交易也称选择权交易,这种交易的直接交易对象不是证券,而是买卖证券的"权利"。一般的情况是：购买（卖）期权的人与专门的交易商事先达成一种协议，规定买（卖）期权的人支付一定费用（通常是交易总额的1％～2％后，有权在一定时期内按双方协议价格买进和卖出一定数量的信用工具。期权交易有两种类型。

（1）购买看涨期权。看涨期权实际上是有效期内任何时间都能以协议数量和价格从专门的交易商那里购进证券的权利。一般做法：投资者预计证券价格上涨，从专门的交易商那里以协议数量、价格购买看涨期权，支付交易总额1％～2％的期权费。若有效期内的任何时间，证券价格上升，购投资人能以协议价格购进，市场价格出售获利；若有效期内任何时间证券价格不变和下跌，投资人就放弃购买权，损失期权费。

（2）出售看跌期权。看跌期权实际上是有效期内任何时间都能以协议数量和价格对专门的交易商出售证券的权利。一般做法：投资者预计证券价格下跌，以协议数量和价格对专门的交易商购买看跌期权，支付交易总额1％～2％的期权费。若有效期内任何时间证券价格下跌，投资人就可以市场价格买进，协议价格出售获利；若有效期内任何时间证券价格不变或上涨，投资人就放弃出售权，损失期权费。

购买看涨期权和出售看跌期权，都会使投资人在通货膨胀、利率变动、汇率浮动的风险变幻中预防风险，减少损失，求得保值和盈利，当然也有利于投机者保护既得利益。

期权交易的特点，首先是交易对象是一种权利，而不是实物；其次是交易双方享受的权利与义务不一样，对期权买入者享有选择权，但期权卖出者不得拒绝交易；另外就是投资风险小，其最大风险也不过是交纳的期权费，因而这种交易实质上是一种回避风险的交易方式。

5. 股票指数期货交易

股票指数期货交易开始于1982年2月美国堪萨斯交易所，产生时间不长但发展很快，成为股票交易中最热门的交易，被股票分析家称为"股票交易中的一场革命"。

股票指数期货交易，是交易双方买卖一定金额的股票指数期货的交易，它不是买卖一定数量的某种股票期货。这种交易是新发展的一种交易办法。由于在股票交易中股票价格经常有升有降，很难捉摸其变化趋向，投资不同种类的股票又有不同的风险，从而使投资者很难作出购买哪种股票的决策，这样就应运而生了一种新的交易方式：不具体买卖某一种股票，而买卖股票价格指数期货。由于股票价格指数是多种股票价格的平均数，而不是某一种股票的价格，故综合性的股票价格指数变动一般小于某种股票价格变化，风险自然会小一些，这就是交易中的对象。交易时是按购买或出售时所报的股票指数数字成交的，买卖合约的金额均为指数数字的500倍。价格的升降是按"点"计算的。指数每升一个点，价格就上升500元，反之，指数每下降一个点，价格就下降500元。

股票指数期货交易的特点，首先是不以股票为交易对象，其交易对象是股票指数；其次它是一种期货交易，成交签约与交割不同时进行；第三是到交割期时，没有股票转移，只有现金支付，即按成交日与交割日股票价格指数变化计算金额差额来支付结算。这种交易一方面把股票交易的风险缩小了，但另一方面也加剧了证券市场交易的复杂化。

（四）有价证券行市与股票价格指数

1. 有价证券行市

有价证券行市又叫有价证券行情，实际上是指有价证券的转让价格。一般来说，证券行市主要取决于它未来收益和市场利率对比，而不取决于它的票面价值。

$$\text{有价证券行市} = \frac{\text{有价证券收益}}{\text{市场利息率}}$$

设面值 100 元的股票,每年可得股息 20 元,而借贷市场的年利率为 10%,这张股票的价格 $=\frac{20}{10\%}=200$ 元。在证券收益一定的基础上,证券市场价格与市场利率成反比,市场利率下降,证券价格上涨,反之亦然。

在现实生活中,影响有价证券行市的因素错综复杂,经济的、政治的,甚至心理因素都会影响证券行情。反之,证券行市又成为测定经济、政治形势的晴雨表。所以,当今社会,人们关心证券行情,不光是为了买卖获利,也是了解某一地区或全球的经济政治形势,作为投资决策的参考。

经济因素:经济繁荣,储蓄增加,投资扩大,行情看涨;公司经营好,利润高,收益多,行情看涨;市场利率下跌,资本报酬低,利润高,行情看涨;轻微通货膨胀,物价上升,盈利增多,行情看涨;汇率上升,货币坚挺,资金流入,投资增加,行情看涨。反之证券行市下跌。

政治因素:国内外形势缓和,政权稳定,政策有利于经济发展,连续性强,行情看涨;反之看跌。

投机及心理因素等:市场上做"多头"的人多,证券供不应求,行情看涨,反之看跌。人们信任,购买的人多,行情看涨。反之看跌等。

2. 股票价格指数

股票价格指数是表示多种股票平均价格水平及其变动并衡量股市行情的指标。由于经济、技术、市场、政治多种因素的影响,股票价格经常处于变动之中,为了综合反映这种变化,世界各大金融市场都编制了股票价格指数,将一定时点上成千上万种此起彼落的股票价格表现为一个综合指标,代表该股票市场一定标准价格水平和变动情况。

股票价格指数是一个广义概念,它包括股价指数和股价平均数两种。股价指数是用来反映不同地点上股价变动情况的相对指标。人们通过股票价格指数的变化,可以衡量出报告期股价与基期股价相比变动的方向及幅度。

股价平均数是用来反映一定时点上多种股票价格变动的一般水平。

目前世界上股票价格指数的计算方法主要有以下几种:

(1) 单纯法。单纯法分为两种,单纯算术平均法和算术股价指数法。单纯算术平均法是以上市的全部股票或选择股票为计算对象,将其当天收盘价加总合计,除样本股票数得出,其算式为

$$\text{单纯算术股价平均数} = \frac{\sum \text{样本股票当天收盘价}}{\text{样本股票数}}$$

例如,某股票市场选定 A、B、C、D 四种股票为样本,当天收盘价为 100、90、200、70 则:

$$\text{该股票市场的单纯平均股价} = \frac{100+90+200+70}{4} = 115 \text{(美元)}$$

算术股价指数是以某交易日为基准,将采样股票的倒数乘以各采样股票报告期价格与基期价格的比率之和,再乘以基期指数值。计算公式为:

$$\text{算术股价指数} = \frac{1}{\text{采样股票数}} \times \sum \frac{\text{报告期价格}}{\text{基期价格}} \times \text{基期指数}$$

例如，某股票市场以 A、B、C、三种股票为样本，基期价格分别为 20、45、25、报告期价格分别为 32、54、20、基期指数值为 100，则

$$该股市平均股价指数 = \frac{1}{3}\left(\frac{32}{20} + \frac{54}{45} + \frac{20}{15}\right) \times 100 = 120（美元）$$

（2）修正法。修正法也有两种：除数修正法和基数修正法。除数修正法也称为道式修正法。是美国道·琼斯公司为了克服单纯平均法的不足，在1928年发明的一种计算股票价格平均数的方法。这种方法用各种股票拆股和增资行为发生后每一股的理论价格/各种股票变化前的市场价格得一个除数，用这个除数去修正股价变化后的平均股票价格。

$$道·琼斯股票价格平均数 = \frac{\sum 各种股票变化后的市场价格}{\frac{拆股和增资行为发生后每股的理论价格}{各种股票变化前的市场价格} \times 变化前的种数}$$

基数修正法，主要用于计算股价指数。此法修正的对象为基期数值。方法是求出上市股数改变前后的时价总额对比，将原基期的时价总额乘以这个比率即为基期修正值，其公式为：

$$基期修正值 = 原基期的时价总额 \times \frac{上市股数改变后的时价总额}{上市股数改变前的时价总额}$$

（3）加权法。一般是以上市股票数作为权数，来度量各种股票价格的变动对时价总额的相对重要程度。具体计算方法有两种，一种是以基期的上市股票数为权数计算时价指数，其公式为：

$$报告期股价指数 = \frac{\sum（报告期股价 \times 基期上市股票数）}{\sum（基期股价 \times 基期上市股票数）} \times 基期指数值$$

另一种以报告期上市股票数作为权数来计算时价指数，其公式为：

$$报告期股价指数 = \frac{\sum（报告期股价 \times 报告期上市股票数）}{\sum（基期股价 \times 报告期上市股票数）} \times 基期指数值$$

目前，世界上比较著名的指数除了美国的道·琼斯股票价格平均数外，还有美国的标准·普尔指数，英国《金融时报》股价指数，日经道式平均股票价格指数及香港恒生指数等。

第四章　银行与金融体系

第一节　银　　行

一、银行的产生与发展

（一）早期银行的产生

银行是商品经济和信用发展的产物。

在前资本主义社会，随着商品经济的发展商品交易的范围已跨越了地区、疆界，但执行流通手段的货币（金属铸币）却因为不同币材、不同价格标准，以及重量成色上的差异，需要进行货币兑换后才能用于商品交换活动。于是就有些从事实物贸易的商人专门办理货币兑换业务，从中收取一定的手续费，货币兑换业就逐渐从商业中分化而独立出来了。

货币兑换业最初只单纯办理货币兑换的技术性服务，随着商品交换的扩大，根据需要，其业务范围逐渐扩大到为经常往来于各地的商人办理保管、支付、汇兑、结算等一系列业务。货币兑换业发展为货币经营业。

货币经营者手中逐渐聚积了大量的货币资财，也进行一些贷款业务。但他们最初只是100％的保管他人存款，以备客户随时提取，贷出的是自有资金。后来，他们终于发现了一个规律：即他们为别人保管的货币不必原物奉还，只要数量相同即可，同时并不是所有客户都同时提款；因而总有相当多的存款余额保留在他们手中，其中一部分贷放出去，就可赚取利息，贷款业则应运而生。

这种认识和变化在金融发展史中具有极大意义，使货币经营业从十足准备金制演变为部分准备金制度，从而具有了创造信用、增减货币的功能，于是货币经营业就发展成为即办理兑换又经营货币存款、汇款，特别是贷款等信用业务的早期银行了。

在古希腊和古罗马时代，已有委托存款、汇款和兑换货币等活动，但还只是货币兑换业性质。作为银行本质特征的放款业务尚未出现。中世纪初期，银行业才随着商业贸易的发展而兴起。

（二）现代银行及其特点

早期银行所经营的贷款业务带有高利贷性质，不仅贷款数量有限，而且利率高，贷款主要偏向于非生产用途。到了17世纪资本主义兴起时，它已不能满足日益发展的经济需要，因为高额贷款利息使职能资本家利润过低甚至无利可图。17～18世纪新兴资产阶级进行了反高利贷斗争，同时还根据资本主义经济的要求建立了股份制银行——世界上第一家股份制银行——即1694年成立于伦敦的英格兰银行。贴现率仅为4.5％～6％，大大低于早期银行贷款利率。具有资本雄厚、规模大、利率低、发行信用货币的特点，使商品货币经济摆脱了高利贷和贵金属货币在信用领域的垄断和限制，极大地推动了经济的发展。股份制银行成为近代资本主义银行建立的主要途径。而早期银行开始走向衰败，其中极少一部分顺应产业资本和商业资本需要，逐渐降低利息，也演变为现代银行。

现代银行具有三个特点：

1. 利率水平适当

低于社会平均利润率水平；

2. 信用功能扩大

早期银行只是简单的信用中介，现代银行除了接受存款、发放贷款外，还代客办理信托、汇兑、信用证、信托投资、购销有价证券等业务；

3. 具备信用创造功能

早期银行只有信用媒介的作用，现代银行则兼备信用媒介和信用创造双重功能，而"信用创造"是现代银行最本质的特征。现代银行正是运用"信用创造"的功能创造存款货币，并用以扩大放款和投资的能力，直接影响社会货币供应总量，影响贷款和投资的规模及币值的稳定。

二、银行的性质

银行（这里主要指商业银行）是经营货币信用业务的特殊企业，这是银行的本质属性，也是银行的共同性质。

银行也象其他工商企业一样，是盈利性经济组织。银行所从事的货币收付、资金融通、转帐结算等信用业务，在整个再生产过程中，是实现资金周转的必不可少的重要环节。银行放款的利息收入是工人创造剩余价值的一部分，银行同企业一样，很重视成本和利润的核算，并把利润作为最重要的经营目标。银行利润来源可用下面公式表示：

$$银行利润 = \begin{pmatrix} 银行放款 \\ 利息收入 \end{pmatrix} + \begin{pmatrix} 各项业务服 \\ 务手续费 \end{pmatrix} - \begin{pmatrix} 银行对存款人 \\ 支付的利息 \end{pmatrix} + \begin{pmatrix} 银行业 \\ 务费用 \end{pmatrix} + \begin{pmatrix} 存款准备 \\ 金成本 \end{pmatrix} + 风险成本$$

银行资本和产业资本一样都是通过资本投资获得利润。因而从根本上讲，银行是企业。银行的特殊性在于它的活动领域不是生产流通领域而是货币信用领域，它所从事的是货币信用业务，在组织信用活动中充当信用中介或支付中介。另外一般企业是从事普通产品的生产和销售，而银行则是从事特殊商品——货币的收付与借贷，银行的经营对象是货币。所以银行是经营货币信用业的特殊企业。

三、银行的职能

（一）充当信用中介

这是银行最基本的职能。银行一方面以吸收存款的方式广泛吸收社会一切闲散货币资金，另一方面以贷款的方式，将集中起来的巨额货币资金贷给企业、生产部门，从而成为货币资本借贷双方的中介。由于银行有较高的信誉，并在信用活动中与工商企业界建立了广泛的经济联系，因而由银行充当信用中介，能迅速集中资本，克服资本供需双方在时间上、空间上、数量上以及信用程度方面的种种局限，使资金有合理的投向和分布结构，从而得到充分有效地利用，不仅能满足工商企业生产流通的需要，而且还能加速资本周转，推动经济发展。

（二）变货币收入和储蓄为资本

银行能将货币转化为货币资本。社会各阶层的货币收入主要用于消费，储蓄也是为了未来消费，它们都不是资本。但银行以支付利息为代价吸引并集聚这些小额零星货币，形成了巨额货币资金，贷给企业投入生产，就使非资本的货币转化为资本，扩大了社会资本总额。

（三）充当支付中介

银行在办理货币的兑换、保管、结算、收付等与货币有关的技术性业务时，实际上就是充当了收款人和付款人之间货币收支的中介。银行的这一职能作用有利于加速资本周转，促进生产和流通的顺利进行。

（四）创造信用流通工具

银行创造信用工具主要是指银行创造了支票、银行券等信用工具。这些信用工具被投入流通领域，行使流通手段和支付手段职能时，可以代替相当大一部分现金流通，节约了流通费用。另外，流通中的支票在支付之间、存贷之间一般不必提取现金，而是作为企业之间、客户之间结算、抵销转帐的工具，这样银行就可以借助于支票的流通，而以超出自有资本和吸收存款的规模发放贷款，创造派生存款，扩大信用规模。

第二节 金融体系

一、现代金融体系的结构

金融体系是指一国的金融机构所组成的总体以及各种金融机构在总体中的地位。现代世界各国的金融体系大致由以下三部分组成：

（1）金融管理机构——中央银行；
（2）金融业务主体——商业银行、专业银行；
（3）非银行金融机构。

金融机构是指贷款人和借款人之间的金融中介机构。上述（1）、（2）是银行金融机构，它们可以创造具有流通手段和支付手段作用的货币；而非银行金融机构是指不具备创造货币能力（不签发支票货币或不办理转帐结算）的金融机构。由于近几十年来，银行与非银行机构的业务发生交叉和渗透，因而非银行金融机构一般是指除中央银行、商业银行、专业银行以外的一切金融机构，如保险公司、信托投资公司、租赁公司、财务公司、信用社等。这两类金融机构都有着共同的基本职能——都执行金融中介的职能。

二、中央银行

中央银行是金融体系的核心，它不以盈利为目的，也不直接对个人或工商企业开展业务。而是代表国家政府对全国的银行、金融机构及其金融活动进行管理、监督。中央银行制订并执行货币政策，垄断货币发行权，与其他金融机构开展业务。它作为银行的银行，在整个金融体系中处于领导地位。中央银行是专门对宏观经济金融活动进行调节和控制的特殊金融机构。是宏观信用运行的主体，在社会经济生活中发挥着举足轻重的作用。

三、商业银行

商业银行在金融体系中，是产生最早、分布最广、数量最多的金融机构，处于主体地位。商业银行是以盈利为目的的金融企业，除与工商企业、个人开展广泛的金融业务外，还具有创造派生存款的特殊能力，是微观信用运行的主体，对政府的各项经济政策的实施具有重要作用。

四、专业银行

专业银行是根据国家的分工而建立的金融机构。各类专业银行不是经营一切存款、放款和投资业务,也不提供所有的金融服务;而是只集中经营指定范围内的业务和提供专门性的金融服务,服务项目和对象比商业银行狭窄、专门得多,在金融体系中起辅助作用。专业银行种类繁多,主要有:

(一) 开发银行

开发银行是专门为经济开发提供投资贷款的银行。开发银行分为国际性、区域性和本国性三种形式。国际性开发银行最著名的代表是国际复兴开发银行,又称世界银行。它是联合国的一个专设机构,其宗旨是与其他国际机构合作,向联合国会员国生产性投资提供中、长期贷款协助会员国复兴经济和开发资源;对私人贷款提供保证,促进私人的对外投资;促进国际贸易发展和国际收支和平衡。其资金来源主要靠成员国缴纳的股金和在国际金融市场上借款或发行债券。区域性开发银行主要由所在地区的成员国出资设立,其服务对象和范围也只限于该地区,其义务宗旨与世界银行大体相同。例如亚洲开发银行专门为亚洲会员国提供长期资金,其资金来源也是由会员国缴纳股本和在金融市场上筹资等。本国性开发银行为本国服务,有的称开发投资公司。它通过长期资金融通方式以促进本国经济建设的开发。其资金来源主要是政府投资和国内发行债券。大多数国家的开发银行都是国家和政府开办的公营机构;也有少数国家的开发银行是公私合营的。

(二) 投资银行

投资银行是专门办理对工商企业长期投资业务的银行。在某些方面与开发银行有些相似。投资银行的主要业务是为工商企业代办发行与包销证券(股票或债券);办理中长期贷款;经营外汇买卖与保管;办理定期存款业务、对企业提供投资及财务咨询服务等。

投资银行经营股票、债券等特殊商品时,在买卖证券的差价中获取利润。在直接投资工商企业时,往往组织辛迪加,由其中一家或几家投资银行的人员出任经理或联合经理,垄断某一工商业公司的证券发行。在包销证券时,往往对于工商企业的财务和经营管理进行干预,并派出人员担任领导职务。因此,投资银行在银行资本与工业资本的溶合中起着重要作用。

近年来,投资银行的业务日趋多样,它与商业银行的界限越来越模糊了,但二者还是有所不同的,其主要区别见表4-1。

投资银行与商业银行的区别　　　　　表4-1

	投 资 银 行	商 业 银 行
存款方面	只办理定期存款不接受储蓄和活期存款	接受所有形式存款
贷款方面	侧重于中、长期贷款	侧重于中、短期贷款
筹集资本方面	发行股票和债券	吸收存款

(三) 储蓄银行

储蓄银行是专门办理中小储户储蓄存款的金融机构。它主要资金来源是储蓄存款。它吸收社会各阶层个人手中的闲散货币,集中起来转化为货币资本,投入到社会再生产过程中,参与社会资本的周转,构成了社会总资本的一部分。其资金运用主要方式是购买政府债券、企业债券或股票,也可以发放不动产抵押贷款,多余的资本可转存商业银行等金融机构。

储蓄银行与商业银行的不同之处见表4-2。

储 蓄 银 行 与 商 业 银 行 的 区 别　　　　表 4-2

	储　蓄　银　行	商　业　银　行
存款户	多为薪金阶层个人	多为工商企业
存款期限	期限长，以定期为主	期限短，以活期为主
受经济周期影响	较小	较大
存款保证金	较高	较低
存取方式	存入现金，以存折为取款凭证，取出现金	存款多由放款创造运用支票为取款凭证
创造派生存款	不能	能够

（四）不动产抵押银行

不动产抵押银行是专门经营以土地和其他不动产抵押的长期信贷银行。它先用自己的资金在当地发放不动产抵押贷款，然后将这种债权转售给其他金融机构，从中获取利息差额。因此，它是借款者和其他金融机构的中介人。不动产抵押银行的业务大致分为两类：一是办理以土地为抵押的贷款业务，贷款对象是土地所有者和购买土地的农业资本家；另一类是以城市房屋等不动产作抵押的贷款，贷款对象是房屋所有者和经营建筑业的资本家。如美国的联邦土地银行和住宅放款银行就属于这类银行。

五、非银行金融机构

（一）保险公司

保险公司是经营保险业务的经济组织。它主要经营财产保险、人寿保险、涉外保险、再保险等业务，同时还兼办一些其他信用业务。保险公司资金主要来源于投保人所缴纳的保险费聚集起的大量保险基金，这笔资金是比银行存款还要稳定、可靠。保险公司不仅在支付保险赔款后有一笔可观的纯收入，而且还可将其用于长期投资、购买政府债券、企业债券或投入不动产抵押贷款等方面，获得投资收入。

（二）投资公司

投资公司是通过发行股票将小投资者的资金聚集起来，再分散投资于其他多种金融资产，如公司债券、政府债券等。由于分散投资风险较小，对于个人投资者有较大好处。

（三）财务公司

财务公司是专门办理各种耐用品的租买赁或分期付款的销货业务的公司。规模较大的财务公司兼营外汇、联合贷款、包销证券、不动产抵押、财务及投资咨询等业务。财务公司主要依靠银行信贷、发行债券、卖出公开市场票据等手段筹集资金。资金运用主要是企业信贷和消费信贷。

（四）信托公司

信托公司是以资金及其他财产为信托主体，根据委托者的愿望而为其管理与运用货币资材的金融机构。信托公司的业务分三大类，一是一般银行业务，同商业银行大体相同；二是信托业务，主要有资金信托、财产信托、商务信托、私人事务信托、公益信托等；三是其他业务，这是指信托之外的服务性业务。如财产保管，充当债务保证人，不动产买卖或借贷、货币借贷的媒介，公债、公司债券、股票的募集，债款、股息、利息和税务的代收、代付，股票过户的代理，清算债权债务等。因此信托公司业务活动名目繁多、范围广泛，几乎涉足所有金融业务领域，因而有金融百货公司之称。

（五）信用合作社

信用合作社是一种互助性的集体性的金融组织，有城市信用合作社和农村信用合作社两种。其资金是由社员缴纳的股金和存款所组成。它的资金运用主要是为社员提供非营业性的贷款，如购买汽车和其他耐用消费品、住宅抵押贷款等，还可以运用一部分资金投资不动产和政府债券。

（六）养老基金组织

养老基金组织通常由政府或私人企业为其雇员所办，并由私人雇主经营。它通过雇主或者雇员交纳退休基金，然后将这些积累的基金用于政府公债、公司债券或股票投资，或者用于不动产抵押放款等。雇员退休后，可享受一次付清的退休金或按月支付的养老金。

（七）储蓄贷款协会

储蓄贷款协会主要是通过向协会会员发行有固定期限的股票或采取契约储蓄形式的股票，筹集资金，然后以会员的股金抵押放款的方式贷给会员建房或购房，不以盈利为目的，因而它的股东不是商业意义上的股东，绝大部分是以消费者的面目出现。这与房屋互助协会的性质相似。

金融机构的组成如图 4-1 所示。

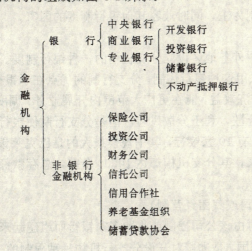

图 4-1 金融机构的组成

第三节 商业银行

一、商业银行概述

商业银行是以追求最大利润为目的，以吸收存款、授受、投资、办理中间业务和融通资金为业务的金融企业。

早期商业银行以融通短期商业资金为主，其名称亦由此而来。现代商业银行的发展已远远脱离了最初特征，成为了综合性的，多功能的"金融百货公司"。它以开展各种方式吸收资金、投资放款等为主要业务，还开展租赁、信托、保险、咨询等服务性业务，同时它还是整个金融体系中唯一能够吸收活期存款、开设支票存款帐户的银行机构，具有独特地创造派生存款的能力。一国的各项经济政策，不论是财政政策，还是货币政策，都主要是通过商业银行的业务活动来实施的。因而商业银行业务经营活动的开展会影响整个经济的发展和社会的安定。商业银行在一国的整个经济体制中具有相当的重要地位。

第二次世界大战以后，由于国际经济往来日趋频繁，以及世界经济一体化的趋势，一些实力雄厚规模大的商业银行，或直接在国外设立分行或附属机构，或收购国外银行，或与外国银行合作成立财团银行，商业银行的这种国际化趋势是其他专业银行所不能及的。

商业银行以其机构多、业务量大、业务范围广而居于金融体系中的业务经营主体的地位。

中央银行、专业银行和其他信用机构都是在商业银行基础上逐步创立起来的。

二、商业银行的组织体制

1. 单一银行制（又称独家银行制）

是指独家银行经营业务，不设（也没有）任何分支机构的一种银行制度。这种体制产生于19世纪末，主要存在于美国，美国各州银行法禁止或限制银行开设分支行。这样使得银行的数量多，但规模都不会太大。目的是防止大银行吞并小银行引起金融垄断，利于竞争，但对于银行来讲，其业务过于集中一地，不利向外发展，受地区经济影响大，单位成本高，经营效益难于提高。随着垄断资本发展，美国各州也不同程度放宽了对银行开设分支行的限制。目前美国是以单一银行制为主，同时兼容其他银行制度的国家。

2. 分支银行制（简称分行制）

是指法律允许在总行之下，在境内外各地区设立分支机构的一种银行制度。它最早产生于英国，现在世界上大多数国家都采用这种银行体制。分支行制的优点在于银行规模大、分工细、专业化水平高，有利于提高经济效益，能在更广大范围内开展业务、调度资金、提高资金利用率。分支行制使银行放款分散，利于分散风险。但是分支行制使银行业过分集中，造成垄断，不利于竞争，如英国只有10家银行，其中规模最大的是巴克莱银行、米兰银行、劳合银行、国民西敏士银行4家，其分支机构却达10000余家，总存款额占银行体系的70%。

3. 集团银行制（又称银行持股公司或集团经营制）

是指由一个集团成立股权公司，再由该公司控制或收购多家银行而组建起来的一种商业银行制度。集团银行制主要流行于美国，是逃避对开设分支行机构种种限制的一种对策。

4. 联锁银行制（又称联合制或联合经营制）

是指某集团或个人通过持有股份或兼任董事长的形式对两家或两家以上银行实行控制和经营的一种银行制度，这就相当于将那些表面上保持独立的银行联锁在一起了。

5. 财团银行

是由不同国家的大商业银行合资成立的专门经营欧州美元市场及国际资金存放业务的银行。近年来，在国际银行业务上较为流行。

三、商业银行的业务

商业银行的业务归纳起来可分为负债业务、资产业务、中间业务三大类。

通常把商业银行筹措、聚集各种资金的方式称为负债；把商业银行分配和运用资金的各种方式称为资产。负债业务和资产业务又统称为信用业务。中间业务又称表外业务，是商业银行代理客户办理收付和其他委托事项,从中收取手续费的业务,因其不能列入资产负债表内而得名。分类情况见图4-2。

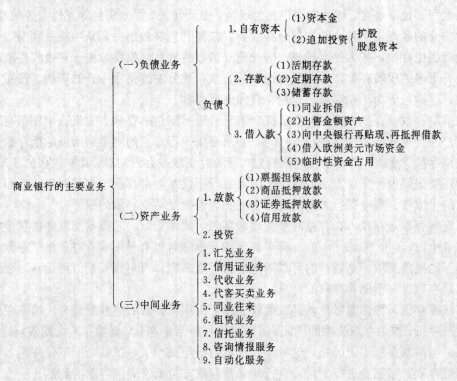

图 4-2 商业银行的业务分类

(一) 负债业务

负债业务是指商业银行吸收资金以形成资财的业务,包括自有资本、存款和借入款。

1. 自有资本

自有资本是一种特殊形式的负债,它主要包括两项。

(1) 资本金。资本金是银行最原始的资金来源,它是一种保证性质的资金,其目的是取得社会的信用。资本金是银行开业的前提条件之一。任何国家的商业银行在开业登记注册时,都必须有一定的资本额,即法定资本。若未达到法定的注册资本则不予开业。资本金因银行的组建方式不同而不同,可能是个人资本,或者是合伙资本,更多的是发行股票聚集起来的股份资本。

(2) 追加投资。银行为扩大经营而追加的投资,它包括两部分:一是新招募的股份,即扩股;二是股息资本化,即按照法令规定从每年支付的股利总额中提取"法定公积金"。

银行的自有资本一般只占银行负债的一小部分,但这部分自有资本是银行吸收外来资金的基础。自有资本雄厚、银行信誉高,就可以更多地吸收存款和借入款,扩大经营规模。但银行不能无限制地任意吸收存款,各国都根据本国具体情况规定了自有资本占总资产比例——资本适宜度,一般在5%~6%左右,从而使银行能经得起风险和坏帐损失,具有清偿能力,既保证了客户安全,又使银行业务能正常运行。

2. 存款

存款是银行接受客户存入资金,存户可以随时或按约定期限提取款项的一种信用业务。

存款是商业银行吸收外来资金的主要方式,其存款额占总负债的绝大部分(一般在70%以上)。是商业银行全部业务活动的基础。商业银行以较低利息吸收大量存款,其中留出一定比例的现金和其他准备金,作为向客户支付现金,办理转帐,汇划资金等支付业务的准备,行使支付中介的职能,而其余绝大部分存款要以较高利息贷放出去,从中获取利润,并与此同时创造派生存款,扩大经营规模。因此商业银行的放款规模要取决于它吸收存款的规模,它只有更多的吸收存款,才能更多地发放贷款,充分发挥信用中介的职能。按照提款方式不同,存款可分为活期存款、定期存款和储蓄存款。

(1) 活期存款是存款人可随时存取或向第三者进行支付的存款。在流通中作用与现金相同。存户在支用或向第三者进行支付时,必须使用银行规定的支票,所以活期存款也常被称为支票存款。活期存款由于无期限规定,可随时支取或办理结算,具有很强的流动性,而且银行还要提供种种支付方面的服务,因此银行不仅对活期存款不支付利息,反而还要收取一定的手续费。商业银行是金融机构中唯一能够接受活期存款的银行。

(2) 定期存款是存款人在存款时预先规定期限,到期支取。若提前支取需付罚金。存款期限有3个月、6个月、9个月、1年等。定期存款通常以存单形式存在。由于存款期固定,一般不能提前支取,是银行的可靠而稳定的资金来源,可用作长期信用业务,因此银行付给定期存款以高于储蓄存款的利息。

(3) 储蓄存款又称储蓄帐户,是以吸收居民个人积蓄为目的的存款种类。储户存款时由银行发给存折,作为存取款项的凭证,因而也称存折活期存款。储蓄存款无期限规定,可随时存取。与活期存款不同的是,这种存款仅适用于居民个人,工商企业不得使用,也不能利用储蓄存款对第三者进行支付,银行对储蓄存款支付低于定期存款的利息。

3. 借入款

借入款是商业银行吸收外来资金的另外一种形式。商业银行在自有资本和存款不能满足放款的需求时,吸收借入款以暂缓资金紧张。借入资金的主要方式有:

(1) 同业拆借。是资金不足的银行向有超额储备的银行借入资金。一般是今天借,明天还,时间短,因而不需要抵押品。如果需要时间长经双方同意,可以续借。

(2) 出售金融资产。银行发行金融债券,向社会筹集资金,一般期限较长,有利于银行对资金的长期利用。银行发行长期金融债券要经金融管理当局批准,发行额也有一定限度。

(3) 向中央银行再贴现再抵押方式借款。这是商业银行短期资金来源的一个重要途径,一般是为了满足短期的紧急的资金需要。

(4) 借入欧洲美元市场资金。欧洲美元市场是经营美元的买卖和借贷的市场。市场中心在伦敦。欧洲美元市场资金来源充裕,交易量大,借款手续简单,流通性强。在国内信贷资金紧张时,它是商业银行的一个很重要的资金来源。

(5) 临时性资金占用。商业银行在办理中间业务和服务性业务过程中,可以占用一部分客户资金,作为自己的资金来源。如商业银行可以通过办理代客户买卖有价证券业务、信托业务、信用证业务、代收业务等,占用客户资金;通过同业间的代理业务,占用同业或其他金融机构的资金。

(二) 资产业务

资产业务即商业银行运用所筹资金从事各种信用活动的业务。是商业银行获取收入的重要途径。一般分为放款业务和投资业务两类。

1. 放款业务

放款业务是资产业务的主要部分。银行放款一般要占总资产的 60%～70%以上。银行通过放款使吸收的存款得到利用。放款利息收入扣除存款利息支出和各种费用的余额是商业银行利润的主要来源,同时银行只有将原始存款贷放出去,再借助办理转帐,依次循环下去,就可创造出信用,扩大了资产(贷款)规模,获得更高利润。因而,尽管放款的风险较大,但利率高,收益大。

放款的方式主要有票据贴现、抵押放款和信用放款等。

(1) 票据贴现。银行办理贴现业务,从表面上看是票据买卖,实质上是通过票据债务转移,间接地给承兑人发放了一笔贷款。

商业银行的贴现率,也称市场贴现率,它决定于两个因素:一是短期资金的供求情况。二是中央银行的再贴现率的变化。若金融市场上短期资金供给增加或需求减少将使贴现率下降;反之则上升。中央银行提高再贴现率,将会使贴现率上升,反之将使其下降。

贴现票据包括汇票和本票。因付款人不同可分为银行票据和商业票据。银行票据付款人为银行,有银行承兑汇票和银行本票,其信用程度较高,贴现银行一般愿意接受;商业票据具有自动清偿性,银行也愿意接受贴现。贴现业务和普通放款都属于放款业务,都是资金运用并收取利息,但二者仍有许多不同之处,可见表4-3。

普通放款与票据贴现的区别 表4-3

	普 通 放 款	贴 现 业 务
期　　限	较长,可转期	较短,一般三个月,不超过一年到期即收回
计息方式	到期收取利息	贴现业务发生时,从票据面额中预扣利息
债 务 人	放款申请人及担保人	贴现人、出票人、承兑人,背书人均应对票面款负责
利率水平	放款利率较高	贴现率略低

(2) 票据抵押放款。是以各种票据为担保的放款,放款期限不得超过票据到期的期限。放款期限到达时,借款人应偿还放款、赎回票据,如不赎回,银行有权处理票据。票据抵押放款的利息,按同类放款利息计。但银行为了避免借款人不赎回票据而遭受损失,其放款总额总是低于票据面额,一般为 60%～80%,票据面额与放款额的差额通常称为"垫头"。

票据贴现与票据抵押放款虽然都是以票据为担保的贷款,但二者又有区别,详见表4-4。

票据抵押与票据贴现的区别 表4-4

	票 据 抵 押	票 据 贴 现
票据所有权	未发生转移	发生转移
业务发生时银行付款额	票据面额的 60%～80% =票据面额-垫头	=票据面额-贴息
计息时间	还款赎回票据时银行计收	贴现时银行扣收贴息
利率水平	按同类贷款利息计收	低于票据抵押放款利息

(3) 商品抵押放款。是以各种商品或商品凭证（如铁路提货单）作为抵押品的放款。借款者如果不按期归还放款，银行可以出售抵押的商品，以补偿放款。银行发放商品抵押放款的"垫头"较大，放款一般为商品市场价格的 30%～50%，以防止商品跌价或销售发生困难而遭受损失。

票据业务和商品抵押放款业务，均与产业资本循环过程密切联系，它可使商品资本和票据债务转化为货币资本，克服商品销售中的一些困难。当商品暂时未能销售出去时，可以把商品抵押给银行取得放款；当购货单位收到货以前，也可以在途商品凭证作为抵押取得放款。因此商品抵押贷款可以使资本商品形态提前转化为货币形态。当商品以信用形式出售时，销售者可以商业票据向银行贴现或以商业票据抵押借款。因而票据业务也可以使债权形态转化为货币资本形态。以上两种放款业务均能加速资本的循环和周转，促进生产发展。

(4) 证券抵押放款。是以股票和债券作为抵押品的放款。这种放款在确定抵押款时也有垫头。一些证券投机商将有价证券到银行取得抵押贷款后再去购买有价证券，然后再抵押再购买，如此往复。这实际上为有价证券投机提供了大量货币资本。

(5) 信用放款。是指单凭借款人的信誉，而不需提供任何抵押品的放款。这种贷款不要求借款拿出任何实物保证，只需签写字据就可以发放，因而属于"资本放款"，风险较大，要求利率也比其他放款形式高。银行在进行信用放款时，要充分了解借款人的偿还能力和信誉程度，必要时可要求企业提供资产负债表；报告借款的使用情况；不得向其他银行借款等附加条件，对借款额度也有严格限制。这样银行可以对借款企业进行监督控制，加强对贷款的管理，避免贷款遭受损失。

2. 投资业务

商业银行的投资业务是指银行购买有价证券的经营活动。银行购买公债券、国库券、公司债券等有价证券，不仅可以取得固定收入，而且有价证券作为资产的存在形式，具有主动灵活的特点，可随时变现，流动性高，但其利率风险、市场风险也较大。银行购买有价证券，目的是从中谋取投机利润，因此在经营证券的种类、到期日、分布地区、证券发行人等方面都注意避免集中、注重质量，以分散风险，减小损失。在当前通讯设备高度发达的条件下，银行在国际金融市场上买卖有价证券的投机活动越来越频繁，其活动范围也越来越广。

银行放款和投资实质是一样的，但也有一些不同之处，主要区别见表 4-5。

银行放款与投资的区别　　　　　　　　　　　　表 4-5

	放　款	投　资
发放形式	应借款人请求发放	以购买证券形式主动贷放
收回期限	有固定期限，到期收回	随时变现
用　途	一般用于生产经营活动，与产业资本循环发生联系	一般用于证券投机活动，不和真实资本发生直接联系

（三）中间业务

中间业务是指银行不需要运用自己的资金，只代理客户承办其委托事项，从中收取手续费的业务。主要有以下几种

1. 汇兑业务

汇兑业务是银行（称承汇行）代理客户将现款汇往异地指定的收款人的业务。承汇行使用特殊的汇兑凭证（银行汇票或支付委托书），命令异地银行（称承兑行）向指定收款人支付一定数额现款，并将银行汇票交给客户，由客户寄给异地收款人，由收款人直接到承兑行取款。支付委托书是由承汇行用邮信或电报直接通知异地承兑行，然后再由承兑行通知收款人取款。

银行办理承兑业务时，可利用汇兑之间存在一定的地区差和时间差，占用客户一部分在途资金，虽然每一笔款项可占用数额不大，时间也短，但由于银行每天办理大量的汇兑业务，这笔占用的资金数额就颇为可观，银行可充分利用。

2. 信用证业务

信用证业务是银行根据顾客委托及所指定的条件向卖主提供信用保证的业务。由银行保证付款可以解决买卖双方互不了解、互不信任的矛盾。其中商品信用证是应买方要求，开给卖方保证付款的凭证，在国际贸易中应用尤为广泛；货币信用证是银行收取一定款项后，开给客户保证在异地指定银行兑取相应现款的凭证。银行经营信用证业务，可以从中收取手续费，并可以占用一部分客户资金。

3. 代收业务

代收业务是银行接受客户委托，根据各种凭证代替客户收取款项的业务。代收业务的对象包括支票、票据、有价证券和商品凭证等。

4. 代客买卖业务

代客买卖业务是银行接受客户委托，代为买卖有价证券、贵金属和外汇的业务。银行在代理国家发行公债或代企业发行股票和债券时，可以从发行总额中获得一定比例的手续费，收入往往是非常可观的。

5. 同业往来

同业往来是银行之间在进行各项业务时建立的往来关系。银行在办理汇兑、信用证、代收代付业务时需要与同城的、异地的，甚至是不同国家之间的有关银行机构发生资金往来关系。银行间建立同业往来关系时需要订立一定契约，建立往来帐户，通过这种账户办理相互委托的收付款业务、存贷款业务，银行之间也相应发生了债权债务关系，由于同业往来业务的相互性，其中相当大部分的债权债务可以相互抵消，余下的差额对某银行如果表现为负债，它就占用了对方银行的资金，到一定时期清偿。

6. 租赁业务

租赁是资产的所有权和使用权之间的一种借贷关系，即由出租人（所有者）按照契约规定将财产租给承租人（使用者）使用，并按期收缴租金的经济行为。出租人保有所有权，承租人拥有使用权。

租赁的形式很多，其中金融租赁又称融资性租赁或资本性租赁，是由承租人自己选好所需设备，由银行下属租赁公司（出租人）出资购买后租给承租人使用。租赁公司投入的资金及利息在出租期内陆续以租金的形式收回。承租人负责设备的安装、维修和管理。租期届满后可以退回和续租或将残值按市价卖给承租人。金融租赁业务的开展，可以使承租人在减少大量开支，避免资金的占压的情况下及时更新设备，采用新技术，促进生产、流通的发展。

7. 信托业务

信托是指接受他人信任与委托，代为管理、营运、处理有关钱财的业务活动。信托中客户为委托人；银行为受委托人；受益人可能是第三者，也可能是银行。

商业银行开办信托业务可收取一定的手续费，并可占用一部分信托资金用于投资放款业务。

8. 咨询情报服务

银行利用自己机构多，联系广的优势，收集和整理资金运动及其相关资料，为工商企业提供实用而且准确的经济信息及咨询服务。其内容一般有：介绍客户、提供资信调查等。

9. 自动化服务

自动化服务是指现代商业银行利用计算机技术和自动化技术为顾客提供快速有效的服务。服务内容主要有：现款支付机、自动出纳机、售货点终端机和居家银行服务以及利用通讯卫星等设备为顾客提供全球性银行服务等。

第四节 中央银行

一、中央银行的产生

中央银行的产生经历了一个相当漫长的历史过程。在银行业发展初期，许多银行都可以发行银行券，可以无限创造信用。当时没有独立货币发行的银行，更没有中央银行。以后随着银行业的发展，为了避免货币分散发行造成流通混乱，以致银行因挤兑而倒闭，银行券的发行权逐渐集中到少数大银行手中。最后由于国家的干预和利用，其中的一个规模大、信誉佳的大银行就演变成为国家唯一的发行银行。这个银行由于独占货币发行权的特权，在业务上具有其他只能依靠吸收存款，以"存"养"贷"开展业务的银行所无法比拟的优势与实力。并为其进一步发展为"银行的银行"、"政府的银行"奠定了牢固的基础。

1694年成立的英格兰银行被称为近代中央银行的鼻祖，其演变发展史就是典型的中央银行发展史。1826年英国政府核准英格兰银行在伦敦独占钞票发行权；1833年英国政府宣布唯有英格兰银行发行的钞票为法定货币；1844年《皮尔条例》颁布后，英格兰银行正式成为国家的发行银行。此后各商业银行纷纷在英格兰银行开立帐户、建立往来，并将存款准备金存入该行。英格兰银行也自然地担负起保管各银行准备金的职责，并在日益扩大的金融活动中，逐渐成为全国银行业的票据交换中心，到1854年则正式作为全国的清算银行。英格兰银行以其雄厚的实力、卓著的信誉、独具的特权，在后来的英国经济发生的多次周期性经济危机中发挥了"银行业最后贷款者"的作用，行使了"银行的银行"的职能，对英国经济的发展起了很大的促进作用，使英格兰银行在漫长的金融活动中，由一个普通的大银行发展为现代的中央银行。

二、中央银行的性质

中央银行是一国金融活动的组织者和调节者，是一国金融体系的核心，是国家干预经济、调节和管理货币信用活动的金融机关。中央银行在金融体系中处于核心和领导地位，中央银行不以盈利为目的，不经营一般银行业务，而是按照有偿信用原则向政府和其他银行提供资金融通和划拨清算等金融业务。中央银行是代表政府管理金融、调节和控制信用活动的金融机构。中央银行既执行政府职能，又按银行的规则工作，因而它是具有银行特征的金融管理机构,而且它于政府、于其他金融机构都要处于一个独立超然的地位。

三、中央银行的职能

(一)中央银行是发行的银行

中央银行是拥有垄断货币发行权的银行,是国家唯一的货币发行单位,这是它区别于商业银行和其他金融机构的显著特征。当代绝大多数国家都是以信用保证来发行货币的,因而必须建立中央银行制订并执行货币政策,统一宏观调控体系。国家政府通过中央银行计划地科学地经济发行货币,向市场注入流通手段和支付手段,以满足生产和流通的需要,从而建立起一个良好的金融环境、统一通货形式、保持合理的货币存量和良好的货币信誉,并可根据经济形势变化利用经济杠杆灵活调节货币供应量、控制银根的松紧。

(二)中央银行是银行的银行

中央银行不直接与工商企业或个人发生信用关系,不经营商业银行的普通金融业务。它只与商业银行和其他金融机构发生业务往来。中央银行是全国存款准备金的唯一保管银行,金融业资金的清算中心,银行业的最后贷款者。

1. 中央银行是银行存款准备金的唯一保管银行

商业银行吸收的存款不能全部贷放出去,必须按着法定的存款准备金率提取存款准备金,上缴中央银行集中保管,中央银行不付利息。这样做不仅可以增强整个银行体系的储备力量和清偿能力,保证客户存款的安全性,而且中央银行还可以运用调节存款准备金率的手段有效控制商业银行的货币创造能力和信贷规模,从而控制全国货币供应量和调节货币流通。

2. 中央银行是全国票据的清算中心

各商业银行及金融机构都在中央银行设有活期存款帐户,它们彼此之间交换票据的差额可以通过中央银行存款帐户在全国范围内办理划拨清算,这不仅简化了清算手续,缩短了时间,减少了费用,加速了资金周转,同时也有利于对金融机构的监督。

3. 中央银行是商业银行的最后贷款者

国库存款和商业银行缴存的存款准备金是中央银行的重要资金来源,又由于中央银行垄断着一国的货币发行权,所以中央银行的资力相当雄厚。当商业银行资金周转不灵时,它可以充当最后的贷款者,通过再贴现、再抵押方式为商业银行提供贷款,从而增强了整个信用体系的弹性和清偿能力。同时它也可以通过调整再贴现率来扩张和紧缩信用,对商业银行进行监督和管理。

(三)中央银行是国家(政府)的银行

中央银行本身是政府的一个职能部门,它作为国家管理金融的工具,还要代表国家贯彻执行财政金融政策、管理财政收支。其主要职责有:

(1)经理国库。办理政府财政预算收支和款项的缴纳与拨付,代理政府债券的发行与兑付,作为政府金融代理人,代理政府保存和管理国家的黄金和外汇储备,在金融市场上为政府买卖黄金和外汇;

(2)向政府提供信用,解决政府临时资金的需要;

(3)代表国家参加国际金融活动,进行金融事务的协调、磋商和决定;

(4)充当政府金融政策的顾问,为国家制订经济、金融政策提供信息。

(四)中央银行是管理金融的银行

中央银行是一国管理金融的银行。其主要职能是制定、执行货币政策,制订和执行金融法规与银行业务的基本规章,管理监督各金融机构的业务活动。

中央银行是全国金融活动的总枢纽,在一国的金融体系和信用制度中发挥着重要作用。

四、中央银行的组织形式

(一) 复合中央银行制

复合中央银行制是指集中央银行职能与商业银行职能于一身的银行。它既行使中央银行职能,又承办专业银行的全部业务。这种体制缺乏权力、职能不健全、分支机构庞杂。前苏联和东欧各国,我国都曾实行过这种体制。

(二) 单一中央银行制

单一中央银行制是指一个国家中只有一家银行履行中央银行职能。其特点是权力集中,职能齐全,分支机构较多。世界上多数国家都采用这种组织形式。我国现在采用的是单一中央银行制。

(三) 跨国中央银行制

跨国中央银行制是指两个以上国家共有的中央银行。一般是参加货币联盟的所有成员国共同组建一个中央银行。它可跨越国界行使中央银行职能。如西非诸国中央银行是西非货币联盟的贝宁、象牙海岸、上沃尔特、尼日尔、塞内加尔、多哥等六国的中央银行;中非诸国中央银行是非洲货币联盟的喀麦隆、中非共和国、刚果、加蓬、乍得等五国的中央银行。

(四) 联邦中央银行制

联邦中央银行制是指在实行联邦制的国家中,中央银行的组织形式也采用联邦制。即中央银行作为一个体系存在,它由若干相对独立的地区中央银行组成。其特点是权力和职能相对分散,分支机构不多。美国是实行联邦中央银行制的代表性国家。

(五) 二元中央银行制

二元中央银行制是指一个国家中存在着两家行使中央银行职能的银行。它们分别承担一部分中央银行职能。如新加坡的"通货委员会"掌管货币发行(要求100%的外汇发行准备金)。另外还有"货币管理局"行使中央银行的其他职能,这种形式是中央银行制度正在向健全方向发展的过渡产物。

(六) 准中央银行制

准中央银行制是指一个国家或地区没有建立正式的中央银行制度,由政府授权一个或几个商业银行行使部分中央银行职能。或者是建立了中央银行但不具备中央银行的基本职能。如香港的汇丰银行就是准中央银行的典型代表。它只有发行货币,为政府服务,提供最后贷款和资金清算职能。

五、中央银行的业务

(一) 中央银行业务活动的原则

1. 不以盈利为目标,不经营一般银行的业务

鉴于中央银行所应履行的特殊职能,各国政府都以法律形式赋予中央银行发行货币、代理国库、吸收存款准备金、充当金融警察等特权。如果让它赢利,它可轻而易举获得巨额财富;如果让它与其它普通银行一样经营同种业务,则这种竞争是不平等的,会打乱正常的金融秩序。

2. 不付存款利息，资产具有较强的流动性

中央银行的国库存款、准备金存款等均是为实行金融管理的非营利性业务活动，所以一般国家的中央银行都不支付存款利息。但中央银行要对各商业银行从事再贴现及证券买卖等业务活动，因而它必须使自身的各项资产保持较强的流动性，以便灵活调剂货币供应量。

（二）业务活动

1. 负债业务

负债业务是指中央银行形成其资财的业务，主要有货币发行业务和存款业务。

（1）货币发行业务。货币发行业务是中央银行代表国家向社会提供流通手段和支付手段的行为与过程。货币从中央银行的发行库通过各家银行业务库流到社会，称为货币投放；货币由社会通过各家银行业务库流回中央银行发行库，叫作货币回笼。投放与回笼相抵后的差额，就是货币发行额。这是国家通过中央银行对公众的负债。

货币发行要有可靠的信用保证，如以黄金或有价证券作发行保证，并建立一定的准备金制度加以限制，不能滥发；另外发行还要具有弹性，即具有伸缩性和灵活性，以适应社会需求的变化，既要满足经济发展的需要，避免因通货不足造成经济萎缩；又要严格控制发行数量，避免因通货膨胀造成经济混乱。

（2）存款业务。中央银行的各项存款主要指：商业银行以及其他金融机构的存款——即银行按规定比例上缴中央银行的存款准备金，还有财政存款等。

中央银行存款增加是货币回笼的结果，其存款减少意味着货币投放的增加，从负债角度看，其负债总额不变，只是结构发生了变化。

2. 资产业务

资产业务是中央银行运用其资财的业务，从货币资金角度看，则是货币运用的基本渠道，也是货币供应的基本形式。主要有再贴现业务，贷款业务，保管黄金外汇业务。

（1）再贴现业务和贷款业务。再贴现业务和贷款业务是指中央银行对商业银行的再贴现与放款，以及对其他金融机构及财政的贷款。中央银行提供的货币是基础货币，它通过货币乘数的作用，会增加商业银行的放款能力，扩大信贷规模，导致货币供应量增加，有引起信用膨胀和通货膨胀的危险，须慎重对待。

（2）保管黄金外汇业务。黄金外汇储备是中央银行购买黄金、白银、外汇、国际货币基金组织的特别提款权所形成的资产。凡构成国际通货的储备资产都要由中央银行收购、保管，主要用于国际清算中清偿债务的支付手段。

第五节 中央银行的货币政策

一、货币政策

货币政策又称金融政策，是国家调控货币供应量的基本方针与基本方法，是国家为实现其宏观经济目标，管理货币和信用的政策。它既包括货币政策的目标和手段，又包括运用这些手段的机制作用和调节过程。

货币政策通过控制和调节货币供应量和信贷规模、结构，利率、汇价水平来调节整个社会经济，以达到发展经济、稳定币值的目标。

中央银行作为一国最高金融管理机构，它具有领导和管理一般金融机构的职能；它拥有发行货币，集中资金，掌握经济变化趋势的经济力量；它还能通过其业务活动、金融工具和措施调节经济，因而各国政府都赋予中央银行特权，授权中央银行制定和执行货币政策，利用它采取信用扩张和信用紧缩的措施实现货币政策。

二、货币政策的要素

货币政策要素是指中央银行在调控货币供给量，管制信用规模，作用于特定经济目标过程中的一些基本环节或元素。一项完善的货币政策是由货币政策目标、货币政策工具和货币政策传导机制三个要素构成。这些要素之间的联接及其因果关系便是货币政策的运转机制、运行方式。为实现货币政策目标，又可将其分解为操纵目标、中介目标和最终目标。制定货币政策时，首先要确定最终目标，然后根据最终目标、经济环境、货币信用制度等条件选择一定的中介指标、操纵指标，最后选择使用货币政策工具。在贯彻实施货币政策时，是由中央银行运用货币政策工具，作用操纵指标和中介指标，并根据反馈信息及时调整货币政策工具，使之朝着预定的方向发展，最后达到影响和实现最终目标的目的。

货币政策的构成要素及运行机制如图4-3所示。

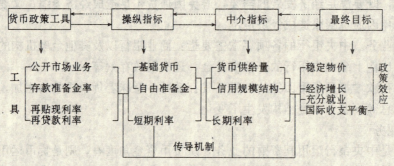

图4-3　货币政策的构成要素及运行机制

三、货币政策的种类

货币政策以货币供给量与实际货币需求量二者的对比参数为标准，按组合的方法可分为三种：

1. 扩张性货币政策

扩张性货币政策是指货币供给量大于货币需求量，通过提高货币供给量带动社会总需求，启动闲置生产要素，刺激经济增长的一种货币政策。它通常适用于以下情况：

（1）生产要素利用不足，大量的资源和劳动力闲置，社会有效需求不足；

（2）潜在市场的支付欲望很大，通过扩大需求能带来市场潜力的发掘；

（3）货币容量弹性较大，注入一定超量货币不会引起经济震荡。

2. 紧缩性货币政策

紧缩性货币政策是指货币供应量小于货币实际需要量，从紧缩货币供给量来缩减社会总需求，挤出市场多溢货币，促进社会总需求与总供给平衡，从而实现稳定物价，发展经济的一种货币政策。它适用于以下情况：

（1）已出现明显的社会总需求大于总供给，通货膨胀，经济紊乱；

（2）政府有意识地控制过热的经济。

3. 中立性货币政策

中立性货币政策是指货币供给量与货币实际需要量基本一致,按基本稳定物价的要求,以经济增长为货币供给量增长的制约标准来管理货币的一种政策。通常适用于以下情况:

(1) 基期货币供给与货币需求基本平衡;
(2) 在报告期经济、物价能基本稳定的前提下,保证适度的发展水平;
(3) 作为货币政策的制定与贯彻,都具有较大的独立性与超然性。

四、货币政策目标

(一) 货币政策的最终目标

1. 货币政策最终目标的内容

货币政策的最终目标又称战略目标,是中央银行货币政策在较长一段时间内要达到的目标,它和宏观经济总目标是一致的,其内容一般包括以下几方面。

(1) 物价稳定。即控制通货膨胀率在一定水平上,一般以物价上涨率表示。具体数值的衡量标准各国不尽相同,通常目标是控制物价不涨或上涨不超过3%,即可认为物价稳定。适度的货币供应是实现物价稳定的必要条件和关键。

(2) 充分就业。就业标准一般是以失业人数与愿意就业劳动者人数之比,即失业率来表示。一般认为失业率控制在4%左右即为充分就业。失业率过高会使一国经济遭受严重损失,并会影响到社会、政治、经济等诸多方面。

(3) 经济增长。要求国民生产总值的增长要保持在一个较高水平上,不要停滞或下降。一般采用人均国民生产总值的增长率来表示,美国定在1%~4%左右。

(4) 国际收支平衡。国际收支标志着一国从国际市场上所获得的物品或购买力,其增减会直接影响国内市场的供给变化;另外国际市场金融收支的变化,也要影响国内人民购买力的变化。由于各国所处的经济发展阶段不同,如有些处于经济起飞阶段、或经济成熟阶段、或经济调整阶段,其国际收支状况都不同,要求一国在数年内一直保持国际收支平衡是很困难的,只能通过政策调整,使之趋于平衡。

2. 货币政策目标的矛盾与协调

货币政策最终目标之间是矛盾的,若使之同时实现,几乎是不可能的。中央银行应利用政策目标之间的制约关系,进行有效的控制与协调。

(1) 稳定币值与发展经济充分就业的矛盾。稳定币值主要是控制货币供应量;发展经济,充分就业就要扩大生产规模,又要求在货币政策上放松货币管制,扩张货币供应量,而这又将会导致物价上涨;若降低物价,就必然要紧缩银根,压缩生产规模,则会使失业率提高。这种通货膨胀率与失业率此消彼涨的关系,可用菲利普斯曲线表达,见图4-4。

图中纵座标表示通货膨胀率,横座标表示失业率,曲线表示若要保持高就业就必须牺牲币值稳定,以高物价为代价;反之,若要降低物价水平,就要以高失业为代价。如果通货膨胀率和失业率都控制在较低范围内,即社会可接受水平之内,二者的矛盾就可达到协调,这个范围即为图中阴影部分,其最高临界点即为社会临界点。1954年菲利普斯实证的结果认为这个临界点为通货膨胀率4%,失业率4%左右。

(2) 物价稳定与经济增长的矛盾。一般来说经济发展,产品丰富,物价稳定。物价稳定是经济增长的前提,经济增长是物价稳定的基础,二者是统一的。然而二者也存在一定的矛盾,这是因为任何一个目标的实现,都是以牺牲另一个目标为前提的。众所周知,货

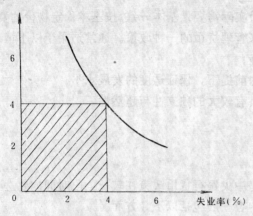

图 4-4 通货膨胀率与失业率的关系

币和收入往往是经济增长的先导和第一推动力,经济增长需要货币超前供给,如果依靠信用扩张刺激经济增长,信用扩张、投资增加都会造成货币供应量增加,由此将带来物价上涨、币值下跌,形成了经济增长与物价稳定的矛盾;如果政府采取反通货膨胀政策,压缩货币供应,必然会影响经济增长,因而二者难以一致。

目前解决这对矛盾的途径是:在长期协调方针中,选择两个目标的最佳组合方式。一般是在稳定币值条件下促进经济增长,在经济增长的同时保证币值稳定,即首先将物价上涨控制在1%~3%的可承受范围内,在此前提下再确定一个保证经济持续稳定增长的合理水平,增长率为7%~8%左右。在短期协调方针中,可根据具体经济情况,相机抉择,即暂时牺牲一个目标换取另一个目标的实现。

(3)物价稳定经济增长与国际收支平衡的矛盾。当前各国经济与国际联系日趋深入、广泛。一国的经济增长会使国际收支顺差增大,但随着经济增长,人民收入和消费增加,则要求增加国内市场商品供应,就要增加进口,则又可能使国际收支发生逆差。若物价上涨,使国内通货贬值,导致本国出口减少,进口增加,引起该国货币对外贬值;反之本国货币稳定、经济增长,而外国通货膨胀,商品昂贵,就会刺激本国商品出口、减少进口,顺差增大使国际收支失衡。一方面出口增加会引起国内物价上涨,同时大量外汇流入,为维持物价稳定,该国必须投放大量本国货币,这样很容易将国际通货膨胀传导至国内,引起物价上涨。

综上所述,货币政策目标之间的矛盾和冲突以为实践多次证实,而无论是采用扩大信用规模,还是采用缩小信用规模的方式调节,对经济过程的影响都是矛盾的。例如要刺激经济增长,维持充分就业,就得采用扩张信用政策,但可能会带来物价上涨,引起进口增加,国际收支恶化;要稳定物价和平衡国际收支,须紧缩银行信用,结果又会导致失业率上升,造成经济衰退。为此中央银行只能根据不同时期的特点,在一定时间内选择一、二个目标作为货币政策的重点,采用信用扩张——紧缩——再扩张——再紧缩的交替循环办法实现货币政策。一般来讲经济衰退时期,以刺激经济增长,充分就业为主要目标,应采用信用扩张性货币政策;在经济高涨时期,稳定物价和平衡国际收支为主要政策目标,应选择信用紧缩性货币政策。

(二)货币政策的中间目标

货币政策的中间目标是在货币政策执行过程中短期能达到的目标,是实现最终目标的战术目标。一般各国都采用货币供应量作为中间目标。由于货币供应量指标具有明确的定义,与最终目标具有高度相关性,同时能快速,较为精确地测定,并容易通过操纵指标进行有效控制,因而在实施金融政策时,可以作为实现最终目标的信息反馈和调节控制的中间目标。中央银行可通过控制中间目标,随时掌握必要的经济金融信息,把握社会发展的动态趋势，灵敏透视最终目标能否实现及实现的程度，及时调整操纵工具（目标），以防止宏观失控，同时又能赋予宏观调控以弹性和层次性。中间目标还可选择信用规模结构和长期利率指标。

（三）货币政策的操纵目标

货币政策的操纵目标又称近期目标，是能为中央银行直接操纵，与中间指标关系最密切、影响最大，代表性最强的指标。一般采用基础货币作为操纵目标。基础货币包括现金、存款准备金、超额准备金和财政存款。其定义明确并能从中央银行的月旬报表中获得准确的现金数字；存款准备金取决于存款准备金率；超额准备金形式上取决于商业银行、实质上亦取决于中央银行法定准备水平。由货币供应量等于基础货币乘以货币乘数的原理，可知操纵目标与中间目标具有高度正相关关系。抓住了基础货币就间接掌握了货币供应量的关键。因而基础货币是可操纵的近期指标。操纵指标还可选择自由准备金、各种短期利率等指标。

五、中央银行货币政策工具

货币政策工具是中央银行直接控制、借以影响货币供给量的政策手段。在货币政策目标确定之后，中央银行就应选择适当的货币政策工具，并通过启动货币政策工具，作用并影响近期、中期货币政策目标，以保证最终目标的实现。

中央银行的货币政策工具包括：一般性政策工具、选择性政策工具、直接信贷管理和其他货币政策工具等。

（一）一般性货币政策工具

一般性货币政策工具是指中央银行通过调控货币供给量而对整个经济、整个市场进行调节的手段。它包括法定准备率、再贴现、公开市场业务三大工具。

1．"法定存款准备率"工具

法定存款准备率工具是指中央银行在法律所赋予的权力范围内，通过规定或调整非中央银行的金融机构交存中央银行的存款准备金比率、以改变货币乘数，从而控制一般金融机构的信用创造能力。存款准备金原是商业银行为了应付客户提现，保障自身安全所必须保持的一部分现金。中央银行规定法定准备率起初也是出于稳定金融考虑的。但由于货币供给量中最大部分是商业银行通过存款准备金创造出的存款货币。而中央银行又同时具有独拥货币发行权和掌握法定准备金率标准的两项权利，于是存款准备金既有创造派生存款的放大作用，还有对宏观经济的双向调节作用，存款准备金率则成为中央银行利用基础货币调控货币供应量的强有力的政策工具。

当经济过热，出现通货膨胀，中央银行就提高准备率，使商业银行可以贷出去的资金成比例地减少。信贷一收缩，市场上资金就紧俏起来。资金供求关系使得利率提高。利息上升私人和公共投资就会下降。股票、土地、住宅等价格就下降。投资减少、就业机会减少，收入降低，价格下降，达到社会经济和信用紧缩。

如果经济衰退，就需要启动经济，中央银行就会降低准备率，商业银行可以贷出去的资金就会成比例地增加。货币供应充足。利息随之下降。公共和私人投资随之增加。就业机会亦增加，居民收入增加，股市上扬，物价上涨。

值得注意的是根据货币乘数原理，中央银行将法定准备率调整很小幅度都会引起货币供给量的巨大波动。据美国有关资料表明：若准备率调整一个百分点，就相当于增减30亿美元的准备金，它将扩张或收缩数倍于它自身的货币供给量。因此调整法定准备率不如其他工具那样灵活、富有弹性，有较严重的副作用，它是一种威力巨大而不常用的政策工具。

2. "再贴现"政策工具

"再贴现"工具是指中央银行通过制定或调整再贴现利率来干预和影响市场利率及货币市场供求状况，以调控市场货币供应量的政策工具。

再贴现率是中央银行向商业银行贷款的利率，属于官定基准利率，其变动将引起市场利率的系列变动，同时还影响商业银行资金成本继而影响企业借款成本，而产生抑制或刺激需求的效应，最终将影响货币供应量和信贷总量的紧缩或扩张。

在经济高涨时期如果中央银行提高再贴现率，使得商业银行向中央银行借款或贴现的资金成本增高，必然使之缩减借入资金，准备金也相应减少。如果准备金不足，商业银行只能压缩对工商企业贷款规模，从而减少市场货币供应量，银根紧俏。与此同时随着再贴现率提高，市场利率也将提高，投资者借款利息加重，预期收益减小，投资意愿锐减。在资金来源减小，投资意愿降低的共同作用下，投资规模将缩小，社会总需求缩小。反之在经济衰退时期则会引起完全相反的效果。

中央银行还可以通过规定何种票据具有再贴现资格等条件来反映中央银行政策意向影响商业银行及全社会资金的运用方向。

经常调整再贴现率，将会引起市场利率的频繁波动，容易造成金融市场混乱。另外调整再贴现率时中央银行是处于被动地位，当商业银行对中央银行依赖性小，可以通过其他途径筹款，特别是在经济繁荣或萧条时期，无论贴现率多高或多低，都无法限制或吸引商业银行向中央银行借款，使中央银行意图难于有效传导而奏效，因而"再贴现"工具不是最好的货币政策工具。

3. 公开市场业务

公开市场业务是指中央银行通过买进和卖出有价证券和票据，借以影响市场信用量的一种措施。它是中央银行凭籍自己的资金势力在市场上公开买卖发行数量大的政府债券和最佳的商业票据，增加或减少了商业银行的超额储备，从而达到控制货币供应量和利率的办法。

当金融市场资金缺乏时，中央银行可通过金融市场买进有价证券，即相当于投入了一笔基础货币，如果流入社会，可直接增加货币供应量；如果流入商业银行就会引起信用扩张，货币供应量将数倍增长，扩大了投资的资金来源。同时中央银行买进有价证券，使有价证券的需求增加，将直接推动债券价格上升，银行利率相对下降，另外货币流通量增加，改善了市场上资金的供求关系，亦迫使利率下降，使投资者（企业）借款利息负担减轻，投资预期收益增加，投资意愿上升。在资金来源扩大，投资意愿上升的双重作用下，投资规模趋于扩大，社会总需求相应扩张，刺激了经济增长。

如果有通货膨胀的危险时，中央银行就大量抛售国库券等有价证券。买者主要是商业银行、保险公司、债券经纪人。这些买者当然用他的商业银行的支票来支付。这样中央银行就收到了大量各商业银行的支票并可向商业银行提款。从而有相应数量的基础货币回流中央银行，减少了商业银行的准备金。紧缩银根的结果，引起商业银行信贷业务成倍收缩。银行可贷资金减少，货币供应量成倍减少，致使银行利率上升。进而达到抑制投资需求和社会总需求的目的。

如中央银行根据金融市场上游资泛滥，货币过多的形势，决定有必要紧缩银根时，可抛售政府债券。若某商业银行购买了50万元债券，使之在中央银行存款减少50万元。如果没有其他资金来源补足它在中央银行的储备时，该商业银行就只能压缩信贷规模，在存款准备金率为20%的情况下，整个银行体系的信贷规模将减少250万元，从而减少了市场货币供应量250万元。反之，在放松银根时，中央银行购买某商业银行50万元政府债券，并支付给它50万元。该银行便增加了50万元超额储备，同样存款准备金率为20%时，银行体系便可扩大信贷规模250万元。即增加了市场货币投放量250万元。

中央银行在买卖有价证券决策时，要综合考虑市场货币供应量、利率、财政收支状况、股票市场动态、国际收支影响以及政治、军事等诸多因素。

利用公开市场业务工具干预经济比较灵活，对经济的影响亦比较缓和富于弹性，能起到微调作用。特别是信用活动的主动权掌握在中央银行手中，它可以根据市场变化、迅速准确作出反映或改变方向，确定买卖证券的时机、数额，并能直接影响商业银行信贷规模的扩张和紧缩。因此这是现代中央银行最经常利用的、最快捷有效的货币政策工具。

（二）选择性政策工具

选择性政策工具又称特殊政策工具，是只对个别企业部门进行调节，而不是用以影响整个金融市场状况的一些政策工具。

1. 证券市场信用控制

以信用方式购买股票或证券时，必须以现款支付的金额称为证券保证金。现金支付额占证券交易额的比重为证券保证金率。中央银行根据金融市场和经济状况，随时调整法定证券保证金率来实现证券市场信用控制。

由于证券交易中的最高贷款额＝（1－法定保证金比率）×交易额，法定保证金率越高，证券购买者所能获得的贷款就越少。中央银行对证券保证金比率实行调控就间接控制了证券经纪商通过贷款流入证券市场的资金数量，有效的遏制了证券交易中的过度投机活动，既限制了证券市场上的资金供给者，也限制了资金需求者，有利于中央银行控制证券市场的信贷资金需求，平抑证券市场的价格。同时中央银行还可通过证券信用控制引导信贷资金流入流出证券市场，调整整个信贷供给结构趋于合理。

2. 消费者信用控制

消费者信用控制是指中央银行对于购买不动产以外的各种耐用消费品的销售融资所给予的控制。一般规定分期付款中第一次付款的最低额，以及借款归还的最长期限。消费者信用属于中期超前消费，是影响经济稳定的因素。中央银行在消费需求过量或通货膨胀时，可提高首期付款额，缩短还款期限来抑制消费需求；当消费需求不足或经济衰退时，可降低首期付现比例，放宽分期付款期限，以刺激消费量增长。

3. 不动产信用控制

不动产信用控制是指中央银行就商业银行对客户新购不动产贷款额度和分期付款期限等规定的限制性措施。不动产业主要指房地产业和建设业，它的生产周期长、占用资金量大、资金周转慢，很难适应一般信用控制的措施变动。当信用紧缩、利率上升时，对它影响很大，同时还要波及到国民经济的相关产业，给整个经济带来不景气，因而中央银行对不动产信用进行特殊政策控制。不动产信用属于长期信用，对其进行控制主要是：规定不动产贷款额的最高额度限制；规定不动产贷款的最长期限；规定第一次付款金额和每次还款的最低金额等。通过不动产信用控制可以有效控制不动产交易中的投机行为。

(三) 直接信用控制

直接信用控制是指中央银行利用行政手段直接对商业银行及其他金融机构的信用活动的控制。

1. 信用分配

信用分配是指中央银行根据金融市场的状况及客观经济需要,对商业银行的信用创造加以合理分配和限制的措施。各家商业银行只能在中央银行规定的资金额度分配比例内申请贴现以融通资金,超过规定,则按银行不同对每一笔再贴现业务按一定百分比否决,以此限制商业银行过度地扩张信用。这一措施在资金需求旺盛、资金短缺的情况下,使有限的资金得到合理有效地利用,得到单纯依靠市场机制调节不可能达到的预期效果。

2. 直接干预

直接干预又称直接行动,是指中央银行以银行的银行的身份对商业银行或其他金融机构在一定时期内的信贷业务施以行政干预。如直接限制放款额度,直接干预商业银行对活期存款的吸收,拒绝经营不当的商业银行的再贴现要求,明确规定各家银行的放款,投资范围以及放款方针。

3. 流动性比率

流动性比率是指商业银行的全部资产中流动性资产所占比重。中央银行为了限制商业银行的信用能力要规定其流动性比率。一般来说,资产流动性高,其收益率就低。商业银行为了保持规定的流动性比率,一方面要缩减长期贷款所占比重,扩大短期贷款所占比重;另一方面还必须持有一定数量的随时应付提现的资产。商业银行不能任意把一些流动资产用于长期性商业贷款,从而达到了中央银行限制信用扩张的目的。

4. 利率最高限额

利率最高限额是中央银行根据法令规定商业银行定期及储蓄存款所能支付的最高利率。这是阻止商业银行在争取存款时在利息方面的过度竞争。利率高限在必要时可以调整,从而可以影响银行的信用供给能力和货币供应量。这是中央银行用经济手段和行政手段相结合的一种信用控制手段。

(四) 其他政策工具

1. 道义劝告

这是指中央银行利用自己在金融体系中的特殊地位和威望,通过对商业银行及其他金融机构的劝告或指导,以影响其放款的数量和方向。道义劝告既能控制信用总量,又可控制信用构成。道义劝告无强制性的约束力。

2. 金融检查

这是指中央银行作为国家的金融管理机构要经常检查各家银行的业务活动。以维护银行体系的安全,促使商业银行改善业务,加强了对金融活动的间接控制。

五、我国的货币政策

我国现行货币政策的最终目标是:保持货币币值的稳定,并以此促进经济增长。长期以来我国一直以贷款规模和现金流通量作为中介目标。随着金融改革的深化,我国在货币政策中介目标的选择上,将逐步转换到以货币供应总量为长期目标,交易货币量为短期目标上来。货币政策的操作手段,改革前我国长期采用贷款限额管理办法,即以指令性计划形式规定银行对社会贷款的最高限额，此外国家还直接管制存、贷利率及黄金外汇。改革开放以来，我国中央银行逐步引进间接调控方法，建立了以中央银行贷款、存款准备金制度、再贴现、存款与贷款利率为内容的间接调控体系，并与贷款规模限额管理构成现行中央银行政策工具系统。此外，我国中央银行不仅负责调控货币总量，而且还负责调整信贷结构，因此信贷政策也构成了中央银行货币政策的一个重要内容。中央银行运用货币政策手段的结果是直接影响商业银行对企业提供贷款的能力和存、贷利率，从而达到影响货币供应量的目的。中央银行的货币政策的运作方法，通行的是"逆向调节法"：即当经济增长加速时，中央银行逐步控紧"银根"，当经济增长速度出现回落趋势时，中央银行逐步放松"银根"。

第六节 中国金融体系

一、中国银行业发展的历史沿革

（一）鸦片战争前的中国金融业

鸦片战争前，中国没有银行，但作为金融活动和金融业，在中国正如商品经济和货币的产生与发展一样，有着悠久的历史。古代金融业是由实物借贷发展为货币借贷而出现的。早在春秋战国时期，借贷行为就很普遍了，但独立经营金融业务的金融机构是始于唐朝，当时有些商铺兼营货币兑换和存款业务，后又开办了汇兑业务和典当业务。明代中叶出现了钱庄，清代产生了票号等金融机构，一般为独资或合资经营，很少有分支机构，资金薄弱，业务范围小，采取封建式的组织管理形式。到清朝中期，已发展成具有相当规模的独立性行业。

（二）近代中国的金融机构

1. 资本主义列强在华金融机构

1840年鸦片战争以后，外国金融势力先后侵入中国。1845年英国政府建立于香港的丽如银行（又称东方银行）是外国在我国开办的第一家外国银行。以后相继成立了：英国的麦加利银行（1857年，在香港译为渣打银行），英国的汇丰银行（1865年），德国的德华银行（1889年），日本的正金银行（1893年），法国的东方汇理银行（1894年），俄国的华俄道胜银行（1895年），日本在台湾设立的台湾银行（1899年），美国花旗银行和大通银行、比利时的华比银行都在华设立了分行（1902年）。这些银行是20世纪初国外在华设立的有代表性的银行，后又有极大的发展，虽其中有不少停闭，但实际的外商银行，据不完全统计，到1926年为止，英国银行有汇丰、麦加利、有利、大英四家；法国银行有：东方汇理、中法工商、汇源三家；日本银行有：横滨正金、台湾、朝鲜、住友、三井、三菱等三十余家；美国银行有：花旗、大通、运丰、美丰、中华懋业五家；此外还有俄国、比利时、荷兰等国银行七家。总计约六十五家，分支行二百二十六家。此外还有十几家中外合资银行。从此，外国银行操纵了中国的金融市场，控制了中国的经济和财政命脉，对中国进行了大肆的侵略和掠夺。

2. 旧中国的金融机构

中国人自己创办的第一家银行是成立于1897年5月的中国通商银行，它的成立标志着中国银行业的开端。中国通商银行从形式上看是商办的民族资本银行，但投资者多为地主、官僚、买办，因而实质上是官僚买办和封建势力共同控制的官僚资本主义银行。1904年又创办了官商合办的"户部银行"(1908年改为大清银行，1912年更名为中国银行)。1907年清政府邮传部创办了半官半商的交通银行。与此同时还纷纷兴办了多家商业银行，比较重要的有浙江兴业银行、信成银行、四明商业储蓄银行等。1911年辛亥革命后，中国的银行业有了进一步的发展。"南四行"中的新华信托储蓄银行、上海商业储蓄银行（和清末设立的兴业银行、四明商业储蓄银行合称南四行），以及北四行（盐业、金城、大陆、中南）都是1914～1921年间设立的，至1921年银行已增至五十家。国民政府建立之后，1928年11月1日，国民政府成立了中央银行，改组了中国银行、交通银行，逐步形成了中央银行、中国银行、交通银行、农民银行（1935年由豫鄂皖赣四省农民银行改称），中央信托局（1930年10月），邮政储金汇业局（1930年3月），中央合作金库（1946年11月）通称"四行二局一库"的官僚资本银行为核心的金融垄断体系。

3. 革命根据地金融机构

革命根据地政权建立之后，为保证军队的供给，改善人民生活，打破反动派的经济封锁，进行必要和可能的经济建设，革命根据地的金融业在逐渐发展壮大，并建立银行、发行货币。1926年在湖南衡山县柴仙洲特区建立根据地最早的银行：第一农民银行。1932年2月在江西瑞金成立了苏维埃国家银行，1937年在陕北改组为陕甘宁边区银行。土地革命时期，根据地有五十七家银行，抗日战争以后，陆续成立了晋察冀边区银行、北海银行、冀南银行、晋冀鲁豫边区银行、西北农民银行、华中银行、内蒙古人民银行、东北银行、关东银行、华北银行、中州农民银行、长城银行、南方人民银行等。解放战争胜利前夕，为了统一领导和管理全国的金融事业，将华北银行、北海银行和西北农民银行合并，于1948年12月1日在河北省石家庄建立了中国人民银行，后又将东北银行、内蒙古人民银行等区域性银行并入，成为全国统一的国家银行。解放后中国人民银行迁址北京。

(三) 新中国的金融机构

1949年10月1日中华人民共和国成立，宣告了半殖民地半封建货币金融的结束。人民政府委托中国人民银行接管了官僚资本银行及其他金融机构（即四行二局一库和省市县政府经营的地方银行），清理和没收了隐匿在商办银行中的官股。同时接管了在中国大陆的外国银行，取缔了帝国主义在华银行的特权，普设国家金融机构。为新中国的经济建设创造了条件，保证了新中国货币金融的独立自主。

建国初期，私营银行继续营业。1952年12月浙江兴业、浙江实业、上海商业储蓄、盐业、金城、中南、大陆、联合、新华、四明、中国通商、中国实业、建业、聚兴诚、东莱等商业银行参加私营金融业全行业公私合营，组成了统一的公私合营银行，这是在中国人民银行领导下的全国性金融机构。从而完成了对民族资本金融的社会主义改造。

与此同时，根据金融事业发展的需要，在1949年成立了中国人民保险公司；1951年恢复了中国农业银行；1953年确定中国银行为国家特定的公私合营性质的外汇专业银行；1954年又改组交通银行成立中国人民建设银行；建立健全了农村信用合作社。之后又按前苏联的金融体制，改革了我国的金融体制，将多种金融机构合并成统一的人民银行集中信用于国家银行，形成了高度集中统一的以行政办法管理为主的金融体制。随着经济建设的发展，这种金融体制的弊病，使银行发挥作用的范围和程度受到了极大限制。

二、我国现行金融体系

改革开放以来,我国恢复和新建了一系列商业银行、政策性银行,并确立了中国人民银行的中央银行地位。已初步形成了以中国人民银行为领导,以国家政策性银行和国家商业银行为主体,多种金融机构并存的具有中国特色的现代银行体制。

(一) 中央银行——中国人民银行

中国人民银行是我国的中央银行。中国人民银行在国务院领导下,制定和实施货币政策,对金融业实施监督管理。中国人民银行的全部资本由国家出资,属于国家所有,其亏损由中央财政拨款弥补。它成立于1948年12月1日。一直到1983年中国人民银行都是身兼两任,它既是行使货币发行和金融管理职能的国家机关,又是从事信贷、储蓄、结算、外汇等业务经营活动的经济组织。1983年9月,国务院决定中国人民银行专门行使中央银行职能,不再兼办工商信贷和储蓄业务,这是我国金融体制的一次重大改革。

中国人民银行实行行长负责制。设立货币政策委员会,履行制定、实施货币政策,实行宏观调控的职责。为执行货币政策,中国人民银行可以灵活运用各种货币政策工具:确定法定存款准备金比率和中央银行基准利率;向商业银行提供贷款;办理再贴现业务;在公开市场上买卖国债和其他政府债券、外汇等。中国人民银行要依法规范自身行为,它可以代理国务院财政部门向各金融组织发行、兑付国债及其他政府债券,但不得直接认购和包销;不得对财政、金融机构帐户透支;不得向地方政府部门及非银行机构贷款;不得向任何单位、个人提供担保等。

中国人民银行的职责:

(1) 依法制定和执行货币政策;
(2) 发行人民币,管理人民币流通;
(3) 按照规定审批、监督管理金融机构;
(4) 按照规定监督管理金融市场;
(5) 发布有关金融监督管理和业务的命令和规章;
(6) 持有、管理、经营国家外汇储备、黄金储备;
(7) 经理国库;
(8) 维护支付、清算系统的正常运行;
(9) 负责金融业的统计、调查、分析和预测;
(10) 作为国家的中央银行,从事有关的国际金融活动;
(11) 国务院规定的其他职责。

中国人民银行为执行货币政策,可以依照《中华人民共和国中国人民银行法》的有关规定从事金融业务活动。

(二) 商业银行

商业银行是指依照《中华人民共和国商业银行法》和《中华人民共和国公司法》设立的吸收公众存款、发放贷款、办理结算等业务的企业法人。

商业银行依法接受中国人民银行的监督管理。商业银行的组织形式、组织机构适用《中华人民共和国公司法》的规定。设立商业银行及其分支机构,均需经过中国人民银行审查批准,并凭中国人民银行颁发的经营许可证向工商行政管理部门办理登记,领取营业执照。但商业银行分支机构不具法人资格,只在总行授权范围内依法开展业务,其民事责任由总行承担。商业银行已经或者可能发生信用危机，严重影响存款人利益时，中国人民银行可以对该银行实行接管。商业银行因分立、合并或解散的都应向中央人民银行提出申请并经由中国人民银行批准。商业银行不能支付到期债务，经中国人民银行同意，由人民法院依法宣告破产。商业银行因解散、被撤销和被宣告破产而终止。

商业银行应当按照中国人民银行规定的存、贷款利率的上下限确定存、贷款利率。并按照中国人民银行的规定，向中国人民银行交存存款准备金、留足备付金。随时随地保证存款人存款本金和利息的支付，保证存款人和其他客户的利益。

商业银行有权拒绝任何单位和个人强令其发放贷款或提供担保。除法律另有规定外，商业银行有权拒绝任何单位或个人查询、冻结、扣划储蓄存款和单位存款。商业银行开展业务应当遵守公平竞争的原则；与客户业务往来应当遵循平等、自愿、公平和诚实信用的原则，商业银行依法开展业务，遵守法律和行政法规的有关规定，并以其全部法人财产独立承担民事责任。商业银行在中华人民共和国境内不得从事信托投资和股票业务，不得投资于非自用不动产，不得向非银行机构和企业投资。商业银行发行金融债券或到境外借款应当依照法律、行政法规的规定报经批准。

商业银行以效益性、安全性、流动性为经营原则，实行自主经营，自担风险，自负盈亏，自我约束。商业银行经营业务范围主要有：

(1) 吸收公众存款；
(2) 发放短期、中期和长期贷款；
(3) 办理国内外结算；
(4) 办理票据贴现；
(5) 发行金融债券
(6) 代理发行、代理兑付、承销政府债券；
(7) 买卖政府债券；
(8) 从事同业拆借；
(9) 买卖、代理买卖外汇；
(10) 提供信用证服务及担保；
(11) 代理收付款项及代理保险业务；
(12) 提供保管箱服务；
(13) 经中国人民银行批准的其他业务。

(三) 政策性银行

政策性银行或称政策性金融机构。它由政府出资组建，不以盈利为目的，在某些专业性或开发性领域，利用特殊的融资手段，直接为贯彻、配合国家经济和社会政策，从事政策性金融活动。政策性金融的投向往往都是一些社会效益好，而自身经济效益低于社会平均利润率，承担不了正常贷款利息的项目。即主要是服从国家政策需要，对有利于社会大局稳定的，局部利益小于全局利益，近期利益小于长远利益的项目发放特殊性贷款。它的利率水平与市场利率不同，根据国家政策倾斜的需要，实行低利或微利经营。

政策性银行实际是政府的金融机构，它的资金具有一定的财政性质。但它不是财政而是企业。其资金活动还是以信用为基础，虽然它不参与商业银行竞争，但它实行保本微利经营，所发放贷款均需还本付息。政策性贷款的风险由该项政策的决策者承担，谁确定的优惠利率谁负责贴息，谁安排的政策性贷款，谁负责补贴。

政策性银行一般不吸收社会存款，对社会公众不直接构成债务关系。它的主要资金来源是：①财政拨款；②中央银行再贷款；③向社会发行债券，筹集资金；④社会保障性基金经常性余额；⑤间接运用邮政储蓄。

政策性银行在国家产业政策和规划的指导下实行自主经营、自负盈亏，坚持保本微利，不与商业性金融机构竞争的原则。自觉接受中央银行的监督。

（四）其他金融机构

我国还有其他金融机构如中国人民保险公司，信托投资公司、租赁公司、证券公司、邮政储蓄机构、财务公司等。

三、我国金融体系改革

1978年以前我国实际上只有中国人民银行一家银行和若干农村信用社。改革开放以来，为了适应经济发展和经济体制改革的需要，我国先后恢复和建立了许多金融机构。

1978年12月，中国农业银行自1955年建立以来经过三起三落第四次恢复建制。它是统一管理支农资金，集中办理农村信贷的专业银行。

1979年3月，从旧中国接管为国有的中国银行从中国人民银行分设出来，是办理国家外汇的专业银行，履行对外汇集中管理和统一经营两个职能。

1981年12月，中国投资银行成立，是我国政府指定的向国外筹集建设资金，办理投资信贷的专业银行。

1983年9月，国务院决定中国人民银行专门行使中央银行职能，不再兼办微观金融业务。

1984年1月，中国工商银行成立，承担原来由中国人民银行办理的工商信贷和储蓄业务。

1984年11月，成立于1954年10月1日的隶属于财政部的中国人民建设银行正式纳入银行体系，成为我国以经营和管理固定资产投资，具有财政和银行双重职能的专业银行。

1986年7月重新组建了交通银行（其前身创建于1908年3月），是以公有制为主的股份制商业银行。

除此之外还建立了一些地方性银行和许多非银行金融机构，截止1992年底止我国除中国人民银行之外，还有4家专业银行（中国工商银行、中国银行、建设银行、农业银行），9家全国性和区域性商业银行（交通银行、中信实业银行、光大银行、招商银行、广东发展银行、深圳发展银行、福建兴业银行、华夏银行、上海浦东发展银行等），387家金融信托投资公司、87家证券公司、29家财务公司、11家金融租赁公司、5.9万家农村信用合作社、3900家城市信用合作社。此外还有225家外国金融机构在中国设立了代表处，开设了93家分支机构。从而结束了长达30年之久的单一银行体制，形成了以中国人民银行为领导，国家专业银行为主体，多种金融机构并存的新的金融体系。

中国人民银行1984年起就位居中央银行的领导地位，但它相当长时间以来还不能完全行使中央银行的职能。这是因为，第一它还从事具体的金融业务，陷入一般货币信贷事务中；第二财政对中国人民银行还考核利润指标，实行利润留成，逼迫它从事经营活动而失去超然地位；第三各级政府对它的干扰太多，无法独立执行职能；更为重要的是当时中国人民银行的目标是双重的——"发展经济、稳定货币"，"发展经济"常常放在第一位，满足货币的需要放在第二位,因而无法去稳定货币。

与此同时,我国的专业银行也一直是身兼二任,既是金融企业,又是国家机关,负有超出企业性质之外的权利与义务,它既承担部分政策性信贷业务,又开办商业性信贷业务;既要它们象企业一样完成利润指标,又要它们按照政府的意图进行没有收益的政策性贷款,以致使专业银行处于进退两难的地位:或偏重社会利益而不能自负盈亏,或者偏重自身利益而不顾社会利益。这种产权不明、政企不分、行政化管理的弊端,使各专业银行缺乏竞争活力,效益低下,愈加陷入困境。

90年代中期,我国金融体制改革加大了深度和力度,进入了一个关键性时期。1994年组建了三家政策性银行:国家开发银行,重点办理国家基础设施和重点建设贷款;国家进出口信贷银行,办理机电产品和成套设备进出口业务。农业发展银行,重点承办粮棉收购和储备、农业开发业务。从而实现了政策金融和商业金融的分离,为建立真正自主经营的商业银行创造条件,确保人民银行调控基础货币的主动性。

1995年我国出台了一系列金融大法:《中华人民共和国中国人民银行法》、《中华人民共和国商业银行法》、《中华人民共和国票据法》、《中华人民共和国证券交易法》,以及《抵押贷款条例》、《保险法》等,为金融体制改革提供了法律保障和依据。我国目前正在发展和完善以商业银行为主体的金融组织体系,原4家国有专业银行正在按国际惯例转变为商业银行。原有9家商业银行,包括股份制的交通银行,都要按照商业银行法调整业务范围,规范业务活动,实现平等有序的竞争。城市信用社、农村信用社也在原基础上组建城市信用合作银行和农村信用合作银行,使之成为主要为地方经济和中小企业服务的具有独立法人地位的经济组织。

对非银行金融机构也要依照法律制度监管和规范,适当发展各类专业保险公司、信托投资公司等金融机构。对保险业、证券业、信托业、银行业实行分业经营。

至此已初步建立了一个以国有商业银行为主体。各类金融机构分业经营、分工协作,有风险责任机制和自我约束机制的金融组织体制,为优化资金配置,强化中央银行宏观调控奠定微观基础。

我国的金融体制改革还要继续深入,要建立一个在国务院领导下的独立执行货币政策的中央银行调控体系;要建立一个政策金融与商业金融分离,国有商业银行为主体,多种金融机构并存的金融组织体系;建立一个统一开放、有序竞争、严格管理的金融市场体系。在加快金融改革进程时,密切结合中国实际,借鉴国际上的成功经验,按照市场经济通行的准则规范各类金融活动,更好地促进中国经济与国际金融的融合。

第五章 货币供求与均衡

第一节 货币供求的几个基本概念

一、货币与货币量

(一) 货币

马克思在《资本论》中对货币作过详尽分析，根据这些分析，货币的概念包括两方面的含义：

(1) 从性质上理解，货币是起一般等价物的商品。

(2) 从职能上理解，在表现并衡量商品价值大小时，货币是价值尺度；在媒介商品流通时，货币是流通手段；在兑现买卖信用时，货币是支付手段；在财富积累时，货币是贮藏手段；在国际清算时，货币是国际支付手段。

(二) 货币供应量

货币供给量也可以从两个含义上理解，从性质上理解：货币供应量仅仅是一个货币的数量概念，它不说明货币的经济属性，也不反映货币的职能关系。从状态上理解，货币供应量是一个静态的概念，它只说明某一时点上货币的数量。

把货币与货币供应量两个概念加以比较，可得以下结论：

(1) 货币是一个经济范畴，它反映一定的商品生产与交换关系；而货币供应量是一个数量范畴，它反映某一时刻货币数量的大小。

(2) 货币定义是用来回答货币的本质与属性的；而货币供应量则是从实证角度回答某一时点货币的数量及构成情况的。

(三) 货币存量与货币流量

货币量包括货币存量与货币流量两个不同的部分。

1. 货币存量

货币存量是指某一时点上存在的货币数量，当今世界各国，习惯上都包括两个部分：货币发行净额与存款货币净额。货币发行净额是指一国货币发行机构发行的通货（即纸币）与铸币减去未在社会上流通的部分；存款货币净额是指存款总额减去金融机构的同业存款，中央银行的存款及已收款入帐但尚在交换过程中的支票。可见，存量是货币静止状态的概念，是某一时点上货币数量的横断面。

2. 货币流量

货币流量是指在一定时期内支出和流动的货币数量，即货币存量与单位货币参加交易次数的乘积。可见，货币流量的大小取决于存量与货币流通速度的大小。与存量相比，流量反映的是货币的运转状态，是在某一时期内货币数量的纵断面。

3. 两者区别

(1) 货币存量是一个时点量；货币流量是一个时期量。
(2) 货币存量是一个静态概念；货币流量是一个动态概念。

一般情况下，控制信贷规模可以控制货币流量，而货币供应量则属于存量概念。但控制信贷规模和控制货币供应量，是密不可分的，但也是不能互相取代的。

（四）货币必要量与货币供应量

1. 货币必要量

货币必要量是一个由客观经济活动所决定的内在量，是不以人的意志为转移的。按马克思的分析，货币必要量取决于以下三个因素：

(1) 商品的价格；
(2) 市场上所出售的商品数量；
(3) 货币流通速度。

用公式表示为：

$$货币作为流通手段的必要量 = \frac{商品总价格}{同一单位货币作为流通手段的流通速度}$$

这里应当指出的是，随着商品经济的发展，货币层次的划分有所不同，因此货币流通速度也不一样。

2. 两者比较

(1) 货币必要量与货币供应量同属货币存量概念。
(2) 货币必要量是客观量，不可控；而货币供应量则不完全由客观经济活动决定，它的大小主要由中央银行的货币政策决定，是一个可控量。
(3) 中央银行的最直接的控制目标是，尽可能地使货币供应量与货币必要量保持大体一致的水平。

二、商品供求与货币供求

货币供求与商品供求是联系在一起的，当我们考虑货币供应量的增减变化时，一定要涉及商品供求问题，否则孤立研究货币供求问题是毫无意义的。

（一）两种形态的供求及其基本关系

商品供求是实物形态的供求关系，货币供求是价值形态的供求关系。正因为是两种不同形态的供求关系，所以才能发生量与结构上的失衡问题，要么通货膨胀，要么经济停滞，要么部分商品滞存部分商品短缺。

（二）两种形态的供求与国民收入的关系

国民收入是指一定时期内国民经济各部门、生产单位投入生产的活劳动所新创造的价值。国民收入的收支运动既表现为商品的供求运动，也表现为货币的供求运动，商品供求与货币供求是国民收入的形成与分配的两个基本方面。国民收入的增长与合理分配，依靠这两个方面的协调与平衡。

（三）商品供求与货币供求的配合

商品供求与货币供求之间的配合有以下几种情况：

(1) 商品供求平衡，同时货币供求也平衡。这时，商品供给等于商品需求，货币供给等于货币需求，社会上既没有通货膨胀，也没有商品滞存。
(2) 商品供给过多，而货币供给不足。在这种情况下，社会商品积压，企业不得不缩小生产规模。

（3）商品供给不足，而货币供给过多。在这种条件下，社会上紧俏商品越来越紧俏，物价上涨，企业囤积短缺材料，社会需求高涨。

（4）商品供给和货币供给总量大体平衡，但结构不平衡。出现这种情况，主要是因为商品供给结构与需求结构不相适应，表现为：社会上既存在着因商品短缺引起的通货膨胀，也存在着由于产品不适销对路引起的资金周转减缓所导致的经济增长停滞（或增长速度下降）。这种结构性矛盾，已成为目前充分发挥货币调节作用，实现总供给与总需求平衡的主要障碍。

三、货币供给调节与货币需求调节

（一）宏观经济调控的两个基本方面

从任何角度讲，宏观金融调控都可以从两个方面出发：一是从货币的供给方出发，即主要对货币供应量进行调节控制；一是从货币需求方出发，即主要对社会货币需求进行调节控制。

现在，我们假定货币供求处于不平衡状态。如果在货币总供给大于货币总需求的条件下，一般比较容易通过减少供给来达到平衡的目标。但在货币需求大于货币供给条件下，平衡过程则比较困难。因为，一味地增加货币供给来满足过高的货币需求，只能促成短暂的、一瞬间的供求平衡，很快又会反过来刺激货币需求向更高的水平上升。按照马克思的货币平衡原理，货币流通必须与商品流通相适应。因此，增加货币供给不等于增加商品供给，单靠增加货币供给是不能解决货币供求失衡的问题的。

（二）货币供给调节与货币需求调节的比较

1. 调节的对象不同

货币供给的调节对象是货币供应量，而货币需求的调节对象是货币需求量。

2. 调节方式的侧重点不同

一般来说，货币供给的增减主要通过中央银行运用再贴现（或贷款）、存款准备金等手段进行，而货币需求的变动则主要依靠利率与金融资产收益率的变动影响。

3. 调节作用的时间不同

一般来说，增减货币供给具有瞬时效应，例如中央银行增加再贴现量（或贷款量），直接造成货币供应量扩大；而调节货币需求不具有这种瞬时效应，如提高贷款利率并不一定马上就会减少贷款的需求，因为货币需求者在预期收益与成本之间要有一个仔细的比较过程。

4. 调节的传导机制不同

中央银行调节货币供给的渠道有两个：一是直接通过增减货币发行、增减财政向中央银行透支等手段，来调节货币供给；二是通过运用金融手段（准备金、贴现、贷款、金融市场等）影响金融机构的存放款业务，间接地调节货币供应量。

由于中央银行最终掌管货币发行权，并且扮演着最后贷款人的角色（银行的银行），所以，中央银行是有能力调节好货币供给的。

但是，中央银行对货币需求调节的传递机制则比较分散和间接，中央银行通过政策影响整个金融系统，金融系统通过金融手段影响企业与居民的消费与投资倾向，进而影响企业与居民的货币需求。因此，中央银行对于货币需求的调节并不是随心所欲的，有时甚至是相当困难的。

第二节 货币供给理论与分析

一、货币供给的含义及不同货币制度下的货币供给

（一）货币供给的含义

如果说货币供应量是一定时点上全社会的货币存量，那么货币供应量就是货币供给的结果，而货币供给则是一个过程。

在经济学理论上，货币供给可以包含以下几个含义：

(1) 决定货币供应量多少的要素是什么？
(2) 影响货币供应量变动的原因是什么？
(3) 通过什么方式形成货币的供给。

从广义上说，货币供给的研究包括具体货币供应量的研究。从狭义上讲，货币供给问题讨论的是经济变量间的关系问题，这是它理论性的方面，并不涉及纯粹的货币供应量方面的技术问题。

（二）不同货币制度下的货币供给

1. 金属货币制度下的货币供给

在金属货币制度下，由于黄金、白银等贵金属不是人工制造的，完全来自天然供给，所以，货币供应量的大小多少受到资源的丰富程度、开采技术及劳动生产率等客观条件的制约。因此，在可供商品价值总额不变的前提下，正常的货币量取决于单位货币所含的价值。货币所含的价值大小取决于宏观生产条件，而非人们能主动调节。这时，商品供求与货币供求的平衡，在两者的价值同时实现时达到。

这种货币制度下，货币供给的最大特点是自然形成，货币供给不能人为增加，一方面不会因此发生通货膨胀，另一方面，也不存在着人们对货币供给进行管理的基础。

2. 银行券与金属货币并存下的货币供给

银行券的流通成为普遍现象后，构成货币供应量的货币已由原来的金属货币变成了金属货币和银行券。银行券作为替代金属货币起职能作用，在整个商品货币流通中已占绝大比重。

银行券作为银行家开出的债务凭证，并不是能任意提供的。银行家提供银行券的前提是有金属货币为保证。人们之所以接受银行券，是因为它能兑现。因此，银行券兑现金属货币是制约银行家提供银行券的重要因素，银行券的供给取决于其保存的金属货币量。

但是，随着人们对银行券的逐渐习惯，银行券的供应量与金属货币的保证数量之间，并不存在着一比一的关系，往往是几比一，甚至更多。这是因为流通中的银行券，总会有一部分不要求兑现，或在居民手中，或在周转之中。这就为银行发行超过保证金的银行券提供了可能。

现在，我们来观察这种货币制度下的货币供给是怎样形成的。

假定一个单位的金属货币能保证若干倍银行券，这个倍数我们用符号 K 表示，显然它应等于银行券的数量（用 N 表示）与金属货币的保证金（用 G 表示）的商，即：

$$K=\frac{N}{G}$$

$$N=K\cdot G \tag{1}$$

这时的货币供应量等于银行券的数量加上流通中金属货币（用 P 表示），则：

$$M_s=N+P \tag{2}$$

$$=K\cdot G+P \tag{3}$$

公式中 M_s 表示货币供应量。

从公式（3）可以看到，银行券流通条件下的货币供给受两个因素影响：一个是银行券的兑现比率 K，另一个是金属货币供给量 $(G+P)$。

如果用函数关系表示，即：

$$M_s=F(K, G, P) \tag{4}$$

从根本上说，K 与 $(G+P)$ 这两个因素都受制于客观。首先，金属货币的供应如前所述完全取决于客观；其次，银行券在客观上存在着一个固定的兑现比率，如果随意发行，必然导致挤兑风潮，造成银行倒闭。所以，从总体上看，这种货币制度下的货币供给也受到客观条件的制约，主要是受金属货币量的制约。

但也应看到，这种货币制度下的货币供应量较金属货币制度下的货币供应量更具有弹性。货币供应量的变化已不完全取决于金属货币，起码在量上改变了金属货币与商品价值对等的关系，因而也更适应于商品经济高度发展所引起的货币需求的增加。银行家在遵守兑现银行券的原则下，已有可能通过调整银行券的保证金，来调节银行券的数量，也就是说，在这种制度下，对货币供给进行管理有了客观基础。

（三）现代信用货币制度下的货币供给

现代信用货币制度下的货币供给，远比两种货币制度下的货币供给复杂，这种复杂性首先产生于信用货币的特点。因此，在分析信用货币制度下的货币供给之前，有必要对信用货币的形式与特点进行简单介绍：

1. 信用货币的存在形式——现金与存款

现代信用货币有两种存在形式——现金与存款，两者构成一个统一的整体。其中现金货币流通比例较小，存款货币占绝大比例，而且随着结算制度的发展，后者有递增的趋势。在发达国家现金只占货币总量的5%左右，我国改革开放以来现金占货币总量的20%左右。

2. 信用货币的特点——管理货币

信用货币是记帐符号，货币量的供应从技术上讲是无限的，已不受任何条件的制约。纸币的供应只要启动印钞机即可源源不断地创造出来；存款货币是记帐工具，也可以无限创造。这种完全不受客观条件限制的货币之所以能流通，完全取决于两个条件：第一，法令赋予它有作为货币的权利，任何人不得拒绝；第二，货币价值一旦形成，必须保持币值稳定。这就要求政府对货币供应量进行控制，否则，货币的价值就会与货币供应量成反比例变化。可见，现代货币制度的正常秩序完全依靠政府或中央银行的管理来维持。这就是现代信用货币的特点，也称为管理货币的缘故。

3. 现代信用货币条件下决定货币供给的要素

抛开社会制度，经济体制方面的限定，根据经济学原理，在现代货币信用制度下，货币供给一般主要由以下因素决定：国民收入水平、利率、中央银行的政策。用函数式表示，即：

$$M_s = F(Y \cdot I \cdot P_m) \tag{5}$$

式中　Y——国民收入；

　　　I——利息率；

　　　P_m——中央银行的货币政策；

　　　M_s——货币供给。

(1) 国民收入（Y）。一定的国民收入会产生新储蓄，把储蓄视为货币的一种，便会增加货币供给。另外，国民收入的增加，意味着物质增加，必然增加银行贷款机会，从而增加存款。在此意义上，货币供给的变动取决于国民收入的变动。

(2) 利息率（I）。利息率包括两个主要部分：储蓄存款利息率与金融资产收益率。假定金融资产的收益率高于储蓄存款利率，在这种情况下，人们愿意更多地购买金融资产，而减少储蓄存款。这样，货币供给就相对减少了；相反，如果人们更少的购买金融资产，而更多增加储蓄存款，则相对增加了货币供给。可见，货币供给的大小与利息率的高低有直接的关系。

(3) 货币政策（P_m）

因为信用货币是一种管理货币，具有无限创造的性质。因此，什么样的货币政策就会直接影响到什么样的货币供给，例如，执行通货膨胀政策，货币供应量就会加大。

最后，应说明一点，这里所说的三要素仅仅是一般意义上的要素，具体到某一体制下，就会有一些变化。

第三节　货币供应量及其管理

一、货币供应量的创造

中央银行制度下，货币供应量的创造过程有以下三个特点：

(1) 货币供给形成过程的主体是中央银行和商业银行。

(2) 两个主体各自创造相应的货币。中央银行创造广义的现金货币（包括现金通货、准备金、财政存款等中央银行负债）；商业银行创造存款货币。

(3) 商业银行的货币创造依赖于中央银行的货币创造，后者是前者的基础。

（一）中央银行创造货币

中央银行的货币供给是中央银行的债务。以我国中央银行资产负债表的负债方来看，具体包括：流通中的货币、财政及财政性存款、商业银行缴存的法定存款准备金与超额准备金存款、邮政储蓄存款等。这些广义的现金货币的来源，直接取决于中央银行的资产运用。中央银行资产运用的增减总会表现为中央银行负债的增减。从技术上说，中央银行的货币供给不受任何制约，可以无限创造，可以借助其资产活动实现负债方的变化，从而创造出货币供应。

（二）商业银行创造货币

就商业银行的功能来说，我国的商业银行与西方的商业银行相似，具有吸收活期存款的功能，因而，就具有创造货币的功能。

下面我们看看商业银行是怎样以银行贷款形式创造出多倍于原始的现金存款的。

商业银行的原始存款是客户（个人或企业）以现金形式存入银行，并随时准备提现的存款。按照法律规定，为应付客户提款的需要，银行必须持有一定的准备金。假定银行法定准备率为20%，商业银行吸收100万元的存款（负债）中有20万元用于法定准备金上缴中央银行，余下来80万元用于贷款、或投资，以获得利息或利润。这种由商业银行贷款、贴现、投资业务转化而来的存款叫派生存款。

假定某厂商 A 将100万元的现金（现钞和活期存款）存入第一家银行，如果法定存款准备金率为20%，则第一家银行扣除法定存款准备金20万元后，将余下的80万元全部贷给厂商 B；B 厂商将从第一家银行取得的80万元的贷款全部存入第二家银行，第二家银行扣除法定存款准备金16万元后将余下的64万元全部贷给厂商 C；厂商 C 将从第二家银行取得的64万元的贷款全部存入第三家银行……

于是，第一家银行创造的活期存款为 $R(1-r)$；

第二家银行创造的活期存款为 $R(1-r)^2$；

第三家银行创造的活期存款为 $R(1-r)^3$；

……

式中　R——第一家银行所获得的100万元的原始存款；

r——法定准备金率。

这样就形成了一个等比级数：其和为：

$$D_r = R[1+(1-r)+(1-r)^2+(1-r)^3+\cdots\cdots]$$

$$D_r = R\left(\frac{1}{r}\right) \tag{6}$$

式中　D_r——创造的存款货币总额。

$\frac{1}{r}$——存款乘数（或存款倍数）即指总存款变动额与原始存款的比值，或说是银行系统持有的存款准备金率（r）的倒数。

当 $r=20\%$ 时，存款乘数为5；存款货币总额 $D_r=500$ 万元。

上述的存款乘数（D_r）是以现金没有从银行体系渗出，银行也没有超额准备金为前提的。然而，这两个假设都是不现实的。

事实上，多数银行都持有少量的超额准备金。超额准备金是银行的实际准备金与法定准备金之差。商业银行持有超额准备金的目的是在出现突然的巨额提款时，不至于向中央银行更多的借款，或者是不得已地出售短期证券。一般来说，超额准备金占总准备金的比率是很低的。因为，第一，当商业银行出现准备金不足的情况时，它们常常可以按官方贴现率（再贴现率）从中央银行借款。第二，银行之间也总是能互相拆借资金。这样，我们考虑了超额准备金率之后，商业银行存款乘数 K 变为：

$$K = \frac{1}{r+e} \tag{7}$$

式中　e——商业银行的超额准备金率。

另一方面，社会大众并不会把他们的全部货币余额都以活期存款形式持有。也就是说，他们不会把全部收入都存在银行中，而必然把收入的一部分以手持现金的形式保留在身边。这就是所谓现金漏损情况。这一部分脱离商业银行的现金不会进入存款货币的创造过程。现金漏损使货币乘数缩小。这时，存款乘数 K 为：

$$K=\frac{1}{r+e+c} \tag{8}$$

式中 c ——现金漏损率（即提现率）。

再一件事实是，社会大众也不会把收入全部都以活期存款形式存入银行，他们必然将一部分收入以定期存款形式存入银行，定期存款与漏损现金对存款乘数的影响是不相同的。后者因离开了银行，而不能进入存款货币的创造过程，而定期存款仍然保存在银行中，只有为定期存款保留的准备金才不进入存款货币的创造过程。如果 r_t 代表定期存款的准备金率，t 为活期存款转化为定期存款的比例，则 tr_t 为活期存款转化为定期存款的准备金率。这时，存款乘数 K 为：

$$K=\frac{1}{r+e+c+tr_t} \tag{9}$$

从上面可以看出，商业银行对货币供给量的影响是通过存款货币创造（派生存款）实现的。这一影响是商业银行系统与政府部门、企业、国内其他部门和外国部门进行交易的结果。

当然，商业银行创造货币不可能是随意的、无限的，它要受到一系列条件的限制。这些限制条件首先是准备金率的高低，准备金率越小，银行的信贷创造能力就越大，反之亦然。其次是社会大众的行为，例如，社会大众以活期存款形式持有货币的比例、现金漏损情况、对活期存款、定期存款和现金的偏好情况。再次是国家经济、金融状况。例如，一国的经济发展水平和资本利润率的高低，银行业务活动的好坏，中央银行的信贷控制政策等都会影响到货币供应量。

（三）货币乘数

上面我们讨论了 $D_r=R\cdot\frac{1}{r}$ 中的 $\frac{1}{r}$ 在各种不同情况下的变化，现在我们要进一步讨论关于 R 的问题。

由于各家银行都按 20% 的存款准备金率提取法定准备金存入中央银行，这样到最后，所有银行的法定准备金之和必然等于原始存款 R。因此，R 又可以看成是法定准备金数。若 D 为各家银行吸收的存款总和，则：

$$R=r\cdot D \tag{10}$$

上面曾指出，商业银行面对着现金漏损问题，若社会大众持有的通货为 M_0，令通货与存款总额之比 $\frac{M_0}{D}=k$，即商业银行的现金漏损率 $C=K=\frac{M_0}{D}$ 则：

$$M_0=k\cdot D \tag{11}$$

将（10）式和（11）式求和，则

$$R+M_0=(r+k)D \tag{12}$$

（12）式中，$R+M_0$ 是流通中的通货和银行的准备金（包括银行的法定存款准备金和库存现金）之和，被称为货币基数，也称基础货币或强力货币。它是存款量和货币量扩张与收缩的基础。

这样，由于引入了现金漏损，因而存款乘数的被乘数就不再是 R，而是 $R+M_0$。存款货币（D）：

$$D=\frac{1}{r+e+k+tr_t}(R+M_0) \tag{13}$$

而社会大众拥有的通货：

$$M_0 = k \cdot D = k \cdot \frac{1}{r+e+c+tr_t}(R+M_0) \tag{14}$$

将（13）式和（14）式求和得：

$$D + kD = \frac{1+k}{r+e+c+tr_t}(R+M_0) \tag{15}$$

而活期存款（D）加通货（kD）正好为 M_1 的内容。因此，（15）式实际表明：

$$M_1 = \frac{1+k}{r+e+k+tr_t}(R+M_0) \tag{16}$$

式中的 $\frac{1+k}{r+e+k+tr_t}$ 被称为货币乘数。

由于 e 和 tr_t 的数值很小，可以忽略不计，因而（16）式可以简化为：

$$M_1 = \frac{1+r}{r+k}(R+M_0) \tag{17}$$

这样，我们就从存款乘数的讨论到了货币乘数的讨论。货币乘数表明货币供应量是货币基数的 $\frac{1+k}{r+k}$ 倍。在数值上，货币乘数小于存款乘数。例如，$r=0.2$，$k=0.3$，则货币乘数为 2.6；而存款乘数为 5。

从（17）式可以看出，影响货币供给量的一个重要因素是货币基数，即用于资金供给的现金和存款准备金的数量。另一个重要因素是社会大众愿意拥有现金还是活期存款的选择。如果大众的存款占其货币的比例大，则银行准备金增加，银行也就能通过贷款和投资扩大创造更多的存款货币。再一个重要因素是银行准备金和存款间的比例。准备金所占比例大，活期存款所占比重就小，从而创造存款货币的能力也就小。由此可见，货币供应量受中央银行、商业银行和社会大众的行为影响。

二、货币层次及划分

（一）划分货币层次的主要依据

虽然每个国家划分货币层次的方法不同，但基本标准是类似的，这些标准主要包括：第一，货币的流动性。因为流动性不同的货币在流通中转手的次数不同，形成的购买力不同，从而对社会经济的影响不同。在划分过程中，通常本着流动性逐渐减弱而量的范围不断扩大的原则。第二，有利于中央银行控制和管理的原则。在不兑现信用货币制度下，各个国家的中央银行都承担着金融宏观调控任务，以促进经济稳定协调的发展。中央银行金融宏观调控的主要工具之一就是货币供应量。于是，中央银行从货币政策目标出发需要考察货币量层次，选择便于直接掌握的货币政策工具。第三，从各国经济金融发展和货币政策需要的实际出发。不同的国家经济情况不完全相同，政策目标的重点也不相同，在货币层次的划分中必须考虑历史的连续性以利全面研究，此外，便于统计管理因素也是要注意的。

按照上述标准划分货币层次的意义有两个方面。首先，通过对货币层次的科学划分，能够为中央银行的宏观金融决策提供一个清晰的货币流通结构图，有助于中央银行分别了解不同货币领域的问题，采取不同的措施加以控制。其次，有助于中央银行分析经济的动态变化。因为经济活动的任何变化最先反映在市场供求和物价变化上，而市场供求和物价变化又都集中表现在货币流通状况的变化上。具体来说，每一层次的货币量，都有特定范围的经济活动和商品流通与之相对应。通过对货币层次的划分和观察，可以掌握生产、交换、分配、消费与再生产各个环节的变化,摸清不同层次的经济活动的脉搏,预测它们的发展趋势。

(二) 货币层次的划分

1. 西方国家货币层次的划分

(1) 美国货币层次的划分

M_{1A} = 现金 + 活期存款 − 外国银行和官方机构的活期存款

M_{1B} = M_{1A} + 在所有存款机构的其它支票存款

M_2 = M_{1B} + 储蓄存款 + 所有存款机构的小额定期存款

M_3 = M_2 + 在所有存款机构的大额定期存款 + 商业银行、储蓄机构的定期存款

L = M_3 + 其他流动资产

其中 M_{1A} 是制定美国货币供应量和货币政策的主要依据。

(2) 英国货币层次的划分

M_1 = 现金 + 英国私人部门的英镑活期存款

M_3(英镑) = 现金 + 英国居民(公共及私人部门)持有的英镑存款

M_3 = M_3(英镑) + 英国居民的外币存款

其中,M_3(英镑)是考察英国货币供应量和制定货币政策的重要指标。

(3) 日本货币层次的划分

M_1 = 现金 + 活期存款

M_1 = M_1 + 私人工商企业存款

$M_1 + CD$ = M_1 + 工商企业可转让存单(CD)

$M_2 + CD$ = $M_1 + CD$ + 个人、团体的可转让存单

$M_3 + CD$ = $M_2 + CD$ + 邮局、农协、渔协、信用组合、劳动金库及信托存款

其中,$M_2 + CD$ 是研究日本货币供应量和货币政策的主要指标。

2. 对我国货币层次划分的两种看法

改革开放前,我国实行的是高度集中的计划经济,资金跟着物质走,物质跟着计划走,因此,没有货币层次划分的特别研究和考察。改革开放以来,我国经济要与世界经济联系,市场调节使货币供应量及其层次增多,客观上要求对货币层次划分和研究。

(1) 1980年国际货币基金组织考察我国提出的:

M_1 = 现金 + 企业存款

M_2 = 现金 + 企业存款 + 储蓄存款 + 农村存款 + 其他存款

这种划分货币层次的观点其主要优点是:第一,有利于目前中央银行的宏观控制;第二,使我国统计指标与国际统计指标可比。但是,这种划分 M_1 的口径过小,没有把可转帐支付的存款全部包括进来,实际上机关、团体和基建存款开支票后就形成了购买力。

(2) 按货币的流动性划分:

M_0 = 现金

M_1 = 现金 + 企业活期存款 + 农村集体存款 + 机关团体存款

M_2 = M_1 + 城乡储蓄存款 + 企业单位定期存款 + 自筹基建存款

M_3 = M_2 + 财政金库存款 + 汇兑在途资金 + 其他金融机构存款

这种划分方法比较适合我国国情，M_1 反映的是一种现实的购买力，反映了当前的社会总需求；M_2 中的定期存款反映的是一种潜在的社会需求，在经济不稳定时这一部分存款可以转化为现实的购买力；M_3 则反映了全部现金和存款货币总量。

第四节 货币需求及其分析

一、货币需求的概念、类型和构成

1. 货币需求的概念、类型

货币需求是个人、企业（团体）、政府愿以货币形式持有其拥有的财产的需要。把所有个人、企业、政府的货币需求加起来，就是全社会的货币需求。

在商品货币经济条件下，货币持有者持有货币的动机或目的各不相同，但归纳起来不外有三种：

（1）为交易与经营的目的。对于企业来说，为了维持与扩大生产经营，必须要持有一定量的货币资金，否则生产活动将中断；对机关团体来说，为了进行正常的工作，必须要有一定的货币作为其活动的保证；个人消费的日常生活开支也依赖一定的货币持有量。

（2）为储备的目的。对个人来说，为了防备未来的货币急需开支和他日的特殊开支，都有必要储备一定的货币量；另外，企事业单位为了未来的开支也会产生储备货币的需求。

（3）为投资的目的。无论是个人还是企业或政府，为了投资，就必须要有足够的货币；为了凑足货币，必然会产生暂时保有货币的需求。

综上所述，根据持有货币的三个目的，相应地可以把货币的需求分为三种类型；即：货币交易需求、货币的储备需求与货币的投资需求。

2. 货币需求的构成

全社会的货币需求等于个人、企业（团体）、政府的货币需求之和。下面我们逐项分析。

（1）个人货币需求的构成。个人货币需求有三个组成部分：应付日常生活的开支需求、储备需求和投资需求。通常最基本的是第一项需求，即交易需求。

个人货币交易需求的大小与个人收入水平的大小有关，假如收入很少，交易需求也相应地维持在一个很低的水平上。反之，收入增加，则交易需求也相应上升。

个人储备需求与储蓄存款的利息率有关，当存款利息率上升时，储蓄存款增加。但货币的储备与储蓄不是一个概念，纯粹的储备可能与利息率无关，但现代生活中很少有人将钱袋埋入地下的方式存钱，而往往将钱存入银行。所以，纯粹的货币储备也不能不受到利息的影响，因为此时很难区分储备与储蓄的界限。当然，除了存款利息外，收入水平也影响储备需求，随着收入水平提高，储蓄倾向增大。

个人投资需求与金融资产收益率有关，倘若金融资产收益率高于存款利率，人们就会增加货币的投资需求而相应减少货币的储备需求。

必须认识到，并不是只有上述因素影响个人的货币需求，还有其它更复杂的因素也起作用。譬如说，币值的稳定问题。倘若币值不稳，就会影响人们储备货币的需求，而增加现实消费。再如，生活保障制度问题，倘若社会已为退休人员进行了人寿保险，人们就会减少储备货币的需求。

（2）企业的货币需求。企业的货币需求也有三个组成部分：交易需求、储备需求与投资需求。

企业的货币需求大小主要受以下几个量的影响：第一，国民经济总量变动的情况。在国民经济处于繁荣时期时，一般来说，企业的生产活动也活跃，货币需求大；第二，企业的产出预期或者计划产量。显然当企业产出预期大，自然对货币交易需求也会大；第三，企业的预算约束程度。倘若企业处于预算"软约束"情况下，它就不会认真考虑盈亏问题，因而对货币的需求就时常偏大；第四，利率。银行的贷款利率与市场利率对企业的货币需求都会有直接的影响，企业的货币需求随贷款利率的下降而减少。第五，商业信用水平。当商业信用水平较高时，企业货币交易需求相对降低。

企业的货币储备需求一般情况下是可以不考虑的，因为企业不会产生纯粹储备货币的要求。但在特殊情况下，企业也有储备货币的需求，例如某些企业建立的防灾基金，从福利角度出发的为本企业职工储备的养老金等等。

企业的货币投资需求与个人的货币投资需求相似，其大小主要取决于金融资产的收益率和金融市场的发达程度。

(3) 政府的货币需求。政府的货币需求包括两个部分：交易需求和储备需求。这两种需求都受国民收入水平的制约。

二、对货币需求决定因素的分析

决定货币需求的主要因素有：收入水平、产值计划、利率高低、金融资产收益率、企业与个人对利润与价格的预期、个人投资市场开放度和财政收支状况等。下面我们对这些因素与货币需求的关系进行分析。

(一) 收入水平对货币需求变动的影响

讨论收入对货币需求变动的影响，实际上也就是讨论这样一个问题：当国民收入变动一个微小的百分比时，货币需求的变动如何？

国民收入的变动对货币需求变动的影响可通过货币需求的收入弹性指标反映，货币需求的收入弹性是指货币需求的增长率与国民收入增长率的比值。设 Y 代表国民收入，ΔY 代表国民收入增减量，M_d 代表货币需求，ΔM_d 代表货币需求的变动量，则我们用 E_m 表示货币需求的收入弹性：

$$E_m = \frac{\Delta M_d}{M_d} \bigg/ \frac{\Delta Y}{Y} \tag{18}$$

例如，国民收入上年为5000亿元，今年增加了500亿元，此时国民收入增长率为10%，若货币需求也增长10%，则货币需求的收入弹性为1。

按西方货币学说的观点：国民收入的变动与货币需求的变动按正比例方向变动，但货币需求的增长低于国民收入的增长，即货币需求的收入弹性应小于1，因为国民收入的增长在现代经济中应带来对货币使用的节约，产生一定的规模经济。而现阶段我国货币需求的增长快于国民收入的增长，货币需求的收入弹性大于1，这是因为：第一，产权模糊条件下预算软约束决定的低效循环，各投资主体的投资愿望不断增大，但投资愿望的实现必然要有最低的货币积累作保证，这客观上促使货币需求过大；第二，"短缺"条件下一些短线产品长期供不应求引起的货币需求增加。

(二) 产值计划对货币需求变动的影响

与货币需求的收入弹性一样，产值计划对货币需求的影响可以用货币需求的计划弹性这一指标反映。产值计划的变动与货币需求的变动是同方向的，而且产值计划变动与货币需求变动之间应有一个较稳定的相关系数。当然，计划对货币需求的影响又常常有随机性。如果计划的科学性不强，货币需求的变动就要受人为的干扰，这并不是因为计划的变动与货币需求的变动之间没有相对稳定的关系，而是因为计划本身可能是很不稳定的。

（三）利率对货币需求变动的影响

货币需求的利率弹性必须分两个方面讨论，因为不同性质的利率对不同性质的货币需求产生不同的影响。

1. 贷款利率对货币需求的影响

在一般情况下，贷款利率越高货币需求越小，反之亦然。但是，如果贷款利率极低，低于存款利率以下，企业可以忽略利率对生产成本或利润的影响；如果企业并不独立核算，用不着考虑贷款成本问题，利率的升降对企业的货币需求也没有明显影响。

2 储蓄存款利率对货币需求的影响

居民可支配收入总量可分为：现期消费、货币储备、现金持有额、储蓄存款和货币投资五个部分。在居民可支配收入总量中，减掉了必要的现期消费支出之后，剩余的项目都构成了货币需求部分。因此，储蓄存款利率对现期消费并无影响，只影响上述四项需求的构成比例，而对它们的总和的大小并无影响。因为，货币需求的构成关系总是此长彼消的关系，利率的变动可能使某一部分增加的同时，另一部分减少。

（1）利率变动对货币储备需求的影响。在人们的货币收入中，总有一部分储备起来用于将来生老病死及意外开支，这部分货币需求就是储备需求。一般来说，这一部分货币储备大多以定期存款形式存在，尽管它属于储蓄存款，但它不受储蓄存款利率变化的影响，既便利率为零的条件下，人们也还要进行必要的储蓄，这部分货币需求是稳定的。

（2）利率对现金持有额的影响。现金持有额是人们放弃利息收益而保持一种灵活的购买力的货币需求，因为人们手头上总需要保持一定的机动货币，以实现灵活购买，相反，利息是人们放弃有这种灵活购买力的报酬。利率对现金持有额的影响是反方向的，利率越高，现金持有额越少，反之越多。但无论利率多高，现金持有额不能为零；无论利率多低，储蓄也不可能为零。

（3）利率对储蓄需求的影响。储蓄与货币储备不是一个概念，储蓄是指现期消费的多余部分。人们为了购买房屋、小汽车等耐用消费品，必须把现期消费的一部分积存下来用于延期消费。因此，储蓄存款利率对储蓄形式的货币需求有很大的影响，随着利率的提高，储蓄越多，反之越少。

（4）利率对货币投资需求的影响。从理论上说，利率变动与货币投资需求变动间的关系是反向的。利率越高，人们对货币投资的需求越少。当然，货币投资需求的大小不仅仅取决于利率一方，也还取决于金融资产收益率一方。这我们下面分析。

（四）金融资产收益率对货币需求变化的影响

金融资产收益率是指有价证券的利息率。这种利息率并不影响货币需求的总量，而仅仅影响货币需求的组成。当金融资产收益率明显高于储蓄存款利率时，人们愿意多购买金融资产，而少储蓄。这表现为货币投资需求的增加与储蓄需求的减少。

（五）企业与个人对利润与价格的预期对货币需求的影响

在货币需求的变动中，心理方面、预期方面的因素很重要。当企业对利润预期很高时，往往有很高交易货币需求,而当个人对价格预期看涨时,往往增加现实消费,减少储蓄。

(六)个人投资市场开放度对货币需求的影响

如果允许个人有更多的投资机会,个人就会减少其它的货币需求,而增加投资的需求。把消费性货币需求转化为生产性货币需求。这方面的意义在于,把集中于消费市场上的个人可支配收入,转移到投资市场,平衡投资与消费。

(七)财政收支状况对货币需求的影响

财政收支对货币需求的影响分两种情况讨论。一种是当收大于支的情况,另一种是支大于收的情况。

当财政收大于支,出现顺差时,除去特别原因外,一般表现为货币需求减少。因为这时有一部分产品处于未使用、未分配状态,因而无须货币作为流通与中介的手段。

当财政支大于收,出现逆差时,一般表现对货币需求的增加。如果不通过发行国债和增加税收的方式弥补财政赤字,那么财政赤字只能通过向银行透支、借款的办法来解决。只要这种情况发生,就会或多或少地影响银行增发票子。因此,财政赤字本身实质上是一种对货币的需求。

从以上七个方面分析看,影响货币需求变动的因素中,真正对货币需求起抑制作用的因素在我国目前情况下还很少,如何从货币需求方控制货币供给量是一个值得研究的问题。

第五节 货币供求均衡

一、货币供求与总供求的均衡

现代经济中,人们十分关注总供求的均衡状态。如果总需求大于总供给,意味着市场处于供不应求的紧张状态,物价上涨和社会不稳定;如果总需求小于总供给,意味着市场处于疲软状态,企业开工不足,失业率上升和经济萧条。显然,无论哪种情况出现,都不为人们所期望。政府采取经济与行政手段调节经济运行的目的,无非是促使经济在总供求完全均衡的基础上运行。在这个过程中,社会的总供求均衡与货币的供求状况之间。始终存在紧密的联系。

在货币经济中,所有的供给(商品与劳务)的目的,均为获得等值的货币,以做进一步的购买,并进行连续的生产与消费过程,表现为商品与劳务的供给和货币需求的联系;而货币供给,又会在一定程度上形成对商品与劳务的需求。这种联系表现为:

$$AS \rightarrow M_d$$
$$AD \rightarrow M_s$$

其中,用 AS 表示总供给,AD 表示总需求。

由于总供给与总需求之间存在密切的联系,并且总需求更多制约总供给的变化,而货币供给,从根本上说受制于货币需求。因此上述关系可以进一步用图 5-1 表示:

在这个关系图中,货币的需求必须要求有商品与劳务的供给相满足,商品与劳务的需求必须要求有相应的货币供给相满足,同时,货币供给的大小也影响与决定了商品需求的大小。

事实上,人们对总供求均衡态的关注只是在货币经济产生后,或者说,只是在有了货币以后,才产生总供求失衡的可能性。物物交换下,总供给与总需求间总是平衡的。这时,一切对商品和劳务的需求都来自需求者对商品与劳务的供给,供给的同时创造出需求,供

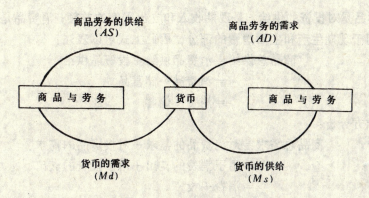

图 5-1 币供求关系图

给与需求不仅在价值上相等,而且在空间上同步。例如,甲与乙之间,甲对乙产品需求的手段,来自甲向乙提供的产品。反之,乙的需求由甲的产品满足,乙的供给成为甲的需求。当所有物物交换都是这样进行时,社会总供求在任何时点上都是均衡的。但是,货币的出现使上述物物交换中必然的均衡被打破了。以货币为媒介,甲对社会供给商品后可以不马上购买,即不马上实现对社会商品的需求。乙的需求便会由于自己的产品供给无法实现得不到满足。形成供过于求。

上述过程可表示为:

物物交换下,有:

$$甲_s^r + 乙_s^r = 甲_d^p + 乙_d^p$$

商品交换下,有:

$$甲_s^r + 乙_s^r > 甲_d^p + 乙_d^p$$

其中,$甲_s^r$ 表示甲的实际供给;$甲_d^p$ 表示甲的计划需求。$乙_s^r$ 表示乙的实际供给;$乙_d^p$ 表示乙的计划需求。由于在使用货币的交换中,甲的计划需求为零,故形成实际总供给大于计划总需求的局面。

如果不分析导致甲卖后不买这一失衡现象的本质的话,可以说,货币的出现,为总需求与总供给失衡创造了技术上的可能性,是导致总供求失衡的外部原因。但事实也有相反的一面,货币的存在尽管会促成失衡,也同时创造了运用货币政策,调节货币供应以调节总需求,使总供求恢复均衡的可能性。

因此,货币经济中,注重货币供求的研究是十分重要的。通过这项研究,可以分析货币供给与货币需求之间的内在联系及实现均衡的条件,探索寻求货币供求及总供求均衡的途经。

二、两种市场及两种市场的均衡条件

商品、劳务供求、货币供求的表现形态是商品市场与货币市场。

在经济活动中存在多种市场,但最重要、最主要的是商品市场和货币市场两种。它们的平衡决定着国民经济的平衡。

(一)商品市场的平衡条件

商品市场的平衡是指商品供给等于商品需求。商品总供给即指国民收入。国民收入除用于消费外,还要用于投资,换句话说,国民收入从供给方面分析,可分为消费品与储蓄品，其中储蓄品是对投资的供给，是现期收入和支出平衡的差额；消费品是对消费的供给，是现期收入用于现期生产和生活消费的部分。因此上式可以表述：

$$商品总供给＝消费品供给＋投资品供给$$
$$＝消费品＋储蓄品$$
$$＝消费＋储蓄$$

从总需求方分析：

$$商品总需求＝对消费品的需求＋对投资品的需求$$
$$＝用于消费的支出＋用于投资的支出$$
$$＝消费＋投资$$

商品市场失衡的情况有以下几种：

（1）投资大于储蓄，在这种情况下将出现通货膨胀；

（2）储蓄大于投资，在这种情况下，经济增长将出现停滞的势头，因为投资不足；

（3）投资等于储蓄，但投资品与储蓄品结构不相符合，在这种情况下，由于经济中商品部分滞存，而使得经济中出现结构性通货膨胀和结构性的经济增长停滞；

（4）消费品供求相等，但结构不等，也会出现上述问题。

（5）商品市场的总供求不相等，当总需求大于总供给时，物价上涨；当总供给大于总需求时生产停滞。

可见，造成商品市场失衡的原因有多种，情况也不同。所以，真正做到商品总供求的平衡，并不是一件容易的事。

（二）货币市场平衡的条件

货币市场的平衡也就是货币供给与货币需求的平衡，即：

$$M_s＝M_d$$

其中 M_d 是由货币的交易需求、预防需求和投机需求三个部分组成的，前两种需求主要由国民收入水平、产值计划决定；后一种需求主要由利息率与金融资产收益率决定。货币需求大小与国民收入水平、产值计划成正比，与利息率、其它金融资产收益率成反比。

货币供给的大小受收入水平、计划水平的影响外，还要受货币需求、银行体制的影响，如果货币需求过大，往往会拉动更多的货币供给，造成通货膨胀的结果。

货币市场失衡有以下几种形式：

（1）供大于求，在这种情况下会发生通货膨胀：

（2）供小于求，在这种情况下，会有经济增长停滞发生。另外，如果持续 $M_d>M_s$ 的情况下，最终放松货币供给，从而有可能形成货币供给过多的情况。

（3）无论 $M_s>M_d$，还是 $M_s<M_d$，如果利息率水平与金融资产收益率水平与国民收入水平不协调，也会造成失衡。如果国民收入水平提高，利率很低，货币需求将增加，从而造成失衡。

（三）商品市场与货币市场的均衡

上面我们分析了商品市场与货币市场各自失衡的几种情况，下面我们将两个市场结合起来进行分析，大致有以下几种情况：

（1）当储蓄大于投资，投资不足，这时从理论上说，货币市场可能会有两种情况。一种是 $M_s<M_d$，使得储蓄＞投资，这时可以通过增加货币供给来平衡商品市场；另一种情况

是 $M_s=M_d$，但 M_d 过小，使得投资不足，这时可以通过降低利息率，刺激货币需求来平衡市场。

(2) 当投资大于储蓄，对于货币市场来说，相应的情况可能是 $M_s>M_d$，这时会有通货膨胀存在，解决的办法显然是减少货币供给 M_s，使之与商品市场相适应。但在 $M_d=M_s$ 时，如果货币需求大大超过实际的可能，这时也会出现投资＞储蓄的情况，同样表现为通货膨胀。

(3) 当 $M_d>M_s$ 时，如果 M_d 为正常的需求，这时货币市场失衡，将引起商品市场失衡，表现为投资不足，经济停滞，如果货币需求是过度的需求，短期内不会对商品市场发生影响，但长期内必对货币供给造成压力，从而最终影响到商品市场的均衡。

(4) 当货币供给大于货币需求，会破坏商品市场的平衡，形成过度投资，引起通货膨胀。

由此可见，商品市场与货币市场的平衡是相互联系的，一个市场的失衡必然会引起另一市场的失衡。所以，在扩大再生产条件下，投资＝储蓄与 $M_d=M_s$ 是这两个市场平衡的条件。

第六节 通货膨胀

一、通货膨胀的定义和观察指标：

(一) 通货膨胀的概念

通货膨胀的概念有几种不同的提法：

(1) 以马克思的货币流通公式为基础的定义，即本质类定义或成因类定义。这类定义认为：通货膨胀是由于纸币的发行量超过流通中所需要的金属货币量而引起的纸币贬值和物价上涨的情况。

(2) 西方通货膨胀的定义，也叫现象类定义。英国《经济辞典》定义：通货膨胀是指物价总水平的持续上升，可看成货币贬值。美国《经济辞典》定义：在产品市场和资源市场上，通货膨胀指本国货币单位购买力下降，即价格上升和单位货币购买的东西减少。

(二) 通货膨胀的观察指标

(1) 物价指数。物价指数是反映不能直接相加的多种商品（劳务）价格平均变动程度的相对数。常用的物价指数有：产品批发价格指数、消费品物价指数（相当于我国的零售物价指数），或通过计算商品零售价格指数与批发价格指数之间的差额反映通货膨胀程度。

(2) 生活费用指标。从家庭支出的角度反映消费品和劳务价格变化对居民生活水平的影响；分析通货膨胀对不同规模家庭的影响。

(3) 国民生产总值价格平减指数。国民生产总值价格平减指数是指按当年价格计算的国民生产总值对按固定价格计算的国民生产总值的比率。例如：某国 1994 年的国民生产总值按当年价格计算为 11300 亿美元，而按 1990 年价格计算为 6890 亿美元，则 1994 年的国民生产总值平减指数 $=\frac{11300}{6890}\times 100\%=164\%$，即 1994 年比 1990 年物价上涨了 64%。

(4) 用名义货币存量增长率减去实际货币余额增长率来计算通货膨胀率。

(5) 用名义利息率减实际利息率来反映通货膨胀率。

二、通货膨胀的原因

在纸币流通的条件下要完全满足社会总供求量上、结构上、时间上、地区上的平衡是不可能的，因此，在纸币流通条件下通货膨胀是一种普通现象，没有存不存在通货膨胀的问题，只有通货膨胀高低程度不同的问题。引起通货膨胀的原因有：

（一）用银行信贷资金弥补财政赤字

财政赤字是指财政支出大于财政收入的现象。财政发生赤字后弥补财政赤字的方式有：

（1）财政金库透支或由银行借款弥补。从理论上讲透支与借款是有区别的，借款是一种规范性的信用活动，它应以借款双方平等自愿为基础，并且有借款合同为法律保证。财政金库透支是一种不规范的信用活动，在这里财政部门处于主动地位，银行部门处于被动地位，中央银行对此没有约束力。在我们国家，这两个概念没有本质区别，财政发生赤字后无论从上述哪一种形式来弥补，其实质都是银行向财政提供了一笔没有物质基础的货币。

（2）政府发行债券弥补。政府债券的购买人如果是个人或企业，他们用现金和存款购买债券则可减少现期的货币供应量，有利抑制当前的通货膨胀，但债券还得还本付息，这又将成为将来通货膨胀的隐患。如果是银行系统购买，则银行系统实际上是直接、间接用信贷资金弥补财政赤字，因而成为通货膨胀的因素。

（3）财政采取增税的办法把财政赤字投放的过多货币收回来，也不致于引起通货膨胀。只有当直接和间接用银行信贷资金弥补财政赤字时，才能引起通货膨胀。

（二）银行信用膨胀

银行信用膨胀是指银行系统向社会提供的信用量超过了有物质基础的客观必要量。银行信用膨胀的原因有：用信贷资金弥补财政赤字、银行贷款被借款单位挪用、政府为刺激经济干预银行扩张信用和银行本身发行没有物质保证的贷款等，前三种是银行信用膨胀的外部原因，后一种是银行信用膨胀的内部原因。

（三）经济发展速度过快、经济结构不合理

如果一个国家的经济发展速度过快，投资规模超过了投资品供给的承受能力，或消费基金规模太大，超过了消费资料的供应能力，造成投资消费比例失调、商品供不应求。在这种情况下，就会出现由建设投资投放到市场上的货币与生产资料的供应不相适应，由工资、奖金等渠道投放到市场上的货币与消费资料的供应不相适应，造成市场上货币量多，导致物价上涨，出现通货膨胀。

（四）巨额外债

一些大量举债的国家，在近年来发达国家大幅度提高利率的情况下，沉重的还本付息负担，阻碍了这些国家经济的正常发展，经济发展迟滞和难以应付的还本付息负担而造成的财政赤字，必然导致通货膨胀。

（五）国际收支长期顺差

国际收支长期顺差的国家，收进的外汇增多；为了收兑外汇，要向市场上投放大量本国货币，造成国内的货币供应量增加，物价上涨。

三、通货膨胀的种类

按不同的标志划分，通货膨胀有不同的类型，具体如下：

（一）以市场机制运行的程度进行划分

通货膨胀分为公开性通货膨胀和隐蔽性通货膨胀两种。公开性通货膨胀是指在市场机制充分运行和政府经济管制不严情况下，价格向上波动非常明显。隐蔽性通货膨胀是指当一国政府用计划控制、资金控制、物资配给、票证配售、价格管制等经济措施压制价格波动时，一般价格水平上涨的趋势不明显，但物资短缺、部分黑市价格猛涨。

（二）按引起通货膨胀的原因划分

通货膨胀可分为：

1. 需求拉动的通货膨胀

在产出量和生产成本不变的情况下，由于需求增大而引起物价上涨。需求拉动的通货膨胀大致有三种类型：自动需求拉上即总支出的增加与原先或预期成本增加无联系；诱发需求拉动即总支出的增加是成本增加诱发的结果；支持和补偿性需求拉动的通货膨胀即政府为了阻止失业上升而增加支出或采用扩张性货币政策而增加的总需求。

2. 成本推进的通货膨胀。

包括：工资推进的通货膨胀、利润推进的通货膨胀和垄断组织对部分产品卖价进行操纵，人为抬价引起的通货膨胀。

3. 混合性通货膨胀

即由需求和供给两方面因素引起的通货膨胀。

4. 结构性通货膨胀。

在总供给和总需求平衡时，由于经济结构方面因素变化使物价水平上涨，导致通货膨胀。结构性通货膨胀包括：

（1）需求转移性通货膨胀。在总需求不变的条件下，一部分需求转向其它部门，而劳动力和生产要素不能及时转移。这样，需求增加部门的价格、工资上涨而需求减少部门产品的价格未及时下降，由此导致整个物价水平上升。

（2）部门差异性通货膨胀。产业部门和服务部门的劳动生产率、价格弹性、收入弹性是不同的，但两部门的货币工资增长却趋向同一，加之价格和工资向上的刚性，就会引起物价全面上涨。

（3）二元经济结构型通货膨胀。对发展中国家来说，传统农业部门和现代工业部门并存，在农业生产结构僵化，农产品供给弹性不足，资本短缺、需求结构变化迅速，劳动力自由流动程度低和货币化程度低等结构因素制约下，要促进经济发展，必须通过财政赤字预算多发货币来积累资金，从而带动全面物价上涨。

（三）从物价上涨的幅度和趋势划分

通货膨胀分为：爬行的通货膨胀即物价上涨率为2%～4%，但有可能进一步上升；温和的通货膨胀即物价上涨率较长时间在4%～7%之间波动；急促的通货膨胀即年物价上涨率在6%以上，并在较短的时期内有超过10%的趋势；恶性通货膨胀即年物价上涨率在15%以上，并飞速加快，个别时期超过100%。

第六章 国际金融

第一节 国际收支

一、国际收支的概念、种类和收支状况

（一）国际收支的概念

1. 国际收支

国际收支是一个国家（或地区）在一定时期内（一般指一年），由于清偿对其他国家的债务，收回对其他国家的债权引起的货币收支。

2. 国际收支的特点

（1）国际收支是即期的。它所包括的并不是国际间发生的全部债权和债务，而只是到期时必须立刻以现金支付的方法加以清偿的债权债务。

（2）国际收支的特征表现为现金差额。即一国的货币收入与支出的对比。

（3）国际收支产生的基础是国际借贷，而国际借贷又是建立在国际经济关系基础上的。

（二）国际收支的种类和收支状况

1. 国际收支的种类

（1）一定时期的国际收支。它是指一个国家一定时期内，对其他国家收入与支出的货币总额对比。它反映过去一定时期所发生的国际收支的综合情况，表明了一个国家的对外经济力量。

（2）一定时刻的国际收支。是一个国家与他国在未来一定时期应收与应付货币总额对比。它反映即将发生的国际收支对比关系，表明一个国家对外汇的需求情况。

2. 国际收支的状况

国际收支的状况有三种：国际收支平衡即收支相等；国际收支顺差即收入大于支出；国际收支逆差即支出大于收入。

（3）国际收支的意义

国际收支反映了一个经济实体与世界上其他经济实体之间的商品、劳务和收益交易；反映了该国的货币、黄金、特别提款权及其他变化，以及这个经济实体对世界上其他经济实体之间的债权债务变化；还反映了资金单方面转移和国际收支的平衡情况。

二、国际收支平衡表的主要内容

国际收支平衡表所采用复式薄记记帐方法，任何一笔交易必须分别列入表内的借方和贷方。国际收支平衡表的主要内容包括：

（一）经常项目

经常项目是国际收支中经常发生的、金额最大的收支项目，是平衡表的基本项目。包括：

1. 贸易收支

贸易收支也叫有形贸易收支。它是由商品进口和商品出口构成。出口商品所得货款列入国际收支的收入项，进口商品所支付的货款列入国际收支的支出项。贸易收支的顺差或逆差对国际收支的顺差或逆差起着关键作用。

在国际收支平衡表中，商品价格的计算方式各国不尽相同。按国际货币基金组织规定，进出口商品一律按"离岸价格"（FOB）计算，但实际上许多国家出口按"离岸价格"（FOB）计算，进口则按"到岸价格"（CIF）计算。

"离岸价格"是指运载工具上的交货价格，它包括商品的价格和运上指定交通工具的运费和保险费；"到岸价格"是指到达目的港的价格，它包括"离岸价格"和启运港到目的港的运费和保险费。两种不同的价格，在计算进出口总值时会产生一定的差额。例如，按"到岸价格"计算，运费和保险费已计算在贸易收支中，但有时又可能在劳务收支中重复计算，其结果必然影响国际收支平衡表的精确性。

2. 非贸易收支

非贸易收支也叫无形贸易收支，包括：

（1）劳务收支。它是指银行、保险在海外机构的收支；国际间相互使用邮电、通迅的收支；各国居民相互到对方旅游的收支。

（2）投资收支。它是指由资本输入、输出、提供贷款引起的利息、股息和利润的收支。

（3）其他非贸易收支。例如专利费、广告费、使馆使用费等收支。

3. 资金单方面转移

资金单方面转移也叫资金转让是指资金在国际间转移后，并不产生归还和偿付问题。包括：

（1）私人转移。如侨民汇款、私人捐赠、奖金、年金等收支。

（2）政府转移。包括外交费用，无偿的经济、军事援助，战争赔款，政府赠予等。

经常项目受国内经济与国外经济各自长期性经济结构和短期性经济景气动向影响，而且也是国内外劳动生产率、物价、工资动向的国际竞争力的反映。

（二）资本项目

资本项目主要指资本的输入和输出。包括：

1. 长期资本项目

长期资本项目是指期限在一年以上的资本项目。

（1）政府间长期资本流动。政府间的长期资本流动包括三种形式：第一，政府间的贷款。如西方工业国家的中央银行间的互惠信贷，西方工业国对发展中国家的开发贷款；第二，政府投资即购买外国政府发行的债券；第三，其它。包括政府向国际金融机构和世界银行等金融机构的借款。

（2）私人长期资本流动。包括：第一，直接投资即指私人在国外采矿、建厂、办企业和私人用国外企业所获利润在当地再投资；第二，证券投资即指私人购买外国政府发行的债券、企业发行的债券和股票；第三，企业信贷包括银团贷款、中、长期出口信贷。

2. 短期资本项目

短期资本项目是指一年期内的资本项目，包括：各国银行间资金调拨、拆借；国际贸易的短期资金融通及其清算、结算；逃避外汇管制和货币贬值风险的资金外逃；套汇、套利、抵补保值等外汇买卖；利用货币危机和某些政治事件冲击外汇、黄金市场牟取暴利的投机活动等。

（三）平衡项目

在国际收支平衡表中，由于经常项目和资本项目的收支总是不平衡的，因此必然会出现顺差或逆差。当一定时期国际收支出现不平衡时，就必须通过增减国家（官方）储备来求得平衡，所以这项目又称官方储备项目。此项目分为：

1. 错误和遗漏

这是用于解决因资料和统计方面错误和遗漏所产生的不平衡而设置的项目。因为，国际收支平衡表中的统计资料来源渠道复杂，有的来自海关，有的来自银行，有的来自企业，因而在统计中往往会出现错误和遗漏，同时有的企业为了逃避外汇管制、掩盖资金外逃、偷税漏税等，而有意隐瞒真实情况，所以数字很不真实。为此，设立这一项目用于平衡差额。

2. 分配的特别提款权

特别提款权是国际货币基金组织于1969年创建的一种记帐单位。它由国际货币基金组织按其各成员国在该组织中所缴纳的份额进行分配，各国所分配的特别提款权与黄金外汇一样，是各国政府的官方储备资产，可用于弥补国际收支逆差，也可用于偿还国际货币基金组织的贷款，但不能直接用于贸易与非贸易支付。因此，各成员国就把特别提款权作为平衡国际收支的储备资产。

3. 官方储备

官方储备是指国家所持有的储备资产，包括黄金、外汇和在国际货币基金组织所存有的储备头寸（普通提款权）。当一个国家的国际收支出现顺差或逆差时，最后要通过增减官方储备或增减对外债权债务来达到平衡，所以这一项目放在国际收支平衡表的最末。

三、国际收支不平衡与国际收支调节

国际收支平衡是宏观经济中的一个基本目标。针对这一目标，各国政府都制定了各种宏观和微观经济政策以调整国际收支不平衡。国际收支平衡表见表6-1。

国际收支平衡表

19　年　　　　　　　　　　单位：百万美元　　　　　　　表6-1

借　　方	金　额	贷　　方	金　额	差额（±）
一、经常项目 　商品进口 　劳务支出 　单方面转移支出		商品出口 劳务收入 单方面转移收入		
二、资本项目 　官方长期资本流出 　私人长期资本流出 　直接投资 　债务投资 　官方短期资本流出 　私人短期资本流出 　外国持有国内流动资产减少 　国内持有外国资产增加		官方长期资本流入 私人长期资本流入 直接投资 债务投资 官方短期资本流入 私人短期资本流入 外国持有国内流动资产增加 国内持有外国资产减少		
三、平衡项目 　官方储备增加 　官方借出外汇		错误和遗漏 分配的特别提款权 官方借入外汇		
合　　　计				

（一）国际收支不平衡的种类

按不同的标志划分，国际收支不平衡分为不同类型。

（1）按国际收支不平衡的概念分，国际收支不平衡分为静态的不平衡和动态的不平衡两种。

国际收支静态不平衡是指一年的国际收支数额不平衡。它的平衡的特征表现为在短期内贸易和劳务构成的经常项目的不平衡应能够被短期资本和长期资本流动及净官方储备的流动所抵补而达到平衡。而资本和官方储备抵补经常项目活动是以不出现副作用的货币流动为前提的。

国际收支的动态不平衡不是以一年为期，而是考虑经济波动和经济增长若干年为平衡期，而形成的国际收支总额的不平衡或国际收支结构的不合理。它的平衡意味着不论国际收支帐面上是否平衡，根据经济发展和官方储备只要不发生剧烈波动进而影响外汇汇率就可看成国际收支平衡。

（2）按国际收支不平衡的影响因素分，国际收支不平衡分为周期性不平衡、结构性不平衡、货币性不平衡和收入性不平衡四种。

国际收支的周期性不平衡是指一国经济周期波动中，当经济进入衰退阶段生产萎缩，国民收入减少，总需求下降，从而对对外贸易产生影响，造成国际收支不平衡。例如，主要工业国爆发经济危机后，对进口需求减少和对外支付困难立刻波及其它贸易伙伴的出口。

国际收支的结构性不平衡是指由于国内的生产结构不能满足世界市场对商品品种、性质、档次的要求，出口受阻致使出口困难而产生国际收支不平衡。结构性国际收支不平衡主要发生在发展中国家，因为它们缺乏资金、技术和资源，不能很快调整产业结构适应市场。

国际收支的货币性不平衡是指一国货币与物价普遍上升，相对于其它国家的汇率不发生变化，必然导致出口减少、进口增加，国际收支出现逆差，反之亦然。货币性国际收支不平衡产生的根源在于通货膨胀。

国际收支的收入性不平衡是指由于国民收入的变化，使一国的进出口贸易发生变化，从而造成国际收支不平衡。在固定汇率制下，国际收支的调节要求盈余国家实行膨胀政策，以减少出口；要求赤字国家实行紧缩政策，压低国内物价，减少进口，克服经常项目逆差。

（二）国际收支不平衡的调节

1. 贴现政策

通过中央银行提高和降低贴现率的方法，影响商业银行和其他金融机构提高和降低利率，使国际收支平衡。例如，面临巨额逆差，中央银行提高再贴现率，商业银行随之提高利率，这一方面减少了货币需求，货币供给也会相应减少，在其他条件不变前提下，物价稳定则有利出口，最后减少和消灭逆差；另一方面，随着利率提高，外资流入增多，本国资本流出减少，有利减少国际收支逆差。

2. 建立外汇平准基金

外汇平准基金是中央银行拨出的一笔专项用来稳定外汇市场的货币基金。当国际收支发生逆差时，用外汇平准基金在外汇市场购买外汇，使外汇汇率上升，随着外汇汇率上升出口增加，进口减少，国际收支平衡。而当国际收支发生巨额顺差时，则用外汇平准基金抛售外汇，随着外汇供给增加，外汇汇率下跌，有利进口，不利出口，顺差减少。实际上当一国国际收支顺差过大时，必然遭到其贸易伙伴对不平等贸易关系的不满，这些国家会联合起来采取措施，迫使顺差国货币升值，减少顺差。外汇平准基金发生作用的条件是：第一，必须保持必要的外汇储备；第二，必须具备实施公开市场业务的有效条件。

3. 本国货币对外法定贬值

(1) 在固定汇率制度下，随着本国货币贬值，外汇汇率上升，则可减少逆差，使国际收支平衡。

(2) 在浮动汇率制度下，各国政府都或明或暗地在外汇市场进行干预，以使汇率维持到符合本国利益的水平上，达到鼓励出口抑制进口的目的。

4. 实行"奖出限入"政策

例如为了限制进口，通常采用提高关税、规定进口配额，由政府实行外汇管制；为了鼓励出口，通常采用出口津贴、信贷融通或优惠利率、减免国内所得税或退还关税等措施。

5. 其他措施

例如采取增收节支外汇的政策措施即通过无形贸易补偿国际贸易逆差，如鼓励劳务出口、大力发展旅游业，从中取得巨额外汇收入；利用外资即在商品劳务出口较为困难情况下，大多数国家都利用外资来改善国际收支中资本项目的状况，从而使国际收支暂时平衡；加强国际经济合作，建立一些国际经济合作机构，促进彼此间的贸易发展，平衡国际收支；还可以采用直接外汇管制政策措施，对进出口贸易和非贸易收支、资本输出入、银行帐户存款、黄金和现钞的输入采取直接管制的方法。这种措施的最大特点是效果迅速而且显著，又不必使整个经济变动。

第二节 外汇与外汇汇率

一、国际经济贸易中使用的货币及分类

(一) 国际经济贸易中使用的货币

(1) 有的国家可使用本国货币，但主要使用外国货币。例如，澳大利亚、新西兰、斯里兰卡、印度、巴基斯坦就属这类情况。

(2) 有的国家在国际经济贸易中完全使用外国货币。例如，柬埔寨、阿富汗、老挝、菲律宾、南朝鲜等国就属这类情况。

(3) 有的国家在国际贸易的特定范围内少量使用本国货币，而主要使用外国货币。例如，土耳其、尼泊尔、冰岛等国就属这类情况。

(4) 出口主要用本国货币结算的有：美国、德国、瑞士、法国、英国、瑞典、奥地利、日本等国。

(二) 国际收支中所使用的货币分类

1. 可兑换货币

可兑换货币也叫自由兑换货币，包括两种：

(1) 古典可兑换货币。在金币本位制条件下，一国货币可以自由兑换黄金，黄金可以自由输出入，所以货币持有人经由黄金媒介完全自由与它国货币交换；金块本位制条件下，对本币兑换金块的量有一定限制，但在兑换金块后可自由兑换为它国货币；在金汇兑本位制条件下，虽然本国货币不能自由兑换黄金，但能自由兑换外汇，这是以本国外汇、黄金

存于依附国中央银行所决定的。

(2) 现代可兑换货币。现代可兑换货币是指凡是对美元具有自由兑换性的货币都可以称为可以自由兑换货币。也即在国际收支经常项目中支付不加以限制,不采取差别性的多种汇率制;随时有义务换回对方经常项目往来所积累的本国货币,该种货币被看成自由兑换货币。

世界上的自由兑换货币有50多种,在国际贸易中经常使用的只有20多种,一国货币是否能成为自由兑换货币并为国际上普遍接受,取决于:第一,该国的货币稳定;第二,该国的黄金、外汇储备必须相当丰富;第三,对外融资规模较大。例如,战后日本商品出口增多、日元贷款、日元股票、债券大量出现,使日元成为了世界贸易广泛接受的货币;第四,稳定开放的金融政策;第五,政治环境的安定。

2. 可部分兑换货币

可部分兑换货币也叫有限度的自由兑换货币。根据国际货币基金协定规定,凡是对国际收支经常项目和资本转移施加一定限制的货币称为可部分兑换货币。限制标准一般包括:第一,居民与非居民。本国居民自由兑换限制,非本国居民自由帐户兑换无限制。第二,经常性帐户和资本帐户。对经常性帐户自由兑换无限制,但对资本帐户自由兑换严格限制。

3. 不能兑换货币

不能兑换货币也就是不能自由兑换货币,它的含义有两种,一是金本位制度条件下,纸币和银行券不能兑换为它所代表的金币、银币;二是在现代货币制度下,一国货币不能自由兑换外国货币,没有外汇市场存在,不能自由买卖外汇。

4. 结算货币

结算货币或称清算货币是根据政府间或民间签订的贸易支付协定规定,双方的外汇的收付,记载在双方银行帐户上,通过一定转帐进行清算。这种记帐的货币,通常称为结算货币,也称清算货币。一般情况下,这种记帐货币通常采用第三国货币。例如,中国和原苏联之间的贸易,记帐货币是采用瑞士法郎。

二、外汇与外汇汇率

(一) 外汇的概念和国际汇兑机制的作用

1. 外汇的概念

外汇是国际汇兑的简称。它有二层含义,一是动态的理解,外汇是将一国货币换成另一国货币以清偿国际债权、债务关系的一种专门行为;二是静态的理解,外汇是用外币表示的,用于国际结算的一种支付手段。

2. 外汇包括的内容

外汇包括:可自由兑换的外币;外国支付凭证即包括外国银行及其它金融机构的存款凭证。如银行存款,邮政储蓄存款,到国外能支付的商业汇票、银行支票等;外币有价证券即指外国政府发行的国库券、公债券及其它长短期证券如债券、股票和息票等。

3. 国际汇兑机制的作用

国际汇兑机制的作用是通过国际信用工具(主要是汇票)的买卖来清算各国之间的债权债务关系。随着国际交往的发展和扩大,国际间的支付结算关系也就变得异常错综复杂。例如在美国有对英国的债权债务,在英国也有对美国的债权债务,因此两国间的债权债务可以相互抵销,而无须输送黄金。当美国进口商甲向英国出口商乙买进一批货物,甲为了偿付他所输入的货物价款，就从美国出口商丙那里用美元买来一张外汇汇票送给乙，而丙的外汇汇票则是他把货物卖给英国进口商丁所得到的价款，于是乙就凭这张汇票向丁兑取一定数额的英镑，从而收回他的货款。见图 5-2。

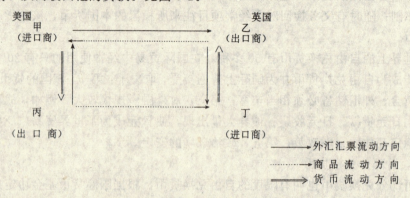

图 5-2　国际汇兑机制的作用

实质上，这就是由甲在美国以美元付予丙，再由后者通过丁以英镑直接交付乙，从而全部债权债务关系通过简单的拨帐就可进行清算。

这种清算方法，虽然可避免现金输送的困难，但毕竟是很偶然的。因为：第一，甲与乙、丙与丁不一定相识；第二，即使他们彼此熟悉，但也未必相互信任与担保；第三，划拨帐款也未必恰恰相等。所以，随着国际往来的频繁和信用制度的发达，国际汇兑银行应运而生，它的业务就是随时随地买卖汇票，使一切国际收支通过银行信用而进行结算。仍以上例说明，美国的进口商甲可先预付押金请求美国一家银行签发一张信用证，将它寄给英国的出口商乙，然后乙把货物装运出口，取得提单后，签发汇票，卖给英国银行（外附提单与信用证），取得现款。英国银行将这张汇票寄往美国签发信用证的银行承兑取现。等汇票到期，甲就把货款交付这家美国银行、美国银行再把款拨交英国银行。另一方面，英国进口商丁和美国出口商丙之间的货款也可以按照同样方式进行偿付。最后这两笔款可以相抵销掉，而不需用现金。即使这两笔货款的数额不同，偿付期限也不一样，那也没有关系，因为社会上无数人将外汇卖予银行，也有无数人向银行购买外汇，银行成了买卖外汇的中心，可以调剂余缺，所以两国或多国之间的债权债务总是能够抵销的。由此可见，国际汇兑就是银行以买卖外汇汇票的方式来进行国际清算业务。

（二）汇率及其标价方法、汇率的种类

1. 汇率的概念

汇率是两种不同货币的折算比率；是用一种货币表示另一种货币的价格。

2. 汇率的标价方法

汇率有两种不同的标价方法：

（1）直接标价法。直接标价法也叫应付标价法，它表示一定单位的外国货币折合为多少本国货币。世界上大多数国家都采用这样标价法。在直接标价法下，外国货币的数量是固定不变的，本国货币的数量随外国货币或本国货币的币值对比的变动而变动。我国人民币对外汇率就采用直接标价法，1 美元＝8.5 人民币元，当汇率变为 1 美元＝9 人民币元时，外汇汇率上升；当汇率变为 1 美元＝8 人民币元时，外汇汇率下降。

(2) 间接标价法。间接标价法又称应收标价法,它是指一定单位的本国货币应收多少外国货币。采用间接标价法,外国货币数额随着本国货币与外国货币币值对比的变化而变动,如果我国人民币对外汇率采用间接标价法即 100 人民币元＝11.7647 美元,当汇率变为 100 人民币元＝11 美元时,外汇汇率上升;当汇率变为 100 人民币元＝13 美元时,外汇汇率下降。

3. 汇率的种类

(1) 按国家外汇管制的宽严程度划分,外汇汇率分为官方汇率和市场汇率两种。官方汇率是指一国国家机构(财政部、中央银行或外汇管理局)规定的汇率;市场汇率是指随外汇供求关系进行外汇买卖的实际汇率。它们之间的关系是:市场汇率随官方汇率上下波动,但严格实行外汇管制的国家不存在市场汇率。

(2) 按外汇的性质和用途划分,外汇汇率分为贸易汇率和金融汇率两种。贸易汇率是指用于商品进出口结算所使用的汇率;金融汇率是指用于资金流动、旅游等非贸易收支使用的汇率。如果一个国家实行复汇率即多种汇率,存在贸易和非贸易两种不同的汇率,一般来说贸易汇率要高于金融汇率。

(3) 按银行买进和卖出外汇划分,外汇汇率分为买入汇率和卖出汇率两种。银行买进外汇时采用的汇率是买入汇率;银行卖出外汇时采用的汇率是卖出汇率。二者相差 5‰ 是银行买卖外汇的手续费。

(4) 按外汇支付方式分,外汇汇率分为电汇汇率、信汇汇率和票汇汇率三种。电汇汇率,是卖出外汇收到本币后用电报方式通知国外分支机构或代理行付款所使用的汇率。电汇付款较快,银行不能利用其本币头寸,汇价也最贵。现在国际支付绝大多数用电讯传递,所以电汇汇率成了基础汇率。在一般西方外汇市场上所表示的汇率,多为银行的电汇汇率。信汇汇率,是银行卖出外汇后用信函方式通知国外的分支机构和代理行对其支付时所使用的汇率。由于银行收到本币,信函汇款到国外支付需要一段时间,在这段时间内银行可以利用这笔本币头寸,所以信汇汇率低于电汇汇率。票汇汇率是银行买卖外币汇票、支票或其它票据时使用的汇率,它又分为即期票汇汇率、远期票汇汇率和外币现钞汇率三种。即期票汇汇率是银行买卖即期票汇时所使用的汇率,由于即期票汇付款时间较电汇迟,所以即期票汇汇率较电汇汇率低,基本上与信汇汇率相同;远期票汇汇是银行买卖远期外汇汇票所使用的汇率,一般以即期票汇汇率为基础,扣除远期付款贴现利息后得出,汇票付款期限越长,汇率越低;银行买入现钞的汇率一般低于电汇汇率,也低于信汇汇率的买入价,因为银行买入现钞后不能马上使用,必须将现钞运送到国外才能作为支付手段。外币现钞汇率一般等于电汇汇率的买入价扣除运送钞票的运费、保险费和邮程时间内的利息等费用。

(5) 从银行买卖外汇的时间角度考察,外汇汇率分为开盘汇率和收盘汇率两种。开盘汇率是外汇银行在一个营业日刚开始营业、进行外汇买卖时所使用的汇率;收盘汇率是外汇银行在一个营业日结束时的汇率。西方国家报刊发表的外汇行市,一般多以当天收盘汇率为准。

(6) 按外汇交割期限划分,外汇汇率分为即期汇率与远期汇率两种。即期汇率是指外汇买卖成交后,于两个营业日内办理交割手续采用的汇率;远期汇率是指外汇买卖成交后,双方约定将来某一时间进行外汇交割所采用的汇率。若远期汇率大于即期汇率表示外汇升水,远期汇率等于即期汇率则为外汇平价,远期汇率小于即期汇率则外汇贴水。

(7) 按制定汇率是否通过第三国，外汇汇率分为基本汇率和套算汇率两种。基本汇率是选择某一国货币为关键货币，制定本国货币与关键货币汇率，这种汇率叫基本汇率。关键货币应具备以下条件：第一，必须是国际收支中使用最多的货币；第二，必须是外汇储备中比重最大的货币；第三，必须是可以自由兑换为其它货币，国际上普遍接受的货币。套算汇率是根据基本汇率套算出来的本国货币与其它货币的汇率。例如，若选择美元为关键货币，则美元对人民币的汇率就是基本汇率，假定 1 美元＝8.5 人民币元，又知道 1 美元＝1.8 英镑，则套算出来的英镑对人民币的汇率为 1 英镑＝15.3 人民币元。

（三）影响汇率变动的主要因素及汇率政策的作用

1. 影响汇率变动的主要因素

国际货币基金协定的修订条款规定汇率体系的基本要求是：会员国应在国内经济和金融基本稳定的情况下来谋求外汇市场的稳定。从实际情形来看，各国汇率很难获得顺利的和稳定的发展，这是因为一国汇率的变动要受到许多因素的影响，既包括经济因素，又包括政治因素和心理因素等，而各个因素之间又有互相联系、相互制约的关系。随着世界政治经济形势的发展，这些因素所占的地位又经常发生变化，有时以这些因素为主，有时又以另一些因素为主。这里仅选择六个比较重要的经济因素来说明它们对汇率变动的影响。

(1) 国际收支。国际收支情况对一国汇率的变动发生直接影响。一国国际收支发生顺差，就会引起外国对该国货币需求的增长与外国货币供应的增加，顺差国的货币汇率就会上升，外汇汇率就会下跌；反之，一国国际收支发生逆差，本币汇率下跌，外汇汇率则上升。在固定汇率时期，国际收支是决定外汇汇率特别重要的因素，在当时条件下，大量国际收支逆差，往往是货币贬值的先导。在浮动汇率制度下，通货膨胀和利率虽然变得更加重要，但国际收支不平衡仍然是影响汇率变动的最直接的基本因素。从 50 年代到 70 年代，原联邦德国国际收支长期保持顺差，原联邦德国马克对美元、英磅、法国法郎几次升值，汇率上升。同样，自 1985 年 9 月以来，美国由于贸易逆差和国际收支逆差日益严重，使美元对日元、原联邦德国马克汇率大幅下降，从 1985 年 9 月至 1986 年 6 月不到一年的时间内日元对美元的汇率上升超过 40％。

(2) 通货膨胀。一国货币价值的总水平是影响汇率变动的一个重要因素，它影响一国商品劳务在世界市场上的竞争能力。由于通货膨胀，国内物价上涨，一般会引起出口商品的减少和进口商品的增加。这些变化将对外汇市场的供求关系发生影响，从而导致汇率变动。同时，一国货币对内价值的下降不可避免地影响其对外价值，削弱该国货币在国际市场上的信用地位，从而导致汇价下跌。70 年代后期，由于各国的财政和经济政策不同，通货膨胀率发生很大的差异，因而汇率变动剧烈。但一国货币内部贬值转移到货币外部贬值要有一个过程，这种转移需要半年，也可能延迟几年。从长远看，汇率终将根据货币实际购买力而自行调整到合理水平。

(3) 利率。利率可作为金融情况的一种反映。信贷紧缩时，利率上升；信贷松动时，利率下降。国际间利率的变化对短期资金流动产生影响，而短期资金流动又会影响汇率的变化。在其它条件不变时，本国利率提高会改善国际收支，而本国利率较低会刺激额外的资本流出，并使国际收支恶化。一般来说，一国利率的上升会使一种货币吸收更多的资本而变"硬"；相反，利率的下降可使本国货币变"软"。比如 1981 年美国实行高利率后，吸引了其他西方国家的短期资本，西欧和日本的短期资本需要兑换美元，方能流入美国，这就造成了对美元需求量急剧增长，使美元汇率节节上升。但是，在汇率波动幅度很大的时候，即使提高国内利率，其效果也不一定很大。例如，90年代美国为了阻止美元汇率下跌，提高中央银行的再贴现率，但是，由于人们对美元失去信心，并没有使美元因利率的提高尖挺起来。

(4) 经济增长率。经济增长率同未来的汇率变动有着更为复杂的关系。主要有两种情形：如果一国的出口保持不变，经济增长加速，国内需求水平提高，将增加该国的进口，从而导致国际收支逆差。如果一国经济是出口导向的，经济的增长是为了生产更多的出口产品，在这种情况下，经济增长率的提高，可以使出口的增长弥补进口的增加。一般地说，高增长率会引起更多的进口，从而使本币汇率有下降的可能，外汇汇率可能上升。但经济增长率的变化又反映一国经济实力的变化，经济增长快，经济实力强的国家可以加强外汇市场上人们对该国货币的信心，因而本币汇率有上升的可能，外汇汇率则有下降的可能。实际上，由于资本主义世界经济周期变动的同期性，经济增长率的变化是在世界各国同时发生的，对汇率不会产生多大影响，只有各国经济增长的速度不同，才会影响对外贸易和外汇市场交易活动。还应指出，经济增长率的变化并不是一个孤立的因素，而是同国际收支情况、通货膨胀率和利率变化交织在一起，相互联系、相互影响的。

(5) 财政赤字。政府的财政赤字常常作为汇率的变化指标。如果一个国家财政预算出现巨额赤字，其本币汇率就会下降，外汇汇率将可能上升，因为庞大的财政赤字意味着政府支出过度，从而导致通货膨胀的加剧和经常性项目收支的恶化，于是汇率自动下浮。但这一结果也不是十分确定的，因为庞大的财政赤字又将使利率上升，而较高的利率又有利吸收外资，使该国货币汇率上升。

(6) 外汇储备。中央银行持有的外汇储备可表明一国干预外汇市场和维持汇率的能力，所以它对稳定汇率有一定的作用。当然，外汇干预只能在短期内对汇率产生有限的影响，它无法从根本上改变决定汇率的基本因素。

在考察汇率的变动情况时，除上述经济因素外，也不能排除其他非经济因素的作用，如投机性因素、政治动乱和军事冲突等等，但很难估计这些非经济因素的确切影响。

2. 汇率政策的主要作用

(1) 调节国际收支。汇率政策调节国际收支表现在两个方面。

第一，对贸易收支进行调节。假如一国面临巨额国际收支逆差，一国政府往往实行本币贬值政策。实行贬值政策的结果：一是改变贬值国对相对升值国进出口商品和劳务的相对价格和收费；二是改变贬值国对相对升值国的贸易条件。但是，实行贬值政策后，贸易收支的状况并不能立刻好转，因为实行贬值政策的目的是想通过外汇汇率的上升增加出口数量来弥补汇率上的损失，而本币贬值后，各种信息的传递，企业与外商签订进出口合同到最后结算有一段时间，在这段时间内贸易收支的状况不仅没有好转，反而进一步恶化，只有经过大约十二至十八个月后贸易收支的状况才会好转。

第二，对资本流动进行调节，改变贬值国与相对升值国的相对购买力。其结果：一是有利于升值国在贬值国投资，而不利于贬值国的资本输出；二是改变贬值国与升值国金融资产的替代成本。随着贬值国有价证券价格下跌，使国际市场上对贬值国有价证券需求增加，遏制对升值国有价证券需求，贬值国能在国际金融市场上融入大量资本。80年代中期，国际资本大量流入美国就是同美元贬值背景密切相关的。

(2) 汇率政策与国内的货币政策相配合,调节经济。

第一,当国内的通货膨胀成为头号问题时,一国往往采用提高利率的紧缩措施,会暂时牺牲国际收支平衡,提高本币汇率。

第二,当国内的通货膨胀得到抑制,而国际收支不平衡成为主要问题时,一国政府往往提高外汇汇率,通过扩大出口、限制进口、扩大资本流入、减少资本流出来减少国际收支逆差。

第三节 外汇市场与外汇交易

一、外汇市场

(1) 外汇市场的概念和作用

1. 什么是外汇市场

外汇市场有广义和狭义之分。广义的外汇市场是指所有进行外汇交易的场所。由于各国实行不同的货币制度,一国商品进口必须支付出口国所能接受的货币。因此,便要进行不同货币之间的交换,而这种买卖不同国家货币的场所,就是广义的外汇市场。狭义的外汇市场则是指外汇银行之间进行外汇交易的场所。外汇银行与其客户间的交易,即买进外汇或卖出外汇,必然产生差额。某种货币的买进额大于其卖出额就形成了该种货币的多头头寸;某种货币的买进额小于其卖出额就形成了该种货币的空头头寸。由于外汇市场千变万化,银行外汇头寸的多空都会给银行带来损失,因此外汇银行要对多余的头寸进行抛出,或对空头头寸进行补进。各外汇银行都进行头寸抛补,就形成了银行间的外汇交易市场。

2. 外汇市场的作用

(1) 调剂外汇资金的余缺。一个银行或一个国家的国际收支通常情况下是不相等的。为求得外汇收支平衡,就必须进行外汇资金融通,取有余而补不足。而外汇市场把外汇资金的需求者和供给者集中到一起,这就为外汇的交易和调剂提供了条件。

(2) 提供避免外汇风险的手段。有些公司或银行,因有远期外汇收支活动,为了避免由于远期汇率变动而蒙受损失,可以通过外汇市场进行远期外汇交易,避免外汇风险。

(3) 便于中央银行进行稳定汇率的操作。由于国际短期资金大量流动会冲击外汇市场,造成流入或流出国的本国货币汇率暴涨或下跌,这就需要由中央银行进行干预,中央银行通过在外汇市场上大量抛出或买进汇率巨烈涨跌的货币,使汇率趋于稳定。

(二) 外汇市场的种类

(1) 以外汇交易的期限划分,外汇市场可分为现汇市场与期汇市场。

现汇市场是指银行间及银行与客户间买卖外汇,成交后在两个营业日内办理交割的市场;期汇市场是指外汇买卖成交后,交易双方根据合同规定,在约定的时间办理交割的市场。其期限从1个月到1年不等。

(2) 以外汇交易有无固定的交易场所为标准划分,外汇市场又可分为有形市场与无形市场。

有形市场是指外汇交易在一个固定场所内进行,如法国的巴黎、荷兰的阿姆斯特丹、意大利米兰等外汇市场。无形市场是指外汇交易并不在一个集中的地点、时间进行,而是由外汇的需求者通过商业银行等进行外汇买卖。如伦敦、苏黎世、纽约、东京等外汇市场都是如此。现在有形市场也向无形市场转化。

（3）以外汇管制的宽严程度为标准划分，外汇市场还可分为管制外汇市场与自由外汇市场。

管制外汇市场是指国家通过法令对外汇的收、支、存、兑等进行管理的外汇交易场所；自由外汇市场则是指不实行外汇管制或外汇管制较宽松的外汇交易场所。

（三）外汇市场的构成

外汇市场一般由以下三方面的机构组成。

1. 外汇银行

外汇银行通常是指经国家批准专营或兼营外汇业务的本国商业银行；外国银行设在本国的分支行和办事机构，其他兼做外汇业务的金融机构。这些银行保有国内外的通汇行及海外分支行的外汇存款，并为这些通汇银行、海外分支机构和客户进行外汇结算。要进行这些结算，必须要进行对客户的外汇买卖业务，同时这些外汇银行伴随外汇交易，就会发生外汇余额的不均衡，需要通过外汇市场进行调节。因此，外汇银行作为外汇市场的中心环节参与外汇市场活动。

2. 外汇经纪人

外汇经纪人是专在银行与进出口商之间联系，代双方间接买卖各种外汇的汇兑商人。他们自己并不买卖外汇，只是从中收取手续费。目前这项业务已为大经纪商所垄断，他们获利甚丰。大商业银行为了节省手续费，越来越倾向于彼此直接成交，摆脱经纪人中介。

3. 中央银行

各国的中央银行都负责管理外汇的任务，它根据不同时期的货币汇率和外汇市场的情况，对外汇市场进行干预。各国中央银行对外汇市场干预的形式是很多的，有的对现汇进行干预，有的对期汇进行干预，有的直接参与市场活动，有的通过外汇专业银行或其它渠道间接参与市场活动，借以保持外汇市场的稳定。

除上述三个机构参加外汇市场的活动外，还有进出口商、贴现商、承兑商和外汇投机商也参加外汇市场的活动。

三、外汇交易

外汇交易包括即期、远期、套汇、套利、掉期五种外汇买卖。

（一）即期外汇交易

即期外汇交易也叫现汇交易，如前如述，是指在买卖双方成交后两个营业日内办理外汇交割手续的业务。

即期外汇交易从交易者来看可分为两种，一种是金融性外汇交易即银行之间的外汇交易，主要通过电话、电报、电传等手段进行；一种是商业性外汇交易即进出口商之间的外汇交易，主要通过电报、电传、信汇委托书和即期汇票进行。

即期外汇业务可分为电汇、信汇、票汇三种。

电汇是指汇款人向当地外汇银行交付本国货币，由该行用电报通知在国外的分支机构或代理行立即付出外汇。反之，当客户收到国外电汇时，可向付款银行卖出外汇，立刻取得本国货币。用电汇买卖外汇，银行间资金划拨转移速度很快，银行无法利用该笔资金，另外国际间电报收费较高，所以电汇汇率高于一般汇率。目前电汇汇率已成为基准汇率，西方外汇市场和报纸公布的汇率多系银行电汇汇率。

信汇是指汇款人向当地银行交付本国货币，由银行开具付款委托书，用航空邮寄交国外分行和代理行，办理付出外汇。信汇方式，由于邮程需要的时间比电汇长，银行有机会利用这笔资金，所以信汇汇率低于电汇汇率，其差额相当于邮程的利息。

票汇是指汇出行应汇款人申请，开立以汇入银为付款人的汇票，写明收款人的姓名、金额等，交给付款人自行寄送收款人或亲自携带出国，凭票向付款行取款的一种汇款方式。票汇汇率分为即期票汇汇率、远期票汇汇率两种。

电汇汇率、信汇汇率和即期票汇汇率都属于即期汇率的范围。但现在一般即期交易均用电汇方式。

办理即期外汇交易的目的，一是及时提供偿付所需外汇；二是把从国外划拨进来的外汇兑换成本国货币，以便收益人用本国货币结算。

在即期外汇交易中必须认真对待外汇交易中的"头寸"问题。外汇经纪人和外汇银行在买卖即期外汇的过程中，如果持有某种外汇的"多头头寸"和另一种外汇的"空头头寸"，面临前种外汇汇率下降，后种外汇汇率上升就会给银行和外汇经纪人带来一定的损失，所以银行和外汇经纪人对头寸的管理，原则上保持头寸平衡。

(二) 远期外汇交易

远期外汇交易如前所述，是指外汇买卖成交后，根据合同规定，在约定的到期日办理外汇交割手续的业务。远期外汇交易，一般期限为1至6个月，其中以3个月期限的最多，但最长交割时限只能是1年。

1. 办理远期外汇交易的目的

(1) 贸易商为了避免外汇波动风险。在国际贸易中，进出口商签订进出口合同到清算债权债务必须经过一段时间，在这一段时间内如果面临计价结算的货币汇率上升或下降都可能给双方的一方造成损失，为了避免这种损失发生，一般的做法是：进口商预测将来支付的外汇汇率可能上升，签约后根据进口合同中所需外汇金额，按当时外汇市场远期汇率买入外汇以减少损失。出口商预测将来收到的外汇汇率可能下降，签约后根据出口合同中所收外汇余额，按当时外汇市场远期汇率将外汇买给银行以减少风险。

例如，广州郊县电厂获准使用银行优惠贷款，从前西德进口8160千瓦的柴油发电机，货价为469.5万前西德马克。1985年9月签订合同，按当时汇价折合166.3万美元，中行批准贷款171万美元，外汇已见宽裕。但是时隔八个月后，到1986年5月，货物装船启运，提单发票寄来，按信用条款付款，由于前西德马克对美元已大大升值，按变化了的汇价计算，469.5万前西德马克已折合200多万美元，批准的美元贷款已不敷支出，电厂只好增加40多万美元的贷款，贷款利息负担也相应增加。

造成损失的原因，客观上在于国际货币汇率剧烈的波动，主观上由于没有采取相应的防范措施。如果电厂获准使用中行美元贷款进口，对外签订合同开出信用证后，随即做两笔远期买卖，即卖出一笔8个月的远期美元，同时买进一笔469.5万8个月期的前西德马克，那么到1986年5月，只须交割169.1万美元另外若干银行手续费，即可得到469.5万前西德马克对外支付货款。就是说，只须向中国银行贷进170万美元的外汇贷款，就足以对外支付了。相比之下，电厂可以比实际借入的外汇贷款节约40万美元，尚不包括可节省的外汇利息。国家也可节省这笔外汇支出。

(2) 远期外汇交易可以调整银行的外汇持有额

进出口商通过远期外汇交易把外汇风险转嫁给银行，银行本身并不承担这种风险。一般来说银行从事远期外汇买卖必然出现某种外汇超买（形成这种外汇的多头头寸）和某种外汇超卖（形成这种外汇的空头头寸）的情况，如果是前者银行必须出售同额的该种外汇期汇，如果是后者银行则买进同额该种外汇期汇。反正通过办理远期外汇交易，可以调整银行外汇持有额，保持各种外汇持有额平衡，同时赚取买卖差价，而把外汇风险转嫁给外汇市场。

2. 远期外汇交易的升水与贴水

远期外汇价格高于即期外汇价格叫"升水"反之叫贴水。

（1）银行之间的远期外汇交易，其实际交割期一般较为固定，所以外汇升水率与贴水率采用下面公式计算。（我们用 $F_n(\$/£)$ 表示 n 年为单位的美元/英镑的汇率，F 表示远期汇率，S 表示即期汇率）：

$$英镑对美元（\$/£）年升水或贴水率 = \frac{F_n(\$/£) - S(\$/£)}{nS(\$/£)} \times 100\%$$

例如，英镑对美元30天远期汇率 $F_{\frac{1}{12}}(\$/£) = 1.8933$，英镑对美元即期汇率 $S(\$/£) = 1.8930$，则英镑对美元的升水率 $= \frac{1.8933 - 1.8930}{\frac{1}{12} \times 1.8930} \times 100\% = 0.19\%$。反之，美元对英镑的贴水率 $= \left|\frac{F_n(£/\$) - S(£/\$)}{nS(£/\$)}\right| \times 100\% = \left|\frac{0.5281 - 0.5282}{\frac{1}{12} \times 0.5282}\right| \times 100\% = 0.23\%$。

（2）银行与客户之间的远期外汇交易，其特点是交割日期不固定。在这种情况下，银行在买卖远期外汇时可采用灵活交割日的方式。灵活交割期的远期交易费用要高于固定交割期的费用，但向买方提供了方便。

计算远期外汇的升水和贴水值，可使用以下公式：

$$即期汇率 \times 两地利差 \times \frac{月数}{12}$$

例如，伦敦市场年利率为9.5%，纽约市场年利率为7%，伦敦外汇市场即期汇率为1英镑等于1.56美元，英国银行卖出3个月期的美元远期外汇，则3个月美元远期外汇的升水值 $= 1.56 \times (9.5\% - 7\%) \times \frac{3}{12} = 0.0098$ 美元，已知3个月美元远期外汇的升水值，则可求得3个月美元远期汇率为：1英镑 $= 1.56 - 0.0098 = 1.5502$ 美元。

得知远期外汇的升水和贴水值后，计算远期汇率可以用即期汇率加上或减掉升水和贴水值推算。由于汇率的标价方法不同，推算远期汇率的计算方法也不同。

直接标价法下计算远期汇率的方法：

远期汇率 = 即期汇率 + 升水值

远期汇率 = 即期汇率 - 贴水值

间接标价法下计算远期汇率的方法：

远期汇率 = 即期汇率 - 升水值

远期汇率 = 即期汇率 + 贴水值

3. 远期外汇报价方法

远期外汇报价方法是指在即期汇率的基础上报出远期外汇的价格。远期外汇的报价方法有两种：

（1）直接报价。直接报出远期外汇价格。例如，美国纽约市场报出 30 天远期英镑价格为 \$1.8923/33，意即银行买入 1 英镑的价格是 \$1.8923，而卖出比买进高 10 点，1 英镑卖出价格是 \$1.8933。银行在报价时一般先报买价，后报卖价。实际交易中大部分汇价变动在最末两位小数上。因为在短期内汇价一般不会变动太大，客户对基本价格已经掌握，所以直接报价仅报最后两位小数即可。又如在纽约市场上用间接标价法报出 30 天远期德国马克，可报 DM2.1984/74，或者报 84/74，银行买进德国马克的价格是 D2.1984/1\$，卖出德国马克的价格是 DM2.1974/1\$，买卖差价 10 点。

（2）掉期报价。掉期报价与直接报价不同，银行首先报出即期汇率，在即期汇率的基础上报出点数，客户在即期汇率的基础上加或减点数得远期汇率。点数的加减一般按下列原则进行：如果即期汇率与远期汇率斜线前后的变动方向一致，则在即期汇率的基础上加上点数，在直接标价法下表示外汇升水，在间接标价法下表示外汇贴水；如果即期汇率与远期汇率斜线前后变动方向相异，则在即期汇率的基础上减去点数，在直接标价法下表示外汇贴水，在间接标价法下表示外汇升水。

例如，纽约市场掉期报价报出远期英镑价格"spot1.8920/30；30—day2/3；90—day28/30；180—day60/70"上述报价可重新表述为

即期	30 天	90 天	180 天
1.8920/30	2/3	28/30	60/70

由于即期汇率与远期汇率斜线前后的变动方向一致，均为斜线前数值小而斜线后数值大，则应在即期汇率的基础上加点数得远期汇率，在直接标价法下表示英镑升水（见表 6-2）。

英镑买价和卖价（直接标价）（\$/£）　　　　　　　　　　　　表 6-2

外汇交易类型	银 行 买 价	银 行 卖 价
即期	\$1.8920	\$1.8930
30 天	1.8922	1.8933
90 天	1.8948	1.8960
180 天	1.8986	1.9000

如果纽约市场报出英镑价格为：

即期	30 天	90 天	180 天
1.8920/30	5/4	22/20	30/26

由于即期汇率与远期汇率斜线前后变动方向相异，前者斜线前小，斜线后大，而后者则恰恰相反，则应在即期汇率的基础上减去点数得远期汇率，在直接标价法下表示外汇贴水（见表 6-3）。

英镑买价和卖价（直接标价）（\$/£）　　　　　　　　　　　　表 6-3

外汇交易类型	银 行 买 价	银 行 卖 价
即期	\$1.8920	1.8930
30 天	1.8915	1.8926
90 天	1.8898	1.8910
180 天	1.8890	1.8904

又如,美国纽约市场用间接标价法报出联邦德国马克价格为:

即期	30 天	90 天	180 天
2.2060/50	72/76	255/270	488/520

因为即期汇率斜线前的数值大于斜线后的数值,而远期汇率则斜线前的数值小于斜线后的数值,二者变动方向相异,则在即期汇率的基础上减去点数得远期汇率,在间接标价法下表示外汇汇率上升(见表 6-4)。

德国马克买卖价格(间接标价)(DM/$)　　　　　　表 6-4

外汇交易类型	银 行 买 价	银 行 卖 价
即期	2.2060	2.2050
30 天	2.1988	2.1974
90 天	2.1805	2.1780
180 天	2.1572	2.1530

以上的方法是在银行没有说明升水或贴水的情况下采用的。实际外汇交易中,有时银行在报价同时说明远期汇率是升水或贴水。有经验的外汇交易人一般很少出现失误。远期外汇合同除了用直接报价标明双方约定的汇率价格外,还包括其它内容:卖方名称;买方名称;交割期;合同总交易额;有关远期交割的其它详细说明、交割地点、银行帐户等。

(三) 套汇

套汇又称"地点套汇"是利用不同外汇市场上汇率差异,从低的市场买入,再从高的市场卖出,以赚取差价利润的一种外汇交易。套汇分为直接套汇和间接套汇两种方式:

1. 直接套汇

直接套汇又称两地套汇。是利用两个外汇市场上汇率的差异,贱买贵卖,赚取差价利润的外汇交易。例如,同一天在美国纽约市场一美元合 4.78 港元,而在香港市场一美元合 4.75 港元,两地一美元相差港币 3 分。如香港有一家银行,在香港买进 10 万美元,付出港币 475000 元,同时在美国卖出 10 万美元,可得港币 478000 元。转手之间,这家银行就赚取 3000 元(当然还要支付一些费用)。

2. 间接套汇

间接套汇也称三角套汇。是利用三个或三个以上地区外汇汇率上的差异,来进行贱买贵卖获得盈利的一种方式。例如,某日英国伦敦市场 1 英镑＝2 美元,在德国法兰克福 1 英镑＝3.80 德国马克,而在美国纽约市场 1 美元＝1.93 德国马克。如果一家美国银行在纽约以 10 万美元买进 193000 德国马克,用时通知法兰克福分行以 19 万德国马克购进 5 万英镑,又通知伦敦分行以 5 万英镑买进 10 万美元,经过这样三笔交易,美国银行从中获得 3000 德国马克的利益。

(四) 套利

套利是利用两地利差,将资金由利率低的地区转移到利率高的地区,以赚取利差的一种外汇交易方式,也称利息套汇。假定美国金融市场上短期投资利率为年息 10％,英国金融市场上短期投资年利率为 13％,两国短期资本投放利差为 3％。在这种情况下,套利者就可以利用两国的利率差异从事套利业务。假定套利者首先在美国借入1万美元资金购买现汇英镑调往英国进行证券投资,按年息13%计算,如不考虑手续费因素,可得利息收入1300美元,假定这一时期,美元与英镑的汇率不变,那么扣除在美国的借款利息1000美元外,可赚取300美元的利差收益,但在进行这种交易时,要冒汇率波动的风险。

(五) 掉期交易

外汇掉期交易又称时间套汇。是按照双方规定的汇率同时按不同交割期限买卖外汇的一种方式。掉期交易包括两种不同期限的交易,两个合同,最典型的外汇掉期交易是作一笔即期交易的同时在远期外汇市场上卖(买),对原即期交易进行掉期或转期。大银行之间有时也作不同期限的"远期——远期"交易。掉期交易通常被外汇市场上的投资借贷者所采用,而进出口商为了避免风险,采用的则是独立的远期外汇交易,银行间为解决外汇头寸问题也进行掉期交易。例如,A行的即期英镑出现多头而远期30天英镑交易出现空头,A行和该行头寸正好相反的B行进行掉期交易轧平头寸。又如,一家美国投资公司需要一笔1万英镑现汇进行投资,预计在1个月后收回投资,因此,这家公司就买进1万英镑现汇,为了避免1个月后英镑汇率变动的风险,它在买进英镑现汇的同时,卖出1万英镑1个月远期。假定纽约市场上的即期汇率是"£1=\$2.0070/2.0080;1个月期远期汇率的贴水是0.30/0.20美分,则买进1万英镑现汇需要付出20080美元,而卖出1万英镑1个月远期可收回20040美元。掉期交易中,商人只承担即期汇率和远期汇率之间十分有限的买卖差价额,本例为40美元(20080−20040=40),不论今后英镑汇率下跌程度如何,他们均不受到影响。

第四节 外汇汇率风险

一、外汇汇率风险的概念和种类

(一) 外汇汇率风险的概念

外汇汇率风险是指在运用或持有外汇的场合,因汇率变动,而给外汇的运用者或持有者带来的风险。

外汇汇率风险有两种理解,一种是广义的外汇汇率风险即指汇率变化对一般经济活动的影响。例如,汇率变动会从宏观上影响一国进出口的变动,进而波及国民经济的其他部门,使该国的贸易、对外债务和通货规模出现不良反映,阻碍经济正常发展,而这种不良反映又会连锁地扩展到其他国家,影响范围较大。广义外汇汇率风险的特点是外汇风险金额不能确定,属于比较定性化的风险,风险的影响并不直观地表现出来,而是通过一系列其他因素间接作用表现出来。例如,日元升值后对日本经济乃致对其他国家经济活动都会产生影响,这种影响是间接作用表现的,很难计算影响金额,所以这是一种广义的外汇汇率风险。狭义的外汇汇率风险系指外汇汇率变动对某一具体业务活动的影响。例如,某项以外币计价结算的出口合同,在收汇时因外汇汇率下跌导致兑换本币的数量减少给出口人带来的外汇风险损失。狭义外汇汇率风险的特点是外汇汇率风险的金额可以确定,属于比较定量化的风险。外汇汇率变动对某一单独经济活动的影响可以直观地表现出来,我们把类似的外汇汇率风险看成狭义的外汇汇率风险。

在西方国家普遍实行浮动汇率制情况下,国际金融市场各种主要货币汇率变化无常。据有关资料介绍,一年之内软硬货币之间的汇率变化要相差20～30%,有时一天上下波动幅度达5～7%。因此,在对外经济贸易活动中,应注意研究西方国家的主要货币汇率变化趋势,并做好预测工作,这样就可以避免或减少因汇率波动而造成的经济损失。

(二)外汇汇率风险的种类

外汇汇率风险种类的划分是外汇汇率变动后,对一项经济活动和金融活动产生影响的时间快慢和可能性程度来划分的。一般分为买卖风险、交易结算风险的评价风险。

1. 外汇买卖风险

外汇买卖风险是指外汇银行和外汇银行以外的进行外币借贷的其它组织在买卖外汇中,在外汇头寸多头或空头的场合,因汇率变动,而可能蒙受的损失。

例如,某一日本经营外汇买卖的银行持有一种货币——美元。银行在买进200万美元的同时卖掉180万美元,剩下20万美元多头头寸。这些多头美元头寸将来被卖出时,如果美元汇率下跌为1美元=101日元以下(见表6-5),银行就会蒙受损失,这种损失就是银行的外汇买卖风险。

外 汇 头 寸 表　　　　　　表6-5

买　　进	卖　　出	轧　　抵
200万美元	180万美元	多头20万美元
买入汇率 1美元=110日元	卖出汇率 1美元=111日元	1美元=101日元
共用22000万日元	收回19980万日元	2020万日元

以上我们研究的主要是多头头寸。当出现空头头寸时,情况正好相反。银行所蒙受的外汇风险,主要是指外汇银行的外币现金债权的买卖。外汇银行的主要业务一般都是代客户买卖的中介业务,即期买卖的中介业务的外汇风险通常转嫁给客户,而只有当银行做远期买卖和投机交易时出现外汇风险损失,才真正由银行承担。

2. 对外贸易结算风险

对外贸易结算风险是指在对外贸易中(包括有形贸易和无形贸易),在以外币计价结算的场合,因计价结算的外币汇率变动,而给对外贸易主体带来的损失。

在国际贸易往来中,买卖双方签订合同达成交易以后,从发运商品到收取货款总会间隔一段时间。特别在国际贸易竞争激烈的情况下,出口方为了扩大出口,增强国际竞争能力,进口方为了获得延期付款、融通资金的好处,往往签订远期支付合同。即在发运商品、开立汇票转交进口方见票后30天、60天、90天,甚至更长期限内收付货款。在货款实际收付之前的这段时间内,汇率变动,必然会给买卖双方带来损失。例如,某厂向日本进口设备,其定价为24亿日元。中日双方厂商协定按日元清算,签约时1美元=100日元,这样只需2400万美元就够了,当时1美元=8.5人民币元。但等到支付日日元汇率上升,升到1美元=90日元,此时要花2666.67万美元才能买到24亿日元,多支付266.67万美元,如果人民币与美元的汇率不变,中方企业对这笔交易由于汇率变动,要多付出人民币2266.70万元。这种损失就是对外贸易结算风险。在出口贸易中,面临计价结算的货币汇率下跌也会受到这种损失,这也是对外贸易结算风险。

3. 评价风险

评价风险又称折算风险和会计风险,它是指企业在进行会计处理和进行外币债权、债务决算时,对于必须换算成本币的各种外币计价项目进行评估时所产生的风险。评价风险一般主要是跨国公司和有外币经营项目的本国公司在进行外币换算时所出现的外汇兑换损益。

二、防范外汇汇率风险的措施

外汇汇率风险给国际企业经营和从事对外经济活动的企业经营带来很大影响,因此,如何有效地防范外汇汇率风险就成为跨国公司和各国从事对外经济活动的企业在经营中所普遍重视的问题。防范外汇汇率风险的措施很多,但归纳起来主要有三类:第一,签约时的具体防范措施;第二,利用外汇市场的外汇交易和国际货币市场的借贷投资业务防范外汇汇率风险;第三,与贸易对于签订易货贸易协定等防范外汇汇率风险。

(一)签约时防范外汇汇率风险的措施

1. 选择好合同货币

对外经济贸易中计价结算的货币和对外借贷中计值清偿货币的选择,涉及到买卖双方和借贷双方的共同利益。因此,做好合同货币的选择是避免或减少外汇汇率风险的一种重要防范措施。

一般地说,出口和对外贷款应争取使用"硬货币",而进口和从国外借款应争取使用"软货币"。"硬货币"是指汇率稳定且在上升趋势的货币。因为出口和对外贷款形成外汇债权,如果外汇汇率在货款实际收付日或清偿日上升,意味着外汇购买力有所提高,可在国际市场上购买较多的商品或兑换较多的本国货币;"软货币"是币值不稳且汇率趋于下跌的货币。因为进口和从国外借款形成外汇债务,如果外汇汇率在货款实际支付日或还款时下跌则意味着可用较少的本国货币兑换。

要作为计价结算和计值清偿货币的选择,必须正确预测和掌握国际金融市场汇率变化的基本趋势。应该指出,一种货币是属于"硬货币"还是属于"软货币"是相对的,并不是永远不变的。因为影响汇率变动的因素很多,一般来说,一国的国际收支经常保持顺差,通货膨胀较低,外汇储备充裕,货币对内价值比较稳定,它的国际需求就会增加,汇率就可能上升,成为国际金融市场的"硬货币"。反之,如果一国国际收支长期巨额逆差,外汇储备短缺、国内通货膨胀严重,那么这种货币的国际需求就会下降,汇率就会下降,成为国际金融市场的"软货币"。

认真选择计价结算的货币,虽然可以防止或减少汇率变动的风险,但如果在各方谈判中一味坚持自己的意见,就会使谈判陷入僵局,所以在坚持上述基本原则的同时还要根据进出口商品在国际市场上销路畅滞和国内需要程度灵活而定。具体可以考虑以下方式:第一,通过协商进出口和对外借贷争取采用两种以上的软硬搭配货币,由双方共同承担风险;第二,进出口和对外借贷争取使用欧洲货币单位或双方可以接受的第三种货币。欧洲货币单位是由欧洲共同体创设的一种综合货币,它由十多种货币组成,其中有硬货币,也有软货币,每种货币所占的比重主要取决于各国的外贸和国民生产总值在欧洲共同体中所占比重。由于欧洲货币单位本身是一种软硬搭配的综合货币,因此汇率波动相对较小。第三,进出口和对外借贷争取使用本国货币。采用本国货币作为结算货币和清偿货币不存在外汇兑换本币问题,没有外汇风险。但由于目前人民币还不是自由兑换货币,这一点难以实行。

2. 加列货币保值条款

在有关进出口合同或对外贷款合同中加列货币保值条款,将外汇汇率风险转移给交易对方,或由双方共同承担。

(1) 传统保值条件——黄金保值条款。黄金保值条款是在合同中载入计价结算或计值清偿货币的金平价,以金平价作为计算结算和清偿时本金额的基准。在交易发生日至结算日或清偿日期间,如果计价结算或计值清偿货币法定贬值或升值,金平价发生变化,则贷款和本金额仍按原金平价计算。

例如,某年3月30日,原联邦德国一家公司与美国一家公司签订了向美国出口合同,以美元计价结算,货款为40万美元,结算日为同年12月30日。加列黄金保值条款后,结算日仍按3月30日的金平价0.888671克纯金计算,40万美元折合为35.54684万克纯金,尽管12月30日的金平价是一美元的含金量为0.818513克,美国的进口商对原联邦德国的出口商应支付与35.54684万克纯金等值的价款,即支付$\frac{35.54684}{0.818513}=43.43$万美元。

70年代后,由于美元停止兑换黄金,各国政府不再维持本国货币对美元的固定汇率,实行浮动汇率制度,各国政府不再公布本国货币的金平价,黄金保值条款失去了存在条件。

(2) 现行的货币保值条款——"一揽子货币"保值条款。"一揽子货币"是由多种货币组成的。汇率变动时几种货币的损益可以相抵,借以分散风险。"一揽子货币"保值在国际间一些长期支付合同和援助协定中使用比较普遍。其方法是:在合同中载入计价结算或计值清偿货币保值的两种以上货币,并规定每种货币对应的贷款或本金额的比例。将计价结算或计值清偿货币计量的各比例的贷款和本金额,按当时的汇率,分别折算成保值货币金额。到结算日或清偿时,按变化后的汇率,将保值货币金额再按原比例折算成计价结算或计值清偿货币金额,据以支付。

例如,某年4月10日,法国一家公司签订向美国出口饮料合同。合同规定,以美元计价结算,货款为100万美元,结算日为同年10月10日,由德国马克和英镑对美元保值,保值比例各为50%。按4月10日的汇率$US\$1=DM2.0000$,$£1=US\$2$,50万美元折合为100万德国马克和25万英镑。到了10月10日美元对德国马克贬值和对英镑升值,$US\$1=DM1.8000$和$£1=US\$1.9000$,按此汇率计算100万德国马克折合$\frac{DM100}{1.8}=55.56$万美元;25万英镑折合$25\times1.9=47.5$万美元。两项之和为103.06万美元,按合同规定,美国进口商向法国出口商支付103.06万美元。

除上述"一揽子货币"保值外,还可用特别提款权和欧洲货币单位保值。

3. 适当调整价格和利率

在出口或对外贷款为买方市场和借方市场、进口或从国外借款为卖方市场和贷方市场条件下,如果交易主体遵循合同货币的诸项原则未能如愿,就要适当的调整价格和利率。一般做法是,适当提高软货币成交的出口商品的价格和对外贷款的利率;适当压低硬货币成交的进口商品的价格和从外借款利率。结果使交易主体在外汇风险上的损失可由调整价格和利率得到的好处部分和全部抵消。

(二) 交易性外汇汇率风险防范措施

交易性外汇汇率风险防范措施是指通过外汇市场和货币市场的各种交易防范外汇汇率风险。交易性外汇汇率风险的防范措施除了上节所讲的即期外汇交易、远期外汇交易、掉期交易外,还有外币期权交易、货币期货交易、借款法、投资法等。

1. 外汇期权交易

所谓外汇期权,是期权交易双方按照协定汇率,就将来是否购买某种货币或出售某种货币的选择权,预先签订的一个合约。规定一方(期权卖方)给另一方(期权买方)一种可以在指定条件下购买或出售某种货币的权力,另一方在合约有效期内,或在规定的合约到期日可按合约规定的汇率行使自己的买权和卖权,与期权卖方进行实际交割,也可以根据市场汇率的实际情况放弃买卖权力,上合约过期而自动作废,期权买方损失是预先付出的保险费用。

外汇期权交易按买卖划分,可大致分为远期外汇买权和卖权两种,买权所有者有权按协定的汇率购买某种货币;卖权所有者则有权按协定的汇率出售某种货币。按照这一概念,期权合约中某一货币的买权,对期权购买人来说也就是与之相对的另一种货币的卖权,某一种货币的卖权也就是与之相对应货币的买权。按照期权合约的执行日划分,又可分为美国式期权和欧洲式期权。在合约期内任何时候都能执行的期权称为美国式期权;而只有在合约到期日才能执行的期权称为欧洲式期权。期权合约持有人买进外汇出售持有货币称为外汇性外汇期权合约,而卖出外汇买进持有货币称为付汇性外汇期权合约。

在进行外汇期权交易时,买方也就是购买期权的一方要与卖方也就是出售期权的一方商定期权合约的货币种类、金额、协定价格、保险费或期权费合约到期日。美国式的期权,还要签订交割日。双方签定合约后,外汇期权的买方要在成交后的第二天按合约规定预先向卖方支付保险费。期权保险费可称为期权的价格,是外汇期权交易的提供人即期权卖方向买方索取的交易费用,它反映了由于今后汇率变动卖方可能承受的风险,卖方索取期权保险费就是为了补偿汇率风险的损失。期权保险费又是买方成本,是买方对未来盈利机会和获得保值便利所预付的费用。

购进或卖出简单的买权和卖权,可被用作在进出口贸易中防范外汇汇率风险。例如,英国某公司以美国进口机器设备,需要在 3 个月后向美国出口商支付 100 万美元。由于该公司持有的货币是英镑,即期汇率"£1= \$1.6000",进口成本折算为 62.5 万英镑,为了保值和固定成本,避免风险,该公司支付 1 万美元的期权保险费,保险费率为合同金额的 1%,购入一笔欧洲式英镑卖权,使公司有权在 3 个月后按英镑兑美元"£1= \$1.6"的协定价格用 62.5 万英镑买进所需 100 万美元。

3 个月后可能出现三种情况:

其一,英镑兑美元汇率从 1.6000 下降到 1.5500,如果该公司没有采取保值措施购进期权,要用大约 64.52 万英镑购进所需支付的 100 万美元,即多付 2.02 万英镑,在这种情况下,公司应执行英镑卖权合约。由于使用期权,尽管付出 1 万美元,但避免了 2 万英镑的损失。

其二,3 个月后英镑兑美元的汇率从 1.6000 上升到 1.6500,该公司可以放弃期权,在市场上按"£1= \$1.6500"的汇率大约 60.61 万英镑购进所需要支付进口价款 100 万美元。尽管减去预付 1 万美元的期权保险费,仍可使进口成本降低。

其三,3 个月后英镑兑美元汇率仍持续为 1.6000 的水平,那么该公司没有因为汇率波动而盈亏。但是却为避免风险付出了保险费。进口成本因此增加 1 万美元,不过却因此而固定了进口成本。

出口时,出口商在未来某一时间可收进外币然后兑换本国货币,当外币预期汇率下降时可能给出口商带来损失,因此应购进外币卖权或购进本国货币买权,协定汇率也应尽量靠近签订时的即期汇率。如果未来实际汇率和预期相反，进口商应适当考虑放弃执约，使期权作废，当然因此损失期权保险费。

对于银行和投机商来说，他们除了售出和购进基本期权的买权和卖权外，还利用一些其他方式，如复合期权头寸，进行自我保值和投机。

2. 货币期货交易

货币期货交易是指在固定的货币交易所，买卖双方通过货币期货经纪人与交易所之间按照标准合同金额和固定交割日签定货币期货合同，缴付押金和手续费，在未来的某一天以一种货币买卖另一种货币的交易。交易双方并不直接见面，所有成交的交易都通过清算中心结清，货币期货已成为现代保值业务，风险管理必不可少的交易方式之一。

期货的买卖双方要根据交易所货币期货的价格，向经纪人发出指令，委托经纪人在交易场地进行叫卖。一旦成交，通过清算中心结清交易。在交易所场地进行货币期货叫卖的经纪人都是交易所的成员，非交易所成员不得在交易所场地内买卖期货。为了保证期货合同按约履行，期货买卖人应向交易所内经纪人交存押金，并在清算中心注册登记建立帐户方可进行买卖。交易人也可以通过向清算中心申请，经清算中心审核取得资格后免交押金进行交易。

3. 利用借款法防范外汇汇率风险

所谓借款法即指有远期外汇收入的企业通过向银行借入一笔与其远期外汇收入相同币种、相同金额和相同期限的贷款而防范外汇汇率风险的方法。借款法的具体做法如下：有一定金额远期外汇收入的企业，由于汇率的变动会使未来收入的外币出现兑换风险。所以，首先从银行借入与远期外汇收入相同币种、金额和期限的外汇，然后做即期外汇卖出交易，把借入的等额外币换成本币，补充公司或企业的流动资金，待到期收回外汇时，再以收入的外汇偿还外汇贷款。例如，美国 W 公司向英国出口一批商品，半年后将从英国收回一笔 100000 英镑的外汇，该公司为防止半年后英镑汇率下跌的外汇汇率风险，在签订出口合同的同时利用借款法向银行借进一笔半年期 100000 英镑的贷款，并把这笔 100000 英镑的外汇作为现汇卖出，兑换成美元本币，补充 W 公司流动资金。半年后收回出口货款时，即使英镑贬值对公司也无任何经济影响，从而避免了汇率风险。该公司的净利息支出即为防范外汇汇率风险所花费的成本。

4. 利用投资法防范外汇汇率风险

所谓投资法即指企业或公司将一笔资金（一般为闲置资金）投放于某一金融市场，一定时期后连同利息（或利润）收回这笔资金的经济活动过程。资金投放的典型市场为短期货币市场，投资的对象为规定有一定到期日的银行定期存款、存单、银行承兑汇票、国库券和商业票据等。对公司来说，投资意味着一笔资金流出，而未来有一笔反方向的该笔资金外加利息的流入。在存在外汇汇率风险的情况下，投资的作用就象借款一样，主要是为了改变外汇风险的时间结构。例如，美国的 W 公司 3 个月后有一笔 30000 英镑的应付帐款。该公司运用投资法时可将一笔相当于 30000 英镑金额的美元（期限为 3 个月）投放在货币市场上，造成一笔应收帐款以冲销应付帐款的外汇风险。

(三) 其他防范措施

1. 提前或推迟外汇收付

在准确进行汇率预测的基础上，假定所选用的计价结算货币汇率有上升趋势，那么就需要设法提前付款,这样可以避免该种货币升值的风险;相反,如果计价结算货币汇率有可能下降时,就应设法推迟付款,从中可以获得该种货币贬值的好处。

在运用提前或推迟收付方法防范外汇汇率风险时,应考虑到防范外汇汇率风险所发生的成本和代价。将货款提前支付给贸易对手和推迟收回,实际上等于向贸易对手贷出了一笔相当于提前支付期限和拖后收款期限那么长时间的款项,而丧失的则是资金使用的其他机会成本。这些机会成本是以利息和资金能够给企业带来其他利益的形式(如补充流动资金)表现的。因此,在选择该种方式防范外汇汇率风险时,公司或企业应该权衡和预估风险损失和其他机会成本孰高孰低,最终作出决策。

2. 参加外汇汇率风险保险

在西方许多国家,都有汇率变动保险制度。汇率变动保险属于出口保险的一种。只要符合汇率保险制度的条件,便可按规定投保,投保以后,如果出现外汇风险,即可得到一定补偿。比如,日本的汇率变动保险制度规定,对设备(包括飞机、船舶、车辆)及其零配件的出口商和海外提供技术的人员可以提供汇率变动保险,保险有效期为保险契约签订以后的 2 年至 15 年以内,适用的货币只限于美元,英镑、德国马克、瑞士法郎五种,在日元对这些货币汇率上升 3% 至 20% 的幅度内的汇率风险损失,由国家有关部门给予补偿。

3. 发展易货贸易

易货贸易是以货换货,金额大致相等,计价货币和结算货币在易货结算中为同一种货币,因此可以避免汇率变动风险。

不同企业在各自经营中外汇风险的类型不同,风险货币种类、期限、金额也各自有别。如何根据具体情况正确地合理防范外汇汇率风险是至关重要的。一般来说正确选择结算货币、签订保值条款、提前或延期收付等防范措施所花费的直接费用较少。而利用外汇市场和货币市场的各种交易来防范外汇汇率风险,则花费的直接费用较多。利用外汇和货币市场的交易防范外汇汇率风险,应注意费用和风险之间的关系。只要外汇风险损失大于费用,就应积极采取措施进行防范,并同时精确计算和减少发生的费用,在最大限度内避免外汇风险。

下篇 房地产金融

第七章 房地产金融概论

第一节 房地产业与金融业

一、房地产业资金运动的特点

房地产业和其他物质生产部门一样，其再生产过程都有一个从货币资金→生产资金→商品资金→货币资金这样一个循环往复连续不断地资金运动过程。由于房地产业是资金密集型企业，它的产品具有规模庞大、生产周期长、位置固定、销售价格高、使用寿命长、可自然增殖等特点，使其资金运动也具有与众不同的特点。

（一）资金运用规模大

房地产的产品规模庞大、开发建设周期长，期间要消耗大量土地、人力资源以及建筑材料、能源、设备等工业产品，以致其单位产品的价格昂贵，因而在房地产的生产、流通、消费的各个环节中都要大规模占用资金。无论是投资房地产开发，还是进行房地产经营或者是购置房地产作为生产、经营或生活自用，手头没有大量资金都是无法启动的。房地产的发展必须有雄厚的资金作保障。

（二）资金占用时间长、周转速度慢

对于房地产开发建设企业来讲，由于房地产生产周期长，决定了资金占用期相对要长，常常是一年或数年中只有投入而得不到产出。

对于房地产经营销售企业，在市场需求旺盛、且适销对路的情况下，若采用一次性营销方式，还可以较快速度回收资金，但在购买力不足市场疲软时，产品将滞销，资金占用就要延长。若采用租赁方式销售时，靠收取租金分期回收投资，一般需要十几年的时间才能收回全部资金，资金占用期更长，资金周转缓慢。

从消费者角度看，对于购置房地产作为生产或经营用的单位，由于房地产使用寿命长，投入的资金要在数十年的时间里以折旧方式摊入成本，资金占用期就更长了，周转速度相当慢。

（三）资金运动具有区域性

房地产属于不动产，不能异地移动，其供给与需求必须统一于同一地理区位，这就决定其资金运动将局限于房地产所在的有限空间范围内。投资与购买的资金来源虽可以来自其他城市或国外，但投资效益、市场供求都要受到供需圈窄小的限制。特别是房地产的价格也具有鲜明的区域差异。分布在世界各国、南方北方、沿海内地、城市乡村、大、中、小城市的房地产都会因地域不同，其价格在市场上呈现出同质同量不同价的现象，即使在同一城市内，也会因社会经济条件、城市规划布局、商业及交通条件不同而价格相差悬殊，致使房地产的资金投向不均衡、流动性相对差。

（四）资金在运动中的增殖性

房地产是人类生产和生活的基本要素，它拥有需求日益增加的广阔市场。由于土地是不可再生、不需折旧，可永续利用的稀缺资源，随着城市化的发展，地产价值的增殖是众所公认的，而房屋建筑于土地之上，二者紧密联系在一起，从产权关系上看，土地使用权随房屋权属转移，从价格构成上看，地价隐藏在房价之中，不论买卖或租赁房屋，房价房租都包含了地价地租，且房屋坚固耐久，可供长期使用，随着人类文明进步，城市建设的发展，周围经济环境、交通条件的改善，房地产价值会大幅度上升。因而从长期趋势看，房地产的价值都必然是不断升值的，其增殖幅度高于货币贬值幅度，其价值上涨率一般高于金融业信贷利率，人们都看到投资房地产业风险相对较小，经济效益可观可靠，因而乐于将闲置资金投入（购买、建设、经营）房地产业，并通过房地产的自然增殖，实现财富的增加与积累。

二、房地产业与金融业的关系

上述房地产资金运动的特点，带来了房地产资金运用和资金积累、资金来源的尖锐矛盾主要表现为：

(1) 资金运用的集中性与来源分散性的矛盾；
(2) 开发建设资金投入的巨额性与资金积累长期性、小额性的矛盾；
(3) 资金回流缓慢和再生产中资金投入连续性的矛盾；
(4) 商品价值高和单位（个人）购买力不足的矛盾。

这些矛盾存在于房地产开发建设、经营、消费等各环节中，若一处不畅通，资金的循环受阻，再生产过程就要中断，这是仅靠房地产业内部及消费者自身力量所无法解决的问题。综观房地产业发展史，世界各国房地产业发展无一不是借助金融业的支持与配合，依靠金融信用经营运行的。实践证明，建立一整套房地产金融体系，并给予房地产业有力的支持和参与，才能使房地产业获得发展，稳定繁荣。

（一）金融业支持房地产业使资金实现良性循环

对于房地产开发建设企业，金融机构可以利用其庞大的机构网络，利用多种信用工具、方法，发挥积聚资金的功能，广泛吸收社会闲散资金积少成多、集零为整、续短为长，并利用资金运行的时间差、空间差、行间差，灵活调动资金的融通资金活动，作为房地产信贷资金的来源，从而有效解决其一次性投入，并要在较长时间占用巨额资金，以满足连续再生产对资金的特殊需求。

金融机构还可以利用联系面广，信息灵通、资力雄厚、信誉卓著、经验丰富的行业优势，根据市场发展情况开展信托、投资委托、代建代购、代售、代租、结算业务及咨询活动，为房地产企业提供专门配套的金融服务。

房地产商品是巨型消费品，其消费者无论是单位或个人，大多数都难以一次支付巨额房款，因而房地产业在消费环节上也必须借助金融信用来实现其商品资金到货币资金的转换。金融机构通过向房地产品的消费者——企业单位、居民个人提供购、建房贷款和长期低息贷款，增强和提前购买力，使房地产的供给与需求相互均衡协调；还可以采用抵押贷款、分层出售分期付款等形式，把一次消费分解为买方承受能力允许的分期支付行为，从而克服了价格昂贵与购买力不足之间障碍，增强房地产市场的有效需求，尤其是住房需求，疏导了消费阶段的资金流通渠道，不仅活跃了房地产市场，而且还能加速了房地产企业的资金周转速度。

金融业对房地产业的支持还表现在金融业的雄厚资金实力可以对房地产市场供需状况和资金投向进行有效的调控。房地产经济具有周期性变化的特点,当市场萧条产品积压时,金融机构可大量购入,防止价格暴跌、生产滑坡。避免房地产企业遭受更大损失;在市场活跃供应不足时,金融机构便可大量卖出,以平抑价格,缓解供需矛盾。

金融机构还可以通过贷款投向,利率调节,调整投资方向和生产结构,实现国家重点发展住宅建设,缓解人民居住紧张状况,限制楼堂馆所建设,控制过大基建规模的房地产业政策,规范企业行为,有助于房地产事业健康发展。

总之在国民经济各产业中很少有象房地产业这样从生产、流通到消费整个全过程都对金融业有如此的依赖,特别是进入消费领域后,绝大多数商品都不象住房这样普遍而广泛地借助金融信用来实现销售。

(二)房地产业发展促进金融业的兴旺繁荣

房地产是人类生产生活的基本物质条件,随着人类文明进步的发展,人们对房屋需求数量有增无减、需求档次标准越来越高,特别是房地产业属资金密集型产业,它的资金运用特点决定了它对资金有巨大的容纳程度、吞吐能力和巨大的吸引力,房地产业是金融业最重要最广阔最理想的投资市场。

房地产业是金融业的最大客户,它对资金的长期稳定的大量需求是金融业信贷资金投放的重要方面,而同时房地产业吸收的资金在其生产经营消费的各个阶段都有暂时闲置资金形成巨额沉淀,又是金融业接纳存款的主要来源。金融业对房地产业的投入中,既可增加存款、增强资金实力,又可扩大贷款范围,发展信贷业务,在支持房地产业发展的同时,自身也得到发展。

在为房地产业提供金融服务的过程中,金融业要遵循房地产再生产的客观规律,顺应其行业特点,采用和创造了多种金融业务和信用工具,并逐步建立了专门为其筹集资金融通资金的房地产金融机构,如住房储蓄银行、住房合作社、商业银行的房地产信贷部,主要为房地产业提供存贷业务、投资业务、委托租赁、抵押贷款、供楼业务、保险业务等,形成了一整套房地产金融系列,从而促进了金融业的发达与繁荣。而其他产业都不可能象房地产业那样独享自己行业的大量的独立的专业金融服务,拥有专业的金融机构和金融市场。

房地产业的发展和繁荣以及它对工业、商业和其他行业的拉动作用,不仅促进了整个社会经济的发展,还将会增加其对资金的需求量。特别是房地产业的产品作为巨额商品进入流通领域,必然要引起全社会商品流通总量和货币流通总量的增加。而其中住房消费又属于最终消费。住房消费的增加可以把相当数量的一部分居民购买力集中于房地产业,回笼巨额货币,减轻社会购买力对其他消费需求的压力,它一般不会引起其他商品价格的连锁反应和扩散效应,不会造成成本推动型价格上涨,从而起到稳定物价,抑制通货膨胀作用,为金融业充分发挥其功能创造良好的市场环境和有利的经济条件。

同时由于住房商品化以其巨大的吸引力把居民的消费资金引导向住房消费。金融机构可以充分利用各种信用工具开展住房信贷业务,从而改变了长期以来我国银行的城市信贷业务中,工业商业信贷较强,而消费信贷非常薄弱的不平衡状况,使信贷业务结构趋于合理完善,有助于银行把信贷、利率这两个重要的经济杠杆作用于消费领域,形成金融机构对生产、流通、消费的综合配套调节能力。

房地产业开发经营的对象是土地、房屋等不动产,它们耐久且不易灭损其价值,不会被偷盗、被隐藏，更有自然增殖的特点，是可靠的抵押品，对其投资要比对一般工商业贷款的清偿能力高，风险小具有安全性，所以金融机构从保值增殖的角度出发都乐于投资（购买）房地产，把资产由货币形态转化为物质形态。与此同时还可借高大雄伟、目标显著的楼堂广厦作为财富的象征，以显示其雄厚的资金实力，博取客户的信任，扩大金融业务的范围和规模。当今世界上金融业对房地产业的参与已不止限于发放贷款，获取存贷利差，而且还进一步以合资形式直接参与房地产企业的投资、开发经营活动，走银企联营的道路，把产业资本和金融资本融为一体，组成房地产开发公司，各司其职，各展所长，共担风险，共享利益，这样金融业在为房地产业提供大量投资的同时，又能保证金融资本取得稳定和巨额的收益。

综上所述，在现代商品经济发达的经济体制中，金融业和房地产业总是在密切配合、相互兼容中发展着。两个行业在互相渗透中互相补充、互相促进、共同发展的结果是必然要出现相对独立的房地产金融机构和房地产金融市场。

第二节 房地产金融概述

一、房地产金融的概念

房地产金融是指与房地产有关的各种货币资金的筹集、融通及为其提供的金融服务等一系列信用活动的总称。

房地产金融属于产业金融的一个分支，其金融活动贯穿于房地产再生产活动的全过程中。即在房地产业领域所进行的生产建设、经营销售、管理服务等各环节中，在房地产业的投资者、生产者、经营者、消费者以及和金融机构之间所发生的各种存款、贷款、投资、信托、租赁、抵押、保险、贴现、承兑、有价证券的发行与交易及房地产金融机构所办理的各类中间业务等信用活动都属于房地产金融的范畴。

房地产金融按其经营性质可以分为政策性和经营性两类。

房地产经营性业务是指以房地产经济领域为服务对象的一般性资产业务。房地产金融要在国家产业政策的指导下，按国家制定统一的金融政策、制度、规定，由银行负责组织实施，通过筹集和融通资金，支持房地产业的发展。在经营方针上追求资产的流动性、安全性、盈利性。

房地产政策性业务也就是房改金融，是与住房制度改革有关的各种货币资金的筹集融通等信用活动的总称。它主要服务于地方政府的房改政策和相关的经济领域，具有区域性特点。房改金融属于政策性和服务性兼容的专项资产业务，其资金来源和资金运用都有严格的规定。它实行单独核算、自主经营、自负盈亏、自求平衡、单独纳税的管理体制。房改金融随着住房制度的改革而产生，与住房制度改革相配套，为住房制度改革提供金融服务。房改金融可以促进住房资金的合理流动和滚动增殖，实现住房资金投入产出的良性循环。

房地产金融按经营方式可分为直接融资方式、间接融资方式、信托经营方式、保险和综合经营方式。

直接融资是指由金融企业直接投资于房地产开发、经营，当全部房屋建成竣工后，将房屋出售、出租给房屋需求的单位或个人。这种直接融资方式，大致有三种做法：独资经营、合资经营、项目经营。

间接融资方式是指金融企业根据它的资金运行情况和资金的实际能力,组织土地开发公司、房产开发公司、建筑施工企业以及购建房单位和个人的存款,发放贷款。金融企业不直接参与房地产开发经营以及房地产投资。

信托经营方式是指以房地产的信托和委托为标志,通过金融业为中介而达成的交易,包括:委托代建、代购、代售、代租,委托房地产抵押贷款,委托房地产咨询,房地产贷款等。

房地产保险业务是以房屋及其有关利益或责任为保险标的的保险。它随着房地产金融业务发展而逐步发展。

综合经营方式是指上述四种经营方式结合在一起的经营。

二、房地产金融的主要内容

房地产金融的基本内容,主要是指金融业所提供的金融服务,此外还包括房地产部门与其他相关的生产部门、金融机构和个人之间发生的金融活动。具体包括:

(1) 管理房地产基金存款;
(2) 办理住宅储蓄和购房抵押贷款;
(3) 提供房地产开发建设和建筑业生产经营贷款;
(4) 从事房地产信托投资和直接投资;
(5) 与房地产合资联营;
(6) 发行房地产债券;
(7) 从事房地产代理业务(包括代管住房基金,代购、代销房地产、代理房地产证券,代理收付款,代理客户委托的其他经济事项等);
(8) 房地产证券交易;
(9) 房租的收缴和结算;
(10) 房地产的评估、咨询及市场信息等;
(11) 房地产保险业务等。

在房改初期,房改金融是房地产金融的重要组成部分,它的主要服务内容有:

(1) 协助和促进建立住房资金自身循环的机制,理顺、划转和管理住房基金,从事房改资金的结算业务并进行适当的财务监督;
(2) 吸收个人住房资金,促使增加个人住房抵押贷款业务;
(3) 经办房租的收缴,管理房管部门的经费开支;
(4) 大力发展住宅信用合作社的业务;
(5) 办理城市建设开发企业的存贷款业务;
(6) 吸收从各个渠道形成的旧城改造资金,开办旧城改造贷款;
(7) 集中售房回收资金,使其重新投入住房建设;
(8) 承办多种形式的住房委托贷款业务。

随着房改和住宅商品化的进一步发展,房改方案得到落实,住房资金已形成自身循环机制,最初的房改金融逐渐将与住房有关的各种资金都纳入其经营范围,发展成为住房金融。与房改金融相比,住房金融又增加了新内容:

(1) 发行住房债券;

(2) 经营住房和其他房地产投资开发业务，以及商品房的租赁销售和信托业务；
(3) 为新建小区提供社区第三产业的服务；
(4) 开展施工机械设备的租赁业务；
(5) 开办各种住房保险业务；
(6) 代理开发企业发行股票、债券；
(7) 对企业、单位发放解困住房建设或购买住房单项贷款等。

三、房地产金融的产生与发展

房地产金融起源于欧洲。最初的房地产金融活动主要是房地产抵押贷款。早在1775年英国伯明翰开创了第一家互助性的建筑社团，是由一些想购住房的人组织的。每个成员逐月在社团投入固定金额的储蓄。社团利用这笔资金购买土地建造房屋，然后采取无记名投票的方式或由成员支付一定费用的方式将房屋分配给成员。1831年英国移民在美国宾夕法尼亚州建立了一个叫"牛津节俭会"的组织，会员按月向节俭会交款，节俭会再依认股额依次向会员贷款，以购买或建造房屋。借款人要按规定期限偿还贷款。如不能如期还款则没收其房地产。建筑社团和节俭会组织的出现标志着房地产金融业的诞生。

随着房地产业的发展，房地产金融也得到了巨大的发展，相继出现了不动产抵押银行、住房银行、住房合作社等各类专业房地产金融机构。金融业务也拓宽到为房地产的再生产全过程提供存贷款、投资、信托、租赁、抵押、保险、贴现、承兑、有价证券发行与交易及各类中间业务等多项业务活动，承担起了为房地产业融资的支柱作用。

当今国际社会经济活动中，许多国家和地区的金融业，尤其是资金实力雄厚的商业银行无不办理房地产金融业务，并投入大量资金通过间接或直接的融资方式用以支持和供应房地产开发、经营、消费所需要的资金，形成了以金融机构为主体，以住房抵押贷款市场为基础的多种住房信用交织的网络，受政府有效调控的房地产金融市场。在一些发达国家金融机构中，房地产金融业务贷款和投资约占其贷款和投资总额的1/3左右，有的竟高达70%。

在我国自鸦片战争之后，伴随着资本主义的缓慢发展，金融业也有了较广泛的活动市场，其中也涉足了房地产领域，但真正开展房地产金融业务，还是从第一次世界大战之后。当时的政府银行、地方银行以及私人银行、钱庄等把投资经营房地产作为谋取高额利润，保证资本增殖，避免资金风险的重要手段。它们纷纷投资于房地产，开展房地产融资活动，或直接经营房地产，十分活跃。当年在沿海沿江的一些大城市（上海、天津、广州、武汉、重庆等）耸立的一些高楼大厦、大饭店、写字楼、娱乐场所、物资仓库、独立花园住宅、居民住房等，大都是金融业出资营造而后出售出租的。可见旧中国的一些大城市的房地产金融业是有相当经营规模的。

全国解放以后到1987年党的十一届三中全会期间，在计划经济体制下，房地产建设由国家统一计划按排、财政无偿拨款，并承担其投资经营的亏损。土地由行政划拨长期无偿使用，城镇住房作为社会福利无偿分配给职工个人，只收取象征性的低租金。房地产产品被排斥在商品范畴之外，这就使房地产业的资金循环轨道被人为割断，资金呈直线运动有去无回。一方面，房地产投资来源的单一性和资金运动过程的简单化，使银行对房地产资金管理也简单化，各项有关房地产业的信用功能、信贷业务逐渐萎缩，以致消于无形；另一方面，住房生产的计划管理和分配供给制，又使得房地产业的投资经营，买卖交易失去了继续存在的客观条件和合法性，从根本上拆除了房地产市场存在的物质和经济基础，银行对房地产市场的投资经营活动也不复存在了。

值得一提的是，在1956年初，鉴于国家正进行大规模经济建设，为了解决当时工矿企业职工极为艰苦的居住条件，提出了自建公助的办法，鼓励职工个人自己建造住房，改善居住条件，即对于自己建造住宅而资金又一时不足的职工，由银行提供住房专项贷款。贷款对象仅限于企业职工，贷款条件是要有50%以上的自备资金，贷款额度为每户控制在200元之内，贷款利息为5%，还款期为3年，贷款基金全部来源于财政拨款。这项贷款当时在辽宁、四川、内蒙古、河北、北京、山东、黑龙江等18个省市、自治区试办了一年，贷款总额度约为400万元。虽然该项贷款开办的范围窄、时间短、额度小，但这是新中国银行信贷工作进入房地产领域的一个有益尝试，是新中国房地产信贷业务的萌芽。遗憾的是此后很长时间里，银行与房地产业有关的金融业务只限于国家用于房屋建设资金的监管、拨付和少量房屋消费资金（房租）的收缴与结算。

1978年党的十一届三中全会以后，我国开始了全面经济体制改革。十几年来，国家制订出台了一系列推行房屋商品化和城镇住房制度改革以及金融体制改革等重大举措。随着改革开放的深入发展，房地产商品纳入商品经济的范畴，房地产业得到了恢复振兴和长足的发展，房地产金融也跨越了数十年的空白与停滞，初步建立了与我国现阶段房地产业发展速度和房地产市场经济水平基本相适应的房地产金融业务、信贷政策和管理体制。

80年代初，在住房商品化改革中，为了解决部分单位住房投资不足，欠债过多，住房矛盾特别突出的问题，建设银行首先恢复了住房贷款业务。贷款对象是企事业单位。1984年以后我国住房商品化改革进程加快，住房私有化问题开始提出，并在部分城市中试行了国家建房出售给私人，以及由个人投资自建住房等作法。为适应这一形势，金融机构的住房贷款开始面向个人，其后为适应城镇居民买房建房需要，各专业银行相继开办了居民住房储蓄存、贷款业务。建设银行自1985年起单独设立了"土地开发及商品房贷款"科目，并颁发了贷款办法。在此之前此项贷款未单独反映，数额亦很小。1986年8月建设银行在建筑经济部内单独设立了房地产开发贷款处，这是我国第一家在金融机构内设立的专门管理房地产信贷的部门。

房地产开发贷款业务，贷款对象是改革中各地新建立的城市综合开发公司、住宅公司以及其他从事城市房地产开发的经营单位。贷款的主要用途是支持城市住房建设和结合住房的旧城改造。贷款性质是房地产开发的生产经营性贷款。

1987年我国住房制度改革在一些城市陆续展开。1987年8月1日和10月4日，经国务院批准山东省烟台市，安徽省蚌埠市作为我国全市范围城镇住房制度改革试点城市。为了更好地配合住房制度改革和逐步实现住房商品化需要，经中国人民银行批准，两市相继建立了住房储蓄银行，这是专门的房地产金融机构，其他地区的房改金融业务委托商业银行设立的房地产信贷部办理。

房地产信贷部依托于商业银行为配合房改而成立，具有比较宽松的政策和一定的信贷规模，为其业务的发展提供了极为有利的条件。出于保值增殖的需要，房地产信贷部的闲置资金基本上全部投资于与之密切相关的房地产业使其业务范围不再局限于房改金融范畴，而是迅速发展延伸至整个房地产领域，并发挥着重要作用。

进入90年代以来，越来越多的城镇、厂矿企业实行房改。由于住房租金的调整、旧有公房出售、住房基金建立，各地住房开发经营业务更为活跃，有力地带动了个人、单位的购房存款、贷款业务，与住房相关联的房地产开发经营企业的存贷款业务，其中主要有：房地产开发经营企业贷款、长期低息抵押购房贷款、售房单位委托贷款等贷款业务。存款业务通过住房基金、住房保证金等制度建立而趋向固定化、规范化。原有的房地产开发经营企业存贷款业务和住房储蓄存贷款业务规模得到扩大，原有房地产信贷业务与新开办的房改金融业务逐步向一体化的趋势发展，并在各经办行中开始与其他信贷业务相分离，已初步形成了相对独立的房地产金融业务体系。这一阶段房地产金融的较大发展表现在以下三个方面：一是房地产信贷业务在全国全面开办，步入正轨。信贷规模不断扩大，贷款种类由单一的生产性流动资金贷款，发展到同时开办消费性个人购建房贷款；二是开展了投资经营业务，银行在筹集融通资金，支持房地产业开发经营活动的同时，还直接介入了房地产开发和经营活动，一些城市的金融机构运用自有资金，采取独资或联营形式参与房地产开发建设，部分地区银行还配合开办住宅储蓄业务开展了代售房屋、提供房源、咨询服务等市场交易活动；三是金融系统普遍开办了房地产金融业务，各类金融机构都先后程度不同地介入了房地产业和房地产金融市场，开办了房地产信贷业务及投资金融业务。

四、房地产金融的发展目标

根据我国房地产业、金融业发展的现状、结合我国城市住房消费的实际需求，房地产金融发展的阶段性目标是：

（一）近期目标

帮助建立和管好用好城市、单位、个人三级住房基金；大力筹集资金，支持筹资建房、合作建房，帮助政府解危解困；增加对房地产开发企业的投入，为社会多提供房源；试办住宅抵押信贷业务，增强个人住房消费能力；促进机制转换，使金融机构成为住房的信贷中心、结算中心和信息中心。这一阶段的房地产金融活动以政策性为核心内容。

（二）中期目标

继续发展住宅储蓄、住宅抵押信贷业务；扩大有价证券一级市场业务；支持房地产开发，培育房地产市场，实现住房商品化，初步实现房地产资金的纵向流动（指地产生产、交换和消费三个环节之间的资金流动）和横向流动（指政府、企业、个人与金融中介之间及地区之间的资金流动）。丰富房改和房地产金融体制的内涵。这一阶段，房地产金融的政策性逐渐弱化，经营性趋于活跃。

（三）长期目标

建立和完善社会化的房地产金融服务体系，实现国家信用与市场调节的有机结合，建立有众多金融机构参与的、住宅证券两级市场活跃的房地产金融市场，支持房地产业成为我国国民经济的支柱行业。这一阶段房地产金融全面形成，金融机构的房地产金融业务将主要是经营性的；政策性的业务，如对低收入者的优惠贷款，将明确地制定出享受的标准，并限定在比较小的范围之内。

五、房地产金融的发展方向

目前我国房地产金融业务仍主要依附于传统的金融业务之中。在旧的信贷管理体制下，房地产业的资金按照银行的业务范围，分别由各家银行归口管理，国民经济各方面投入房地产业的资金，以及房地产业的资金中用于生产部分和消费部分被人为地割裂开来，形成分散割据、各自为政的格局，难以实现整体的经济效益和良性循环。借鉴国外房地产金融的先进经验,当前我国应利用金融体制改革的契机,按照房地产业资金运用的行业特点及实现房地产业资金集中化、专业化、社会化的要求,尽快建立起独立的房地产金融管理体系,实现房地产金融业务的统一管理。

根据房地产金融发展的阶段性目标,现在房地产金融需要发展的业务和研究的问题是:

(一)有步骤地扩大个人住房抵押债务规模,建立起适合中国实际情况的住房低押信贷机制

随着住房制度改革的深入和房地产金融业务的发展,个人的住房投资比重将会有较大提高,对金融媒介的依赖程度也会大大增加。个人住房抵押将会成为重要的资金运用形式和信贷投放的重要渠道。因而房地产金融要适时开发适合个人需要的、多样化的金融工具,特别要发展对个人的消费性的住房信贷业务,开办低息优惠贷款业务,重点减轻低收入的住房消费者的经济负担,帮助他们提前提高消费能力,解决居住困难,尽快建立健全一整套适应个人化服务需要的业务制度、管理办法和操作规程,建立起符合我国国情的住房抵押信贷机制。

(二)发展多样化的筹资体系,扩大资金供给,增加房地产开发建设和经营的资金投入

目前我国的金融市场不发达,各家商业银行自成体系,具有一定的封闭性,难以做到象发达国家那样借助高度市场化的筹资融资体系筹集资金。因而除政策性资金来源外,房地产金融还必须开发多样化的筹资系统,如债券筹资系统、存款筹资系统、契约储蓄系统(即以合同形式规定融资限额和期限的住房储蓄)、强制储蓄系统,以保证资金供应的长期性和稳定性。与此同时还要围绕房地产生产、消费过程提供多种形式的信贷业务,扩大放贷规模,以满足不同类型、不同层次的房地产企业和房屋消费者对资金的不同需求。一方面扩大资金供给,加快住房建设步伐,有力地支持房改;另一方面可以发挥以贷吸存的作用,发展自身的信贷业务,提高经济效益和抗御风险的能力。

(三)拓展房地产金融投资经营业务领域

拓展房地产金融投资经营业务,一是要拓宽房屋开发建设投资的范围,由主要是面向民用住房的单一性建设,向既支持民用建筑又支持工业商业等用房的综合性开发建设方面发展;二是延伸经营领域,不仅服务于房地产开发建设,还要服务于房地产的供销、租赁、装饰、修缮等有关业务,直接参与房地产市场的经营活动;三是积极探索开展地产金融业务。随着我国土地管理体制的改革,实行土地使用权的有偿转让,土地有偿占用形成的资金量,将大大高于住房制度改革所形成的资金量。适时地开展地产金融业务,筹集并管理好土地资金,结合土地批租、有偿转让,探索相应的金融服务手段和措施,为土地管理体制改革提供全面的金融服务,是房地产金融机构的新课题,也是房地产金融必须开展的工作内容,更是健全房地产金融机构的功能、完善房地产金融体系的重要方面;四是承办国际金融组织提供的住房贷款业务。提供住房项目资助和贷款的国际金融组织主要是世界银行。由世界银行提供的信贷援助,一类是市区贷款计划,落实到住宅项目;一类是投资于房地产金融机构,发展房地产金融系统。这些信贷援助都各有其特定的目标、条件和程序。我国房地产金融机构应该积极争取国际金融组织的资金和技术援助,增强资金实力,推动房地产金融系统的成熟与完善。

(四)大力发展房地产金融配套服务业务

房地产金融机构除了为房地产市场提供筹融资金服务外,还可以凭借与千家万户的联

系和所具有的专业知识、技术等优势和便利条件，积极开展与房地产市场和住房消费有关的配套服务业务。如联络买卖双方，介绍市场行情，传递房产交易信息，协调买卖双方的条件，促成双方交易；开展房地产价格评估服务；宣传买房、建房住房信贷的有关常识及咨询解答有关的技术性问题；代理住房保险业务；代理客户买卖房地产、招租客户、维修管理房地产信托业务等，开展房地产金融配套服务业务不仅可以增加收入，而更主要的是通过提供多样化、全方位的服务，可以提高银行信誉，巩固竞争地位，把房地产金融机构办成信贷结算中心，信息服务中心。

（五）发展房地产金融业务，促进房地产金融市场的建立和完善

房地产金融机构是房地产金融市场中一个特殊而且重要的中介角色。它作为资金的供给者可提供、发放房地产贷款，包括住房贷款；在金融市场上购买房地产企业或其他房地产金融机构发行的有价证券或其他金融工具。作为资金的需求者，它们又是通过吸收存款和发行金融工具筹措资金。它们利用手中多种多样的金融工具和有利地位开展各项业务。它们既可以代理政府或房地产开发企业发行债券，履行代理业务；亦可发行政府担保债券或自主发行金融债券，进行筹资业务；还可以购买国债、地方政府债或企业债，开展资产业务。各类房地产金融机构可以根据当地房改和市场条件以及自身资产负债管理的需要，因地制宜不失时机地发展各类金融业务，活跃于金融市场之中，推动房地产金融市场的发展与完善。

六、房地产金融的任务与作用

（一）房地产金融的任务

发展房地产金融主要是利用各种信用手段和工具，包括吸收存款、发行有价证券等充分动员与集中社会闲散资金，通过贷款、投资等多种融资方式，支持房地产开发建设，促进房地产资金流通，帮助职工居民购房。运用多种金融工具，诸如抵押、保险、贴现、承兑、买卖有价证券等，搞活房地产金融市场，疏通理顺资金渠道，调剂资金余缺，配合建立住房基金、加速资金周转，提高资金效益、促进房地产再生产过程中的资金良性循环，为住房制度改革和逐步实现住房商品化服务。

（二）发展房地产金融的作用

（1）发展房地产金融能够推动房地产业和金融业的改革与发展，促进房地产市场和房地产金融市场的成长与完善。

（2）发展房地产金融能有力地支持住房制度改革，加快住房建设，有效地调节住房供需紧张的矛盾，推进住宅商品化进程。

（3）发展房地产金融可以培植居民购房能力，引导消费结构趋于合理，回笼巨额货币，抑制通货膨胀。

第三节 房地产金融机构

一、房地产金融机构的类型

房地产金融机构是金融体系的重要组成部分，主要承担有关房地产领域的生产资金、经营资金、消费资金的筹集、融通和为其提供信贷结算、咨询服务等工作。

房地产金融业务与各行各业及千家万户都有着密切联系，具有金融业务多、种类多、规

模大、范围广的特点,因而在其机构设置、组织管理体系方面也是种类多样,且名称不一,国际上也没有统一的模式,但基本上分为两大类:一类是银行型房地产金融机构;一类是非银行型房地产金融机构。这两类房地产金融机构的基本职能是相同的,主要是执行房地产金融中介的职能,但银行型房地产金融机构可以创造具有流通手段和支付手段作用的货币,业务范围比较广泛,而非银行型房地产金融机构创造货币的能力相对较低,业务的专业化程度高,范围较窄。

(一)银行型房地产机构

1. 住房储蓄银行

住房储蓄银行是最典型的银行型房地产金融组织,在许多国家中住房储蓄银行是该国的房地产金融的主导力量。其主要业务是以个人为对象的住房存款和贷款业务,同时兼营与房地产有关的其他存款、贷款、投资、信托、抵押等银行中介业务。

住房储蓄银行属非盈利性的金融服务机构。其资金主要来源于个人住房储蓄存款、住房基金、国家金融机构借款或国际金融组织借款,资金来源具有特殊性。住房储蓄银行的主要资产业务是个人住房抵押贷款业务,为尽可能适应广大购建房者的经济承受能力,实现国家的住房政策目标,其利率一般低于工商企业贷款利率,具有明显的优惠性和政策性。由于住房储蓄银行的非盈利性,决定了住房储蓄银行的所有制性质一般为国家所有,或者是互助合作或联合投资的,而没有私人经营的。各国政府也都给予比较优惠的税收政策、资金政策和比较宽松的业务管制。比如为其提供成本较低的资金来源,在设立住房基金的国家一般都将住房基金交住房储蓄银行集中管理和营运;没有设立住房基金的国家,也是由政府主办的金融机构向住房储蓄银行提供优惠贷款和利率,以充实其资金。

2. 商业银行下设的房地产信贷部

商业银行通过下设的房地产信贷部开展房地产金融业务,尽管这些部门可能不是独立的法人组织,但其资产业务不仅十分活跃,占主管商业银行业务总量的相当比重,而且在各种房地产金融机构中,也是一个十分重要的机构,其主要承办的房地产金融活动有:

(1)购买房地产抵押证券,为房地产业提供资金;

(2)开办各种类型的房地产抵押贷款,不论是个人还是企业,住房还是非住房都是其服务对象,可为其提供抵押贷款;

(3)开办经营房地产信托和租赁业务。

3. 房地产抵押银行

房地产抵押银行属于一种专业银行,主要经营以房地产为抵押的长期贷款与投资,其资金来源是靠发行房地产抵押证券筹集。

4. 其他银行

有些国家和地区还专门设有土地银行。它通常是公营机构,主要是通过在金融市场上发行债券筹集资金,向农民提供购置农用土地或发展农业生产的长期贷款。

美国还有一种房地产金融组织叫"联帮住房贷款银行",是由政府主办,其服务对象是金融机构,而不是个人。它的主要业务是通过金融市场上发行金融债券筹集资金,再以贷款形式将这些资金发放给一些专门为个人购建住房提供抵押贷款的专业房地产金融组织。

(二)非银行型房地产金融机构

1. 住房合作社

住房合作社是把想购建住房的人组织起来,共同筹集资金,为入社成员购建住房提供资金支持的互助性组织。这是一种非常重要的房地产金融机构,世界上许多国家都普遍设立,只不过名称不一,如"住宅信用合作社"、"建筑合作社"、"储蓄和贷款协会"等房地产金融组织;从性质上看它们都属于住房合作社类型。

住房合作社是一种高度专业化的信用合作组织。其资金主要来源于合作社成员的共同集资和国家金融机构的贷款;其资金主要运用于向社员发放住房抵押贷款,支持社员购建住房。

住房合作社的成员是合作社的股东,有权选举董事会,董事会选定经理并决定基本政策。合作社的收入,除去各项开支后,以利息或分红的形式付给每个成员。

2. 住房贷款保险机构

住房贷款保险机构是专门为单位或个人住房抵押贷款提供保险的组织。住房抵押贷款的借款者投保后,按规定支付保险费,住房抵押贷款保险机构就成为其保险人。当投保人受损后无力按期如数偿还贷款本息时,住房贷款保险机构有责任代之偿还所欠贷款本息。这实质上是住房贷款保险机构为借款者信用提供了经济担保,从而增强了贷款的安全性,增强了发放贷款者的信心,促进和扩大了房地产贷款的范围和数量。

3. 二级抵押机构

二级抵押机构是指专门在金融市场上购买购房信贷机构所发放的住房抵押贷款的房地产金融机构。它通常是政府主办,利用政府信誉在金融市场上发行有价证券筹集资金,然后在二级抵押市场上购买住房储蓄银行、住房合作社等住房金融机构已发放的住房抵押贷款。通过这种方式使这些房地产金融机构已形成贷款资产的债权变成货币资金,重新运用于新的住房抵押贷款。把住房抵押贷款市场与全国资本市场紧密联结起来,把本不作抵押贷款生意的投资者间接地引入抵押贷款市场;把居民拥有的各种短期消费资金间接地导入住房信贷市场,作为长期性的住房资金加以运用,从而扩大了住房投资总量,增加了房地产金融资金的流动性。

二、我国房地产金融机构

我国的房地产金融机构基本上是随着改革开放的需要和住房制度的改革深入发展,在原有的金融机构体系中形成发展的。主要可划分为以下三种类型:

(一)商业银行房地产信贷部

1. 房地产信贷部的管理体系

1988年各地区根据国务院文件精神,结合住房制度改革的具体情况和实际进程,由各级政府委托银行经人民银行批准设立房地产信贷部,专门办理有关住房生产、消费资金的筹集、融通和信贷结算等业务。我国的商业银行房地产信贷部由此产生,并从最初的房改金融业务向房地产金融方面发展,成为了我国房地产金融机构的主体。

房地产信贷部一方面在原有金融体制下形成,一方面为地方服务,因此形成了目前的"四级三段"管理体系。"四级"是指在机构设置上,按照现行银行组织管理体系分为总行房地产信贷部、省级(包括计划单列市)行房地产信贷部、地区中心支行及以下房地产信贷部;"三段"是从管理职能上,按照工作特点和管理内容不同分为总行房地产信贷部、管理行房地产信贷部、经办行房地产信贷部。

(1)总行房地产信贷部是房地产金融业务的最高管理机构,具有管理、指导、监督、协调、服务等职能。

(2) 管理行房地产信贷部包括省、自治区分行房地产信贷部和地区中心支行房地产信贷部。它是房地产金融管理体系的中间管理层,除了职能上与总行房地产信贷部基本相同之外,还起着承上启下、上通下达的作用。

(3) 经办行房地产信贷部包括直辖市分行、计划单列市分行房地产信贷部,市、县支行房地产信贷部。它是房改金融政策的具体执行机构,是房地产金融业务的具体运作单位,直接办理信贷、资金方面的业务,在财务上是一级独立核算单位。它的终端可延伸到各行下属的办事处、储蓄所等办事机构内,设专人或专柜专门办理有关房改的存款、结算业务,而不再设分支机构。

房地产信贷部是银行的内部机构,在接受本级行行长领导的基础上,对上要接受上级行房地产信贷部的领导和管理;对下负有领导管理下级行房地产信贷部的职责。各级行房地产信贷部之间在经济上联系不密切,上级行房地产信贷部对下级行房地产信贷部的领导和管理职责,主要体现在政策的指导、监督、约束,信贷的分配、管理与考核等方面。

2. 房地产信贷部的设置程序

房地产信贷部的设置首先要取得地方政府的委托,然后由申请行向报批行提供有关文件,并填写《其他金融机构申请表》。得到由人民银行签发《经营金融业务许可证》之后,再向当地工商管理部门领取工商营业执照;向公安局申请刻制印章;向当地税务部门办理税务登记等手续。

3. 房地产信贷部的特点

(1) 领导体制上的双重性。房地产信贷部作为银行的内部机构,应该接受银行系统的垂直领导,执行金融政策,遵守行内的有关规章制度,摆正自己在银行内的位置,维护银行的整体利益,要在核准的业务范围内开展日常工作,如住房基金的使用,贷款发放的范围,存贷款利率的制定,存款准备金、备付金的核定等都要受到人民银行的管理、监督、稽核、协调。而同时房地产信贷部是应地方政府的委托而成立的,专门办理有关住房及房改的金融业务。由于住房制度改革实行在统一政策下的因地制宜、分散决策的方针,各地区条件差别较大,改革方案和配套政策也不尽相同,具有很强的地方性,住房金融政策的制定要受地方房改政策的制约,因此房地产信贷部要接受地方政府的领导,在住房基金的管理、信贷的投向、利润的分配等方面,执行地方政府的规定和有关政策,当好地方政府的参谋和顾问,在地方政府的领导与支持下开展工作,发展业务,扩大规模。由于上述的特殊性,构成了房地产信贷部的双重性的领导体制。

(2) 管理体制上的特殊性。房地产信贷部实行单独核算、自主经营、自负盈亏、自求平衡、单独交税的"三自两单"的管理体制。所谓单独交税,即就地完税。一般来讲,只有具有法人资格的地方企业才实行就地缴税,而房地产信贷部既不是地方企业,又不具有法人资格,还要实行就地缴税,形成了一种很特殊的非常规的管理体制。另外房地产信贷部是银行内部机构,按规定银行设立内部机构,不必报经人民银行批准,但房地产信贷部却要报人民银行批准后,领取《经营金融业务许可证》,办理工商营业执照。这种对房地产信贷部超出常规的要求,表现了其在管理体制上的特殊性。

(3) 金融业务上的独立性。房地产信贷部依托于商业银行设置,主要承办的是具有独立产业金融体系特征的房地产金融,因而它不仅要在银行的统一政策、统一计划、统一管理下开展工作，又拥有一定的自主权，实行"三自两单"的单独管理原则，经营业务上具有相对独立性。

房地产信贷部的信贷管理体制是信贷收支计划单列、自成体系、自行管理、资金自求平衡。一般是每年由人民银行在综合平衡之后单独给总行房地产信贷部下达信贷计划，形成了与商业银行信贷总规模不发生关系的，在其计划体系之外单独编列的信贷计划。房地产信贷部之间实行分别自求平衡，资金不能互相调用；房地产信贷部与银行之间也没有资金调拨关系，不核定存借差（存差不上缴，借差不弥补），它与银行建立同业往来关系，其资金要存入银行，银行按商业银行在人民银行的备付金存款利率计付利息。

房地产信贷部的财务核算管理体制是单独核算、自主经营、单独缴税。它不同于一般商业银行是实行资金由全国纵向管理，统一调度，利润逐级上缴中央的资金核算管理办法。而是要按着房地产金融业务管理体系的特点制定单独的会计核算办法和财务管理办法。资金实行单独核算，其盈亏不并入银行大帐，收益归地方；在当地办理税务登记，就地完税，所享受的减免税部分全部转作地方政府住房基金；房地产信贷部还要与地方财政部门商定留利标准和利润分配办法，并建立起信贷基金、发展基金、职工福利基金和职工奖励基金。

这对于房地产信贷部所依托的商业银行来讲，实际上在行内实行的是"一行两制"的管理体制。

(4)融政策性、经营性、服务性的三位一体性。政策性是指房地产信贷部的房地产信贷业务中住房金融业务部分，根据国家住房制度改革的有关政策规定，为支持和鼓励居民购建住房，均都采取保本微利政策，国家也给予这部分以减免税费和存款准备金的优惠政策；

经营性是指除住房金融以外的房地产信贷业务，国家没有政策上的优惠，纯属经营性业务。

房地产信贷部的政策性业务、经营性业务并存，一方面不以盈利为目的开展住房金融业务，为房地产金融的发展奠定了基础，支持了房改；另一方面通过开展经营性业务，增强了房地产信贷部的活力，确保其以盈补亏，自负盈亏，资金自求平衡。集中体现了房地产信贷部配合地方政府为住房改革服务、为广大居民群众服务的宗旨。

房地产信贷部的主要任务是：

(1)理顺转换住房资金，变无偿投入为有偿投入，变无序为有序，使之逐步达到投入产出的良性循环。

(2)广泛筹集融通住房资金，积极支持房改和商品房的开发和建设。

(3)为房改和房地产业提供良好的信贷结算服务。

(二)住房合作社

1986年以来我国一些大城市相继成立了各种形式的住房合作社，组织社员筹集资金，建设住房，并进行管理和服务，在解决城市住房问题上发挥了一定作用。

目前我国的住房合作社大体分为四种类型。

1.单位型住房合作社

它是由单位组织职工按个人、单位共同集资的方式建造住房，社员均为本单位职工。

2.系统型住房合作社

它是由单位所在系统牵头，负责组织系统内的职工建立住房合作社，以此解决本系统职工的住房问题。

3. 解困型住房合作社

这是一种面向社会,有区、县政府牵头,组织本区本县内的住房困难户成立的住房合作社,以解决本区县内住房问题。

4. 解危型住房合作社

这是由区、县牵头,组织本区、县内危房改造区居民成立住房合作社,以解决危旧房改造区内居民的住房问题。

住房合作社是一种民间协作组织,参加者是个人。采取自愿原则:即入社自愿、退社自由、自愿入股、自愿承担义务。住房合作社的资金要靠个人、单位和政府三方共同筹集,适当依靠银行贷款,需要各方协作,保证资金及时到位。住房合作社成员之间地位平等、利益均沾,社员按入股金额多少和入股时间长短依次获得住房。合作社资金、公共积累为集体财产。合作社实行民主管理,其组织机构由社员(代表)大会、管理委员会(理事会)、监察委员会组成。

(三) 住宅储蓄银行

我国的住宅储蓄银行是在房改开始阶段适应房改的需要而建立的。1987年经国务院同意,中国人民银行批准山东省烟台市、安徽省蚌埠市先后成立了住宅储蓄银行。它们都实行公有制为主体的股份制形式,即由当地财政、商业银行、保险公司以及企事业单位共同参股组成。其资金来源于地方,用之于地方,不依靠国家财政投资,不是从上到下自成系统,而是资金自求平衡、利差补贴自行消化,实行企业化管理的自主经营、自负盈亏、独立核算、就地完税的原则。受地方政府和人民银行双重领导。其业务范围包括经营商品房生产、经营、消费领域的各类存贷款业务和投资、信托业务。根据市政府授权,集中统一管理与运筹住房基金,并对住房建设进行宏观控制与监督。

三、房地产金融机构的业务范围

房地产金融机构作为专门提供房地产金融服务的机构,其业务范围主要涉及房改和房地产业领域,主要有

(1) 办理房租结算业务。

(2) 办理住房券的印刷、发放、承兑、结算业务。

(3) 筹集和建立城市、企事业单位、居民个人三级住房基金(包括公积金),并负责管理与监督使用。

(4) 代理产权单位收缴公有住房的资金和住房租赁保证金。

(5) 办理单位、个人集资建房和住房合作社存款。

(6) 办理城镇居民个人住房储蓄存款。

(7) 办理房产管理系统有关住房资金存款。

(8) 办理集资建房和住房合作社贷款。

(9) 办理城镇居民个人购建住房贷款。

(10) 办理房产管理系统的流动资金贷款和维修住房贷款。

(11) 办理房改委托贷款。

(12) 代理发行住宅建设债券。

(13) 提供有关房地产金融方面的咨询服务。

(14) 办理房地产开发和直接投资业务。

第八章 房地产信贷资金来源与筹集

第一节 房地产信贷资金筹集的作用

一、房地产信贷资金筹集的意义

房地产信贷资金是指专供房地产领域开发建设、经营管理、消费等环节使用的并以偿还为条件的资金。

筹集房地产信贷资金即为主动获取房地产信贷资金的行为。其目的是开拓资金渠道,面向社会,面向市场,广泛吸收资金,为发展房地产业的资金需求提供投资贷款。

改革开放以来,我国房地产建设事业打破了产品经济下高度计划管理体制的束缚,房地产经济运行的生产环节(房地产综合开发建设)、流通环节(市场和经营)、消费环节(服务与管理)都纳入了商品经济的轨道。其建设资金来源不再是由国家无偿拨付的单一渠道,开发建设所需物资、材料及其费用都要由企业自己多方筹措;生产出的产品,即房屋也不再是作为福利无偿分给企业单位或个人使用,而是作为商品进入流通领域出售或出租。这期间常常会发生生产者筹不到足够的资金不能进行建设,经营者垫付的大量资金回流不畅、周转缓慢,消费者购买力不足等问题。各方面、各环节都需有相对巨额资金才能启动,才能在时间上数量上保证房地产再生产过程的各个环节顺利运转,资金形成良性循环。但是企业或个人单纯依靠自我长期积累资金是不现实的,若直接筹资又面临着范围有限、经验缺乏、信用不足等诸多问题。这就需要金融业为之提供专门的服务。房地产金融机构作为专业的信用中介,可以利用自身的优势,因地制宜采取有力措施和多种方式,不断扩大信贷资金来源渠道,广泛筹集资金,支持房地产业的发展。

二、筹集房地产信贷资金的作用

(一)支持房地产开发建设

房地产业是资金密集型产业。房地产开发企业必须拥有相当多的资金使用权,才能进行一系列综合开发建设活动,并能够在生产经营和流通等各个环节中及时投入足够的资金,保证房地产再生产的正常运行。因而资金是房地产开发建设的前提条件。房地产金融机构筹集资金,不仅可以为之提供贷款解决资金不足的问题,同时又能吸收动员房地产生产流通中的一部分闲置或结余的资金,达到充分有效利用资金,提高资金效益的目的,从而有力地支持了房地产开发建设事业的发展。

(二)支持住房商品化,加速住房制度改革

筹集房地产信贷资金的一个重要渠道就是开展居民住房储蓄,并配套开展住房抵押贷款业务。这是目前解决购房一次性巨额投入和工薪族收入水平较低矛盾的一个重要措施。它可以保证住房作为商品按照它的实际价值不打折扣的进入市场,居民可以在银行信用的支持下提前取得住房的所有权或租用权,生产者、经营者能立即收回住房的全部投资,并获得利润，从而能有效克服房地产商品在流通领域的障碍，加速住房商品化的实现，促进住房制度改革的深化，改变了城镇居民消费结构不合理现象。

（三）有效调控房地产资金的运用

筹集房地产信贷资金是房地产业投资活动的起始阶段，其来源与结构决定了房地产信贷资金对房地产建设投放的规模和方向。房地产金融机构作为信贷中心，可以按照国家经济发展的目标和政策要求合理运用资金，根据效益性、安全性、流动性的原则选择投放对象，支持效益好的骨干企业，限制效益差的企业，并能在经济发生波动的时期能及时向企业补充资金，从而起到了调节方向、控制规模、稳定生产、提高经济效益的作用。

第二节 房地产信贷资金的来源

金融机构要根据资金来源的性质，来确定不同的信贷资金投向。因而考察房地产信贷资金的来源渠道，以便更好地开辟和发展合理的房地产信贷资金来源，调整优化其负债结构，对提高资金经营效益，降低资金成本具有重要意义。

房地产信贷资金来源渠道很多，可归纳如下（见图 8-1）：

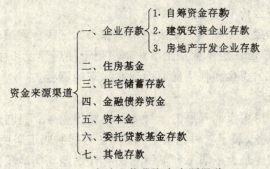

图 8-1 房地产信贷资金来源渠道

一、企业存款

企业存款是银行信贷的主要来源，它在银行的资产负债中占有十分重要的地位，在房地产信贷资金的来源中，企业存款占 70%～80%。企业存款包括以下三种：

1. 自筹资金存款

自筹资金存款是企、事业单位为生产建设而自行筹集的资金，这其中也包括了企事业单位为住宅建设自筹的资金。自 1985 年开始，国家有关政策规定，对自筹基本建设资金实行提前半年交存、专户存储、先存后批、先批后用的原则。由建设银行统一管理。这是一种强制性存款的方法。即一个企事业单位若想利用自筹资金从事房屋或其他基本建设，则必须提前将该项目资金存入指定银行半年以上，方可使该项目得到审批立项。

2. 建筑安装企业存款

建筑安装企业存款是来自建筑业的资金。这类存款大多来自建设单位支付的备料款和工程价款。根据国家政策规定，为了加强基建投资的全面管理，自建设银行成立以来，国有建筑安装企业的各类资金都存入建设银行，资金往来由建设银行提供结算服务。建设银行可以利用建筑安装企业的存款，发放建筑业流动资金贷款，进行房屋的开发和建设。

3. 房地产开发企业存款

房地产开发企业存款是指国内各类房地产开发公司、房地产经营公司、房屋维修公司、房屋装饰公司等企业以及对外承包公司的人民币存款。国有房地产开发企业的资金按国家政策规定都存入建设银行,并在建设银行办理有关货币资金的结算,其他经济类型的房地产开发企业,可以自主选择开户银行存入企业资金。

房地产开发经营活动资金需要量大、占用时间长,因而各企业都多方面筹集资金,其主要来源有:企业自有资金、主管部门或财政拨入资金、预收购房资金、代建单位拨入资金、联营单位投入资金、银行贷款暂未支用部分资金,以及房地产开发企业通过股票、债券形式筹集的资金等。这些资金数额比较大,到款时间比较集中,而款项的使用是随着工程进度和经营状况而逐渐支付的,所以经常形成一定的资金沉淀,存入银行。在这种不断筹集、不断支用、不断补充过程中,使银行积聚了有一定额度的企业存款。

一般来讲,企业存款数额的多少要受到国家经济发展以及行业经济发展循环波动变化的影响,同时还受行业生产季节性变动的影响,在北方地区尤为明显,其资金的稳定性相对较差,具有周期性变动的特点。

二、住房基金

住房基金是根据国家有关住房制度改革的政策规定,为推进房改和住房建设而建立的基金。是房地产信贷资金长期稳定而可靠的来源。

目前我国的住房基金分为城镇、企事业单位和个人三级。城镇住房基金是通过财政渠道进行筹集的;企事业单位住房基金是企事业单位用于住房建设和住房制度改革的资金;个人住房基金是通过住房公积金和住房储蓄而建立起来的资金。

三、住宅储蓄存款

住宅储蓄是结合住房买卖而开展的一种专业性储蓄业务。是与住房制度改革相配套的一项存贷结合的银行业务,属于一种消费信用。现在开展的职工居民住房专项存款储蓄,是一种合同存款方式,主要是为了职工和城镇居民有计划地均衡地积蓄购买、建造和修缮住房的资金而设置的。这种存款事先约定存量、存期,到期支付本息,并可为之提供一笔相应的住房贷款。其资金来源是广大需要购建房居民手中的闲散资金,一般存期较长,数量稳定,是面向居民个人在住房公积金之外开辟的一个重要资金来源。

四、债券资金

利用债券筹集资金是一种面向社会、面向市场的新的筹资形式。

(一)几种房地产债券的形式

1. 政府债券

是各级政府根据房改政策和实施的方案要求发放发行的债券,是建立在以权力为基础的国家信用之上的债券。一般为可转让债券,由政府支配,银行可作为房地产信贷资金来源。政府通过发行住房建设债券和投资债券,可以集聚一部分闲散资金,集中用于住房投资或土地开发,也可以作为发展房地产业的启动资金。地方政府一级的政府债券,其发行的目的一般是有专项用途的。

2. 金融债券

是由银行或其他金融机构发行的债券。银行在从事房地产信贷工作中,如需发放大额资产,但资金无保证,可经人民银行批准,采用发行房地产投资债券或房地产金融债券的方式筹集资金。银行在发行时要综合考虑银行的经营计划,资金状况和投向,以及利率水平及资金周转等方面情况,确定债券的发行时间、范围、和时期长短。我国金融债券的发展历史较短,部分城市在城市开发及商品房建设方面发行过短期金融债券,缓解了资金供需矛盾,顺利地启动了市场。但从理顺资金渠道和规范债券市场业务方面来看,房地产投资债券应由企业债券解决。

3. 企业债券（公司债券）

是企业为了筹集长期资金而发行的债券。一般由房地产金融机构代理房地产开发企业发行住房建设债券、住房投资债券。筹集的资金由发行单位支配,具有特定的用途。银行只能收取代理手续费。这笔资金作为企业存款存入银行时,银行可利用其资金沉淀部分。因而只是间接的资金来源。

（二）债券筹资的优点

(1) 发行房地产建设、投资债券和金融债券面向全社会、面向市场筹集资金,其来源广泛,具有一定期限,资金稳定。

(2) 债券种类、利率、还款方式、期限等条件设计可灵活多样。发放的时间和停止筹集的时间都可灵活掌握,能及时解决紧急的资金需要。房地产债券可以采用与同期存款利率或略低一些的利率水平,而优惠体现在政策上给债券投资者优先购买住房,优先使用土地等方面。

五、资本金

资本金是银行资产负债的重要组成部分,其中自有资金是银行永久性、无偿性的负债,是可以自行支配的资金。在其他资金发生运转困难时,银行可以动用自有资金平衡信贷收支,防止信贷业务大起大落,稳定信贷资金来源,为银行向多功能方向发展提供资金实力。因此资本金的多少对稳定房地产信贷资金来源,发展房地产金融信贷业务,具有积极作用。

六、委托贷款基金存款

委托贷款基金存款是指一单位委托银行发放给另一单位的贷款基金存款。银行用于房地产开发方面的委托贷款是指主要用于房屋建设方面的贷款,一般由银行房地产信贷部经办,这种贷款不得用于与房屋无关的贷款。

七、其他用于房地产开发的存款

除上述几项存款和资金来源以外,还有借入资金、当年结益、土地开发基金存款、外资购建房资金存款等与房屋有关的存款。

第三节 住房基金

一、建立住房基金的意义和作用

住房基金是国家按照现行房改政策有计划建立的,并依托房地产金融机构实施监督和管理的一项特殊的基金制度。它的实施具有重要意义和作用。

（一）住房基金是房地产信贷资金的长期而且稳定的资金来源

住房基金来源广泛,比较固定。国家委托房地产金融机构对住房基金实行集中管理,使之合理化、制度化、规范化,定向用于住房的生产、经营和消费中,逐步形成住房建设投入产出的良性循环,为住房改革与住房建设提供一个长期稳定可靠的资金来源。

（二）确立了住房建设由国家、企业、个人三方共同负担的新格局住房基金分为国家、企业、个人三级住房基金。它的建立和投入运转，不仅开辟了住房建设资金来源的新渠道，而且一改住房建设依靠国家、企业的传统格局，体现了国家、集体、个人在住房建设上共同分担的原则，形成了三结合筹集资金建设住房的新机制，并逐步使个人住房投资成为整个住房投资的主体，从而减轻国家、企业在住房建设上的沉重负担，促进住房商品化的实现。

（三）引导消费，调整消费结构

建立住房基金通过强制性储蓄，将职工的相当一部分消费资金分流引导到住房消费方面，从而调整了我国城镇居民消费方面恩格尔系数居高不下的畸型消费结构。加速了货币回笼、缓解消费市场压力。同时由于住房基金主要投向住房建设，这样就将这部分消费资金进而转化为生产资金，支持了房地产开发建设。

房地产金融机构归集住房基金，并进行管理和融通，不仅在提供资金信贷结算方面支持了房地产业的开发建设，而且也增强了自身筹集房地产信贷资金的能力，有利于房地产金融机构的发展。

二、住房基金的构成

住房基金是一种政策性住房资金，是根据国家有关住房制度改革的政策规定，为推进房改和住房建设而建立的基金。目前住房基金分为城镇、企事业单位、个人三级，主要是采取强制存款的办法加以集中。

（1）城镇住房基金的来源有：财政拨款用于住房建设的资金；财政专款专用于城市住房解困的资金；向银行提供的住房贷款贴息和住房信贷基金；财政用于住房维修和房租补贴的资金；提取的住房建筑税和房产税出售直管公房回收的资金；房地产金融机构经营利润转作城市住房基金的部分；政府发行的住房建设债券；城市土地使用税的收入和城市土地使用权的有偿出让或出租收入中，应提取的一部分用于发展住宅的资金。

（2）企事业单位住房基金的来源主要有：原有住房资金"疏导、理顺、转换"的资金，如房租收入、住房补贴、折旧基金、大修理基金、从税后留利和其他结余资金中提取的住房基金；房改后提租卖房的资金收入；房改后允许进入成本的住房补贴资金；住房租赁保证金；集资建房的资金，出售自管住房回收的资金等。

（3）职工个人住房基金主要有：在住房制度改革中建立的个人住房公积金、个人住房储蓄。

三、住房基金的筹集

（一）住房基金的筹集手段

1. 通过经济、行政、立法的手段筹集

住房基金的筹集应按国家的有关政策规定进行，通过财政部门和企业主管部门的参与，实现资金分流与建帐，对原有住房资金进行疏导、理顺、转化。行政主管部门应督促所属单位按规定尽快建立住房基金，对不按规定建立住房基金的单位和个人应给予一定的经济制裁；对筹集建立住房基金好的单位和个人要给予更多的信贷支持和其他鼓励政策。

随着房改的深入进行，住房基金制度最终要通过立法程序固定下来，国家（财政）、集体、个人所承担的经济责任和义务均通过立法明确，而行政手段将逐步为经济和法律手段所取代。

2. 依托金融机构进行筹集

当地政府一般委托给指定的某家房地产金融机构负责对住房基金进行归集、管理和运用。这样金融机构就可以利用自身的行业优势，开展配套的金融服务，采取多渠道、多途径、多种方式将分散无序零散资金聚积起来，建立住房基金，并利用金融手段来保证住房基金的周转和增值。

(二) 个人住房基金的筹集

职工个人住房基金可以分为住房公积金和住宅储蓄存款。

1. 住房公积金

住房公积金是通过强制性储蓄的方式建立的一种个人的住房消费专用基金，是一种义务性的长期储蓄基金。实行"个人储蓄、单位资助、统一管理、专项使用"的原则。

住房公积金办法目前只对具有城市常住户口的国家机关、群众团体、事业单位和企业的固定职工、劳动合同制工人实行；对离休干部、退休职工、驻地部队的干部、临时工、三资企业中的外籍职工等不实行住房公积金办法。

实行公积金办法的职工个人按月缴交占工资一定比例（公积金缴交率）的公积金，单位亦按月提供占职工工资一定比例的公积金，两者均归职工个人所有。公积金缴交时，个人承担部分，由个人交付，由职工所在单位在每月发工资时代为扣交；企业提供部分，在住房的折旧费、大修理基金和管理费中列支；全额预算行政事业单位提供的部分列入预算；差额预算事业单位提供的部分，按差额比例分别比照全额预算单位和企业开支渠道列支；自收自支事业单位提供的部分，比照企业开支渠道列支。两笔公积金都由单位在规定时间内一并交给公积金管理中心，记入单位名下的职工公积金户名。单位迟交时，要另交滞纳金。职工变动工作单位时，其公积金转入新单位职工公积金户名；职工因故脱离工作单位，中断工资关系时，其结余的公积金本息仍予保留；职工离退休、调离本市、出国定居，其结余的公积金本息归还给职工本人；职工在职其间去世，其结余的公积金本息，可由继承人或受遗赠人根据《继承法》的有关规定办理提取手续。

职工个人交纳公积金的数额在计算个人收入调节税的收入时，可以扣除；职工按规定提取结余的公积金本息时，在计算个人收入调节税，可不计入收入；继承或受遗赠的公积金，受益人在计算个人收入调节税时，可不计入收入。

住房公积金实行职工每月拿出收入的一部分（在个人经济承受能力范围之内）定向用于住房消费，这样不仅能邦助职工合理安排生活支出、积蓄存款，而且还可同时得到所在单位同数额（单位提供部分）的资助，并且在购建房贷款时还可以获得房地产金融机构以优惠贷款利率提供的贷款，职工个人就可以在较短时间内，提前获得住房。另外个人住房公积金可免交个人收入调节税。在现行银行定期存款利率都不计复利的情况下，公积金存款当年采用零存整取一年期利率计息，第二年就转为整存整取一年期利率计息，且计复利。这是目前存款保值增殖的最佳方式。

综上所述，住房公积金制度不仅为房地产信贷资金提供了稳定可靠的来源，而且对于实行公积金制度的个人也是受益匪浅，确实利国利民。

2. 住房储蓄

住房储蓄是当今世界各国为筹集住房资金普遍采用的一种集资方式。我国从80年代中期开始由银行开办住房储蓄业务，这是一种合同式存款方式。它以城镇居民为主要对象，实行"存款自愿、取款自由、先存后借、存借结合"的原则。开办住房储蓄对于个人，可以帮助居民积累购建房资金，提前实现住房消费；对于房地产业，可以吸收大量储蓄存款、增加住房建设资金来源。住房储蓄的办法很多，方式很灵活，主要有以下几种：

（1）零存整取，整借零还。储蓄期限分为一年、二年、三年、四年、五年，按月均存，数额不限，到期一次支取本息。储蓄到期后，可以申请借款期限比储蓄期限长一倍，最高借款额不超过储蓄额的住房借款。

（2）整存整取，整借零还。储蓄期限分为一年、二年，一次存入，数额不限，到期一次支取本息。储蓄一年到期后，储户可以申请一年到五年的住房借款；储蓄二年到期后，储户可以申请一年到十年的住房借款，而最高借款额均不能超过储蓄额。

（3）零存整借，整借零还。储蓄期限分为一年、二年、三年、四年、五年。按月均存，数额不限。储蓄到期后，可以申请借款期限比储蓄期限长一倍，最高借款额不超过储蓄额二倍的住房借款，原储蓄额不得支取，继续计息。还款时，当储蓄额超过所欠借款本息时，银行可用其直接抵扣借款，余额款项退还借款人。

（4）整存整借，整借零还。储蓄期限分为一年、二年，一次存入，数额不限。储蓄一年到期后，储户可以申请借款期一年至五年的住房借款；储蓄两年到期后，储户可申请一年至十年的住房借款，最高借款额均不超过储蓄额的二倍，原储蓄额不得支取，继续计息。还款时，当储蓄额超过所欠借款额本息时，银行可用其直接抵扣借款，余额款项退还借款人。

由于住房储蓄存款是为了建房和购房，因此应当专款专用，其利率一般也不做统一规定，而是实行低进低出或高进高出、存贷挂钩、保持一定利差的利率政策。一般是一年期存款的月利率要与同期借款利率保持 1.5‰ 的利差。为取得房源，只存不借的储户，其利率可执行一般居民储蓄利率，零存整取的利率增加二年与四年的利率档次。

四、住房基金的管理

（一）住房基金的管理原则

1. 依据政策，进行管理

住房基金政策属于房改政策之一，国家对住房基金的管理、使用作出了政策性规定和限制。金融机构应按着房改政策，协助地方政府、企业、个人逐步建立起住房基金，并进行监督管理和使用。住房基金的提取数额要兼顾国家、企业、个人三方的经济承受能力，要注意与国家财政收入的增长，企业生产的发展、个人收入的增加相适应。住房基金的来源和筹集、管理和使用都要严格执行国家政策界定的范围和界限，按照国家规定的资金渠道划转和吸存。城镇住房基金主要是通过财政住房资金的转化；企业住房基金主要是合理划分住房资金与生产资金；个人住房基金主要是通过推行住房公积金制度和发展住房储蓄业务来建立。注意既不要将不属于规定范围内的资金归入住房基金，又要防止属于规定范围内的资金遗漏和流失。住房基金的使用也必须以有关政策为依据，合理合法地投到住房生产、经营和消费中去。

2. 专户存储，分级管理

住房基金按性质分为政府住房基金、企事业单位住房基金、个人住房基金三级；按归属关系可分为国家级住房基金，省级住房基金，市级住房基金，县级住房基金，部委级住房基金，企事业单位住房基金，个人住房基金等七级。对各级住房基金的归集、使用、管理都有不同的要求，因此金融机构必须为每一级住房基金开设专户，单独核算，按不同的要求进行分级管理，为住房建设提供一个固定的资金来源渠道。

3. 定向使用，滚动增值

住房基金使用的定向性是住房基金管理的重要原则之一。受政府委托负责管理住房基金的金融机构，应将住房基金作为专项基金集中管理，监督使用。无论哪一级住房基金，无论是住房基金的所有者，还是管理住房基金的机构，在运用住房基金时，都只能将住房基金投向于住房的生产、经营和消费中，而不得挪作他用。另外房地产金融机构作为信用管理的中介，要在筹集、管理、融通住房资金中，积极提供各种金融手段和服务，通过对房改资金疏导、理顺、归集与管理，促成房改单位住房资金投入产出的良性循环；同时房地产金融机构也要在为住房金融服务、管理与经营中逐步实现自身信贷资金的良性循环，并通过循环实现住房资金的最大增值。

（二）住房基金的管理要求

1. 按照资金性质和来源渠道实施管理

各级住房基金来源渠道不同，管理要求也不相同。

（1）城镇住房基金。城镇住房基金的使用权归各级政府，是政府推进房改的资金基础。动用前应取得当地财政部门和房改主管部门的同意，从严控制，计划使用。政府要求金融机构管理该项住房基金时应能以获得最高效益为目标。

（2）企事业单位住房基金。这项基金是由各单位的住房基金汇集而成，使用权人是多个存入基金的单位。由于各单位存入基金的额度不同，其使用额度也只能控制在该单位的基金存款余额的限度内，不足时可通过信贷方式解决。房地产金融机构对该项住房基金应采取支持与管理、使用与理顺相结合的管理办法，引导房改单位建立和理顺住房基金，在按政策合理使用住房基金的同时，又能不断补充住房资金。

（3）职工个人住房基金。该项基金的所有权属于职工个人，它分为两部分。其中住房公积金部分属于强制性储蓄，对此应按着统一的政策规定实施管理，从严控制，对迟交者予以缴纳滞纳金的处罚。另一部分是个人住房储蓄，属于合同式储蓄，应采取存款自愿、取款自由的管理办法，开展灵活多样的储蓄种类，扩大住房储蓄的吸存量。

2. 按照资金的使用方向和额度实施管理

住房基金的使用必须符合国家对住房基金使用方向上作出的政策性规定和限制。原则上住房基金既不能用于其他消费性支出，或参与企业流动资金周转，也不能用于住房之外的其他基本建设投资，只能用于住房的建设、经营与消费。金融机构应行使监督管理的职能，保证住房基金使用的合理性和合法性，切实作到专款专用。

对住房基金还要实行使用额度控制管理。住房基金的使用数额要受到住房基金总额的限制。对此各级住房基金（除个人住房基金之外）在建立之时，就确定一个基本基金数额，在此基础上再确定一个住房基金可动用额度。若要使用基本基金，必须以能够得到补偿为前提，贯彻有进有出的原则。使用住房基金应以保证基本基金不减少，并能随着基金的使用而逐步追加，滚动增值为目标。对住房基金使用额度实行控制管理，将住房基金的使用总额限制在小于或等于住房基金来源总额的范围内。当房改资金需求紧张的情况下，房地产金融机构应与房改主管部门共同协商，按其用途排出先后次序，首先满足最急需的资金需求。

职工个人住房公积金管理要求是：职工家庭成员按月交纳公积金后，可使用本户成员和非本户直系亲属中职工的公积金（应必须经本人同意，并由银行确认后方可使用），若仍然不足可按规定向银行申请住房抵押贷款；若单位使用时，单位在按时交纳公积金后，可根据公积金管理中心的贷款规定和计划，向银行申请购建房贷款。贷款额度一般不超过本单位名下职工公积金总额，并需按期偿还，否则加收愈期利息，并停止申请贷款资格。

五、住房基金的运用

（一）住房基金的运用原则

住房基金的运用必须坚持"取之于房改，用之于房改"的原则为住房制度改革和住房建设提供长期稳定的资金来源，实现住房资金投入产出的良性循环。

住房基金运用的基本要求是：单独核算、集中管理、定向使用、循环周转。

单独核算：是指住房基金要建立专门帐户，单独核算，并应从财务制度上加以明确。

集中管理：是指房改单位必须将划转的住房基金交存地方政府指定的金融机构集中管理。

定向使用：是指政府、单位、个人必须按规定的用途使用住房基金，不得挪作他用。

循环周转：是指住房基金的运用必须以能够得到补充为前提，即要保证各级住房基金的基本基金不减少并逐步增殖，以形成良性循环机制。

（二）住房基金管理机构对住房基金的运用

政府、企事业单位和个人所拥有的各级住房基金都是按规定存入了政府指定的房地产金融机构，并通过住房基金管理机构——住房基金管理中心和房地产金融机构对住房基金加以运用的。

住房公积金（住房基金）管理中心属事业单位，主要是代行政府职能，将职工住房公积金、发行的住宅建设债券资金、城镇统建住房和直管公房出售后所得的资金在银行的存款金额进行统筹，用于购房、建房等专项贷款，形成全社会住房资金的合理配置和融通。具体的有关住房基金的筹集的融通业务，主要委托房地产金融机构代理。房地产金融机构受地方政府委托，为本地区房改提供配套服务，其主要任务之一是归集、管理、运用住房基金。它对住房基金实行独立核算，可利用住房基金在银行闲置的时间差，对房改单位和个人购建房等资金缺口提供信贷支持。房地产金融机构经营住房基金所得盈余扣除日常必要的经费开支后，全归入基金管理中心，转作城市住房基金。

住房基金管理机构对住房基金的运用，一方面可以解决房改单位和个人暂时的住房资金不足，支持住房建设；另一方面可以保证资金的流动性，使资金在流动中增值。最大限度地提高住房基金的使用效益，发挥住房基金的作用。

（三）住房基金的使用及要求

1. 城镇住房基金

城镇住房基金的使用权归各级政府，主要用于有关的城市基础设施建设、城镇住房解困、直管公房维修、补充住房信贷基金、银行住房贷款贴息、政府部门住房建设投资、售房价差补贴、扶持地方房地产业的发展等需要政府支持的房改资金的需要。

2. 企事业单位住房资金

企事业住房基金由各单位住房基金汇集而成，其使用权人是各个存入基金的单位。这一级住房基金主要用作企事业单位住房周转资金，单位职工住房补贴，自管房维修，购、建住房及售房差价补贴，职工购房贷款贴息，住房交叉辐射结算等房改资金需要。

3. 职工个人住房基金

职工个人住房基金归职工个人所有和使用。主要用于职工或亲属购建自用住房，私房翻修和大修等费用。不得用于住房的内部装修、交纳房租、购买住房债券以及与住房无关的支出。

住房基金的所有者和管理机构在住房基金的使用上有不同的要求。

住房基金所有者使用住房基金的要求是：用途正确，使用额度不超过存入数额。

住房基金管理机构运用住房基金必须以资金回收为前提，并要采取有偿使用方式，对某一客户发放的住房贷款还应与其在银行的住房资金存款挂钩，多存可以多贷。另外运用住房基金必须首先满足住房信贷需求，结余资金可用于同业拆借或购买国家债券，以提高资金的使用效益。

第九章 房地产金融资金的运用

第一节 房地产金融资金运用的方式和种类

一、房地产金融资金运用的方向

房地产金融资金运用的方向主要是房地产开发、经营和消费。由于房地产是一种特大型的商品，价值大，所以房地产业的各个环节很容易发生资金困难，如果房地产金融机构不给予资金融通，将会导致房地产业的开发、经营、消费等各个环节发生脱节，使房地产的再生产过程不能顺利进行。只有房地产金融机构给予资金融通，才能使房地产的再生产过程实现良性循环。

房地产开发具体包括土地的征用，土地的买卖，房屋的施工建设以及道路、供水、供电、通讯的建设等；房地产经营具体包括房屋的维修、出租、出售、信托、互换等；房地产消费就是消费者住房及其他用房的购建。

二、房地产金融资金运用的方式

房地产金融资金运用的主要方式是发放各种房地产贷款、直接投资于房地产、购买债券和缴存存款准备金。

房地产贷款是指房地产金融机构向房地产企业发放的生产性和临时周转性贷款以及向住房消费者发放的贷款。目前我国房地产金融机构办理的房地产贷款主要有房地产开发企业的流动资金贷款，房地产经营企业的临时周转性贷款，单位和个人的购建房贷款。前两种属于生产经营性贷款，后者属于消费性贷款。截止到1991年底，建设银行累计向房地产开发企业发放流动资金贷款368亿元，向城镇居民发放的购建房贷款46亿元。

房地产金融机构的直接投资，是指房地产金融机构以购买房地产企业股票的形式直接投资，或者独资创办房地产附属企业的形式直接投资，或者与房地产企业以合作经营、项目经营的形式直接投资。现阶段，国家对房地产金融机构的直接投资业务进行了一定的限制，规定投资总额原则上应控制在自有资金的额度内。

房地产金融机构缴存的存款准备金，是中央银行贯彻货币政策的一项重要制度，也是房地产金融机构能够始终保持一定的清偿能力以及房地产信贷业务正常运转的一项后备资金。

三、房地产贷款的种类

在房地产金融的资金运用中，贷款是主要部分，是房地产金融资金管理的重点。在房地产信贷业务中，贷款按照条件、用途、对象、性质可分为四类：

（一）按贷款条件分为房地产抵押贷款、房地产担保贷款、房地产抵押并担保贷款三种

1. 房地产抵押贷款

房地产抵押贷款是指房地产金融机构要求借款人以房地产作抵押而给其提供的贷款。

它是以抵押合同为依据的一种对借贷双方都有利的抵押贷款。当借款人不履行借贷合同,不按期偿还贷款的本金和利息时,金融机构有权处理抵押物,以收回贷款本息。为保证借贷双方履行合同,保护借贷双方的权益,在抵押期间,双方可将受押的房地产的产权证书通过信托方式由第三者(信托机构)保管,直到债务清偿完毕为止。但这一抵押方式有赖于房地产市场的发达和法制的健全,否则很难适用。

2. 房地产担保贷款

房地产担保贷款是指金融机构要求借款人以第三者的信用为担保,才能提供的贷款。当金融机构不了解或不信任借款人的信用,而又感到有必要满足借款人的资金需要时,房地产金融机构可要求借款人找个信用可靠、实力雄厚的第三者为借款人担保。当借款人无力偿还贷款时,所欠贷款本息则由担保人偿还。这种形式的贷款在我国比较适用。

3. 房地产抵押并担保的贷款

房地产抵押并担保的贷款是指借款人的房地产抵押值不足,还需担保人给予不足部分的担保,金融机构才能提供的贷款。当借款人一旦无力偿还贷款本息时,金融机构将处理抵押物,不足的部分由担保人代为偿还。这种贷款的方式增加了贷款的安全性,并且比较灵活,也适合我国国情。

(二) 按贷款用途可分为住房开发贷款、住房经营贷款和住房消费贷款

1. 住房开发贷款

住房开发贷款是指金融机构提供给房地产开发企业用于土地开发、征用及拆迁补偿、基础设施、公共配套设施等方面建设的贷款。其贷款对象是开发项目,而不是承担开发项目的开发企业,所以开发贷款的用途是特定的,如开发企业发生的各种税费,应由开发企业的自有资金支付,不能用贷款支付。

2. 住房经营贷款

住房经营贷款是指金融机构对从事房屋租赁、出售、房地产买卖、维修和装饰以及其它服务性活动的房地产经营企业发放的贷款。其贷款对象是从事房地产经营活动,具有法人资格,并能承担还款义务的企业。其贷款的用途主要包括四个方面:

(1) 住房租赁。它是指租赁住房时,需要占用的资金。包括房屋的清理、检修以及出租住房时在所需的管理活动中所占用的资金。

(2) 住房维修。是指对出租住房和接受其他单位委托,对住房修理保养所需要的资金。

(3) 住房装饰。是直接对经租的住房或其他单位委托,对房屋进行装饰、翻新所需的资金。

(4) 房地产买卖。是指在房地产买卖过程中所需要的资金。

3. 住房消费贷款

住房消费贷款是指金融机构提供给消费者用于购买、建造、维修住房的贷款。住房消费贷款是房地产金融业务的重要内容,也是国家住房金融政策的重要体现。因为只有开发、经营环节发放贷款,却不给消费环节发放贷款,就不能顺利地实现房地产再生产过程的良性循环,不利于现阶段的房改。只有发放住房消费性贷款,并与生产、经营性贷款相配套,房改才能顺利进行,才能促进房地产业的发展和繁荣。

(三) 按贷款的对象分为单位、个人购建房贷款,房管单位购房贷款、房地产开发企业的开发贷款

1. 单位购建房贷款

单位购建房贷款主要解决单位购建房资金不足的问题。这些单位包括住房合作社和进行房改的企事业单位。这种贷款的期限一般不宜超过三年,在贷款比例上不应超过购建房款总金额的 30%;同时单位必须有购建房计划。

2. 个人购建房贷款

个人购建房贷款是为个人购建自用住房而开办的专项贷款。这部分贷款属于消费性贷款,是房地产金融业务中的重点。随着住房商品化的发展和个人收入水平的提高,必将促进个人购建房贷款业务的更大发展。

3. 房管单位贷款

房管单位贷款是用于房管部门进行住房维修、危房改造所需的临时周转性贷款的需要。

4. 房地产开发企业的贷款

房地产开发企业的贷款是用来支持城镇综合开发建设和商品房建设以及配套工程的建设。该贷款一般按计划发放,受信贷计划的控制。

第二节 房地产开发贷款

房地产开发贷款,也称"房地产开发流动资金贷款",又称"土地开发及商品房贷款"。房地产开发贷款包括房地产开发企业流动资金贷款和房地产开发项目流动资金贷款两种。

一、房地产开发企业流动资金贷款

(一)房地产开发企业流动资金贷款的对象和条件

1. 对象

房地产开发企业流动资金贷款是指房地产金融机构对房地产开发企业发放的生产性流动资金贷款。它主要是为支持城镇综合开发,促进商品房建设,提高土地开发及商品房贷款的社会效益和经济效益而设立的。其对象是凡经有权机关批准经营城镇土地开发和商品房建设,具有符合国家规定的资金数额,并且取得了法人资格的企业,均可向房地产金融机构申请房地产开发企业流动资金贷款。具体包括:

(1)土地开发公司。根据城市总体规划的要求,专门从事城区土地(菜地、荒地、池塘等)、七通一平(通水、通电、通路、通暖气、通煤气、通讯、排水、平整土地)的开发,并以有偿形式转让给使用单位的自主经营、自负盈亏的经济组织。

(2)住房开发公司。即按照城市总体规划,专门从事商品房开发建设并以销售的形式供给使用单位或个人的自主经营、自负盈亏的经济组织。

(3)房地产综合开发公司。也称城市建设综合开发公司,它是按照城市总体规划,对城镇土地、房屋进行综合性经济开发的一种经济组织。

2. 贷款条件

(1)必须具备开发企业的资格。申请贷款的企业,必须具有当地建设主管部门核发的开发企业许可证;必须持有县以上工商行政管理部门注册登记后颁发的工商营业执照。

(2)必须在贷款银行开立银行帐户,将所有业务收入存入银行,办理结算,并定期向贷款银行提供会计报表等有关资料。

(3)自有流动资金必须达到生产流动资金的 30%;预收购房款不低于开发工作量的

30%。

（4）必须具备有权部门下达的年度开发计划和经有权机关批准的开发项目规划设计文件，并提供相应的开发方案和可行性报告。

（5）必须有健全的管理机构和财务管理制度。

（6）必须有偿还贷款本息的能力。

（三）房地产开发企业流动资金贷款的程序

（1）企业向经办银行提出借款申请，经办银行按规定的程序进行审查核实。主要审查其借款申请是否具有已批准的年度开发计划，企业的财务状况和信誉程度如何，开发的产品预售情况如何，自有流动资金和预收购房款各自所占比重是否符合规定，申请借款的数额是否合理等情况。

（2）核定贷款额度。银行对企业的借款申请审核后，提出意见，并核定贷款额度，报上级行批准。

（3）借款申请批准后，借款企业要在一个月内与经办行签订借款合同，并对合同进行公证，如果逾期未签订借款合同的，原批准贷款的指标即告失效。

（4）借款合同生效后，借款企业应及时向银行提交用款计划，经办行同意后，银行按计划用款时间，一次或分次将贷款从贷款户转入企业的存款户，并开始计息。

（四）房地产开发企业流动资金贷款的期限与利率

贷款的期限是指从借款合同签订之日起，到规定贷款还清之日止，一般不超过两年。贷款的利率一般按照中国人民银行规定的流动资金贷款利率标准确定。贷款利息，按季结算。

（五）房地产开发企业流动资金贷款的用途

房地产开发企业流动资金贷款，主要用于垫付城市综合开发、商品房开发以及旧城改造项目所需的生产性流动资金。具体用途包括以下五个方面：

（1）房地产开发的前期工程所需占用的资金。包括总体规划设计费、可行性研究费和水文、地质勘察测绘费及其他费用。

（2）土地开发所需占用的资金。包括土地补偿费、青苗补偿费、移民安置补助费、新菜地开发建设资金、耕地占用税、拆迁补偿费和三通一平费。

（3）基础设施建设所需占用的资金。包括道路、通水、通气、通电、通讯、排水、绿化和环卫等。

（4）建筑安装工程所需占用的资金。包括各种用于出售的建筑物所占用的资金。

（5）公共设施配套工程所需占用的资金。包括各种直接摊入商品房价格中的居委会、派出所、幼托所、消防设施、锅炉房、配电房、水塔、自行车棚和公厕等。

特别指出的是，房地产开发企业流动资金贷款不得挪用于企业自身固定资产投资或房地产开发项目投资。

二、房地产开发项目贷款

（一）贷款的特点与对象

1. 特点

房地产开发项目贷款是指房地产金融机构对具体房地产开发项目发放的生产性流动资金贷款。该项贷款有两个特点：

（1）开发企业只能将贷款用于规定的开发项目，不能转移到其他开发项目中使用。

(2) 贷款额度按照开发项目的建设工期和投资额，一次核定。即一个开发项目，只能得到一个开发项目的一次贷款。

2. 贷款的对象

房地产开发项目贷款的对象是投资数额大、建设工期长的开发项目（如住宅小区），而不是开发企业，开发企业是贷款债务的承担者。

（二）贷款的用途和条件

1. 贷款的用途

贷款的用途是特定的，必须专款专用，即只能用于贷款项目的土地征用及拆迁补偿、前期工程、基础设施建设、房屋建筑安装、公共配套设施建设等发生的费用支出。属于开发企业应发生各种税费不能挤占贷款。

2. 贷款条件

开发项目贷款条件指的是房地产金融机构在发放贷款前，开发项目应该具备的基本条件，以便保证开发项目贷款的合理性、合法性和安全性。开发项目贷款条件，除了符合开发企业流动资金贷款条件外，还须具备下述条件：

(1) 贷款项目必须列入当年的开发计划。发放的项目贷款要纳入国家生产计划和信贷计划，符合城市总体规划和国家投资政策，并且预售房屋面积一般不低于建筑面积的70%。

(2) 贷款项目必须具备有权部门批准的设计文件。开发生活小区规划设计，要经当地政府批准；单项项目设计必须经城市规划部门批准。开发项目须经可行性研究和银行的项目评估。

(3) 贷款项目必须具备施工条件。开发项目的前期工作准备就绪。如土地征用手续已办妥，开发项目的销售合同已经签订，并已预收了规定比例的销售定金，施工队伍已经落实，施工前的备料工作已陆续完成等。

（三）销售项目决策

开发项目贷款的决策指的是房地产金融机构在发放贷款前，对贷款资金的安排、资金的使用和项目的选择等方面所作的决策。项目选择是否正确，直接关系着贷款的成败，因此开发项目贷款的决策，是贷款的关键。这样，房地产金融机构在发放贷款之前，必须慎重选择，必须进行有四个环节的决策过程：

1. 参与开发项目的选择，进行项目评估，提出评估意见

房地产金融机构要主动参加开发项目的可行性研究工作，并进行项目评估。项目评估的侧重点在于开发项目的财务分析，对开发企业的财务状况进行评审，对资金需要量、资金周转情况以及对开发企业的技术、经济条件都要进行可行性论证，并写出项目评估报告。总之，凡是由银行信贷资金安排的开发项目，必须坚持先评估，后贷款的原则，未经评估的项目，不能发放贷款。

2. 参与贷款项目的概算审定和销售估价，提出具体意见

房地产金融机构可以参与贷款项目的设计和概算的审查，准确审定项目概算总投资，以确定该项目贷款的最高额度。此外，金融机构还应根据开发项目的地段、用途，当地的经济承受能力，以及开发项目的概算，对销售价格进行评估，并按国家有关政策提出具体意见。

3. 参与项目年度计划的安排

开发企业根据计划部门批准的投资额和预售情况,编报年度计划申报表。房地产金融机构根据企业报来的计划申报表,提出意见,并同计划部门一起确定年度开发计划。开发计划中的贷款项目,经金融机构认可后,即可列入金融机构贷款计划中。

4. 核定贷款额度

金融机构根据项目投资额和年度项目开发计划,以及企业资金的筹集情况,确定贷款额度。

开发项目贷款的程序与开发企业流动资金贷款的程序基本相同,只是在贷款申请和核定上有区别。开发项目贷款是在开发项目立项时提出的申请,而不是按当年开发工作量提出的申请。

第三节 房地产经营贷款

房地产经营贷款是对房地产再生产过程中的生产、经营、消费三环节当中的经营环节所进行的融资。具体地说,房地产经营贷款是指房地产金融机构对从事房地产买卖、房屋租赁、维修和装饰以及其他服务活动的房地产经营企业发放的经营性贷款。

一、房地产经营贷款的对象

房地产经营贷款的对象是专门从事房地产经营活动,并具有法人地位,能承担偿还贷款义务的经济组织。具体对象有:

(一)房地产经营公司

房地产经营公司是以房地产租赁为主,并对住房消费过程中的交换、转让、维修等方面提供有偿服务的独立经营、自负盈亏的经济组织。

(二)房地产信托公司

房地产信托公司是接受委托代管经营房地产,但产权仍属于委托人的一种具有信托性质的房地产经营企业。其经营范围是受托代理房地产出租、出售和维修等活动。

(三)房屋维修公司

房屋维修公司是从事房屋大小修理的独立经营、自负盈亏的经济组织。

(四)房屋装饰公司

房屋装饰公司是专门从事房屋室内外装饰、翻新活动的独立经营、自负盈亏的经济组织。

二、房地产经营贷款的种类

房地产经营贷款主要从贷款管理上,分为流动资金贷款、大修理贷款和专项贷款三类。

(一)流动资金贷款

流动资金贷款是指房地产金融机构对房地产经营企业发放的经营性流动资金贷款。这种贷款主要是根据国家信贷计划及企业自有资金的使用情况发放的。流动资金贷款一般每年核定一次,如果经营情况较好并且稳定的公司,也可以三年核定一次,但最多不超过三年。

(二)大修理贷款

大修理贷款是房地产经营企业为了给经营性租赁的房屋进行大修理而向金融机构申请的贷款。申请大修理贷款的房地产经营企业要有经营企业主管部门下达的大修理计划,并且贷款要专款专用。

（三）专项贷款

专项贷款也叫更新改造贷款，是指房地产经营企业对经营性租赁的房屋进行更新改造而向金融机构申请的贷款。该项贷款也要有企业主管部门下达的更新改造计划，并且保证贷款要专款专用。

三、房地产经营贷款的用途

房地产经营贷款的用途指的是贷款的投向和使用对象。具体来说，房地产经营企业贷款的用途主要有：

（一）房屋租赁

房屋租赁用款是在租赁房屋时，所需要占用的资金。包括房屋清理、检修及其它服务活动所占用的资金。

（二）房屋维修

房屋维修用款是在租赁房屋时或接受其它单位或个委托，对房屋修理保养所需占用的资金。

（三）房屋装饰

房屋装饰用款是在租赁房屋时，或接受其它单位委托，对房屋进行装饰、翻新所需占用的资金。

（四）房地产买卖

房地产买卖用款是在房地产买卖过程中所需占用的资金。

四、房地产经营贷款的条件

贷款条件是指在贷款对象的范围内，借款单位向银行申请贷款前应具备的基本资格。这种资格主要包括三个方面的内容：一是借款单位的法人地位；二是借款单位要独立核算；三是借款单位的经济实力。按照现行规定，借款单位向金融机构申请经营性贷款时，必须具备下列条件：

（一）经有权机关批准，依法注册登记，具有法人地位的企业

凡是申请借款的房地产经营企业，都必须凭批准的文件，在县以上工商行政管理部门注册登记，持有营业执照和经营许可证。

（二）实行独立核算，有健全的管理机构

这里的"独立核算"是指能独立处理全部业务，具有一定的自有资金，有权签订经济合同和处理本企业的债权债务，并自负盈亏；健全的管理机构是指有健全的会计机构和其他管理机构，并有健全的财务规章制度和会计核算制度。

（三）经营贷款应以经营的房屋等不动产作抵押，并经公证机关公证

（四）必须在贷款的银行开设帐户

借款单位的一切业务收支都要在贷款的开户行结算，并定期向贷款的银行提供经营计划、财务报表等有关资料。

第四节 供楼贷款

一、供楼概述

（一）供楼的概念

"供楼"是粤语方言,因借鉴香港的"供楼"做法而得名。其具体做法是,购房者买房时,要交付规定的房款,银行才向购房者提供规定的借款,同时购房者要用所购房产作为贷款的抵押品,并按时向银行分期还本付息。这种做法可以缓解购房者暂时资金不足的困难,使购房者在财力不足的情况下,实现住房提前消费的愿望。"供楼"的做法无疑给房地业注入新的活力,进一步促进房地产业的发展,能使房地产业实现投入产出的良性循环。

(二)供楼的特点

1. 适用范围大

一般的购房贷款,借款人要有所在地的正式户口。而供楼贷款只要用所购房产做抵押,就不必考虑借款人户口所在地的问题。这样,不论是本地居民还是外地客户,甚至海外侨胞,只要同意以所购房产作抵押,都可以取得供楼贷款。该贷款具有较强的适用性,使供楼贷款的范围扩大了,推动了房地产商品经济的发展。

2. 存款利率高

供楼的存款利率要比一般的住房储蓄利率高,与人民银行规定的同档次非住宅储蓄存款利率一致。这样对吸收住房存款有利,可以多吸收住房存款,使那些不准备买房,或暂时不想买房的储户也愿意参加这种供楼存款,而不必顾虑利息的高低。并且供楼存贷款的利差仅为 0.9‰,减少了购房者的利息负担。

3、贷款管理灵活

一般的住房信贷资金管理得比较严格,就是限定存款达到购房款的一定比例才能取得贷款,这样对购房者来说很不适用,很可能使购房者丧失良机。但供楼信贷资金管理得比较灵活,不硬性规定存款时间,不管存款时间多长。储户只要有机会购房,就可以取得贷款。同时银行与开发企业签好协议,收到银行划拨的款项后,一年内银行贷款部分不能动用,主要视购房者还款的能力,如果不具备该能力,银行可收回贷款,或再想其它办法满足借款人的需求。这样供楼贷款安全性高,并且使信贷资金由前控改为后控,比较符合购房的实际情况。

二、供楼的内容

(一)供楼所涉及的关系

供楼业务涉及银行、开发企业、购房者三方面关系,缺一不可。首先银行要有一个供楼办法,其内容包括供楼的基本条件,存款与贷款的有关规定,违约责任以及银行与开发公司、购房者的关系等。银行是供楼的主体。其次开发企业应予配合,并遵守银行的供楼规定,与银行签定有关协议,按协议提供房源、房价等有关方面的信息。开发企业是供楼的中间人,是主客体的媒介。再次,购房者应具备供楼要求的条件,自愿遵守供楼办法,并先与开发企业签订购房合同,后到银行存储房款的 50%,再领取供楼借款申请书,签订借款合同。这里,购房者是供楼的客体。

(二)城镇居民供楼应具备的条件

(1)有正当职业、收入要稳定,并且在规定的期限内(一般八年内)还清借款本息。

(2)在贷款银行存足购房款的一定比例(一般在 30%~50%)。

(3)在贷款银行存足购房总价款的 50%。

(4)有一定经济实力的单位或个人担保。

(5)到与贷款银行签约的开发企业购买现货或期货商品房。

（三）供楼的存款和贷款

供楼的住房储蓄存款分活期、零存整取、整存整取三种。客户可自由选择。存款利息按国家规定的同档次储蓄利率执行。贷款最高额度为购房总价款的50%，贷款最长期限一般为八年，贷款利率比同期储蓄利率高0.9‰。

三、供楼贷款

供楼贷款是在房地产开发经营和消费过程中，对消费环节所进行的一种重要资金融通方式，即房地产的消费性贷款方式之一。供楼贷款是指购房者支付一定比例的房款后，其余部分可由银行提供贷款来实现住房的消费。

（一）供楼贷款的意义

1. 有利于推进住房制度的改革，加快住房商品化的发展

我国现阶段进行的住房制度改革，就是要实现住房商品化。可是我国目前的工资收入普遍低下，而房地产商品又是一个特大型的特殊商品，价值巨大，如何才能实现住房商品化，推进住房制度的改革，尽快改善人民的居住条件？只有实行"供楼"贷款业务，是切实可行的有效办法之一。

2. 有利于促进住房的开发和消费

供楼贷款业务能有效地解决消费者资金不足的问题，提高了消费者对商品房的购买力，也加速了房地产开发企业的资金周转，刺激了房地产开发企业对商品房的进一步开发建设，有助于实现住房的投入产出的良性循环。

3. 有利于筹集住房建设资金，引导居民的消费

发放供楼贷款既是对建房者的有力支持，又是对消费者的有效协助。更重要的是通过供楼贷款业务，将居民的消费资金转化为房地产业的生产资金，缓解了庞大的结余购买力对消费市场的压力，调整了居民的消费结构，促进了房地产业的繁荣和发展。

（二）供楼贷款的管理

1. 贷款管理的原则

（1）一条龙管理。即银行为方便群众，就近提供供楼服务，而在全市所有办事处均应开办供楼业务，实行一条龙管理。各银行分支机构在受理供楼贷款业务时，要负责审查贷款条件，签订贷款合同，监督贷款使用，负责收回贷款等各项管理工作。

（2）不支付现金。为了确保供楼的信贷资金不被挪用，按规定，供楼贷款不应支付现金。发放供楼贷款后，银行将购房者的供楼储蓄连同贷款一起划入开发企业在银行开设的专户上，以保证信贷资金的安全和用途的正当。

2. 供楼贷款的程序

购房借款的城镇居民应携带个人身份证、户口簿、购房合同和存储房价款的50%的存款单到银行验证，领取供楼借款申请书。

借款申请经审查同意后，即可签订借款合同，合同批准后银行将个人购房储蓄及贷款划入开发企业在银行的帐户上，开发企业收妥房款后，使商品房交付购房者使用，并负责将房屋的产权证明书交银行作抵押，待还清全部借款本息后交还购房者。

3. 还款的要求

供楼贷款按年限套入同档次储蓄存款月利率上浮0.9‰计算利息，借款人每月按合同的还款计划，按期归还本息，否则，从逾期之日起对迟交部分加收20%的罚息。

购房者超过六个月不还本付息或到期不还清全部借款的，银行有权要求担保人代为偿还或变卖抵押的房屋来抵偿欠款本息及罚息，剩余部分退还给借款人。

第五节 房地产抵押贷款

在前几节介绍的房地产开发贷款、经营贷款和消费贷款，这些贷款有一个共同特点就是采取了房地产抵押的形式。因为房地产抵押贷款能够大大降低信贷风险，所以这一贷款形式在银行信贷业占主导地位，特别是房地产领域，房地产抵押贷款对房地产开发、经营和消费起着重要的融资作用，促进了房地产业的发展。

一、房地产抵押贷款的特点和种类

（一）房地产抵押贷款的特点

房地产抵押贷款是银行要求借款人以拥有的或正在购建的房地产作抵押而向其提供的贷款。它是以抵押合同为依据的一种抵押贷款形式。抵押合同具有法律效力，即房地产一经抵押，在法律上就暂归债权人所有，贷款到期，借款人必须如数归还贷款本息。否则，银行有权处理其抵押品作为补偿。它有三个特点：

（1）抵押权的设定，只是发生所有权的暂时转移，而不是房地产使用权的转移。这样给借款人造成一定的压力，使其尽快归还贷款。

（2）房地产抵押并不一定引起房地产所有权的转移，只是有这种可能性。只有在债务不能偿还时，才能发生所有权的转移。

（3）抵押权人不一定是处分抵押品的受让人，其基本权利是将抵押品的变卖价款优先清偿欠款。而就处理抵押的房地产时，抵押权人与其它竟买人处于同等的法律地位。

（二）房地产抵押贷款的种类

1. 土地开发抵押贷款

土地开发抵押贷款是土地开发企业以其准备开发的土地使用权作抵押而从银行取得的贷款。目前，银行发放这种贷款的额度比较小，但是由于土地开发项目周期短，资金周转快，往往只需几个月的时间就可以完成一定规模的土地开发任务。因此，银行对土地开发企业的抵押贷款应进一步发展。

2. 房屋开发抵押贷款

房屋开发抵押贷款是指房屋开发企业以其开发的房屋产权作抵押而从银行取得的贷款。这类贷款期限较短，一般是1~2年。在发放这类贷款时，银行要了解借款企业的资信情况，以便确定不同的贷款额度和利率。

3. 住房抵押贷款

住房抵押贷款是指单位和个人以住房的产权为抵押而从银行取得的贷款。该贷款是住房制度改革的产物，与房改相配套，有助于房改的顺利进行。

4. 房地产抵押经营贷款

房地产抵押经营贷款是指房地产以其准备维修、租赁、装饰的房地产为抵押而向银行取得贷款。该贷款的额度小，期限短，资金周转快的特点，是一种更新改造性质的贷款。

虽然房地产抵押贷款划分以上四类，但是在实际工作中，房地产抵押贷款的实质包括房地产抵押开发贷款、房地产抵押经营贷款、房地产抵押消费贷款三块。在这里只介绍房地产开发、消费抵押贷款。

二、企事业单位房地产抵押贷款

企事业单位房地产抵押贷款指的是房地产开发企业以其开发的房地产作抵押而向银行申请到的贷款。

(一) 房地产抵押贷款的对象和条件

根据有关规定,房地产抵押贷款的对象是指凡实行独立经济核算,并能承担经济和民事责任,在贷款所在地登记注册的企事业法人。符合下列条件均可申请该项贷款:

(1) 借款人必须具有偿还贷款本息的责任和能力。

(2) 借款人应提供指定地块的土地使用权有偿出让合同、开发建设方案、项目可行性报告、偿还贷款本息的途径、批准的建设计划和贷款人要求提供的其它条件。

(3) 借款人应与土地使用权及其土地上的建筑物、其它附着物设定抵押,向贷款银行办妥抵押和登记公证手续。

(4) 借款人应在贷款银行开立贷款户和结算户。

凡符合贷款条件的借款人,在借款时,要填写《房地产抵押贷款申请表》,并提供部分文件,经贷款银行认定后,方可办理借款申请。

另外,房地产开发企业在办理房地产抵押贷款时,还应该给银行提供下列文件:房地产抵押登记申请书;抵押当事人身份证明或法人资格证明;抵押房地产的所有权证件及房地产抵押合同。

(二) 贷款用途

房地产抵押贷款主要是为解决土地使用权受益人开发批租地块建设资金的不足而开办的。因此,借款人在取得房地产抵押贷款后,只能将贷款资金投向相应的开发项目上,不得挪作其他用途。

(三) 房地产抵押贷款的额度、期限和利率

贷款额度由贷款银行根据借款人的资信、经济效益、借款金额和时间长短来确定。但最高不超过抵押物现行作价的70%。

贷款期限一般为1~2年,最长不过3年。

贷款利率一般是根据期限长短确定的。人民币抵押贷款利率按建筑业流动资金贷款利率执行,并根据贷款期限的长短,借款额的多少,实行浮动利率。贷款利息实行按季结息的办法。

(四) 房地产抵押贷款合同和协议的主要内容

1. 贷款合同的主要内容

房地产抵押合同和协议是由抵押人(借款人)和抵押权人(贷款银行)双方共合签订的。合同的内容包括:

(1) 借款的名称、地址和法定代表权。

(2) 贷款的金额、用途、期限、利率、归还方式。

(3) 抵押物的情况及保险的种类和赔偿办法。

(4) 违约责任、签约日期及其他事项等。

2. 贷款协议的主要内容

在签订合同的同时,抵押双方的当事人还应签订抵押贷款协议。抵押贷款协议是贷款

合同不可分割的文件。协议包括的内容如下:
(1) 抵押物的名称、数量、作价、产权归属及有效使用期限。
(2) 抵押率、抵押额。
(3) 抵押物的占管人、占管责任以及毁损的风险责任。
(4) 抵押权证的移交、保管。
(5) 抵押物的处分及其他抵押事项。

此外,抵押贷款合同、协议签订后,抵押双方必须将合同、协议到有关部门办理产权登记手续,并经公证机关公证。

(五) 贷款抵押物的占管

贷款抵押物的占管是指借款人对抵押物的占用和管理。一般来说,占用抵押物的同时也要承担管理抵押物的责任。对留置的房地产抵押物所涉及到的公证、保险、鉴定、登记、维修和保养等费用,由借款人承担。

在一般情况下,房地产由抵押人占管,房地产产权证书由抵押权人(贷款银行)保管。抵押权人要对抵押物严格管理和检查,以保证抵押物和抵押贷款的安全。为此,抵押权人应该备有标明抵押物所处的地理位置、结构、新旧程度等内容,并附上地理位置图,房产外观照片等资料。

房地产占管的主要责任是保护和维修房产以及按照合同使用土地。房产可以由抵押人使用,但必须是正常合理地使用,不能因为已抵押出去而不正常地甚至破坏性地使用。如果抵押权人发现抵押人对其所占管的抵押物有减损其价值的行为时,贷款人有权要求其提供等值的财产作抵押。

借款人在抵押还贷期间,如需将抵押品预售、预租、馈赠等,必须办理以下手续:预售或预租,应征得贷款人书面同意,并明确预售或预租收入全部存入贷款银行帐户,明确预售或预租收入归还贷款的比例;变卖或馈赠应征得贷款人的书面同意,并明确偿还抵押贷款本息的责任和方式,方可解除或变更抵押协议。

(六) 抵押房地产的处分

抵押贷款中抵押财产的处分是指贷款人对抵押的房地产进行变卖来抵补贷款的做法。在下述几种情况下,银行可依法处分抵押的房地产:
(1) 借款人(企业)被宣告破产或解散。
(2) 借款人未依照合同到期如数偿还贷款本息。
(3) 借款人在生产经营、财务或其它事项方面发生重大事件可能影响贷款人的利益时。

贷款银行处分抵押的房地产可以采取拍卖或转让的形式。对抵押的房地产处分所得价款的分配原则和顺序是:首先支付拍卖费用和其它有关处理抵押物的费用;其次用于偿还抵押人所欠贷款本金、利息和罚息,不足偿还额部分贷款银行有权另行追索,但超过偿还额的部分应退还给抵押人。

三、职工住房抵押贷款

职工住房抵押贷款是房地产消费性贷款的主要方式,也是供楼业务所采取的贷款形式。职工住房抵押贷款是指银行向城镇居民提供的用于购建住房的贷款,是房地产消费过程中的借款行为。

(一) 贷款的对象和原则

1. 对象

职工住房抵押贷款的对象是城镇职工、居民。

2. 原则

职工住房抵押贷款的原则如下：

(1) 先存后贷的原则。即申请贷款的人，必须先在银行存足一定数额、一定期限的住房储蓄。也就是说，银行只能负责提供个人购建房款的一部分，而不是全部。

(2) 存贷挂钩的原则。该原则要求：1) 住房抵押贷款与住房储蓄相结合。2) 存款用途与贷款用途相一致。3) 存款金额必须与贷款金额成比例，存款金额越大，贷款的额度也越大。4) 存款期限与贷款期限相结合，存款期限越长，贷款期限也越长。5) 存款利率与贷款利率相结合，存款利率低，贷款利率也低，贷款利率随存款利率的变化而变化，始终要保持一定的存贷款利息差额。

(3) 抵押加担保原则。即职工向银行申请住房贷款除了住房抵押外，还要有担保人担保，一般来说，职工的担保人最好是职工所在单位。这样，住房贷款在抵押外，再加担保，对银行回收贷款来说，起到"双保险"的作用。

(4) 整借零还的原则。即贷款银行一次性将购房款提供给借款人，而借款人的还款则是分期逐步偿还的。

（二）贷款的条件

住房抵押贷款的条件，是指在贷款对象的范围内，借款人向银行申请贷款时应具备的条件。从现实情况来看，住房抵押贷款的条件有：

(1) 有当地城镇正式户口。

(2) 有购买住房的合同、协议和批准购建房的证明文件及其它文件。

(3) 提出借款申请时，在贷款银行有相当于购买住房全部价款的30%以上的存款，并以此作为购建住房的首付款。

(4) 有稳定的经济收入和归还贷款本息的能力。

(5) 同意将房产或贷款银行认可的有价证券抵押给贷款银行。

(6) 职工所在单位必须在指定的银行开立住房基金存款户。

(7) 借款人所在单位同意作为归还贷款本息的保证人。

另外，借款人还应向贷款银行提供以下需要审查的材料：

(1) 借款人具有法律效力的身份证明。

(2) 借款人所在单位出具的借款人固定经济收入的证明。

(3) 符合法律规定的购建住房合同、协议或其它证明文件。

(4) 抵押房产的估价证明书、鉴定书。

(5) 还款保证人的资信证明材料。

(6) 贷款银行要求提供的其他证明文件和材料。

（三）住房抵押贷款的管理

1. 办理住房抵押贷款的程序

办理职工住房抵押贷款业务，借贷双方都必须严格履行以下程序：

(1) 借款人须填写职工住房抵押贷款申请表，并向贷款银行提供有关的审查材料。

(2) 贷款银行对借款人的借款申请及其他各项证明材料进行审查，审查合格后由贷款银行出具贷款承诺书。

(3) 借款人凭贷款银行出具的贷款承诺书与售房单位签订购房合同或协议。

(4) 借贷双方及保证人签订住房抵押贷款合同，并进行公证。

(5) 贷款合同签订并经公证后，银行将借款人的存款和贷款以转帐方式划入购房合同或协议指定的售房或建房的单位在贷款银行开立的存款户上。

2. 住房抵押贷款的期限和利率

住房抵押贷款期限的长短主要根据当地的房改方案、借款人的承受能力和银行信贷资金的供应情况等来确定。这样就要从当前我国住房市场的发展进程出发，住房抵押贷款的期限应根据不同情况来确定。对参加住房储蓄和住房制度改革的居民，享受标准价、优惠价或成本价购买住房，其贷款期限最长不超过15年；对未参加住房制度改革的居民，以市场价购房的，并且在经济上有一定困难，贷款期限最长不超过20年；有一定经济能力购买商品房，但还需一小部分借款的居民，其贷款期限一般在3~5年。

贷款利率是由两个方面的因素决定的，一是借款人首期付款占房价款的比例；二是贷款期限的长短。首期付款比例越高，贷款期限越短，贷款利率也越低；反之，借款人首期付款的比例越低，贷款期限越长，贷款利率也就越高。当国家调整利率时，利率随之相应调整。

3. 贷款的抵押

购买现货商品住房的借款人，应将所购房产的产权证书及保险单抵押给贷款银行；购买期货商品住房的，当房屋在建时，可用银行认可的有价证券作抵押。用于抵押的房产必须经过贷款银行认可的评估机构进行估价。贷款本息不得超过抵押物估价值的70%。

第十章 房地产信托

第一节 房地产信托的基础知识

房地产信托是信托业与房地产业相互融合的产物,是房地产金融的主要业务之一,它的发展对房地产业的发展和房地产金融业务体系的完善起到积极的作用。本章将着重介绍有关房地产信托方面的知识。

一、房地产信托的概念

(一)信托的概念

信托,简言之,就是信任与委托的意思,具体来说,它是以资金和财产为核心,以信任为基础,以委托为方式的管理制度。其概念可以表述为财产的所有者为了达到一定目的,通过签订合同,把其指定的财产委托信托机构代为管理或经营的经济法律行为。

(二)房地产信托的概念

房地产信托是指委托者将其资金或房地产委托给信托机构,委托其代办房地产买卖、经营、管理、建造的经济行为。房地产信托包括资金信托和不动产信托两类。资金信托是国家财政、企事业单位和个人委托房地产金融机构的信托部门运用和管理房地产信托基金进行房地产开发和经营活动的经济行为。不动产信托是信托机构接受委托对房地产等不动产进行管理或经营的信托业务。它包括代理、代营、代建房地产及有关房地产方面的咨询等活动。

二、房地产信托的三要素

房地产信托是通过信托机构在供需双方起着中介的作用,帮助供需双方直接见面协商完成的。所以,房地产信托涉及三个方面的关系人,即委托人、受托人和受益人。这是房地产信托的三要素。

(一)委托人

即财产所有者,它指资金或房地产所有者把自己的资产以信托的方式,委托给受托人(信托机构)代为管理或经营的人。委托人可以是自然人,也可以是法人。

(二)受托人

它是指接受委托人的委托,并按信托合同或协议对信托资产进行经营、管理的人。受托人一般是法人。

受托人既有一定的权利,同时也有一定的义务。其权利是指受托人有占有、经营和管理信托资产的权利以及按期从委托人那里收取手续费作为报酬的权利。受托人如果不是自己的原因致使信托财产受损失,受托人不负任何责任,并且不影响收取手续费。其义务是受托人必须按信托合同对受托的财产进行慎重的管理与经营,不得以任何理由把信托财产居为己有。受托人不能因自身的缘故而使信托财产受损,或违反合同处理财产。如果有这样的情况，委托人、信托继承人或受益人有权要求赔偿。信托关系结束时，受托人应将信托财产交还委托人或受益人。

（三）受益人

它是由委托人指定的享受信托财产利益者。受益人可以是委托者自己，也可以是第三者。若委托人本身就是受益人，则称为"自益信托"；若受益人是委托人、受托人之外的第三者，则称为"他益信托"。受益者所获得的收益既可是信托财产本身，如委托赠与或继承的房地产，也可以是受托者经营资财所获得的盈利，如房地产拍卖收入、房租收入等。我国目前在房地产信托业务中，多数属于"自益信托"，如一些企事业单位的自管房产，由于某种原因无力管理，则交信托机构代管经营，经营收益仍归企事业单位所有。"他益信托"主要是在私有房产和港、澳、台胞和海外华人及出国留学人员购买留置的房产经营中发生的。

第二节　房地产信托投资机构

信托业是随着商品经济的发展而产生和发展的。同样，房地产信托是随着房地产业和信托业的发展而产生和发展的。我国房地产信托业也正是由于我国房地产综合开发市场的发展而产生和发展的。特别是1992年，邓小平同志南巡讲话后，房地产信托迎来了新的发展阶段，业务范围不断扩大，种类不断增加，信托机构不断设立。目前，我国信托投资机构和国有商业银行的信托部门、信托投资公司都已开办了房地产信托业务，在房地产金融系统中已形成了全新的子系统，其信托业务由中国人民银行统一管理。形成了以中国人民银行为中心，以国有商业银行为主体，多种金融机构并存的金融市场体系。下面将介绍一些主要从事房地产信托业务的房地产信托机构：

一、中国人民银行

就房地产金融、信托业而言，中国人民银行的职责是：研究和制定包括房地产信托、投资等房地产金融在内的金融工作方针、政策法规、制度等。作为中央银行，它是全国从事房地产信托投资的各国有商业银行及其信托投资公司和从事此项业务的其他金融机构的中枢；它又是管理银行，房地产信托投资机构受其管理和辖制。

二、国有商业银行

目前，国有商业银行有中国工商银行、中国人民建设银行、中国银行、中国农业银行、交通银行，以及非银行金融机构的中国人民保险公司作为我国金融行业的六大支柱，均先后开办了房地产投资和信托业务。在中国人民银行的领导下，它们发挥各自的优势，充分利用各自的条件，从事房地产信托投资及保险业务，为我国房地产业乃至房地产信托业创造了有利条件。

三、信托投资公司

信托投资公司是专门从事信托投资业务，并且以营利为目的，以受托人的身份经营信托投资业务的金融企业。有"金融百货"的美称，其经营范围包罗万象、种类繁多、业务齐全、有求必应、服务性强。目前我国信托投资公司主要有两类：一是由中国人民银行批准的，由地方政府投资兴办的；二是由中国人民银行批准的，中央政府投资兴办的。两类信托投资机构的主管部门虽然不同，但在业务方面大同小异。其主要业务是：

(1) 信托存贷款、信托投资、公益金信托、劳保基金信托、动产和不动产信托、委托存贷款及投资业务。

(2) 代理发行股票、债券，代理收付款和催欠款，代理监督、信用签证和担保，代理代办会计事务，代理保险、执行遗嘱等业务。

(3) 金融租赁、房地产租赁等业务。

(4) 资信调查、商情咨询、投资咨询、项目评估、介绍客户等服务性业务。

(5) 办理中国人民银行允许的或政府委托的其他业务。

第三节 房地产信托业务

房地产信托业务包括房地产信托资金的筹集和运用业务以及房地产信托的其他业务。房地产信托是信托机构非常重要的信托业务之一，是信托业与房地业融合的结果。这样房地产信托业务就有别于房地产金融业务。房地产金融业务是以房地产为对象，它的资金来源和运用都是以房地产为中心的一系列定向融资业务，具有专款专用的性质。而房地产信托的资金来源要依靠信托机构的融资手段和渠道，在中国人民银行允许的范围内，发挥业务灵活多样的优势，吸收各种存款，同时在尊重客户的基础上筹集资金为房地产服务。下面仅就房地产信托业务介绍如下：

一、房地产融资信托

房地产融资信托是指专门以融通房地产资金为目的的信托业务。目前，国内房地产融资信托业务主要有三种：

（一）房地产信托基金存款业务

房地产信托基金是信托机构为经营房地产信托业务而设置的基金。这是银行的信托部门所经办的业务。它包括上级银行划拨的资金和自己吸收的房地产信托存款。自己吸收的房地产信托存款包括：

1. 企事业单位设置待用的房地产信托基金存款

即具有法人资格的企事业单位以预算外自有资金及职工购建房储蓄集中设置的信托基金。

2. 房地产开发企业筹措待用的信托基金存款

因为房地产商品是特大型的特殊商品，价值巨，建设周期长，积累资金需要较长时间，将已累积的资金作为信托基金存款的形式存入银行，以便用于开发房地产。

3. 个人特约房地产信托基金

它是按照存款人的特定要求和指定用途，代为办理有关特约事宜的存款。信托机构受理这种存款一般要作特殊处理，收费较高。主要是由于个人特约信托存款事项比较麻烦。

（二）房地产信托贷款业务

1. 房地产信托贷款

又称"融资性房地产信托"。它是指在房地产转让或销售过程中，信托机构受托将委托人的房地产商品代卖给指定或不指定的购者，并对购买者融通资金，为购买者先垫付欠交的购买价款，然后由购买者按约定的次数和金额，定期归还信托机构垫付的款项。

该项业务要求房地产所有者和信托机构签订房地产信托合同，信托机构发给其信托受益权证书。如果房地产所有者为了提前取得房地产价款收入，可将其得到的受益权证书在房地产金融市场上卖给投资者，投资者购买了受益权证书就成为信托受益人，有权向信托机构索取房地产的有关权益。该信托业务，对于房地产所有者和购买者都有好处。对房地产所有者来说，可以通过受益权证书的转让提前收回房地产价款；对购买者来说，可以得到信托机构的房地产信托贷款，这种贷款比银行贷款更为方便。因为到银行借款最多只能借到抵押房地产价值的70%的贷款，而房地产信托贷款可以得到全额贷款。特别是在银根紧缩时，中央银行对银行贷款较严，而对信托贷款较松。

2. 房地产委托贷款

又称"服务性房地产信托"。它是在房地产交易过程中，买方资金有困难不能全额一次支付购房款。在这种情况下，一般先由买卖双方商定分期付款的期限、金额等有关买卖事项，再由双方分别与信托机构订立房地产信托合同。房地产所有者交存信托机构相当于所卖房地产价款的保证金，通过信托机构以房地产信托贷款的形式贷给购买者。购买者以后按合同规定归还贷款本息给信托机构，信托机构再将贷款本息转付给房地产所有者。开办此项业务促进了房地产买卖，活跃了房地产市场。

（三）房地产信托投资业务

房地产信托投资是指有房地产开发经营权的信托机构利用其融通资金、托管财产、联系面广、信息灵活等职能优势运用自有资金和长期稳定的信托资金，以投资者的身份直接参与房地产业的投资。房地产信托投资业务包括以实物形态即房地产开发为依托的房地产投资和以货币形态即证券交易市场为依托的房地产证券投资业务两种。在这里只介绍以实物形态为依托的房地产投资。

1. 联合投资

信托机构与其它企业联合投资的经营方式有两种：一种是参与经营方式，又称为"股权式投资"。即由信托机构委托代表参与对投资企业的领导，并按投资比例作为分红或承担风险责任的依据。一种是合作方式，又称"契约式投资"，即在资金上给予支持。信托机构投资后按商定的固定比例，在一定年限内分取投资收益，到期出让股权并收回所投资金，不参与经营管理，不承担风险责任。

2. 独资开发经营

它是指房地产开发企业的全部资本金或房地产开发项目的全部投资额由一家信托机构承担，盈亏自负。信托机构运用自有资金和吸收的信托资金存款，根据当地城市规划，直接投资开发经营房地产。建成后或售或租赁，最终以营利为目的。

3. 项目投资

即信托机构经过考察论证，从整体建筑群中挑选一个或几个项目，由信托机构直接投资兴建。项目竣工后，或卖或租，盈亏自负，灵活性强，风险有限。

二、房地产代理

（一）受托代建

以投资者为委托方，将资金交与受托的信托机构代行设计、建造。一旦建造完成交付投资者使用。受托的信托机构收取一定的手续费。由于委托方是将建设资金一次全部预付给受托的信托机构代理建设，而建设资金是根据工程进度逐步投入使用的，这样信托机构可利用暂时间歇的资金再进行其它的营利活动。

（二）代理房地产买卖

代理房地产买卖是信托机构接受客户委托代为买卖房屋的一种信托业务。房地产买卖不仅手续繁杂，而且需要一定的有关房地产的专业知识和买卖经验，并且有时卖方不熟悉房地产市场行情，找不到合适的买主；而买方也难以找到称心如意的卖主。在这种情况下，买卖双方都想借助信托机构联系面广、信息灵通的优势，委托其牵线搭桥，这样，信托机构接受了房地产的代理买卖业务。但是买卖房地产的客户都要签订委托书，载明想买卖房地产的坐落地点、面积、房屋的种类、价格限度和委托期限等，由信托机构代为物色适当的买主或卖主。经委托人同意后，办理交割手续，还可以为买卖双方代办产权过户手续等，信托机构按规定向委托人收取一定的手续费。

（三）房地产代管

房地产一般都要进行经营性的维修、保养和管理，工作繁琐，对产权人是个负担，特别是对居于外地工作和求学人员及海外华侨，更为麻烦，为此往往委托信托机构代管的方式，由信托机构提供有偿服务，但产权不变。

（四）代理房地产租赁

信托机构办理该项业务时，一般要求客户签订委托书，载明房地产坐落的区域或地点、面积、房屋种类、租金的额度等项内容的委托书交给信托机构，然后再由双方签订经租合同。合同的内容一般包括：

(1) 关于房地产租赁管理上的一切对外事宜，由信托机构出面并以委托人的名义办理。

(2) 房地产的出租条件除了委托书上载明外，其他事项也由信托机构全权代理委托人与承租人商定。

(3) 委托租赁以后，如果有欠租或其它违约事项，信托机构不负责任。

(4) 信托机构对于委托的房地产，如有修理的必要，可代委托人修理。

(5) 委托的房地产应交付的保险费、水电费及其他费用、由信托机构代付。

(6) 手续费的比例。

7. 委托代理租赁的期限。

（五）代理房地产"业权"

代理房地产业权是指信托机构受委托人的委托，全权代管房地产业的一切事项。包括产权证件的管理、户籍资料的管理及其它事项的管理。其具体内容主要包括：房地产价值管理、数量管理、图卡管理、质量管理和帐务变动管理等。代理业权的同时，委托人要将产权凭证及有关契据交当地产权地政部门做好产权登记手续。然后由信托机构以自己的名义向有关部门办理接管手续，并把原有的产权凭证及有关证件退给委托人，同时由信托机构发给受托证书，证明产权不变，将来委托人将托管的房地产转让他人，可由买卖双方到信托机构办理移交手续。

三、其他业务

（一）房地产咨询

由于房地产是一项可供长期使用的固定资产，且价值较大。因此置产者或投资者对房屋的质量、结构、地段、朝向、价格等都需要慎重选择。所以有求于信托机构进行咨询。因为信托机构具有信息灵通的优越条件，对各方面的情况掌握得全面而且可靠，可以为客户提供各种信息咨询服务。一方面，可以受房地产经营者委托，向房地产的购买者、投资者、债券或股票认购者等提供房屋和土地开发建设的开工、竣工和进度情况,房地产的位置、质量、结构、付款方式、贷款条件和有关法律事项等信息资料。另一方面,还可以为委托者调查房地产开发企业或施工企业的资信、财务状况、经营能力和销售策略等方面的情况,提供可信的调查报告和分析报告,为有关方面提供决策依据,进行有偿服务。

(二) 房地产信用担保

在房地产经营的过程中,房地产开发经营企业在经济交往过程中,无需抵押而通过信用机构担保就能获得银行贷款则称为房地产信用担保。其具体做法是由信托机构对该担保企业进行资质调查,确认可以信赖,则出具证明,银行即可签订贷款合同。提供信用担保的信托机构可在其所担保的企业借款的额度中,收取一定比例的担保费,作为风险补偿。

(三) 房地产权证的保管

房地产权证的保管是指房产所有权及土地使用权的法定凭证的保管。是信托机构接受委托,开办此项业务是信托机构配合房产管理部门进行经营管理的有效服务方式。该业务是一种综合性的行政管理业务。内容包括:对各类房产及其所有权进行审查,核发证件,办理产权转移,变更登记,审核私产、地形图、房屋平面图、各种契约和历史档案资料的整理归档。办理该业务时,信托机构应同当地房地产的产权地政部门订立合同,写明各自的责任、义务及保管要求。

第十一章 房地产保险

第一节 保险概述

一、保险及其构成要素

(一) 保险的概念

保险是以经济合同方式集合具有相同损失危险的足够多数的单位或个人,预先分担根据概率理论计算的可能损失金额,建立起保险基金,对在约定的偶然事故发生时,受到经济损失或人身伤亡的参加保险成员给予一定的资金补偿或补助的一种经济形式。

(二) 保险的构成要素

保险一经成立就形成了投保人、保险人、被保险人、受益人之间的保险关系。保险关系是以经济合同——保险合同作为信用保证的。保险人(公司)通过收取保险费,建立的保险基金是保险事业经营发展的经济基础,因而保险的构成要素是保险关系人、保险合同、保险基金。

1. 保险关系人

保险关系人是指保险合同的当事人和合同辅助人。保险合同的当事人是保险合同的主体,主要有保险人、投保人、被保险人、受益人。保险合同辅助人是指保险代理人、保险经纪人、保险公证人。

(1) 保险人。保险人又称承保人,是经营保险业务的法人,是接受投保的一方。保险人有向投保人收取保险费的权利,承担危险保障的责任,在被保险人遭到保险责任范围内损失时,须按合同规定负责赔偿或付给保险金。保险人须依法定程序申请批准取得经营资格后,在规定经营范围内经营。

(2) 投保人。投保人又称要保人,是就与自己有利益关系的财产或人身等标的物参加保险,向保险人申请并订立保险合同的一方。投保人负有交纳保险费的义务。投保人应是具有权利能力和行为能力的自然人或法人。

(3) 被保险人。被保险人也称保户,是受保障合同保障的人,即在保险事故发生后,保险标的受到损失时,享有向保险人要求赔偿和给付权利的人。

被保险人可以是自然人,也可以是法人。一般在财产保险合同中,被保险人就是投保人,只有在人身保险合同中,二者可能是分离的。

(4) 受益人。受益人又称保险金受领人,是指由被保险人或投保人在保险合同中指定的,在保险事故发生后直接向保险人行使赔偿请求权的人,一般情况下,受益人都是被保险人自己。当保险合同有效期内,被保险人死亡后,受益人为合同指定的人,如果未指定时,受益人为被保险人的法定继承人。

(5) 保险合同辅助人。由于保险经营活动环节多、涉及大量专门知识和技术,因而需要一些中介人参与保险服务,这些人不是合同订立的主体,也不是保险标的的利害关系人,而是保险合同订立和履行的辅助人,主要有保险代理人、保险经纪人、保险公证人等。

保险代理人是指根据代理合同或授权书以被代理的保险人名义进行保险业务,并向保险人索取报酬的人。

保险经纪人是基于被保险人利益,为被保险人寻找最合适的保险合同,而向承保人收取业务佣金的人。

保险公证人是为保险当事人办理保险标的查勘、鉴定、估损等工作并出示证明,之后向委托人收取劳务费用的人。

2. 保险合同

保险合同是保险人与投保人双方在自愿的基础上订立的,明确保险双方权利与义务的契约。保险合同受法律保障,具有法律效力。

(1) 保险合同的形式。保险合同一般通过投保人事先采用信函、电函、投保单等形式向保险人提出投保(法律上称为"要约"),保险人接到投保后如无异议或通过协商异议消除,可通过签发保险单(或保险凭证)的形式予以承保(法律上称"承诺")。

在我国投保人提出要约是以填具投保单形式表示,保险人的承诺是以在投保单上签章并出立暂保单、保险单、保险凭证等书面单证为证明。

1) 投保单。投保单又称保险申请书或要保书,是正式合同签订之前的预备文件。投保单由保险人事先印制,其主要内容和格式基本一致。投保人根据自己投保要求据实填写,不得隐瞒、欺诈,否则要影响合同效力。保险人审查接受了投保人在投保单上签章承保后,投保单就成为保险合同的一种非正式书面凭证,同时也标志着保险合同成立有效。也就是此时保险事故发生,而正式文本保险单未出立,则保险人也要负赔偿责任(除非当事人另附合同生效条件时方可例外)。

2) 暂保单。暂保单又称临时保险单,由保险方规定有效期,一般有效期较短,但其法律效力与正式保险单相同,有效期满或正式保单出立后暂保单即自行失效。

暂保单由保险人制作,内容根据不同情况而定。常常在下列情况时采用:①保险代理人招揽到保险业务时,尚未向保险人办妥保险单之前;②保险条件不能确定是否符合承保标准前,出立暂保单以避免草率出立正式保险单;③保险公司分支机构接受投保时,还须向总公司请示审批,在核准前向投保人开出的证明。

3) 保险单。保险单简称保单,是投保人与保险人之间订立保险合同的正式书面形式,是具有法律效力的合同文本。按我国法律规定,保险单仅是保险合同订立的书面证明,即保险单出立之前,保险合同已经生效。

在特定条件下保险单有类似有价证券的效用,如指示式和无记名式的保险单,可随保险标的的转移而转让,一旦出现保险事故,受让人可以凭保险单索赔,享受保险权益。

(2) 保险合同的内容。由保险双方通过协议达成的保险合同内容是确定当事人权利和义务的依据,基本内容有:

1) 当事人姓名、住所。以明确保险费交付、危险事故通知、保险金给付的对象。

2) 保险标的。指保险事故可能发生的财产或人身,以明确保险人提供经济保障的目标。同时也是确定投保人投保资格、投保金额、计算保险费以及发生保险事故后核定损失赔款的依据。

3）保险金额。又称保额，是投保人投保、保险人承担责任的最高限度。一般按被保险人实际需要、交付保险费的能力，以及保险标的的价值，由合同当事人协商决定。财产保险的金额不得超过保险标的的实际价值，否则超额部分无效。当保险金额相当于保险标的的实际价值称足额保险；若保险金额低于保险标的的实际价值称不足额保险，其不足部分可看作被保险人自保。发生损失后，足额保险最多可获得十足的赔偿，不足额保险最多只能获得部分赔偿。

4）保险费及保险费率。保险费简称保费，是保险业务的价格。保险费是投保人依照保险合同在规定的期限内向保险人交纳的费用，其来源具有广泛的社会性。投保方交付保险费是投保人的义务，从而也获取了经济保障。保险方收取保险费是保险人的权利，为此就要对被保险人提供经济保障。保险费的收取以灾害事故发生的概率为基础，一般按保险金额和保险费率的乘积计取。

保险费率是保险人向被保险人收取保险费的计算标准，也就是单位保险金额的保险费，以千分数表示。保险费率包括纯费率和附加费率两部分。纯费率也称基础费率，它完全用于建立赔偿基金，是保险基金的主要来源。纯费率是长期内某类保险标的的总赔款支出与总保险金额的比率，是用于赔偿保险标的损失的部分。附加费率是根据一定时期弥补业务上的各项开支需要的经费所占比率计取的，附加部分主要用作业务费用、防灾支出、奖励基金等。因此保险费率也称基本毛费率。

5）保险责任。保险责任是指保险人承担责任的范围，一般分为基本责任、除外责任和特约责任。

基本责任是指在保险事故发生时，保险人对保险标的受到的损失所承担的赔偿和给付责任。

除外责任是指基本责任以外，保险不负赔偿责任的范围。

特约责任是指有条件的从除外责任中的一部分责任，经合同当事人双方约定以特约附加责任方式承保，由保险人承担保险赔偿责任的责任范围。特约责任保险也称附险，在业务处理上一般采用特约条款，明确保险人与被保险人双方的权利和义务。

6）保险期限。保险期限是指保险人承担保险责任的时间，即保险合同有效期。一般是从合同生效之日零时起至期满日 24 时止。

7）保险赔偿。保险赔偿是保险人的义务，也是被保险人的权利。保险合同中应列有有关赔偿方法的条款。保险赔偿包括损害赔偿、责任赔偿、施救、救助费用，诉讼费用等。

（3）保险合同变更。保险合同签定后，在有效期内实际情况与签定合同时有所改变：如由于保险标的的数量上增减，被保险人要求保险金额增减；存放地点改变；危险程度改变；保险期限改变；所有权发生转移；人身保险受益人重新指定等情况下，要求变更的一方首先以书面形式向另一方提出变更申请，经双方协商同意后，可变更原合同内容。

（4）保险合同解除。保险合同签订后，由于某些客观原因：如被保险人对保险标的的保险利益已经消失或所经营的企业发生关、停、并、转、破产等情况，投保人或被保险人违反合同规定的基本条件，被保险人采取欺诈、故意捏造虚假情况以及隐瞒事实等不诚实行为诱使保险人签定合同等，当事人一方不得不提出解除合同时，可采取书面形式通知对方解除合同。

（5）保险合同终止。一般当保险合同期限届满，保险关系即告终止。若根据合同规定，保险人在已经履行赔偿或给付全部保险金后，保险合同亦告终止。

3. 保险基金

保险基金是保险公司依据保险合同向投保人收取的保险费而集中起来的货币资金，它既不同于无偿的财政资金，也不同于有偿的银行信贷资金，而是介于二者之间，既非有偿，又非无偿。它是根据保险合同规定进行有条件的偿还。保险公司属于金融机构，实行企业化经营，它经营的是特殊商品——保险，其价格形式为投保人交纳的保险费，保险基金则是保险企业经营发展的经济基础。

在保险业务活动中，由于危险发生的偶然性和不确定性，形成了保险费收入与赔款及保险金支付之间的时间差和数量差。保险基金未动用之前，只是保险补偿和给付的准备金，保险基金会因赔付和支付保险金而不断流出，同时又以保险费的收取而不断流入，期间总会有一定的余量沉淀下来，保险公司就可以利用这个时间差、数量差和沉淀余额开展经营活动。

保险公司一方面要通过扩大业务范围、增加保险品种、降低成本来减低保险费率争取更多的客户；同时要加强对承保业务的审核，避免危险集中，积极进行一系列防灾减灾工作，降低危险发生率，获取差额利润；另一方面还要遵循安全性、收益性、流动性和社会性的原则，积极主动地有效运用沉淀的保险基金余额，或通过银行投资、委托贷款，或购买国家债券，或在国家金融法规允许的条件下，直接发放不动产、有价证券、保险单等抵押放款等方式，使保险基金在良性循环中求得增殖。

二、保险原理

在人类生活和生产活动中，自然灾害和意外事故常常会出其不意地突然发生，给人类创造的财富和人的生命安全带来了破坏和损伤，所造成的困难是一个单位或一个人的自身力量难以承受的，需要多数人结合起来，实行补偿损失、经济救助的互助合作。

在正常情况下，自然灾害和意外事故的发生属于随机事件。它究竟何时发生，使哪个单位或哪些人蒙受损失，损失程度如何都是事先难以预料的，具有突发性和偶然性。但是从全社会来看，也就是具有相同危险损失的总体来看，在一定时期内，它的发生又是不可避免的，具有客观必然性。人们通过长期实践考查，可以根据概率论数理统计的原理，统计测定出各类危险事件发生可能性的大小，即各类危险概率。在现代社会中，人们运用科学的理论、方法和手段于生产实践，建立科学有序的社会秩序，并采取各种有效的防范措施防灾、减灾，尽量扩大安全度，而将危险率控制在一个很小的范围内，所以一般情况下危险事件都是小概率事件，也就是说，可能发生某种危险损失的单位或个人是很多的，而实际遭受灾害事故的只是其中的相当少数。正是由于这种偶然与必然的关系，多数与少数的关系普遍存在，才使得保险事业得以建立并具有科学的理论基础。

保险是一种转移机制，它是将大的不确定的损失转变为小的确定的损失的一种经济合作制度，是现代企业、家庭和个人不可缺少的保障机制。一方面在具有相同危险损失的总体中每个个体都具有遭受危险的可能性，因而大家都愿意以交纳小额保险费为代价投保，将风险转嫁给保险人，并作为投保人获得了一旦发生保险事故时能得到损失补偿或保险金给付的权利；另一方面由于实际遭受灾害事故损失的只是众多投保人中的少数，保险公司通过收取小额保险费而集聚的数目可观的保险基金，足以应付灾害事故的受损者的损失，这样少数人的较大损失就可以通过多数人事先交付的小额保险费得以分担，而保险公司则将少数单位或个人承担的风险转移分散出去,变为全社会(全体投保人)共同承担。虽然对某一投保人来讲,他交纳了保险费,但因保险期内未发生保险可能事故而得不到分文返还,也可能由于发生了保险事故而得到了超过几百倍以至更多赔款或保险金给付;相应地,对保险人来讲,可能收取了某投保人的保险费而不必有任何支付,也可能支出了超过其保险费数百倍或更多的赔款或保险金。但由于保险费是根据预期大数下的保险概率计算和收取的,这种表面上的个别个体现象上的不均衡正表现了总体对个别偶然事故损失的科学分担。就保险总体而言,保险公司(人)和投保人双方的权利和义务是均衡的。

三、保险的特点

1. 保险承保的是纯粹风险

风险一般可分为两种:纯粹风险和投机风险。保险承保的是在风险发生时只能给投保人带来损失的纯粹风险,而对于风险发生时,给人们有可能带来损失,也可能带来利益的投机风险,如股票风险、汇率风险等经济风险不予承保。

2. 保险保障的损失具有不确定性

保险承保的风险带来的损失须具有随机性,即是否发生不确定,发生的时间不确定,损失的程度不确定。如果损失是已知的、是必然的,则保险关系不成立,如房屋、设备的自然损耗就不在保险保障的范围内。

3. 保险承保的标的物具有可损失性

保险承保的标的为物质或与物质有关的利益,它们都应具有可损失性,无损害则无保险。如房屋遭火灾可能损坏或灭失,房屋可作为保险合同的标的。

四、保险与其他经济活动的区别

保险是以信用方式无偿的取得保险金,并按信用条例(保险合同)无偿地进行理赔活动,这一特点决定了保险与其他经济活动本质上的不同。

1. 保险与社会保险的区别

社会保险是国家对劳动者给予物质帮助的各种措施的总称。如劳动保险,它是国家法令规定对干部职工生、老、病、死、伤、残等方面的福利待遇,是保证劳动者物质福利的一种重要措施。与保险相比其资金来源不同,劳动保险资金是由实施劳动保险的单位负责,不包括对财产意外损失的补偿,不是一种契约行为,劳动保险的对象仅限于干部职工,范围数量有较大局限性。

2. 保险与救济的区别

保险与救济都是补偿事故损失的经济制度,政府、团体和个人都可以实行救济,但保险更高度的体现了互助合作性质。两者区别是:保险补偿是一种合同行为,要受合同制约,而救济是一种施舍行为,任何一方不受约束。

3. 保险与保证的区别

保证即担保,是保证人与债权人签订保证合同,代债务人清偿负债的一种行为,保险与保证在转移损失方面有相似之处,但二者区别在于保险是一家损失由参加保险的千家万户承担,保证是一家债务由另一家承担;保险的赔偿与给付限于自然灾害和意外事故,即纯粹风险,而担保合同中的债务人不履行或无法履行债务原因是多方面的,不仅仅限于灾害事故。

4. 保险与储蓄的区别

保险与储蓄的共同点在于二者都体现了有备无患的思想，特别是某些人寿保险，如养老金保险、简易人身保险等都具有长期储蓄性质。但二者仍有根本区别，首先，保险是千家万户交纳保险费，补偿少数人的意外损失，体现了互助性质；储蓄则是一种自助行为。其次，保险的目的是应付意外事故或偶发事件；而储户的心理主要是把存款用于预计的费用支出。再次，储蓄是有存有取；保险的补偿与给付则取决于是否发生保险事件。

五、保险的种类

保险的分类，目前尚未形成统一的标准，通常有以下几种分类：

（一）按照保险的推行和实施方式保险分为强制保险和自愿保险

强制保险又称法定保险，它是通过法律的形式规定强制实施的保险。凡在法令规定范围内的标的物和单位、个人，不管愿意与否，都必须参加保险，保险责任自动产生，保险金额统一规定。法定保险的保期一般为一年，保险期满时是投保人交纳下期保险费的开始，若投保人未交保险费，保险责任并不终止，而是要对被保险人迟交保险费课以滞纳金。

自愿保险是由单位或个人自由决定是否参加保险，保险双方采取自愿方式签订保险合同。

（二）按照保险对象不同，保险分为财产保险、人身保险、责任保险、信用保证保险

财产保险是以各种物质财富及其有关利益为保险对象的保险。

人身保险是以人的身体机能和生命以及其他有关利益为保险对象的保险。

责任保险是以各种民事、法律经济责任或契约经济责任为保险对象的保险。

信用保证保险是以信用活动和行为活动中履行和忠实所实现的利益为保险对象的保险。它承保的是无形的经济利益。作为遵守合约履行义务的信用，包括财务信用、商业信用、预付款信用、保证信用、诚实信用等。

（三）按照着保险关系和业务对象不同保险可分为普通保险和再保险

普通保险又称原保险，是保险人与投保人最初达成的保险。

再保险又称分保，是保险人将自己承保的原保险责任额的部分或全部转让给另外一个保险人的保险。原保险人进行再保险投保时，须订立再保险合同，其目的是当对原被保险人发生赔款时，可从再保险人处取得一部分，从而分散危险，分摊损失，控制责任，保证业务经营稳定。

（四）按照管理的范围保险可分为国内保险、涉外保险和国际保险

国内保险是为国内各单位、企业、公众自身以及在相互业务交往中所享有的利益提供的保险服务。

涉外保险是一国的企业、团体组织及个人在与国外单位交往过程中，以国外使馆人员、留学人员、外事活动人员及商人或同国际经济交往有关的企业为保险对象的，以国外人员财产、人身及其利益，以及各项对外经济贸易和技术合作项目为保险标的的各种保险业务。

国际保险是参与国际保险市场，保险项目在其他国家或国际保险组织之间的转保与分保形成的保险关系以及保险的国际投资活动。

此外，按承保风险种类可分为单一保险和综合保险。按经营目的可分为盈利保险和相互保险。按技术上可分为长期保险和短期保险等等。

第二节 房地产保险概述

一、房地产保险的涵义

房地产属于不动产,其中房产是人类劳动成果,具有价值和使用价值,可以逐步折旧,它具有一定的使用寿命,也可能被意外事故所损毁或灭失,因而具有可保性。而地产一般具有无限期的使用寿命,不需折旧。土地虽然也会在意外事故和灾害中遭到一定程度的破坏,但都不是致命的毁灭。在财产保险中通常所承保的危险,如火灾、雷电等都不会对土地造成大的损伤,经过恢复补救一般仍可利用,而且这些危险发生的概率都是很低的,所以这些损害与整个国家城乡土地的广阔面积和巨大价值相比起来是微乎其微的,因而地产作为可以永续利用的财产通常是不能做为保险对象的,也就是通常所说的房地产保险实际上主要是指房产(屋)保险以及房地产领域生产经营等方面的有关保险。

二、与房地产有关的损失及其原因

房屋由设计、建造、销售到使用等各个环节都可能遭到各种危险而发生损坏,这些损失大致可以归为财(房)产损失和责任损失两大类。

(一)房产损失及其原因

房产损失可以分为直接损失和间接损失。

1. 直接损失

直接损失是指由于危险事故发生而导致的房产本身的直接损坏和灭失。如火灾烧毁房屋;洪水冲倒墙壁等。

2. 间接损失

间接损失是指由于房产的直接损失而引起的未毁房产价值的降低或收益的下降。如火灾只烧毁部分建筑物,但须完全重建,这样还要拆除未损坏部分,从而造成了间接损失。它等于未受损部分的价值及拆除所需费用之和。

间接损失中还包括净收入下降的损失。净收入下降损失是指在被损坏的房产在被修复完好之前,人们由于部分或全部地失去了对房产的使用而导致的收益下降或费用上升,如对房产的所有人、承租人发生的净收入损失有:①租金损失。在建筑物受损后修复期间,由于不适于居住、使用,承租人没有义务支付租金,那么出租人在这段期间将蒙受租金损失。如果租约中没有明确规定这一点,承租人就要对这种租金负责。②额外费用。房屋直接损失常常会给承租人带来额外支出。如承租人是企业,它为了不间断经营以保持客户市场,就要租临时场所生产,必然发生超额租金,来回搬迁费用等。承租的个人也会发生租用临时住所的超额租金、超额生活费、交通费等。

3. 财(房)产损失的原因

造成房(财)产损失的原因一般有三种类型:

(1)自然原因。自然原因包括火灾、洪水、地震、风暴、爆炸等可以损毁房产的自然力量。

(2)社会原因。社会原因主要有:①个人品行的背离,如破坏、玩忽职守等;②群体行为越轨,如战争、暴乱等。

(3)经济原因。经济原因可能是经济不景气使房地产价格下降的外部原因,也可能是由于经营管理不善造成不能按时交竣工的内部原因。

保险承保的是由自然原因和部分社会原因所造成的损失,对于经济原因造成的损失保险不予承保。

(二) 责任损失及其原因

责任损失指的是个人或企业对第三者的人身伤害或财产损失依法承担的赔偿。

对于房产所有者、使用者以及设计、建造、经营房地产的个人或企业均面临责任风险。由房屋引起的责任有

1. 由房产所有权、占有权、使用权而引起的责任

主要是指他们对进入房屋的人所负的法律责任。对此各国法律都有明确规定。如美国普通法规定,房产所有者对未被发现的非法侵犯者,由于不安全房产受到的伤害不负责任;对于被许可进入房屋者,房屋所有人应以合理的谨慎态度保护被许可者免受有意过失对他造成的伤害,同时还必须告诫被许可者那些已有的隐蔽危险;对于受邀进入者,房屋所有者必须负保证房产安全的责任,即检查危险、提醒危险的责任。对于出租房屋,租赁合同要明确双方责任,没有规定,则有关责任由房屋所有者承担。

2. 妨害他人利益的责任

个人或企业在经营或使用房产时,可能会出现干扰他人享用财产及其附属权的权利,或干扰了他人行使公共权利的权利。如房屋所有者改建房屋,削弱了承重墙的承重能力而导致邻家人身及财产损失,或某一建筑物存在增大火灾危险、贮存易燃易爆物品等均可造成责任损失。

3. 房屋设计、建造、销售、服务中的责任

如建筑设计工程师设计不当、监理工程师监督乏力、现场施工的工程师工作失误等原因造成工程事故、人身伤害或所建房屋质量不合格、不适宜居住、使用等造成的损失都属于责任损失。另外若售出或出租的房屋存在缺陷,售租房者要承担附加责任。

三、房地产保险的作用

综上所述,房地产领域的各个环节中都有可能遭到各种风险,给人们带来损失或可能产生某种责任,其中的一些风险和责任属于可保险范畴,房屋的所有人、建造人、承租人和有关当事人都可参加房地产保险,根据不同情况购买有关保险,将风险和损失转移分散。房地产保险是保险中最重要最普遍的一种财产保险。它的主要作用表现在以下几方面。

1. 为人们提供安全和经济保障

房产对于单位、家庭或个人都是价值巨额的财富,是生活、生产必不可少的基本要素。房产一旦遭受损失对人们的影响是巨大的。参加保险,可以使人们在因房产遭受意外事故或自然灾害时,获得一定的经济补偿,为人们的生产经营活动和日常生活提供安全保障。

2. 提高被保险人的信用程度

在以房产为抵押品向银行申请贷款时,房产所有人若对房产投了保险,则可增加担保价值,提高房产所有人信用程度,促进资金的融通。

3. 有利于住房商品化发展

随着我国住房制度的改革,住房作为个人消费品进入家庭成为其私有财产。由于房屋的安全对于一个家庭至关重要,开展房地产保险可使人们思想上、日常生活中有一个安全感,有利于住房商品化的发展,同时住房制度改革也为居民住房保险业务提供了广阔前景。

四、房地产保险的原则

房地产保险与其他保险一样，要遵守最大诚信原则、可保权益原则、赔偿原则、权益转让原则、重复保险分摊原则和近因原则。

（一）最大诚信原则

保险是一种合同行为，保险人取得保险金完全是依靠自身对未来事故理赔责任的信用，保险基金是建立在信用的基础上的，而被保险人交纳了保险金就是购买了预期信用，因而保险双方当事人的诚实和恪守信用是保险建立和实施的基础。

诚信是相互的，对保险人来讲主要是遵守合同、履行义务，而对投保人则更需要其遵守诚信原则。这主要是因为投保人对保险标的——房产的风险情况最了解，风险的发生是随机的，其投保的目的就是要将风险转嫁分散出去，特别是一般房产在投保后仍由投保人支配或控制（居住或使用），所以投保人申请投保时陈述内容是否完全、准确，是否诚意合作都对保险人所承担的义务关系极大。因而要求投保人在投保时必须如实陈述保险房产的实际情况，不得有意隐瞒，以为保险人正确确定是否承保，如何承保，以及计算保险费率等方面提供依据，同时还要求投保人在参加保险后遵守保险合同中的保证条款，否则保险方有权解除合同或不负赔偿责任。

在房地产保险中，基本诚信原则要求：

1. 投保人必须陈报实质性的重要事实

投保人在申请投保时，必须向保险人陈述与危险情况有关的实质性重要事实，即

（1）房屋权属、结构、性状等超出正常的情况和存在的危险因素；

（2）说明保险人所负责任较大的事实；

（3）有关申请本人的事实，并确实具有可保利益。

一般陈报事实应在订立保险合同之前，但在保险单转期时，或在保单有效期内，如所保危险情况有所改变也须如实及时通告给保险人。

2. 保证条款的使用

保险人为慎重起见，常在保险单上列有保证条款，要求被保险人遵守。如在为一般房屋投保时，要求房屋内不堆放危险品，以及投保后仍须加强安全管理，防灾减灾等。

3. 违反诚信原则将使合同失效

如果投保人在投保单上填写的有关事项违反事实，有意隐瞒重要危险因素和事实，如所投保房产是贮藏易燃品的仓库，而填写为一般仓库，或者是在索赔时提供假证明，作虚伪陈述，以及在保险期内危险因素改变，或被保险标的不具有可保利益，而未及时通知保险人等情况，都属于违反诚信原则，从而破坏了保险合同的基础，致使合同失效。若中途发现时可以中止合同，更多情况是在索赔时才发现，这时可由保险人以拒付不保的形式不予履行合同。

（二）可保利益原则

可保利益原则又称保险利益原则。可保利益是指投保人对于投保标的——房产所具有的客观上存在的为法律所承认的各种经济上的利益，或对其承担的责任、义务所产生的利害关系，另外对于一种预期的非物质的利益也同样具有可保利益。

投保人因标的物与已有利害关系才会考虑投保，而保险人则因投保人对标的物具有可保利益才给他以保障，受理他的保险，让他享受保险上的经济利益。

可保利益原则是财产保险特有的原则，是保险合同生效的必要条件。若投保人在保险合同有效期内可保权益已经终止或转移出去，则保险合同自动失效。

如果投保人以与自己没有可保利益的标的去投保，当保险事故发生时，会产生被保险人并未受到损失却可得到保险赔偿的现象，因而必须坚持要求投保人在保险合同有效期间内，对保险标的具有可保利益原则，这样一则可以避免被保险人谋求在发生保险事故时获得额外收入的投机赌博行为；二来可以减少故意制造恶性事故，以图保险赔款的道德危险发生。另外保险人支付赔偿的最高限度一般是以可保利益的价值（用金额表示）作为依据的，对超过可保利益的部分，保险公司可以拒赔。坚持可保利益原则不仅可以使保险赔付客观合理，而且也可有效防止被保险人以较小损失换取较大赔偿的道德危险。

基于可保利益原则，凡是对房产具有法律上承认的利害关系的人，即对房产拥有所有权、据有权的人，或因合同规定而产生权益的人都对该房产具有可保利益，可作为该房产保险的投保人。具体地说，可保权益产生和存在的来源有：

1. 因所有权而产生的可保权益

（1）房产的所有人，无论房产属于个人（或单位）、还是与他人（或单位）所共有，均对该房产具有可保利益。

（2）当房产所有人将其房产委托给他人保管时，受托人就是法定所有人；享有他人房产利益的人叫收益人，受托人和受益人都对该房产具有可保利益。

如当房产所有人已经死亡，房产为其法定代表所拥有，即由指定的遗嘱执行者或他的管理人代替受益人保管房产，由于房产处于保管中，则法定代表和受益人（继承人）均有可保利益。

2. 因据有权而产生的可保权益

（1）房产虽非归其所有，但他对该房产拥有使用权、对房产安全负有责任的人，如该房产的居住者对该房产具有可保权益。

（2）对房产享有留置权的人，也对该房产具有可保利益。

3. 由合同规定而产生的可保权益

（1）在抵押贷款中，抵押人（债务人）要把房产转让给受押人（债权人），作为还款的保证。抵押人对抵押的房产有可保利益，但他负有还款的责任；抵押权人对抵押房产也有可保利益，但只限于他所借出款项的那一部分。由抵押贷款的合同关系产生了抵押权人对抵押房产的可保利益。这时一般由抵押人和抵押权人联名投保，或由抵押人投保全部房产，并附"赔款支付"条款，说明债权利益范围内应尽先赔款给债权人。

（2）依据租约享有权益的承租人，对承租房屋具有一定的可保权益。一般情况下，承租人对于房屋没有可保权益，但如果租约中规定，承租人归还主人财产的状况应与接收时的状况一样完好时，那么承租人对因意外事故或自己疏忽造成的损失就负有赔偿的责任，即他对承租房屋就具有可保利益。

在房产保险中保险所承保的是某一幢（套）房屋或与之相关联的利益；被保险人要求保险人保障的是他对投保标的所具有的利益。若所保房产与本人无关，而投保人在订立合同后故意使保险事故发生，从而获得保险赔偿，就要受到法律制裁。

（三）赔偿原则

房地产保险合同是赔偿性质的合同。当保险事故发生，投保的房产或有关利益遭受损失时，保险人应按合同规定的条款履行赔偿责任。赔偿的原则是：

1. 保险人对赔偿金额有一定限度

（1）以实际损失为限。保险人对被保险人损失的赔偿以实际损失为限，被保险人不能得到超过其实际损失的赔偿。在房产价格不断波动情况下，应以当时市场价格计算损失金额。如果所投房产保险是定值保险时，则可不论市场价格变动如何，均按合同中约定的价值计算赔偿金额。

（2）以保险金额为限。保险金额是保险合同当事人双方共同约定的保险人赔偿金额的最高限度，赔偿金额只能低于或等于保险金额，不能高于保险金额。当以市场价格计算的实际损失金额与保险金额不等时，二者取其较低者。

（3）以可保利益为限。实际上可保利益的价值与最高实际损失价值以及保险金额是一致的，如房产受押人在发生房产保险范围内损失时，他的可保利益价值，最高实际损失价值，保险金额的最高限度都是他放出的抵押贷款的数额，因而他所能获得的保险赔偿最高限，也只能是相当于他所借出的款项。同理，对于承租房产的被保险人，他所能获得的保险金赔偿最高只能等于他的可保利益价值——租金的数额。

2. 保险人对赔偿方式可以选择

当被保险人的房产遭受保险责任损失时，保险人应对其所蒙受的实际损失（最高不超过保险金额）给予补偿，使被保险人在经济上恰好能恢复到保险事故刚发生以前的状态。保险人可以选择货币支付或修复原状或换置的方法予以赔偿。

3. 被保险人不能通过保险赔偿而获得额外的利益

房产保险的原则是只对其损失进行补偿。理赔时保险人要实地勘查、核算损失、合理补偿，不能使被保险人从保险补偿中得到原来所没有的额外利益，为此还特别规定了：1）在由第三者责任引起的保险事故中，保险赔偿要遵循权益转让原则；2）在重复保险中，保险赔偿要遵守重复保险分摊的原则，使得投保人对同一保险标的受损失从各方面（如多个保险人以及侵权行为人）所获得的补偿总额不致超过其实际损失。

坚持补偿原则确定赔偿金额，既可避免不合理地扩大保险人责任，破坏保险基金的平衡性。又可防止诱发投保人利用保险赔偿投机谋利的人为危险，否则保险业将无法正常经营。

（四）权益转让原则

权益转让原则又称代位求偿原则。当保险事故由第三方责任引起时，第三方对此应负有赔偿责任。如果被保险人从第三方那里获得了补偿，就相当于没有损失，因而不能再向保险人提出索赔要求；如果保险人应投保方申请并同意赔付其损失后，保险人就可以取代被保险人地位拥有向第三方索赔的法定权力，即代位求偿权。

被保险人将追偿权益转让给保险人，就等于他从任何方得到的赔偿和收益都得转让（慈善性赠款除外），同时还有义务协助保险人向第三方追偿。保险人获得追偿权益后，就享有被保险人享有的权益，但仅限于此。即从第三方追偿到的赔偿金额小于或等于保险赔付金额时，则全归保险人，若追回金额大于保险赔付金额时，则超出部分应偿还给被保险人。如果保险人接受了被保险人的委付，则保险人可以接受大于其保险赔付金额的收益。

权益转让原则可以避免被保险人在同一次损失中从保险方和事故责任方同时取得赔偿而获得额外利益。同时，也可以防止事故责任方逃避本应承担的赔偿责任。

（五）重复保险分摊原则

投保人以一个保险标的同时向两家或两家以上保险公司投保同一危险，即构成重复保险，其保险金额往往超过保险标的的可保价值，因此在发生保险损失时，应根据保险赔偿原则，采取各保险人之间分摊保险赔偿金的办法，以防止被保险人从各方获得的总保险赔偿超过可保价值。具体分摊方法有：

（1）按比例责任分摊，即按在各家保险公司的所投保险金额的比例计算分摊赔付损失金额。

（2）按限额责任分摊，按各保险公司在没有其他重复保险人的情况下单独应负责任的限额比例计算分摊赔付损失金额。

（3）顺序负责分摊，由其中先出单的保险公司首先负责赔偿，第二家保险公司只有在承保的房产损失额超出第一家保险公司保额时，才依次承担超出部分的赔偿。

（六）近因原则

近因并非指时间上最接近损失的原因，而是指具有支配力或有效的原因。在损失原因错综复杂的情况下，要考虑近因原则，一般以最先发生，并引发一连串事故的原因为近因。保险方在分析损失原因时以近因为准，只有承保的风险是损失发生的近因时，保险人才会对损进行赔偿，若不是近因，保险人不负赔偿责任。

五、房地产保险的投保程序和理赔程序

（一）投保程序

个人或企业参加房地产保险时，首先应根据自己的保险标的进行风险分析，选择合适的险种投保，然后选择资力雄厚、服务质量上乘、保险费用合理的保险公司投保。由于保险业务复杂，投保人最好事先向保险顾问咨询、委托保险代理人具体承办。具体步骤如下：

1. 投保人如实、逐项填写保险人提供的投保单

其主要内容有：

（1）投保人姓名或单位名称及地址；

（2）投保房产项目及座落地址；

（3）投保房产的占用性质；

（4）投保金额或最高赔偿额；

（5）保险开始生效日期和保险期限；

（6）特别约定。

2. 保险公司受理投保单

对投保人所填内容逐项审查核实，要求正确清楚。若发现填写内容与规定或实际不符、不清楚时，应及时与投保人联系，予以补充或更正，应特别注意剔除除外责任。若无疑义，决定承保后，保险方核定保险费率，计算保险费用，即可签发保险单。否则驳回投保单。

3. 保险人签发保险单

保险单是保险人在接受投保人申请，双方确立保险合同关系，经过签署后交投保人收据的书面凭证。房地产保险单载明的事项主要有：

（1）被保险人的姓名（单位名称）和住所（地址）；

（2）保险标的；

（3）保险责任；

(4) 保险金额或最高赔偿限额；

(5) 保险费率和保险费；

(6) 保险期限；

(7) 保险公司或代理人签名。

在保险有效期内，被保险人或保险标的因客观原因发生变化时，经双方协商需变更保险合同时，应由被保险人提出申请，经保险人同意出列批单，并把批单附在保险单上或在保险单上背书。保险单内容与批单有抵触时，以批单为准。

4. 保险费交付

被保险人（投保人）应按保险合同规定在期限内交清保险费。家庭财产（房产）险一般是起保的当天一次缴清保费，企业财产（房产）险可在签订合同之日起十五日内一次缴清保费。除非双方有特别约定，否则保险人对逾期未缴者有权终止保险合同。保险方如终止合同，对终止前投保人欠缴的保险费及利息，仍有权要求投保方如数交足。

经过填具投保单，保险人受理投保单，同意承保并签发保险单后，保险合同即告成立。

(二) 索赔、理赔程序

当保险标的在保险有效期内发生保险事故而遭受损失时，被保险人要求保险人按保险单规定予以赔偿的法律行为称之为索赔。保险人履行保险合同，处理被保险人提出的索赔要求，进行保险赔偿的工作称之为理赔。索赔是被保险人的权利，理赔是保险人应尽的职责。

1. 被保险人的索赔程序

在保险损失发生后，被保险人应履行保险合同规定的义务，准备必要的材料，以获得合理赔偿的权益。具体作法是：

(1) 发出出险通知。在损失发生时，被保险人应以尽快的方式及时将事故发生的时间、地点、原因及其有关情况通知保险人，并提出索赔申请。被保险人有通知的义务。

(2) 积极施救，减少损失。保险合同规定，被保险人在发生保险事故时，应采取积极措施防止危险事故继续蔓延扩大，使损失减少到最低限度。被保险人有施救义务。

(3) 保持损失现场完整。被保险人要保护好事故现场，并配合保险方迅速准确勘查现场，清点整理损余物资，以便确认保险人责任和赔偿金额。

(4) 提供必要索赔文件。索赔文件一般包括保险单、保险标的原始单据（如帐册、房屋产权证、使用证等）、出险调查报告、出险证明书、损失鉴定书、受损的保险房地产损失清单和施救清理费用的原始单证等。

(5) 领取保险赔偿金。保险赔偿金额经双方确认后，被保险人即可领取赔偿金。但当赔偿涉及第三者责任时，被保险人还应出具权益转让书，将向第三者追偿责任的权利转让给保险人，并有义务协助保险人向第三者追偿。

(6) 索赔的时效问题。被保险人应在索赔时效期内行使索赔权益。房屋财产保险合同规定被保险人从保险事故发生之日起三个月内不向保险公司提出索赔，或不提供有关单证，或者从保险公司书面通知之日起一年内不领取应得赔款，即为自动放弃权益。

2. 保险人的理赔程序

(1) 立案编号、现场查勘，以了解和掌握事故发生原因及损失情况的第一手资料。

(2) 审查单证、审核责任。通常要审核以下内容：1) 索赔文件是否真实、齐全；2) 事故是否确发生在保险有效期内；3）事故是否属于保险责任范围内；4）损毁部分是否是保险标的；5）损失发生时被保险人对保险标的是否具有可保利益等。

（3）核算损失、给付赔款。合理确定保险标的的实际损失，准确计算赔偿金额，经保险合同双方确认后，保险公司在约定时间内一次支付赔款并结案。

第三节　房地产领域的几种主要保险

一、房屋财产保险

房屋财产保险是以房屋及其附属设备为保险标的的保险，以下简称房产保险。根据我国现行的《财产保险合同条例》，房屋财产保险分属于企业财产保险和家庭财产保险两个险种之中，部分省市对城乡居民的私有房产开设了城乡居民房屋保险。

（一）保险房产范围

依照房地产保险原则，投保的房产必须符合下列条件之一：

（1）属于被保险人所有或与他人共有而由投保人负责使用的房产；

（2）由被保险人经营管理或替他人保管的房产；

（3）具有其他法律上承认的与被保险人有经济利害关系的房产。

违章建筑、危险建筑、未完工建筑、非法占用的房产以及用芦席、油毛毡、稻麦杆、芦苇、帆布、塑料等材料做外墙、屋顶的简陋屋、棚。均不在可保房产之内。

（二）房产保险的基本责任

（1）房产保险所承保的基本危险有：火灾、爆炸、雷击、暴风、龙卷风、暴雨、洪水、破坏性地震、地面突然塌陷、崖崩、突发性滑坡、雪灾雹灾、冰凌、泥石流、空中运行物坠落等灾害事故。投保人可就其中的单一风险投单一保险，也可投综合保险。当被保险房产遭受上述自然灾害和意外事故而发生的本身损毁，保险公司负责赔偿；

（2）当投保房产遭受上述灾害事故时，为防止灾害损失扩大，采取各种合理措施而导致保险房产的损失；

（3）发生灾害以后，为减少房产损失而进行的保护整理工作所支出的合理费用，保险公司也予赔偿。

房产保险除承保上述基本危险外，在进行具体的房产保险时，还可以加费承保各种附加危险，如可加保"恶意行为损失"保险。

（三）房产保险的除外责任

房产保险的不保危险有：战争、军事行动、核子辐射和污染、被保险人的故意行为所造成的损失，以及房屋本身的自然损坏等。对不保危险保险公司不予受理，不负责赔偿。另外保险公司对于其他不属于保险责任范围内的损失也不予受理。如：因物质本身变化、自然发热、自燃或因烘熔所致房产自身损失；由当局命令而焚毁的房产，由于事故发生而引起的生产停顿、营业中断等间接损失。以上均属除外不保之列。

（三）房产保险的特约责任

由直接损失即房产本身的物质损失所引起的损失，如：

（1）丧失使用的损失。指房产损毁后不能使用导致经济收入减少的损失。如房屋毁损后不能出租而造成的租金损失。

(2) 额外费用损失。①为清除或整理灾后残余物而支出的费用；②由于城市规划要求所需要增加的修理和重建费用；③因房产损失而必须支出的其他各项额外费用。

(3) 利润损失，指房产遭受损失后，在恢复生产期间，因停产、减产影响而损失的利润额。

(4) 后果损失。因房产损失而导致室内外其他财物的间接损失。

上述的各种损失，在火灾保单中一般列入除外不保的范围，但可作为附加险种承保。经保险合同双方协商，做为特约条款附加在房屋财产火险合同中，保险人即承担其风险责任。

(五) 房产保险金额的确定及赔偿

1. 企业房产保险金额的确定及赔付

一般有三种方式：

(1) 按帐面原值确定保险金额。即保险金额等于建造或购置该房产时所支出的货币总额，一般属于不足额保险。当房产在保险事故中全部损失时，则按保险金额（原值）赔偿；若房产是部分受损时，应按保险金额与出险时的重置造价的比例，根据房产受损程度或修复费用来计算赔偿金额；

(2) 按帐面原值加成数确定保险金额，即根据保险双方协定，保险金额等于帐面原值再附加一个升值成数，使之趋近于重值重建价值。（它是保险金额相当于财产实际价值的保险，即足额保险）。当发生保险事故房产全部毁损时按保险金额赔偿；受到部分毁损时按实际损失和修复费用实际支出赔偿；

(3) 按重置重建价值确定保险金额，即保险金额等于重新购置或重新建造该房产的价值。出险后房产全部毁损时按保险金额投保，部分毁损时按实际损失和实际修复费用赔偿。

总之最高赔偿金额均以不超过保险金额为限。一般房产保险按保险标的的实际价值而不是重置价值保险。因为根据保险原理，保险只能按标的实际价值进行补偿，只能使遭损的房产恢复到损失前的状态，假如被保险人损失一幢旧房屋，保险人赔偿一栋新房屋，则有可能诱发道德危险，因此一般情况下不以重置价值进行承保。在实际保险工作中，有些客户为了在房产损失后直接能以保险赔偿金建起新房，而不加上历年的房产折旧提留，希望能以重置价进行保险。另外，由于通货膨胀，既使客户逐年留取折旧，按房产实际价值计算的赔偿额与折旧提留相加，也不足以重置房产，因此客户更希望多交一些保险费，按房产的重置价值投保。为了适应这一情况，保险可对那些资信好的客户按房产的重置价值承保。

2. 家庭财产保险金额的确定及赔付

居民私有房屋可投家庭财产保险或城乡居民房屋保险。

家庭房屋保险金额只能由投保人根据实际价值自行估价确定。当房屋遭受保险责任范围内灾害事故而全部毁损时，按保险金额赔付；如果保险金额大于实际损失，则按实际损失赔付。保险房屋遭受部分损失时，保险公司按房屋组成部分的市场价格和损失程度计算赔付；损失金额 50 元以下的免赔。

保险房产发生部分损失赔付后，保险单继续有效，有效金额为保险金额减去赔偿金额后的余额。

(六) 房产保险的费率

影响保险费率的因素主要有：

1. 房屋的用途

房屋可用于居住，也可作为商业、工业、仓储用房。用途不同，房屋内人们所从事的活动不同，贮存的物品也不同，引发危险的程度不同，因此费率也应不同；

2. 房屋结构

房屋有钢结构、钢筋混凝土结构、砖混结构、砖木结构等，不同结构的房屋的坚固耐久程度、耐火程度都不同，费率也应不同；

3. 建筑物平面布局

建筑物在分布密度上、建筑物间距、交通条件都有不同，发生火灾等灾害的危险性不同，施救条件也不同，费率也不相同；

4. 建筑物位置

房屋所处地理位置发生危险的类别和破坏程度不同，如江河沿岸、地震断层区等地房屋。因而费率应不同。

5. 防火设备

防火设备既要考虑城市的消防设施，还要考虑单位及房屋内的消防设备，这些也要影响费率。

对于房产保险费率的计算要综合考虑各类因素，并根据主要因素采取分类分级取费法，即首先根据房屋的用途和占用性质将房屋的保险费率分为工业险、仓储险、普通险等三类。每一类又按房产的建筑结构分为三等：一等建筑，即钢结构、钢混结构建筑；二等建筑，即砖木结构；三等建筑，除一、二等建筑外的建筑，并将危险发生可能性大致相同的房屋分成一级，然后确定每级保险费率，只要属于同一级的房屋保险标的，就按制订好的费率表适当调增或调减收费，而不需对每个保险标的逐个考核。

我国现行房产保险费率一般以每千元的保额为计算单位，用千分数表达。企业房产年保险费率在 $7‰\sim8‰$ 之间。私人房屋一般属于居住性质，保险费率较低，家庭房屋保险的年费率，楼房为 $1‰$，平房为 $1.5‰$。

（七）房产保险的期限

房产保险期限是保险合同的有效期，一般不超过一年，期满续保，应另办手续。

二、房屋利益保险

房屋利益保险是依附于房屋财产保险之上的，对房屋毁损带来利益的损失所进行的保险。作为一种附加险，它所承保的危险与房屋财产保险所保的危险是一致的。当投保房屋利益时，被保险人必须先将该项房屋投财产保险。当房屋遭受保险责任范围内的灾害事故而发生损失时，只有在获得房屋财产保险赔偿之后，保险人才负责对房屋利益带来的损失。

房屋利益保险承保的范围是由于房屋因保险事故而遭受损失，使被保险人在一定时期内，由于丧失被毁损房屋使用价值致使经济收入减少的损失（租金损失）、额外费用损失（包括为清理灾后残余物而发生的支出费用；由于建筑及市政统一规划的要求所需增加的修理或重建费用；租用临时用房和设备的超额租金；额外的运输费用；超额的生活费用）。至于其他原因（经营管理不善、违犯法令等）所造成的利益损失，保险人不予负责。

房屋利益保险期限与房屋财产保险的保险期一致。与财产保险不同的是房屋利益保险有一个赔偿期。赔偿期是指在保险有效期内发生灾害事故后到恢复正常的一段时期，一般不超过一年。超出赔偿期的利益损失，保险人不予赔付。

三、房屋责任保险

房屋责任保险是指保险人以民事损害责任为保险标的的保险。其承保方式有两种：

（1）作为其他财产保险的附加险承保的责任保险。不签发单独保单，只能与有关财产保险同时承保，或投保了财产保险之后投保，如建筑工程第三责任险等；

（2）单独承保的责任保险，即把民事损害责任作为独立标的承保，单独签发保单。与房屋有关的责任险主要有公众责任险和职业责任险。

（一）公众责任险

公众责任险主要承保被保险人在固定场所或地点进行生产经营或从事其他活动时，由于意外事件致使第三者人身伤害或财产损失，依法应由被保险人承担的经济赔偿责任。

1. 保险人的责任范围

公众责任保险的保险人承担的责任有：

（1）被保险人因疏忽或过失造成第三者人身伤害、财产损毁依法应承担经济赔偿责任；

（2）由于责任事故发生可能引起诉讼，被保险人因此而需承担的支付有关诉讼费及其他费用；

（3）如果被保险人与另一方签订了合法的转移责任契约，经约定或加收保费，保险人可以对被保险人在该契约中应承担的赔偿责任承保；

（4）保险人对战争、核事故引起的责任、雇主责任以及被保险人自己的财产和人身损害不予负责。

2. 责任限额及赔偿限额

由于责任保险的标的物是被保险人的民事赔偿责任，事先无法预计其可能的最大损失额，因而保险标的的价值无客观依据，保险金额也难以确定。因此责任保险单中无保险金额的规定，而是当事人双方约定的一个责任限额，即为保险人可能承担的最高金额。

我国公众责任保险中的赔偿限额是将人身伤害和财产损失合在一起，具体规定两种限额：

（1）每次事故的赔偿限额，即每次意外事故和同一原因引起一系列事故的赔偿限额。

（2）保险单有效期内的累计赔偿限额。

3. 保险费率

公众责任保险的费率一般无固定的费率表参照，只能根据投保对象不同分别制定费率。制订费率时主要考虑以下因素：

（1）被保险人所从事的业务性质及管理水平；

（2）风险的类型；

（3）被保险人以往责任赔偿的纪录；

（4）赔偿限额和免赔额的高低。

4. 公众责任保险的种类

公众责任大部分是由房产或由于房产经营而产生的责任。公众责任保险常有：

（1）所有人、出租人、承租人责任保险。它承保因保险房产的所有权和使用权而产生的责任；还承保该房产所必须的所有经营活动而产生的责任。该保险的特别除外责任是因结构改变造成人身伤害或财产毁损（结构改变是指改变建筑物的大小或移动建筑物，建造新建筑或拆除旧建筑物）；由完工或产品责任保险承保的各类损失。

(2) 制造商和承包商责任保险。它为制造商、承包商提供保障,其保险范围为所承包的场所公众人员提出的索赔或被保险人经营引起的索赔。其除外责任是由独立承包商进行的作业活动,被保险人自己所有或租用的房产因维修、改造而发生的责任。

(3) 完工责任险。它承保由于房产建成完工后而产生的责任,如建筑过程中的缺陷。完工索赔必须是损害发生在建筑场地之外,且工程已经被认为完工之后。其除外责任是由未安装的设备、遗弃或用过的材料所造成的损害。

(4) 独立承包商责任险。它承保第(1)种保险除外的结构改变损失和第(2)种保险除外的独立承包商责任。

(5) 综合普通责任保险。这是最重要的责任保险,它将上述四种责任保险的责任范围概括在一张保险单上,即承保了场所、电梯、经营、完工、独立承包商等责任风险。它的除外责任是上述四种责任保险的综合。

(二) 职业责任保险

职业责任保险承保各种专业人员因工作上的疏忽或过失造成的契约对方或他人的人身伤害和财产损失的经济赔偿责任。其责任范围有

(1) 是被保险人及其前任、被保险人的雇员及雇员的前任因职业事故应承担的赔偿金;

(2) 是被保险人因职业事故引起的诉讼费用和其他经事先同意的费用。

职业责任保险的赔偿限额有两个:即每次事故的赔偿限额和保险期内赔偿金额的累计限额。

目前我国部分省市开办的建设工程勘察设计责任保险即属于职业责任保险。

建筑工程勘察设计责任险的保险对象是经过资格审查,取得勘察设计证书,并领有工商行政管理部门营业执照的集体或个体勘察设计单位。保险责任为因勘察设计而造成工程重大质量事故应负的赔偿责任。除外责任为由被保险人故意不按现行的标准、规范、规程和技术条例进行勘察设计而造成的损失;冒用持证单位的名义而进行勘察设计所造成的损失;将勘察设计任务转让、转托其他单位或个人所造成的损失;勘察设计单位越级承担任务、违反国家规定的建设程序、拖延工期所致损失等。

勘察设计险的保险金额等于被保险人应收取的勘察设计费,费率为保险金额的2‰。

如由被保险人勘察设计错误而造成工程质量事故导致赔偿责任,其受损部分超过其勘察设计费用50%时,超过部分由保险人负责赔偿,但保险人最高赔偿金额以不超过其受损部分勘查设计费的150%。

四、房屋综合保险

综合保险又叫一揽子保险。它是将财产保险和责任保险组合在一张保单上承保的保险。这是60年代西方推出的一种新保险业务。它的保费比起分别购买他所包括险别的保费便宜且办理方便,因而比较受欢迎。房屋综合保险有两种

1. 家庭综合保险

这是为个人提供的一揽子保险,其保险标的包括房屋及附属建筑、室内财产及设施、附加生活费、综合性个人责任等。

2. 特别多种危险保险

这是适合于大多数企业的一揽子保险。它的内容包括:①对指定被保险人的建筑和动产的一切危险(财产和利益)的保险;②综合普通责任保险,③锅炉和机器的保险,④其

他综合险。

五、信用保险

信用保险是以被保险人信用为标的的保险。承保债权人因债务人不偿付债务而遭受的损失。在西方为私人购买住宅而提供的信用保险有信用人寿保险和住房抵押贷款保险。

（一）信用人寿保险

西方商业银行、储蓄和放款协会在房屋抵押贷款之前，不仅要求住宅购买者购买住宅保险，而且要求债务人取得信用人寿保险。放款机构是信用人寿保险单的所有人也是受益人，由借款人交付保险费。倘若借款人死亡，保险人赔偿未还完的贷款。

信用人寿保险一般采用定期保险方式，保险金额受贷款金额限制，并随着贷款偿还而减少，贷款全部清偿后，保险即终止。

（二）住房抵押贷款保险

住房抵押贷款保险是由住房贷款保险机构提供的一种保险，是专门为单位和个人住房抵押贷款的借款者提供保险或经济担保，保证借款者如期如数偿还贷款本息。借款者投保后，住房贷款保险机构即成为他的经济担保人，在投保人受损后无力偿还贷款本息时，要将这笔债权债务接受过来，负责清理，按规定，将所欠贷款本息补偿给发放贷款的房地产金融机构。原有借款人与房地产贷款机构的债权债务关系就变成了借款人与住房贷款保险机构的债权债务关系。

开办住房抵押贷款保险可以提高企业和个人房地产抵押贷款的安全性，增强发放贷款者的信心，促进房地产抵押贷款业的发展。

在住房抵押贷款保险中，投保的借款人每年要按尚未偿还的贷款平均余额向住房贷款保险机构支付规定的保险费。政府主办的保险机构保险费为贷款金额的5‰。保险费收入用来向放款机构保证偿还全部贷款。为了取得这类保险，住房贷款必须符合最高贷款金额、最高利率限额等规定。一些私营保险公司也经营住房抵押贷款保险，借款人以支付较高利息作为保险费交付方式。私营保险公司规定的投保条件较严，最高保险金额一般为贷款金额20%，而且只赔偿贷款发放十年以后的拖欠贷款损失。

（三）工程合同保证保险

在房地产开发项目中的工程合同保证保险属于信用保险主要有以下险种和保险责任：

1. 投标保险

承保工程所有人（权利人）因中标人不签订承包合同而遭受的经济损失。

2. 履约保证保险

承保工程所有人因承包人不能按时、按质、按量交付工程而遭受的损失。

3. 预付款保证保险

承保工程所有人因承包人不能履约而受到的预付款损失。

4. 维修保证保险

承保工程所有人因承包人不能履行规定的维修任务而受到的损失。

对承包工程合同的履约险，必须严格审查承包人的资格、能力和财力，也就是要弄清承包人的信誉、经营作风、承包能力（经营管理水平、业务经验、技术和施工力量等）和财务状况。为便于审查，一般保险人还要求承包人提供：①上年度财务报告；②以往和现在进行的承包工程的情况资料；③往来银行名称和帐号；④投保工程的合同副本。此外，保险人还要求承包人提供经认可的反担保。

目前我国保险公司对工程履约保险的要求比较严格，一般只有在外国投资人、中外合资、合作企业或国内单位要求投保，而保险公司如果不承保工程合同就不能签字的情况下，并且又符合下列规定时方可承保：

(1) 投资开发项目已得到我国政府有关部门的批准，施工力量、设备材料及市政配套工程已落实可靠者；

(2) 承包人向保险公司提供反担保或者保险公司对违约方追偿有把握者；

(3) 工程项目已向保险公司投保工程保险者；

(4) 承保范围仅以工程合同规定承包人应对工程所有人承担的经济责任为限，即①保险只负责工程合同中规定的因承包人方面原因造成的工期延误损失，不属承包人方面的原因（如不可抗拒的自然灾害或工程所有人提供的设备材料不能如期运抵工地等）造成工期延误的损失，保险人不负责赔偿。②保险人赔偿的数额一般以工程合同中规定的承包人应赔偿的数额为限。如合同中规定当承包人不能如期完工应支付罚款时，保险人赔偿的数额以罚款额为限。

该保险的保险金额不超过工程总造价的 80%。

六、建筑工程保险

建筑工程保险又称建筑工程一切险，它承保建筑工程项目在建造过程中，因自然灾害或意外事故而引起的一切损失。它属于财产保险范畴，但与其他财产保险相比又有不同的特点。

凡在工程建设期间，对该项工程承担一定风险的，具有保险利益的各方，均可作为建筑工程保险的被保险人之一，给予所需的保险保障。这些人包括业主或工程所有人，主承包人或分承包人，雇用的建筑师、设计师、工程师和其他专业顾问（设计、咨询或监理）等。由于被保险人不止一个，而且每个保险人各有其本身的权益和责任。为了避免有关各方之间相互追偿，大部分保险单都加贴共保交叉责任条款。如果各个被保险人之间发生相互的责任事故，每个负有责任的被保险人都可以在保单项下得到保障。

承保的财产是房地产的建筑工程本身，以建筑工程的内容为依据，有如下各项：合同规定的建筑工程，包括永久工程、临时工程以及存放在工地的物料、建筑用机器、工具、设备和临时工房及屋内存放的物品；业主或承包人在工地的原有财产；附带安装工程项目；工地内的现成建筑物和业主或承包人在工地上的其他财产。另外，还承保场地清理费。

建筑工程险承保的危险和损失，除了水灾、地震、暴雨、风暴、雪崩、山崩、冻灾、冰雹及其他自然灾害以外，还包括火灾、爆炸、飞机部件或物体坠落等意外事故以及盗窃、恶意行为等人为风险；工人、技术人员因缺乏经验、疏忽、过失造成的事故；原材料缺陷或工艺不善所引起的事故造成其本身的损失，但对事故引起的其他损失仍予以负责）；一切险除外条款规定的除外责任以外的其他不可预料的自然灾害或意外事故以及清理现场的费用均予负责。国际保险市场一般对地震、洪水一类危险不包括在基本保险责任条款之内，但可以另行协议加保。我国则把地震、洪水危险包括在基本保险条款内。

建筑工程一切险的除外责任，除了被保险人故意行为、战争、罢工、核污染、自然磨损、停工等造成的损失以外，根据工程保险特点，还包括：错误设计引起的损失、费用或责任；换置、修理或矫正标的本身原材料缺陷或工艺不善所支付的费用；非外力引起的机械或电器装置的损坏或建筑用机器、设备、装置失灵；文件、帐簿、票据、现金、有价证券、图表资料的损失；盘点货物当时发现的短缺以及免赔额内的损失等。工程第三者责任保险则应另行加保，其责任不在建筑工程一切险责任范围内。

该保险的保险金额以建成该项工程总价值作为保险金额，包括设计费、建筑所需材料设备费、施工费（人工和施工设备费）、运杂费、保险费、税款，以及其他有关费用在内。为使被保险人获得十足补偿，被保险人可以先按预计的合同工程的价格投保；完工后再按工程最后的保险金额重新结算。建筑用的机器工具、设备和临时工房的保险金额可按重置价值投保。业主或承包人在工地的原有财产和其他财产的保险金额可按业主提供的清单，确定保险金额。业主在工地内的建筑物的保险金额可在不超过该项建筑物的实际价值范围内商定，按第一危险保险。场地清理费的保险金额按工程的具体情况在被保险人和保险公司之间协商确定，一般不超过承包大工程总保额的 5％，或小工程总保额的 10％。此外，建筑工程一切险内承保的安装工程，一般是附带部分，应掌握其保险金额不超过整个工程项目保险金额的 20％，如保险金额超过 20％，则应作为安装工程险项目，照安装工程险费率计算保险费。如果超过 50％时，则应按安装工程险另行出单承保。

由于建筑工程险承保了相当一部分人为事故，必须订明免赔额，以加强被保险人的责任感，减少经常发生的零星小额索赔。免赔额的高低根据工程危险程度、工地自然地理条件、工期长短等因素，主要以被保险人的愿望，由保险双方协商确定。

建筑工程从开工到竣工的全过程可划分为：工程建设期、各项工程的试车期、试车考核期、合同工程保证期、干部的训练时期和完工后的运转过程。建筑工程险保险责任的起讫时间自投保工程开工日起或自承保项目所用材料卸至土地时起开始。保险责任的终止，按以下规定办理，而以先发生者为准；保险单规定的保险日期终止（工程不能如期完工，在加交保险费后可展延保险期限）；工程建筑安装（包括试车、考核）完毕移交工程的业主，或签发完工证明时终止（如部分移交，则该移交部分的保险责任即行终止）；工程业主开始使用时（如部分使用，则该使用部分的保险责任即行终止）。试车、考核期是整个安装工程中风险最大的一个阶段，如果加保试车、考核期的保险责任应在保单明细表内注明。此外，工程完毕后移交给业主，或已由业主使用或占用之后，还有一个保证时期，在此期间，如建筑物或被安装的机器设备发现任何质量问题，甚至造成损失事故，承包人根据工程合同内保证条件的规定须负赔偿责任，可以加保保证期间的保险责任。

建筑工程险的保险费率一般按年费率计算再按工期调整。费率一般在 1.5‰～2.8‰ 之间。鉴于建筑工程一切险初期财产少、实际保险低，危险也相应小，按全工程计算，一般比单独费率低 50％ 左右。费率的高低决定于风险的大小。对风险的评价，着重分析：自然地理和地质条件，主要考虑遭受各种自然灾害的可能性和工程可能受到损失的范围和程度；工程项目本身的条件，如建筑项目的材料、结构、楼层高度、地基状况，安装项目的用途、性质、使用的原材料和试车期风险等；施工条件，指施工方法（有无爆破及地下、水下作业等）；施工季节、工期长短、现场安全防护和管理状况，以及承包人和其他承办人的资信情况和技术管理水平和经验等；保险公司本身承保同类业务的以往损失纪录等。

建筑工程险的赔偿处理，以恢复保险项目受损前的状态为限，可以现金支付，也可以重置受损项目或进行修理。保险金额如低于建成工程总价值、重置价值和商定价值，其差额视为被保险人自保，保险仅负比例赔偿责任。赔付损失后，如需恢复原保险金额，该恢复部分应按原保险费率按日计算另交保险费。

七、安装工程一切险

安装工程一切险与建筑工程一切险相同,只是保险对象为安装工程。它是一种保障广泛、专业性很强的综合性险种。在房地产工程项目中,安装工程的工作量占有份额相对较小,一般都列入建筑工程一切险中,不再单独投保。但某些特殊工程例外。保险费率为 1.5‰～6.0‰。

第十二章　房地产金融市场

第一节　房地产金融市场的构成

房地产金融市场是指从事与房地产有关的各类资金交易的市场。房地产金融市场实际上是由房产金融市场和地产金融市场两部分组成的。房产金融市场是以房产信贷为主的房产货币资金融通的场所。国家、公私金融机构、购房者成为房产金融市场的主体，在各种交易活动中交织成为房产金融的系统和网络，形成房产金融不可分割的整体。地产金融市场是指为充分发挥土地财产功能，以土地为抵押，进行资金借贷，资金融通，有利于土地开发、利用和建设的场所。

房地产金融市场是由房地产金融市场的主体、房地产金融市场工具和房地产金融市场交易所构成。

一、房地产金融市场的主体

房地产金融市场的主体是由与房地产业有关的各类资金交易的资金供给者、资金需求者和中介机构组成。具体包括：

（一）房地产金融机构

房地产金融机构作为筹资与投资活动的中介机构，是房地产金融市场资金供给者与资金需求者的桥梁。房地产金融机构的活动，可以极大地提高房地产金融市场的运行效率，因而是构成房地产金融市场不可缺少的组成部分。一般来说房地产金融机构包括：

1. 中央银行

中央银行既是房地产金融市场的资金供给者，又是其资金需求者，但中央银行在金融市场上的交易活动，其唯一的宗旨是为了调节和控制市场货币供应量，实施一定的货币政策，而不仅是为了筹资和赚取利润。我国的中央银行就是中国人民银行，是领导和管理全国金融事业的国家机关，在金融业务工作中，它的业务之一是参与房地产金融市场的业务，包括对房地产金融机构的抵押合同或以其他有价证券作抵押而发放的住房贷款进行再贷款，保证房地产金融机构持续的抵押贷款资金来源，调节房地产金融市场的货币流通资金，平衡住房资金的供给与需求。中央银行依法对商业银行、住房专业金融机构、信用合作机构、房地产证券交易市场进行管理。

2. 银行型房地产金融机构

如前所述，银行型房地产金融机构主要包括商业银行下设的房地产信贷部、住房储蓄银行、房地产抵押银行和其他银行诸如有些国家和地区设置的土地银行等。银行型房地产金融机构是房地产金融市场上经常的资金供给者和资金需求者的桥梁，是信用中介机构。它主要通过购买房地产抵押证券、开办各种类型的房地产抵押贷款、开办房地产信托和租赁等业务来进行房地产金融活动。从我国目前情况来看，商业银行房地产信贷部长处是创立和运作成本低、筹资能力强和有一个现成的组织网络，缺陷是垄断性、"官"味浓、不易处理好房地产融资的政策性业务和商业性融资业务的关系。而专门的住宅储蓄银行由于它处于国家专业银行的垄断格局之外，故具有较强的竞争性，由于是专门的银行，故容易贯彻政府的政策性业务。另外随着这种专门银行的出现，改变了我国银行单一的局面，有利于金融组织多元化。它的缺陷是规模较小、融资成本高和没有形成全国网络。

3. 非银行型房地产金融机构

非银行型房地产金融机构是指银行之外主要开展房地产金融业务或业务涉及房地产领域的金融机构。包括住房合作社、住房贷款保险机构和信托投资公司。这些金融机构大都不开展广泛的吸收存款业务，有的依靠雄厚的自有资金，有的靠贷款取得资金，还有的是从事对资金要求不太高的金融业务，如代理房地产业发行股票、债券，进行咨询、提供信息等，通过这些业务来参加房地产金融活动。住房合作社的长处是易于管理，创立成本较低，不足之处是筹资能力较弱，所提供的金融服务品种较少和服务区域较狭窄。

总之，从国外经验和我国国情来看，要促进房地产金融业的发展，满足日益增长的多元金融要求，从长远看必然是房地产金融组织多元化。所以，我国房地产金融组织的发展战略不是用某一形式独占市场，而是扬长避短，在继续发挥专业银行房地产金融传统优势的同时，结合我国金融主体的创新，有组织、有步骤地适当发展专业的房地产金融机构，促进多元化金融主体机构的形成。

（二）政府部门

在房地产金融市场的运行中，政府充当双重角色，一是作为借款者，中央政府通过发行公债筹资建设资金（包括住房投资），地方政府通过发行地方债券来缓和投资不足、资金短缺的矛盾；二是作为调节者，即中央银行通过在公开市场上买卖公债和国库券来调节房地产金融市场上的货币供应量以达到政府宏观控制的目的。此外，政府还可以运用其行政职能，明确规定各种金融市场的交易规则、各种金融工具的流通范围及各类金融机构的业务划分等使金融市场及房地产金融市场规范化。

（三）房地产企业

房地产企业既是资金的需求者，又是资金的供给者，房地产企业作为资金的需求者与资金的供给者参与房地产金融市场的资金融通活动。这些企业除了通过银行等金融中介机构进行资金余缺融通外，还可以通过发行股票、公司债券等筹措所需资金，或将其暂时盈余的资金投资于生息资产上，并通过房地产金融市场的中介功能、信息传递功能、资源再分配功能等，为社会再生产服务。

（四）居民个人

居民个人是房地产金融市场上最大的资金供给者，又是最大的资金需求者。居民的个人货币收入除去必要的消费支出外，一般会出现剩余。在通常情况下，这一部分剩余将用于储蓄、积累或购买各种有价证券。如果居民个人将这种储蓄、积累或购买有价证券的行为变成以房地产经营为目的的，那么这种金融行为就由一般金融行为变成了房地产金融行为。居民个人参加房地产金融市场的特点有：第一，居民个人主要是作为资金的出借者、金融资产的购买者或投资者的身份进入市场的，即便有时会出卖金融资产，也只是变更金融资产的结构或将金融资产变为最具流通性的资金；第二，居民个人参与房地产金融市场是以盈利为目的的；第三，居民个人参与房地产金融市场多数是委托经纪人或其他中介者代办。

(五）经纪人

房地产金融市场中的经纪人与房地产经纪人是两个不同的概念。房地产经纪人是指买卖房地产的中介人。在国外，房地产主要是通过经纪人销售。经纪人是把房产商品的买卖双方连接在一起的中间商，以取得佣金作为提供服务的报酬。大多数房地产买主要通过向金融机构借款来筹措大部分资金，房地产经纪人熟悉抵押贷款的特殊规定能帮助买主获得贷款。因此房地产经纪人主要在房地产市场中，而不是房地产金融市场。房地产金融市场中的经纪人与一般金融市场中的经纪人相同，包括证券经营商和一般证券经纪人。证券经营商主要是自己买卖各种证券以获取利润，偶尔也代客户买卖证券收取佣金，但在证券交易中是代客户买卖还是自己买卖必须向客户说明，以便确定法律关系。一般证券经纪人纯属代客户买卖证券从中赚取佣金的中介人，他们仅是代理人身份，遇有亏损情况，责任一般由买方卖方自负。

二、房地产金融市场工具

金融市场工具即信用工具是指在金融上可以同货币相交易的各种金融契约。它的发行和流通，成为资金交易的对象，对出售者或发行人，它是一种债务，对于购买者和持有者，它是一种债权，是资产。显然没有信用工具作为媒介，金融市场就没有交易对象，也无法运转。

金融市场工具是适应借贷双方的不同需要而创造出来的，每种工具都有其他工具不同的特点，但是，作为信用工具，它们又有共同的内容，这就是：都有面额；都有期限；都有对发行者要求偿付权；都有索偿的保证；都有利息或红利。

房地产金融市场的信用工具有两类：一类是一般金融市场中共有的信用工具，如股票、债券、票据等。另一类是房地产金融市场中特有的信用工具，如房地产金融债券、房地产抵押债券、房地产企业债券和房地产股票等。一般金融市场的信用工具我们在前面章节已经介绍，在这里我们只简单介绍一下房地产金融市场特有的几种信用工具。

（一）房地产股票

房地产股票是房地产股份公司为筹措资金向社会公开发行的一种有价证券。房地产股票不能兑换，只能转让，并可在市场上流通和买卖。持有房地产股票者既能行使股东权利，又能参加房地产股份公司的盈利分配，取得相应的股息、红利。当然，房地产股票也具有一定风险，但由于房地产价值呈现稳定增加趋势，其价格始终上扬。因此，购买房地产公司的股票比其它产业的股票风险相对小得多。

（二）房地产企业债券

房地产企业债券是房地产开发公司或房地产企业为筹措长期资金用于房地产开发的一种债务凭证。经有关部门同意后房地产开发公司或房地产企业直接向社会发行，债券的利率是事先规定的，并保证到期偿还本息。房地产企业债券在允许的范围内可以转让、抵押、继承。

房地产企业债券和住房债券是不同的。它们的不同表现在：第一，发行、偿还主体不同。住房债券是当地政府发行并作为偿还主体，而房地产企业债券是房地产开发公司或房地产企业发行并作为偿还主体；第二，认购对象不同。住房债券认购对象是住户，而房地产企业债券认购对象则是社会上的单位和个人。第三，发行方式不同。住房债券是当地政府委托金融机构代理发行，而房地产企业债券则是房地产开发公司或房地产企业委托专门金融机构发行。

(三) 不动产抵押债券

不动产抵押债券是指以发行主体提供的不动产（例如房屋、土地、工厂等）作抵押，保证到期偿还的债务凭证。公司发行债券必须依法在主管部门和机关办理抵押权登记，到期该企业若不能还本付息，可依法处置抵押品，持有这种债券的债权人，有优先受偿的权利，如处理抵押品后仍不能清偿债券本息，对公司剩余财产有继续求偿的权利。

(四) 房地产金融债券

房地产金融债券是房地产金融机构发行的用于房地产开发筹集资金的债务凭证。如我国烟台、蚌埠等地的住房储蓄银行发行的一年期以下和一年以上的金融债券。由于金融债券以房地产金融机构作担保，其信誉高于房地产企业债券。

此外，还有投资基金受益凭证、可转让大额房地产储蓄凭证等房地产金融市场工具。

三、房地产金融市场交易场所

房地产金融市场是一个广泛而复杂的市场，它既是房地产市场的组成部分，也是金融市场的组成部分，是房地产业资本与金融资金相结合，金融资金向房地产业渗透的结果。一般来说房地产金融市场的交易是在没有统一组织、没有系统交易程序和交易章程下进行的。由于现代科学技术的发展，各种前所未有的通讯工具的出现，人们已开始步入信息社会，在整个世界的空间相对变小的情况下，房地产金融市场的空间则在相对变大，随着房地产金融国际化的发展，房地产金融的交易场所已不局限于固定的交易所，它把整个世界通过现代化的信息传递手段联成一个跨地区、跨越国境的广阔的市场。

第二节 房地产金融市场的框架和运行机制

一、我国房地产金融市场的框架

根据我国的具体国情和社会主义市场经济发展的要求，并借鉴国外房地产金融市场产生、培育与成长的经验，我国的房地产金融市场应该是一个市场主体多元化、金融工具多样化、金融服务系统化、结构合理、市场运行有序化、宏观调控法制化，具有公平竞争环境并能同国际市场接轨的开放性市场。

按照以上目标模式，我国房地产金融市场的框架设计如下（见图 12-1）：

其中，房地产信用信贷市场、房地产抵押市场和房地产证券市场是主干分市场，房地产保险市场和房地产信托投资市场则是辅助分市场。由于各分市场的资金供给和筹措方式不同，因此它们的运行机制也各不相同。

二、我国房地产金融市场的运行机制

(一) 房地产信用借贷市场

房地产信用借贷市场是金融机构凭借款人的信用向其提供贷款的市场。信用借贷可以使借款人获得置地、房地产开发等所需要的部分资金，但具有一定的风险性，故金融机构在发放此类贷款时比较谨慎，对债务人的资信要求较高，除规定较高的利息率外，通常附加一些条件，如要求提供投资计划、企业经营和财务状况资料、政府担保文件或信用保险单等。

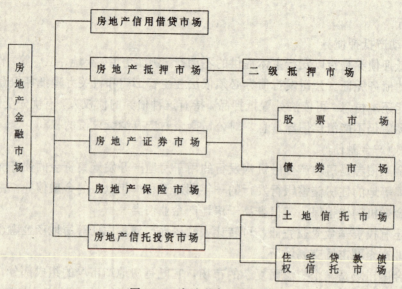

图 12-1 房地产金融市场框架

房地产信用借贷市场是以信用为基础,以贷款合同为核心运行的。其具体运行过程为:第一步,房地产企业为置地或承包开发某个房地产项目向金融机构提出贷款申请,并在贷款申请上附上投资计划、企业经营状况资料、政府担保和信用保险等文件;第二步,金融机构审查贷款申请人的情况,并根据审查结果确定贷款额度、利息率、贷款期限和还款方式等;第三步,借贷双方签订贷款合同,合同中明确规定双方所承担的义务和对违约方的制裁措施;第四步,金融机构按合同拨付资金,并对资金的使用进行日常监督;第五步,项目完成,借款人按合同规定期限还本付息;第六步,贷款清偿后合同完成归档。

置地或进行土地开发等可采用信用借贷的方式。置地贷款额度一般确定在所购土地市价的50%以内,期限以3～5年为宜。土地开发贷款的额度最高不超过70%,期限一般在3年以内。这两种贷款的利率应高于抵押贷款利率。其他以信用方式提供贷款的额度和期限可由借贷双方协商确定,并在贷款合同中列明。

(二) 房地产抵押市场

房地产抵押市场是金融机构要求借款人提供以房地产及相关权益凭证为抵押品作为担保而发放贷款的市场。房地产抵押品一经抵押,支配权在法律上即归债权人所有。如果债务人到期不能归还借款,作为债权人的金融机构有权以拍卖等方式处理抵押品,以抵偿债务。提供房地产抵押贷款,既能让房地产企业以较低利息获得所需资金,又能使金融机构减少放款风险,因此这是各国金融机构对房地产企业及置业者采用的普遍的资金借贷方式。房地产抵押市场的运行机制是以房地产及有关权益为抵押品、资金和抵押品呈反向流动机制(见图12-2)。

房地产抵押贷款的对象必须是具备行为能力和意识能力或其法律行为有效的个人和房地产开发经营企业等;贷款一般用于购置房地产或融通房地产开发经营企业的资金;贷款额度通常不超过抵押品价值的70%,期限则根据用途、资金的需求情况由当事人商定,偿还方式可一次还本付息,也可以分期偿还。

1. 房地产抵押市场的种类

房地产抵押市场包括初级抵押市场和二级抵押市场,初级抵押市场主要提供抵押贷款。

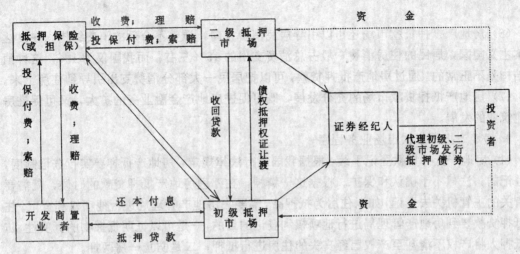

图 12-2 房地产抵押市场运行机制

包括：

(1) 土地权益抵押贷款。金融机构按被抵押权益地块的市价的 60% 左右提供贷款，期限一般为 3 年以内。这类贷款包括地契抵押贷款、土地交易定金抵押贷款和土地使用权抵押贷款等，主要用于土地的开发和经营。

(2) 建筑合同抵押贷款。金融机构以贷款合同的形式按建筑项目投资预算额的一定比例向房地产开发企业提供期限不超过 3 年的抵押贷款，以供兴建楼宇之需。

(3) 购房合同抵押贷款。购房人先交纳房价 10%～30%，作为首期付款并取得购房合同，然后以该合同为抵押品向金融机构申请贷款，以付清剩余的房价，同时在规定的期限内定期向债权人还本付息，直至贷款清偿才收回房屋的所有权或使用权。

(4) 其他有形资产抵押贷款。包括房地产股票抵押贷款和房地产债券抵押贷款等。发放此类贷款的额度和期限一般都不宜过高过长。另外，到期除还本付息外还适当收取抵押品保管费。

除上述发放抵押贷款为特征的初级抵押市场外，还有房地产二级抵押市场即房地产抵押债券或抵押契约的交易市场，二级抵押市场是初级抵押市场的有效补充，也是抵押市场和证券市场的一种溶合。它的主要功能，就是通过出让抵押贷款的债权，以保持房地产金融机构资产的流动性，将巨额投资细分化，并实现金融秩序的稳定。

2. 房地产抵押市场的作用

(1) 房地产抵押市场的充分发展，可以改变国家、企业住房统包的弊端，具有促进住房商品化的功能。

(2) 房地产抵押市场的充分发展，可以解决购建房者的资金困难，增强购建房者的购买和建设能力，扩大房地产市场。

(3) 房地产抵押贷款具有储蓄的功能，可以起到缓和经济周期波动的波幅和支持住房建筑业的作用。

(4) 房地产抵押贷款，可以提高房地产开发企业自有资金的效能，增强房地产开发企业的风险约束机制，限制房地产开发企业的短期行为。

(5) 房地产抵押贷款，还可以确保贷款的安全性和盈利性，同时，也是改变单一贷款方式为多样贷款方式的重要途径。

(6) 房地产抵押贷款市场还可以引导居民消费方向，调整不合理的消费结构。在发达资本主义国家，居民的住房消费一般占总消费支出的15%左右，而我国仅为1%，这种消费结构是不正常的。通过房地产抵押贷款，可以把居民一大部分消费支出引导到住房上来。

(7) 房地产抵押贷款市场的充分发展，既可促进房地产金融业务的扩大，又可促进房产建筑业的发展。

3. 房地产抵押贷款市场业务程序

(1) 房地产抵押贷款登记手续。根据我国现行法律规定，房地产抵押要实行登记制度，未登记的，法律不予确认和保护。根据这一精神，在办理房地产抵押贷款的时候，就需要到有关的主管机关去登记，如以住房为抵押品，需要去房地产管理局进行他项权利登记。住房抵押贷款要到房地产管理局进行他项权利登记的目的，一是可以证明抵押物的真实性，防止抵押人将产权不清甚至产权已经丧失的住房进行抵押；二是防止一房两押。

(2) 房地产抵押贷款申请。贷款的申请和审查是购建房者与房地产金融机构形成信用关系的第一步，房地产抵押贷款是贷款的方式之一，购建房者应主动自愿申报。申请必须由借款的购建房者向房地产金融机构提出书面申请，并填写房地产抵押贷款申请书，借款申请书的要求是："借款者名称"、"住址"、"申请贷款金额"、"借款用途"、"借款者自定偿还日期"，申请借款者签名盖章，借款者委托受理人在借款合同中签章等。购建房者除提交申请外，还应向贷款方提供房地产清单，房地产清单上载有购房者姓名、地址、抵押品名称、金额、抵押价值等内容。

(3) 房地产抵押贷款审查

1) 对借、贷款者资格的审查。房地产抵押人（房产主人）与承押人（房地产金融机构）是房地产抵押贷款关系中的主体，在房地产抵押贷款中，双方当事人应具备相应的资格。所以房地产抵押贷款审查第一步就是审查抵押人的资格和承押人的资格。

2) 对抵押品的审查。房地产抵押贷款的抵押品应具备下列特点：易于保值；易于变现；易于储存；易于估价。由于房地产抵押品可能被房地产金融机构拍卖，所以抵押品必须是商品。包括有形财产，如住房和其他建筑物、土地使用权、船舶、车辆等交通工具，机器、设备、原材料、产品等；无形资产，如专利权、商标权、股权；及各种特殊的财产，如股票、债券、票据、提单、银行存款单等。抵押贷款设定抵押品的目的是为了担保清偿债务，保证债权人的合法权益，因此，要在抵押贷款合同中，严格审查抵押品的可行性。凡属产权有争议而正处诉讼或仲裁过程中物品、国家严禁买卖的物品、企事业单位的福利设施、自然资源、非抵押人自有财产等不能作为抵押品。

3) 对申请房地产贷款提供的材料审查。

(4) 房地产抵押贷款条件

1) 借款者要有法人资格，在房地产金融机构开设帐户。

2) 抵押品必须是借款者的所有财产，并且对抵押品有处置权。

3) 抵押品的抵押值必须以现值为基数，按照抵押率计算抵押值，根据抵押值确定贷款的可放额度。

4) 抵押品必须保险，借款合同要办理借款公证。

(5) 对房产的估价。房地产金融机构一般配备有熟悉住房市场又具有一定建筑知识的专职或兼职估价人员，他们利用成本估价法、市场分析法、收入分析法、市场比较法、新建住房价法对房地产进行估价，这是房地产金融机构发放住房抵押贷款的重要步骤。

（6）房地产抵押贷款数额的确定。房地产金融机构要求购房者提供多大价值的房地产抵押品取决于购房者申请贷款的数额。由于在购房者偿还贷款之前，房地产抵押品的价值有可能因某些因素而减少，房地产金融机构为了减少贷款风险，一般都不会象购房者提供与房地产抵押品等值的贷款，而要打一个折扣，所以有关抵押贷款的法律一般都要规定贷款与抵押品价值的比例。例如，前联邦德国的法律就规定，抵押贷款的数额一般不得超过按保守方法估计的抵押财产总值的60%。根据我国商品经济不太发达的实际情况，参照国际惯例，将贷款数额与抵押财产的价值的比例限定在80%以下较为合适。

（7）房地产抵押贷款批准手续。按照我国现行法律规定，购房者并不是在任何情况下都能完全自由决定抵押权的设定。购房者以某房地产充当抵押品的时候，常需征得有关主管机关的批准。例如，根据国家现行财务管理制度，全民所有制企业以其经营管理的重要房地产充当抵押品申请贷款，必须经财政主管机关批准；中外合资、合作经营企业一方设定抵押权时，除要征得合营他方同意外，还需报原审批机关审批。此外，购房者还应将抵押品进行保险，以免在房地产抵押品毁损灭失时使抵押失去意义，而使房地产金融机构的利益受到损害。

（三）房地产有价证券市场

房地产有价证券市场是房地产有价证券发行、交易的场所，是房地产经营证券化的必备条件。它的形成标志着房地产金融市场已步入成熟阶段。

按有价证券的不同种类，房地产有价证券市场可分为房地产股票市场和房地产债券市场。按市场运行程序，它可分为有价证券发行市场和有价证券流通市场。发行市场为一级市场，通过证券承销商代理政府或企业发行有价证券，以汇集社会闲置资金，投向房地产开发经营，从而沟通筹资者与投资者的联系；流通市场为二级市场，证券交易所或证券经纪人代理投资者买卖有价证券，以实现资金有效与合理的流动，为筹资者提供更多的资金，让投资者获得更大的收益。按房地产有价证券的发行方式，有公募和私募两种；按房地产交易的空间又分为场内交易和场外交易。

1. 房地产证券交易的要素

房地产证券交易要顺畅进行，必须具备房地产证券交易的客观条件，必须有明文规定的交易规则。房地产证券交易的要素有：

（1）供买卖的物品即房地产证券包括普通股、特别股和债券。

（2）从事交易双方当事人即买方和卖方。不过，从事房地产股票交易的买方和卖方，其角色较不固定，今天是买方，明天可能成为卖方，所以房地产证券市场将从事交易的当事人分为多头（即看好后劲，采取先买后卖的投资人）和空头（即看股价要下跌，采取先卖后买做法的投资人）。

（3）中介。这是指提供交易服务中介机构和中介人。包括房地产证券经纪商和房地产交易所。

（4）房地产证券市场。包括各种类型的房地产证券市场。

2. 房地产证券市场的运行过程

房地产证券市场的运行过程为：政府或企业委托证券承销商发行有价证券，承销商接受委托并代理发行，投资者在发行市场购买有价证券，这是一级市场的发行活动。经过一级市场的发行活动后，有价证券进入交易市场，投资人在交易所和证券经纪人处开户并委托买卖各种有价证券，通过竞价成交、交割、过户，完成二级金融市场的交易活动。

在房地产金融市场运行初期，为了保障房地产证券市场的健康发展，首先，应尽快建立和发展房地产金融机构，为企业代理发行房地产股票和债券；其次，建立发行住房证券的审批机构。审批机构包括初审机构即住房证券评估公司及终审机构，终审机构由中央银行、房地产开发银行、公证机构和证券评级机构组成。评估公司负责对证券发行单位的集资项目进行可行性分析并进行鉴证，证券评级机构是根据发行证券企业的信誉、经营状况、抵押物等条件，确定并签署证券等级的机构。它们对保证发行的稳定性和可靠性起重要作用，房地产金融市场的初审、终审机构是健全证券发行市场的重要步骤。证券的流动性是证券投资的重要保证，只有使"券畅其流"，才能使证券投资集价值储蓄和价值流动于一身，具有较高的资金稳定性和流动性。因此，必须建立房地产证券流通市场。房地产流通市场是房地产金融市场的核心，开辟和发展流通市场，首先可以提高变现能力，解决投资者变现的愿望，使投资者大胆地进行证券投资以促使发行市场的成长；其次，可以改变投资者的资产构成和投资方向，分散投资风险；最后，完善流通市场可以减少黑市交易和投机倒把活动。流通市场的发达程度是房地产证券市场发达于否的标志。

（四）房地产保险市场

房地产保险市场是指对投保人的房地产业及其相关利益以及所产生的损害赔偿责任提供保险和保险人依托保险基金参与房地产投资的市场。在该市场上广泛的保险业务有火灾保险、建筑工程一切险、政治风险保险、投资保险和保证保险等；投资业务包括向房地产企业提供抵押贷款，为政府公共工程提供特殊贷款、购买房地产企业股票、债券，兴建或购买新办公楼、厂房或仓库然后向工商企业出售、出租等。

房地产保险市场是以保险基金为核心，通过风险选择机制、损失补偿机制和资金运用机制进行运作的。所谓风险选择机制，就是正确识别风险的性质，根据自己承保能力选择承保规模和承保方式，如全部承保、分保或拒保，并且不断优化风险结构，从而提高保险经营的成功率。损失补偿机制是保险本质功能发挥作用的过程，包括补偿金的来源，补偿金的使用，以及补偿关系的建立。资金运用机制是保险人在不断履行其赔付义务的过程中，将部分闲置资金通过投资和其它业务渗透到房地产开发经营活动中去，使其增值，以便增强自我经济补偿能力。房地产保险市场的运行过程大致如下：被保险人以房地产作为标的投保，保险人按风险性质选择承保对象；确定保险费率并收取保险费；再建立保险基金和保险准备金；最后对所投保标的损失予以补偿或进行房地产投资以增加保险基金的收益使其增值。

（五）房地产信托投资市场

房地产信托投资市场由土地信托市场和住宅贷款债权信托市场所构成。

1. 土地信托市场

土地信托市场主要是以土地开发为目的，将土地信托给银行，再将信托受益权分割后出售给投资者的市场。其运行方式如下（见图12-3）：

2. 住宅贷款信托市场

住宅贷款信托市场是以住宅贷款专业公司为委托人，信托银行为受托人，由委托人将其特有的各种住宅贷款债权合并起来，变换成形式多样、数量以多的信托受益权并使之流通的市场。该市场运行程序如下（见图12-4）：

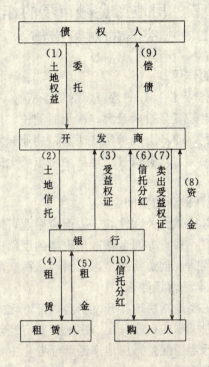

图 12-3　土地信托市场运行方式

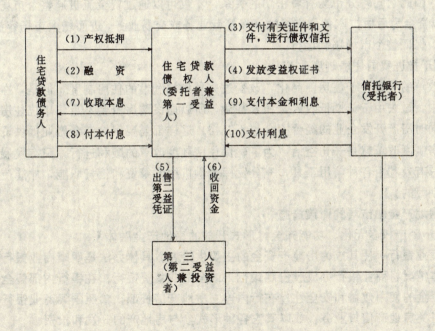

图 12-4　住宅贷款信托市场运行程序

第三节 房地产金融市场的作用及其完善的对策措施

一、房地产金融市场的作用

（一）为房地产开发经营提供良好的筹资、融资场所

房地产开发经营的特点是资金投入量大、占用时间长、风险大。没有强大的资金实力作后盾，其活动的整个流程，即从土地承租或买卖，物业开发至物业销售或出售，必然难以顺利运转，而强大的资金实力只有通过房地产金融市场上的一系列筹资和融资活动才能产生。

（二）为金融业的拓展开辟新的空间

金融业与房地产业有着很强的关联性，一方面金融业可以凭借其资金优势、服务优势支持和推动房地产业的发展；另一方面金融业所聚集的巨额资金也需要房地产业加以吸收利用，使其不断扩大业务范围，创造新的金融工具，从而获取房地产业中的较高利润。

（三）有利于推动房地产经营证券化

房地产经营证券化，主要是指房地产开发资金以证券化方式筹资，房地产商品实行证券化和房地产项目经营管理机制实行股份化。房地产实行经营证券化，能够突破购买力限制，使土地同其他要素进行合理配置。房地产经营证券化主要是通过发行有价证券并使其流通，交易来实现的，这就需要房地产金融市场为其提供场所。

（四）有利完善房地产市场体系

由于房地产金融市场中的筹资和融资活动渗透于整个房地产市场的各个方面及市场运作的各个阶段，因此它同各分市场有着密切的关系，不仅可以通过资金流贯通整个市场体系，而且能够以资金为后盾扩广各分市场的开发经营业务或交易业务，进而增大市场容量，完善市场体系，保证整个市场顺利运行。

（五）有利于推进我国住房制度改革

住房制度改革的关键在于住房商品化，改变过去那种福利性的住房制度。但是，在我国的职工居民中，过去由于长期低收入，积累甚微，所以居民购房资金不足，单位住房补贴极为有限，同时房产开发企业的经营资金也不充裕，这样都需要房地产金融业提供资金帮助，否则住房制度改革就是一句空话。为了确保住房制度改革的顺利进行，只有发展房地产金融市场，有效利用各种信用工具，充分发挥金融机构的筹资和信贷职能，才能使住房改革达到预期目的。

二、完善房地产金融市场的对策措施

（一）构建一个产权多元化、功能齐全，形式开放的房地产金融体系

（1）建立商业银行，使其成为房地产资金的主要供给者。具体办法是明晰商业银行的产权，根据具体情况将商业银行办成股份制银行，或全资或集资银行；在银行内部健全管理制度，提高资金的使用效益和安全性；在行内建立房地产信贷部，参照国际商业银行的通常做法举办各类房地产信贷业务；或以其它各种形式参与房地产的开发和投资。

（2）尽快建立股份制形式的地方性房地产专业银行。其资金来源除发行股票筹集资金外，主要是吸收国内外存款，向国外发行债券，以及向其他金融机构拆入资金等。经营范

围包括提供各种抵押贷款；与公共利益相符的房地产信用贷款；与房地产有关的各种金融商品和金融服务等。房地产专业银行既执行商业银行功能，又保持自己的专业特色和业务主攻方向，履行专业银行功能，将成为房地产融资的一支主渠道。

（3）继续积极引进外资银行和其他金融机构参与房地产业的开发和投资。同时房地产企业可通过国外金融机构对外发行股票和外汇债券。

（4）鼓励建立民间性住房信贷机构，以推进住房商品化和自有化过程。

（5）放宽允许现有保险公司开展专门的房地产保险业务。时机成熟可以考虑成立专门的房地产保险公司。

（6）积极创办房地产信托投资基金及管理机构。基金以公开发行股票或受益凭证的股权投资形式筹集，由董事会管理，具体投资运作由总经理负责。同时制定严格的章程，以防基金被垄断或转移投资方向。

（二）房地产金融业务多元化，房地产金融市场多层次

房地产金融机构多样使房地产资金来源广泛成为可能，而这种可能性要变成现实性则要通过房地产金融业务得以实现。因此，房地产金融机构朝着经营业务多元化方向发展，为房地产市场提供形式多样、简便灵活的贷款服务。房地产金融业务的多元化，构成了房地产金融市场的多层次。房地产金融市场通过其复杂的网络吸收分散的社会资金，然后有序地流到房地产资金循环的各个环节，由此形成房地产资金有规则的运动，形成房地产资金市场的两个基本层次：资金吸收和金融流动。

1. 资金吸收层次

房地产金融市场的首要任务是运用各种信用形式，吸收更多的资金，支持房地产开发、购建房的需要。包括：

（1）开办住房储蓄，可以充分利用居民之间购买住房的时间差，为个人、职工解决买房、建房的资金需要，这是指定用途的储蓄业务，与其他贷款相结合，实行先存后贷或以存定贷，专款专用。

（2）面向社会，把分散在各单位的住房专项基金集中起来，是一种相当可观的资金来源，如国家用于住房建设的拨改贷款投资，企业的后备基金、福利基金中用于住房建设资金，城市提取的住房建筑税、房产税等，都可以从原来的资金渠道中分离出来，作为住房专项基金由银行统一管理，监督使用。

（3）通过发行住房建设债券或股票直接向社会筹资资金，则是融通中长期住房资金的有效途径。有条件的房地产开发公司应实行股份制改革，争取尽早成为上市公司，向社会公开发行股票，以便从根本上解决转换企业内部经营机制和大规模筹集资金的问题。银行可以推出可转让大额存单，或开展贴现业务，而房地产企业债券要等机制建立后才能发行；基金受益凭证则有待房地产信托投资基金的建立。

（4）适度开放房地产金融市场，一可加速房地产金融市场国际化进程，二可弥补国内金融业住房建设资金的不足。用适当引进国外的金融工具和做法；以发行Ｂ股、Ｈ股或外汇债券的形式，扩大在国际市场上资金筹措面。

2. 金融流动层

各金融机构利用金融手段吸收的资金，要经过金融流动层的调整，使之成为市场适用的资金。一是房地产信贷交易业务，这是市场的基础部分，其中主要是房地产抵押贷款业

务，它具有安全性和实物保证性。房地产抵押贷款要发挥启动力除可以开展常规抵押贷款外，还可开展建筑合同抵押贷款和可调利率抵押贷款等形式。另外还款方式也可采用固定和可调两种利率，并适当拉开还贷期限的档次；二是房地产投资业务，银行通过各种渠道吸收进来的资金，只有通过资金运用取得收益才能补偿资金成本，赚取差额利润。金融部门除了作为贷款投放于社会各经济部门外，还有一部分用于经营投资业务，即购买有价证券或开发房地产；三是房地产信托业务，它包括房地产委托、代理、租赁和咨询业务；四是银行同业拆借业务。经营房地产业的金融机构，在一定时期内总存在着资金供求之间、存贷之间的不平衡，通过同业拆借，调长补短，调存补贷，达到存贷之间的平衡。

（三）建立健全多层次房地产金融市场保障体系

房地产金融市场的保障体系也是多层次多元化的，既包括政府对房地产金融市场的宏观调控，对房地产金融市场风险的保险保证，又包括房地产金融机构对业务风险实施的转嫁。房地产业也是风险产业，建立健全多层次的房地产金融市场保障体系是完善房地产金融市场的必要措施。

1. 政府对房地产金融市场的调节是房地产金融市场的宏观保障

国家通过调节、渗透房地产金融市场，以达到房地产金融市场的稳定，促进房地产金融市场的健康成长。政府对房地产金融市场的调节包括两个层次。第一个层次是政府对房地产金融市场的宏观管理，包括制定房地产法律、法规，规范房地产金融活动的行为；设立专门的房地产金融机构的审批、营业范围的审核，行业条件的审订和监督实施，防止投机行为等等。第二层次是对初级市场运行方式的适当调控，一是政府对初级市场的保险保证，设立政府的保险保证机构，充当对个人住宅抵押提供无条件偿还贷款的保证者和保险者；二是国家财政拨付和吸收资金、平抑市场资金供求。从这些调节措施可见国家不仅是房地产金融市场的管理者，同时也是市场的参与者。

2. 房地产保险项目是房地产金融市场的微观保障

涉及房地产保险项目十分广泛，包括财产保险、人身保险、责任保险和信用保险的多种险种。而在房地产金融市场体系中，最突出的保险项目是房地产抵押贷款保险。抵押保险的目的是保护贷款人免受借款人违约的损失，从而鼓励贷款人以较低的利率进行放贷；另外，在整个贷款期本金、利息按期偿还的确定性也会鼓励机构投资者更多地将资金投入住宅金融市场。根据我国实际情况，近期可考虑由中国人民保险公司成立抵押贷款部，承担抵押保险业务。但从长远来看，有必要成立专业的住宅抵押保险机构。由于抵押所涉及的法律问题极其复杂，且其违约形式又有特殊性，长期由保险公司全面承担抵押保险是不可行的。

第十三章 房地产信贷业务结算

第一节 房地产信贷业务结算的原则及作用

结算是因商品交换、劳务供应和资金调拨等经济活动引起的货币收付行为。它是商品生产和商品交换的客观要求。在社会主义市场经济条件下，房地产业再生产过程中的生产环节（房地产综合开发）、流通环节（市场和经营）、消费环节（服务和管理），都离不开结算。在现实经济生活中，结算一般分为直接以现金支付的现金结算和通过银行存款支付的转帐结算（非现金结算）两种形式。由于房地产信贷资金的收付一般都在转帐结算的金额起点（1000元人民币）以上，因此，它们都是通过银行办理转帐进行，即银行转帐结算是房地产信贷业务结算的主要形式。房地产信贷业务主要是通过筹集、融通房地产资金和发放房地产贷款等方式来满足房地产业对资金的需求，而这些业务活动都离不开银行转帐结算。

一、结算的原则

结算原则是收付双方和银行在办理结算业务时必须共同遵循的基本原则。为做好结算工作，房地产业应遵守下列原则。

（一）恪守信用，履约付款

在商品交易和劳务供应中，所引起的债权债务关系是建立在收付双方自觉自愿相互信任的基础上的，并且以经济合同或其他约定的交易形式固定下来的结算方式。经济合同是法人之间为实现一定的经济目的、明确相互间的权利和义务关系的协议。经济合同一经签订，就具有法律效力，双方必须信守。要贯彻"重合同，守信用"的原则，认真履行规定的义务。付款人在银行帐户内必须有足够的资金保证及时支付结算款项，以利于顺利进行银行转帐结算。

（二）各房地产单位办理结算，必须使用银行统一规定的结算凭证

结算凭证是企业与银行之间办理各种结算的依据。由于企业采用的结算方式不同，结算凭证的格式也就不一样。但不论是何种结算凭证，都必须按规定如实填写，真实地反映业务的实际情况，并做到凭证内容填写齐全，字迹工整清楚。结算凭证上的单位和银行应填写全称，不得使用简称，并要写明所在的行政区域（如省、自治区、直辖市、县等）的名称。此外，为促使收付双方及时办理转帐手续，缩短结算过程，加速资金周转，结算凭证都有其有效期。使用单位应注意凭证的有效期限，一般过期银行不予办理。

（三）各房地产单位办理结算时，必须遵守国家制定的结算纪律

结算纪律是国家财经纪律的重要内容之一，是带有强制性的纪律规定。房地产单位在办理银行转帐结算时，必须做到不套取银行信用，不出租、出借、出让帐户，不签发空白支票、远期支票或其他无款支付的票据。否则，银行对违反结算纪律的单位，将根据情节

予以不同的经济制裁。

二、房地产信贷业务转帐结算的作用

房地产单位除按规定限额留存少量现金外,其余的货币资金都必须存入银行或其他金融机构。一切货币资金收付行为,除了按规定可以通过现金结算外,其余都要通过银行办理转帐结算。

(一) 监督企业的经济行为

采用银行转帐结算,国家可以通过银行监督房地产单位贯彻执行国家各项经济政策和财经纪律的情况,以巩固经济责任制。

(二) 促进商品交换,加速资金周转

房地产企业的主要商品是开发产品,即已开发完工的房屋、土地、配套设施和代建工程。这些商品在其生产和再生产过程中,从货币资金到储备资金、在建资金、建成资金,通过交换,又从建成资金转化为货币资金,不断地循环和周转。银行转帐结算可以用不同的结算方式,促使这种占用资金量大、资金周转期长的循环和周转尽快实现,尽可能地缩短资金的循环过程,提高资金的使用效率。

(三) 减少现金的流通量,调剂信贷资金总量

据统计,在我国经济活动中,80%以上的货币收付,是通过银行转帐进行结算的,大大减少了现金流通量,节约用于清点、运送、保管现金的人力物力,也减少了钞票的印刷,节约了社会流通费用。同时,银行利用转帐结算,可以把企业单位暂时闲置不用的资金集中起来,通过银行信贷加以调剂利用,以满足企业生产、流通对资金的临时需要。

转帐结算是使用信用工具,通过银行帐户上转移资金来实现的,不仅手续简便,缩短了结算时间,而且,银行办理转帐结算采取多种方式,不同的方式可以适用于不同的交易形式的需要,并可以使收付双方结算时间缩短,占用在结算过程中的资金减少,加速了资金周转。因此,收付双方企业都能够及时地将结算资金运用于生产经营过程中,从而提高了企业资金的效益。

第二节 汇票结算

汇票分为银行汇票和商业汇票。

一、银行汇票结算

银行汇票是汇款人将款项交存当地银行,由银行签发给汇款人持往异地办理转帐结算或支取现金的票据。银行汇票结算亦称汇票结算。

(一) 银行汇票结算的适用范围

银行汇票的适用范围相当广泛,可适用于单位、个体经济户和个人需要支付的各种款项。结算款项的范围也很广泛,它可以适用于商品交易款项、劳务供应款项的清算,单位上下级之间的资金调拨,外地采购用款和个人生活用款的转移。银行汇票的签发和解付,全国范围限于中国人民银行和各专业银行参加"全国联行往来"的银行机构办理。在不能签发银行汇票的银行开户的汇款人需要使用银行汇票,应将款项转交附近能签发银行汇票的银行办理。

汇款人若使用银行汇票,应向银行提交"银行汇票委托书"。银行汇票委托书一式三联:

第一联存根，第二联支款凭证，第三联收入凭证。

银行签发的银行汇票一式四联：第一联汇出汇款卡片，第二联银行汇票，第三联解讫通知，第四联多余款收帐通知。

(二) 银行汇票结算的基本规定

(1) 银行汇票一律记名，不许流通转让、不准涂改伪造。收款人的姓名、地址（或开户银行帐号）均要记在银行汇票上。

(2) 银行汇票的汇款金额起点为 500 元。

(3) 银行汇票的付款期为一个月，不分大月小月，统按次月对日计算，到期日遇例假日顺延。若次月无对日（如元月30～31日）签发的汇票，则次月末日为到期日。逾期的汇票，兑付银行不予受理。

(4) 银行签发的汇票，必须加盖结算专用章和使用压数机压印汇款金额方有效。

(5) 个人或个体经济户需支取现金的汇票，必须在银行汇票上按规定填明"现金"字样；单位如要支取现金，应由兑付银行按现金管理的有关规定审查支付。

(6) 收款人需要在汇入地分期分次支取款项的，可以开立临时存款户办理支付。临时存款户只付不收，付完清户，不计利息。

(7) 汇款人由于汇票超过有效期限或其他原因要求退汇时，可持银行汇票和解讫通知到签发行办理退汇，并备函向签发行说明原因。

(三) 银行汇票结算的处理手续

银行汇票适用范围广且信用好，由银行签发，银行付款，具有票随人走、人到款到、使用方便、用款及时的特点。

银行汇票结算的处理程序主要包括三个阶段：签发行承办银行汇票、兑付行解付银行汇票和签发行结清汇票。

1. 签发行承办银行汇票的处理

(1) 汇款单位和个人委托银行办理汇票结算，应填制汇票委托书，详细填明汇入地点、汇款用途等项内容送交银行（在银行开户的汇款人在委托书的第二联加盖预留银行印鉴）。

(2) 签发行受理银行汇票时，认真审查委托书的填写内容是否齐全、清晰、正确，委托书上加盖的印章是否与预留银行印鉴相符。对委托书上填明"现金"字样的，还应审查汇款人是否为个体经济户或个人。

(3) 审查无误后，签发行才予以办理转帐或收点现金。才能签发银行汇票一式四联。银行汇票的日期和金额必须大写，填写的字迹要清楚，不得涂改。如果填写错误，应作废重填；如个体经济户或个人需要在兑付行支取现金，须在四联银行汇票的"汇款金额人民币（大写）"之后紧接填写"现金"字样，再填写汇款金额；委托书的备注栏内注明"不得转汇"的，签发行应在银行汇票的用途栏内注明。

(4) 填好的银行汇票经复核无误后，在第二联"签发行盖章"处用红色印泥加盖清晰的汇票专用章，同时加盖经办者、复核者的名章，并在汇票金额栏大写金额后端，用总行统一订制的压数机压印出汇款金额连同第三联一并交汇款单位或个人；第一联盖经办、复核人员名章连同第四联一并专夹保管。

2. 兑付行解付银行汇票的处理

(1) 在兑付行开立帐户的处理。兑付行接到汇款单位或个人交来的银行汇票的第二联、第三联及两联进帐单时，应审查下列内容：

1) 汇票和解讫通知是否同时提交（缺少任何一联不予受理）；

2) 汇票上的收款人名称是否该收款人，是否在汇票背面"收款人盖章"处加盖预留银行印鉴，是否与进帐单名称相符；

3) 汇票上盖的印章是否真实，符合规定；

4) 压数机压印的金额是否由统一制做的压数机压印，与汇票大写汇款金额是否一致；

5) 汇票是否真实，有无防伪标志，填写是否符合要求，内容有无涂改，汇票的付款期是否超过；

6) 汇票的实际结算金额是否在汇款金额以内，与进帐单所填写的金额是否一致，多余金额结计是否正确（如果全额进帐，汇票和解讫通知的结算金额栏内应填入全部金额，多余金额栏内应填写"—0—"）。

审核无误后，在第一联进帐单上加盖转讫章作收帐通知交给收款单位或个人，第二联进帐单作贷方记帐凭证，根据实际结算金额填制联行往来划付款报单，以存根联作借方记帐凭证，银行汇票的第二联注明兑付日期，加盖转讫章及记帐、复核人员名章作附件。转帐后，在银行汇票的第三联上加盖转讫章，随联行往来划付款报单通知联一并寄签发行。

(2) 未在兑付行开立帐户的处理。兑付行接到未在银行开户的收款人提交的银行汇票的第二、三联，除按有关规定认真审查外，还应审查收款人的身份证件，收款人在第二联上注明的名称、号码、发证单位。审查无误后，兑付行分别以下情况办理付款手续：

1) 收款人一次性办理支付或转汇，兑付行应通过应解汇款设集中临时存款户核算。若收款人向销货人支付款项或支取现金，则从应解汇款中支付；若需办理转汇款项的，应按规定重新办理汇兑或汇票，转汇的凭证的收款人和用途必须是原收款人和用途，并须注明"转汇"字样和原汇票号码，原汇票填明"现金"字样的，可照填"现金"字样。

2) 收款人分次办理支付或转汇，由收款人填两联进帐单，兑付行按收款人在应解汇款科目下开立帐户，在帐首注明银行汇票号码。汇票注明不得转汇的，在帐首注明"不得转汇"字样。需分次支取现金的，在帐首注明"可支取现金"字样。其余手续按一次性办理支付和转汇的有关规定办理。

3. 签发行结清汇票的处理

签发行收到兑付行通过联行寄来的银行汇票第三联时，取出专夹保管的第一联，经核对确属本行签发，联行往来划付款报单金额与第三联实际金额相符，多余金额结计正确，分别作如下处理：

(1) 汇款金额兑付时，在银行汇票第一联的实际结算金额栏内填写全部金额，在第四联的多余金额栏填写"—0—"。然后办理转帐。

(2) 汇款有多余款时，应在银行汇票的第一联和第四联上填写实际结算金额，同时办理转帐，并在第四联的多余金额栏内填写多余金额，加盖转讫章作收帐通知交汇款单位或个人。若汇款人未在银行开户，多余款应先转入其他应付款科目，并通知其持本人身份证来银行办理取款手续。

4. 退款和挂失的处理

(1) 退款的处理。汇款单位或个人由于超过付款期或其他原因要求退汇时，应备函向签发行说明原因，并交回银行汇票的第二、三联。如汇款人未在银行开立帐户，还应交验本人身份证件。

签发行经与原专夹保管的第一联核对无误后，在第二、三联实际结算金额栏内填写"未用退回"字样。第四联的多余金额栏内填写原汇款金额，并加盖转讫章作为退款通知交汇款人，并办理转帐。汇款人由于第二、三联短缺一联而不能在兑付行办理结算时，应当备函向签发行说明原因，并交回持有的一联凭证，签发行可比照退款手续办理退款。

（2）挂失的处理，银行汇票持有者将汇票遗失时，应填写三联汇票挂失申请书，向兑付行或签发行申请挂失。

对于填写"现金"字样的银行汇票遗失，银行接到汇票申请书后，应认真审查是否属于本行签发或兑付的汇票，并查对确未兑付或注销时，方可受理。

如填明收款单位和个体经济户名称的转帐汇票遗失，银行不办理挂失手续，但兑付行或签发行可协助防范；填明汇款人指定姓名的转帐汇票遗失，银行不办理挂失手续，也不予协助防范。遗失的汇票俟付款期满一个月，确未发生问题，由汇款人备函向签发行说明情况，办理退汇手续。

二、商业汇票结算

商业汇票是收款人或付款人（或承兑申请人）签发，由承兑人承兑，并于到期日向收款人或被背书人支付款项的票据。所谓承兑人就是付款人，在法律上负有到期无条件付款的责任。

（一）商业汇票的种类及适用范围

商业汇票根据承兑人不同，分为商业承兑汇票和银行承兑汇票两种。

商业承兑汇票是由收款人签发，经付款人承兑或由付款人签发并承兑的票据。商业承兑汇票一式三联：第一联卡片，第二联商业承兑汇票，第三联存根。银行承兑汇票是收款人或承兑申请人签发，并由承兑申请人向开户银行申请，经银行审查同意承兑的票据。银行承兑汇票一式四联：第一联卡片，第二联银行承兑汇票，第三联解讫通知，第四联存根。

商业汇票适用于在银行开立帐户的法人之间根据购销合同进行的商品交易，不受地域限制，在同城或异地均可使用。

（二）商业汇票结算的基本规定

（1）签发商业汇票必须以合法的商品交易为基础，禁止签发、承兑、贴现无商品交易的汇票。

（2）不受金额起点限制。

（3）商业汇票一律记名，允许背书转让。

（4）商业汇票承兑期限，由交易双方商定，最长不超过 9 个月。如属分期付款，应一次签发若干张不同期限的汇票。

（5）商业承兑汇票到期付款人帐户不足支付时，由银行退票，并向付款人收取票面金额的 5% 但不低于 50 元的罚金。

（6）银行承兑汇票的承兑银行，应按票面金额向承兑申请人收取 1‰但不少于 10 元的手续费。

采用商业汇票结算方式，对于避免企业拖欠货款，搞活物资和资金，活跃金融市场，增强企业信誉等方面，都有很大作用。

（三）商业承兑汇票结算的处理手续

1. 收款人开户行受理委托收取商业承兑汇票款项的处理

收款人（或被背书人，下同）对将要到期的商业承兑汇票（以下简称汇票），应匡算至付款人开户行的邮程，提前委托开户行收款。委托时，由收款人填制邮划或电划委托收款凭证，提交开户行。

收款人开户行审查后，在委托收款凭证各联备注栏注明"商业承兑汇票"字样及汇票号码。

（1）将邮划或电划委托收款凭证第一联加盖业务公章退给收款人。

（2）将邮划或电划委托收款凭证第二联专夹保管，并登记"发出委托收款凭证登记簿"。

（3）在邮划或电划凭证第三联盖结算专用章，将第三、四、五联委托收款凭证连同汇票等有关单证一并寄付款人开户行。

2. 付款人开户行办理汇票划款或退回凭证的处理

付款人开户行收到收款人开户行寄来的委托收款凭证及汇票时，经审查无误，于汇票到期日，按下列情况处理：

（1）付款人的银行帐户有足够款项支付的，以第三联委托收款凭证作借方记帐凭证，汇票加盖转讫章作附件，联行往来划收款报单存根联作贷方记帐凭证进行转帐。转帐后，根据第三、四联委托收款凭证逐笔登记收到委托收款登记簿，并将第三、四联凭证专夹保管，第五联委托收款凭证加盖业务公章，连同有关单证一并及时送交付款人作为付款通知。

属于邮寄划款的，将第四联委托收款凭证注明支付日期后，随联行往来划收款报单通知联寄收款人开户行，属于电报划款的，根据第四联委托收款凭证编制联行电划收款报单，凭以向收款人开户行拍发电报。

（2）付款人的银行帐户款项不足支付的，在委托收款凭证上注明"付款人无款支付"字样，并加盖业务公章。同时，开户行应向付款人发出索回单证的无款支付通知书一式四联。一联给收款人，另三联专夹保管。付款人必须于银行发出通知的次日起2天内将有关凭证和单证全部退还开户行。经银行审核无误后，在委托收款及其登记簿备注栏注明单证退回日期和"无款支付"字样，将一联无款支付通知书和第三联委托收款凭证一并留存备查，将两联无款支付通知书连同第四、五联委托收款凭证及有关单证一并寄收款人开户行。若系电报划款的，不另拍电报。同时按规定向付款人收取罚款。

3. 收款人开户行收到划回汇票款项或退回凭证的处理

（1）收款人开户行收到付款人开户行寄来的联行往来划收款报单以及所附第四联委托收款凭证时，应该将留存的第二联委托收款凭证抽出，同收到的第四联核对。经审查无误后，在两联凭证上注明转帐日期，以第二联委托收款凭证作贷方记帐凭证，联行往来划收款报单通知联作借方记帐凭证进行转帐。转帐后，将第四联委托收款凭证加盖转讫章作收帐通知交给收款人，并销记发出委托收款凭证登记簿。

若系电报划回的，应编制联行电报划收款补充报单三联，以第一联作借方记帐凭证，第二联作贷方记帐凭证，第三联作收帐通知，其余手续同上。

（2）收款人开户行接到付款人开户行退回的无款支付的委托收款凭证及汇票，经核对无误后，抽出第二联委托收款凭证并在其备注栏注明"无款支付"字样。销记发出委托收款凭证登记簿，将第四、五联委托收款凭证及有关单证和第四联无款支付通知书退给收款人。由收款人在第三联无款支付通知书上签收后,连同第二联委托凭证一并由银行保管备查。

(四) 银行承兑汇票结算的处理手续

1. 承兑银行承兑汇票的处理

(1) 承兑申请人持收款人或本人签发的银行承兑汇票(以下简称汇票)到开户行申请承兑时,应在汇票第一、二联上注明承兑银行名称及申请承兑日期,并在"承兑申请人盖章"处盖章,同时填制一式三联银行承兑协议,连同第一、二、三联汇票及购销合同送交承兑银行。

(2) 承兑银行接到承兑申请人填好的汇票及承兑协议、购销合同,由信贷部门按有关规定进行严格审查。审查无误后,即可与承兑申请人签订银行承兑协议。承兑协议一联留存,另一联及其副本和三联汇票一并交会计部门进行处理。

(3) 会计部门对汇票记载内容和使用对象进行复审。审核无误后,在三联汇票上注明承兑协议编号,并在第二联汇票"承兑银行盖章"处加盖汇票专用章,用总行统一订制的压数机在"汇票金额"栏小写金额的下端压印汇票金额,将第二、三联汇票连同一联承兑协议交承兑申请人。同时,按承兑协议规定向承兑申请人收取承兑手续费。而后根据第一联汇票填制"银行承兑汇票"表外科目收入凭证,登记表外科目登记簿,并将第一联汇票卡片和承兑协议副本专夹保管。

2. 承兑银行对到期的汇票收取票款的处理

(1) 承兑银行对到期的汇票应于到期日向承兑申请人收取票款。收取时,填制特种转帐贷方记帐凭证一联、借方记凭证两联,在"转帐原因"栏内注明"根据××号汇票划转票款"。一联作贷方记帐凭证,一联作借方记帐凭证。另一联加盖转讫章作支款通知交给承兑申请人。

(2) 承兑申请人帐户无款或不足支付时,对尚未收回的承兑金额转入该承兑申请人的逾期贷款户,每天按 5‰ 计收罚息。

同时填制表外科目付出凭证,销记表外科目登记簿。

3. 收款人开户行受理汇票的处理

收款人开户行接到收款人交来的第二、三联汇票及两联进帐单时,按照银行汇票兑付行的有关审查规定认真审查。审查无误后,第一联进帐单加盖转讫章作收帐通知交给收款人,第二联进帐单作贷方记帐凭证。根据第二联汇票填制联行往来划付款报单,以存根联作借方记帐凭证,汇票注明转帐日期,加盖转讫章及记帐、复核名章作附件,在第三联汇票上加盖转讫章,随联行往来划付款报单通知联寄给承兑行。

4. 承兑银行支付汇票款的处理

承兑银行收到收款人开户行寄来的联行往来划付款报单通知联以及汇票的第三联时,取出专夹保管的汇票第一联和承兑协议副本,经核对确属本行承兑,与划付款报单金额相符,以汇票第一联作借方记帐凭证,第三联作附件,联行往来划付款报单通知联作贷方记帐凭证进行转帐。

(五) 商业汇票的贴现

商业汇票贴现,是指收款人需要资金时,以未到期的商业汇票向银行或金融机构融通资金,银行按一定的贴现率,扣去自贴现日至到期日前一天的贴现利息,然后将票面余额支付给持票人的一种行为。即以贴付一定利息为条件,将票据的债权转让给银行的行为。

票据贴现对于持票人来说是出让票据，提前收回垫付在商业汇票上的那部分资金。票据到期时，银行凭票向最初发票的债务人或背书人兑取现款。

商业汇票的收款人通过贴现从银行实际兑取的金额为贴现净额，而银行从其中按规定的贴现率计算并收取的利息，通常为贴现利息或贴现折价。其计算方法是：

贴现利息＝汇票到期值×日贴现率×贴现天数

贴现净额＝汇票到期值－贴现利息

计息的商业汇票到期值为到期本息之和；不计息的商业汇票到期值为面值。我国目前允许流通的票据一般都为不计息票据。

第三节 银行本票结算和支票结算

一、银行本票结算

银行本票是申请人将款项交存银行，由银行签发给其凭以办理转帐结算或支取现金的票据。银行本票分为定额本票和不定额本票两种。

（一）银行本票结算的适用范围

银行本票是一种适应商品经济发展，减少现金流通，方便单位和个人经济活动的一种同城范围内的结算方式。它适用于单位、个体经济户和个人在同城范围的商品交易和劳务供应及其他款项的结算。

申请人要求办理银行本票应向银行填写"银行本票申请书"一式三联：第一联存根，第二联支款凭证，第三联收入凭证。

定额本票一式一联：本票；不定额本票一式两联：第一联本票，第二联卡片。

（二）银行本票结算的基本规定

（1）银行本票一律记名，允许背书转让。

（2）不定额银行本票的金额起点为100元；定额银行本票的面额为500元、1000元、5000元和10000元。

（3）银行本票的付款期为一个月（不分大月、小月，统按次月对日计算；到期日遇例假日顺延）。逾期的银行本票，兑付银行不予受理。

（4）银行本票见票即付，不予挂失。

（三）不定额银行本票的处理手续

1. 签发行签发不定额银行本票的处理

（1）申请人将填写的银行本票申请书（以下简称申请书）送交银行。签发行受理时，要认真审查申请书填写的内容是否符合要求。申请书填明"现金"字样的，应审查申请人是否是个体经济户或个人。无误后，为其办理有关帐务处理。

（2）签发行办妥转帐或收妥现金后，签发不定额银行本票一式两联。签发日期必须大写，并在第一联上加盖汇票专用章和经办、复核人员名章，用总行统一订制的压数机在"人民币大写栏"大写金额后端压印本票金额后，交给申请人。本票第二联专夹保管。

2. 兑付行兑付本票的处理

兑付行接到收款人（或被背书人，下同）交来的本票，应认真审查，审查无误后办理兑付。

（1）转帐支取的，由收款人填制两联进帐单。兑付行在第一联进帐单上加盖转讫章作收款通知交收款人，第二联作贷方记帐凭证，另填制一联特种转帐付出凭证作为借方记帐凭证进行转帐。

(2) 支取现金的，由收款人填制一联支款单，银行填制一联特种转帐付出凭证作贷方记帐凭证，支款单作借方记帐凭证进行帐务处理。

兑付行办妥转帐或付出现金后，在本票上加盖转讫章，通过票据交换向签发行提出交换。

3. 签发行结清本票的处理

签发行收到票据交换提入的本票时，抽出专夹保管的本票第二联，经核对确属本行签发，以本票第一联作借方记帐凭证，第二联作其附件，另填制一联特种转帐凭证作贷方记帐凭证进行转帐。

若收款人、申请人在同一银行兑付和结清银行本票，即兑付行兑付本行签发的银行本票，除不通过票据交换外，其手续比照上述手续处理。若申请人因银行本票超过付款期或其他原因，交回银行本票要求签发行退款时，经审查后，银行予以办理退款。

另外，签发行或兑付行必须每日将本票科目的余额划缴人民银行。

(四) 定额银行本票的处理手续

1. 签发行领取和发售定额银行本票的处理

签发行领取定额银行本票（以下简称本票），应向人民银行填制本票领取单。领取后，登记表外科目登记簿，并将本票视同现金管理。

申请人若申请使用本票时，应填写银行本票申请书（以下简称申请书），送交银行。签发行受理时，必须审查申请书填写内容是否符合要求。申请书填明"现金"的，还须审查申请人是否为个体经济户或个人。

签发行办妥转帐或收妥现金后签发本票。签发时应在本票上填写收款人名称，大写签发日期，并加盖汇票专用章后交给申请人。同时登记表外科目登记簿。

另外，签发行发售本票后，须于每日将代理签发本票的款项金额划缴人民银行。

2. 兑付行兑付本票的处理

兑付行接到收款人（或被背书人，下同）交来的本票时，应认真审查。审查无误后办理兑付。并登记表外科目登记簿。

兑付行办妥转帐或付出现金后，在本票上加盖转讫章，并及时向人民银行送交已兑付本票，清算资金。并销记表外科目登记簿。

3. 本票退款的处理

申请人因本票超过付款期或其他原因要求签发行退款时，应交回本票。签发行审查后，应予以办理退款。

二、支票结算

支票是银行的存款人签发给收款人办理结算或委托开户银行将款项支付给收款人的票据。支票分为现金支票和转帐支票。现金支票可以转帐，转帐支票不能支取现金。

支票适用于单位、个体经济户和个人在同城或票据交换地区的商品交易和劳务供应及其他款项的结算。

(一) 支票结算的基本规定

(1) 支票一律记名。转帐支票在中国人民银行总行批准的地区（商品经济比较发达的上海、广州、武汉等城市）允许背书转让。

(2) 支票的金额起点为1000元。

(3) 支票付款期为5天，允许背书转让的转帐支票付款期为10天，从签发的次日算起，到期日遇例假日顺延。

(4) 签发行必须在银行帐户余额内按照规定向收款人签发支票，对签发空头支票或印章与预留印鉴不符的支票，银行除退票外，并按票面金额处以5%但不低于50元的罚款。

(5) 已签发的现金支票遗失，可以向银行申请挂失；挂失前已经支付的，银行不予受理；已签发的转帐支票遗失，银行不受理挂失。

(二) 转帐支票的处理手续

转帐支票是签发人委托银行从其帐户中付出款项转入收款人帐户的一种票据。

1. 收款人、签发人在同一行开户的处理

(1) 银行受理收款人送交支票的处理。银行接到收款人送来的转帐支票（以下称支票）和两联进帐单时，应审查下列内容：支票和进帐单填写内容是否正确；二者金额是否相符；支票是否在付款期内；大小写金额是否一致；付款人帐户是否有足够支付的款项等。

审查无误后，在支票和进帐单各联加盖转讫章，第一联进帐单退交收款人。将款项从付款人帐户转入收款人帐户。

(2) 银行受理签发人送交支票的处理。银行接到支票签发人送来的支票和两联进帐单时，处理手续同(1)。

2. 收款人、签发人不在同一行开户的处理

(1) 收款人开户行受理收款人送交支票的处理。收款人开户行接到收款人送交的支票和两联进帐单时，审查内容同1。审查无误后，在两联进帐单上按票据交换场次加盖"收妥后入帐"戳记，并在第一联进帐单上加盖转讫章交收款人。支票按票据交换的规定及时提出交换，俟退票时间过后视不同情况处理。

签发人开户行收到票据交换提入的支票后，审核支票填写的签发人帐号、户名、付款期、大小写金额、印鉴无误后，根据是否有退票及退票时间的不同进行帐务处理。

(2) 签发人开户行受理签发人送交支票的处理。签发人开户行接到签发人送来的支票和两联进帐单时，审查内容同1，审查无误后，进行转帐。同时，在第二联进帐单上加盖业务公章，将两联进帐单按票据交换规定及时提出交换。

收款人开户行收到票据交换提入的两联进帐单，经审查无误，第一联加盖转讫章作收帐通知交给收款人，以第二联进行转帐。

若收款人不在本行开户或进帐单上的帐号、户名不符，应按票据交换规定处理，将两联进帐单通过票据交换退回签发人开户行。

(三) 现金支票的处理手续

签发人开户行接到收款人持现金支票支取现金时，除按照受理转帐支票的审核要求审查，还应折角核对印鉴，同时审查是否符合现金管理规定；背书与收款人名称是否一致。经审查无误后，发给对号牌（单），交收款人凭以向出纳部门取款。

收款人若以现金支票办理转帐，则按转帐支票手续处理。

除现金支票和转帐支票外，还有一种专门用于收购农副产品向农户付款的定额支票。其最大特点是与储蓄相结合，大大方便农户。

（四）支票挂失的处理手续

付款单位将已签发的支票遗失时，应出具公函或有关证明向开户行申请挂失止付。银行查明支票确未支付时，应收取挂失手续费，在签发人帐户帐首用红笔注明"×年×月×日第×号支票挂失止付"字样。将挂失函件与该帐页一并保管。挂失前已经支付的支票，由遗失单位负责。

若付款单位将未填日期、收款单位、金额的空白支票遗失，银行不受理挂失，由付款单位更换其帐户的支款印鉴解决。

若收款单位将收进已签妥的支票遗失，应出具公函，并经付款单位盖章证明后，到付款单位开户行申请挂失。

第四节 其他结算方式

一、汇兑结算

汇兑是汇款人委托银行将款项汇给外地收款人的结算方式。具有适用广泛，手续简便的特点。

（一）汇兑结算的种类及适用范围

汇兑分为信汇和电汇两种，由汇款人选择使用。

信汇是汇款人委托银行邮寄结算凭证通知汇入银行将款项付给收款人的一种汇兑结算方式。信汇凭证一式四联：第一联回单，第二联支款凭证，第三联收款凭证，第四联收帐通知或代取款收据。电汇是银行通过电报将款项汇给收款人的方式。电汇凭证一式三联：第一联回单，第二联支款凭证，第三联发电依据。

汇兑结算适用于异地各单位、个体经济户和个人间的各种款项的结算。目前，我国除银行外，邮电部门利用其通讯技术也经办个人汇兑结算业务。

（二）汇兑结算的基本规定

（1）不受金额起点限制。

（2）汇款人若派人到汇入银行领取汇款，应在信汇、电汇凭证上注明"留行待取"字样。需要指定单位的收款人领取汇款的，应注明收款人的单位名称；信汇凭印鉴支取的应加盖预留印鉴。

（3）个体经济户和个人需要在汇入银行支取现金的，应在信汇、电汇凭证"汇款金额"大写栏，先填写"现金"字样，后填写汇款金额。

（4）汇款人确定不得转汇的，应在"备注"栏注明。

（5）未在银行开立帐户的收款人按规定支取现金或转汇或分次支取的应开立临时存款户。

（6）汇款人对汇出款项要求退汇时，应备齐退汇手续向汇出银行申请退汇；汇入银行接到汇出银行的通知并证实汇款确未支付后，方可退汇。

（7）汇入银行对收款人拒绝接受的汇款，应立即办理退汇。

（三）信汇的处理手续

1. 汇出行的处理

（1）汇款人委托银行办理信汇时，将填制的第二联盖有预留银行印鉴的信汇凭证送交银行。汇款人有特殊要求的,可按汇兑结算的规定执行。

(2) 汇出行受理信汇业务时,应认真审查。审查的主要内容是:信汇凭证各项内容是否填写齐全、正确;汇款人帐户内是否有足够支付的余额;汇款人的盖印是否与预留银行印鉴相符等。审查无误后,在信汇凭证的第一联上盖转讫章退给汇款人。

(3) 汇出行审查凭证后,应根据转帐汇款或现金汇款的不同情况进行处理。转帐后,第三联信汇凭证加盖联行专用章,连同第四联随联行往来划收款报单通知联寄汇入行。

2. 汇入行的处理

汇入行收到汇出行寄来的有关凭证后,审查第三联信汇凭证上的联行专用章与联行往来划收款报单的印章是否一致。

(1) 审查凭证无误后,对于直接收帐的,将款项直接转入收款人帐户,同时在第四联信汇凭证上加盖转讫章作收帐通知交收款人;对不直接收帐的,先将款项转入应解汇款户,同时登记应解汇款登记簿。第四联信汇凭证留存,另通知收款人来行办理取款手续。

(2) 在收款人来行办理取款时,银行应视不同情况进行处理。

"留行待取"的,汇入行抽出第四联信汇凭证,验对收款人的身份证件,并将证件名称、号码、发证单位名称填注在信汇凭证的空白处。由收款人在"收款人盖章"处盖章或签字;需要办理一次或分次支付现金的,应按有关手续办理转帐;需要转汇的,要重新办理汇款手续。第三联信汇凭证备注栏注明不得转汇的,不予办理转汇。

(四) 电汇的处理手续

1. 汇出行的处理

汇款人将填制的电汇凭证送交汇出行,汇出行受理电汇凭证时,比照信汇的有关规定审查。无误后,在第一联电汇凭证上盖转讫章退给汇款人。根据第三联电汇凭证编制联行往来划收款报单凭以向汇入行拍发电报,以第二联电汇凭证和联行往来划收款报单进行转帐。其余各项处理手续同信汇的处理手续。

2. 汇入行的处理

汇入行收到汇出行发来的电报,经审核无误后,应编制联行电报划收款补充报单三联,以第一、二联进行转帐处理,在第三联加盖转讫章作收帐通知交给收款人。其余各项手续与信汇相同。

(五) 退汇的处理手续

1. 汇款人申请退汇

汇款人申请退汇时,若系收款人直接收帐的,由汇款人自行联系退汇;对不直接入帐的,应由汇款人备公函或持本人身份证件连同原信汇、电汇凭证回单交给汇出行,以申请办理退汇。

2. 汇入行主动退汇

对于汇款超过两个月,收款人尚未来行办理取款手续,或在规定期限内汇入行已寄出通知,但因收款人住址迁移或其他原因,以致汇款无人领取时,汇入行可以主动办理退汇。

二、委托收款结算

委托收款是收款人委托银行向付款人收取款项的结算方式。委托收款分为邮寄划款和电报划款两种方式,需要指出的是委托收款凭证的发出必须是邮寄的。

(一) 委托收款结算的适用范围

委托收款结算方式适用于在银行或其他金融机构开立帐户的单位和个体经济户的商品交易、劳务款项以及其它应收款项的结算,并且在同城及异地均可办理。但是,由于银行不负责解决发生拒付款项时的纠纷,因此,这种结算方式具有一定风险。

邮划委托收款凭证一式五联:第一联回单,第二联收款凭证,第三联支款凭证,第四联收帐通知,第五联付款通知。

电划委托收款凭证一式五联:第四联为发电依据,其余四联同邮划凭证。

(二) 委托收款结算的基本规定

(1) 不受金额起点限制。

(2) 付款期为3天。应从付款人开户行发出付款通知的次日算起(付款期内遇例假日顺延),但对距银行较远的付款人必须邮寄通知的,应加邮寄时间。

(3) 多付款。付款人在审查付款通知和有关单证,发现有明显的计算差错,应该多付款项时,由付款人出具书面证明,银行据以划款。

(4) 拒绝付款。付款人审查有关单证后,对收款人委托收取的款项需要全部或部分拒绝付款的,应在付款期内出具全部或部分拒绝付款理由书送交开户银行。银行不负责审查拒付理由。

(5) 无款支付。付款人在付款期满日营业终了前,如无足够资金支付全部款项,即为无款支付。

(6) 三方交易,直达结算。批发单位、销货单位、购货单位都不在一地,批发单位委托销货单位将商品直接发给购货单位的商品交易,应当分别订立经济合同。

(7) 代办发货委托收款。销货单位与代办发货单位不在一地,销货单位与代办发货单位订立代办委托收款合同。

(8) 代理收货委托收款。购货单位与代理收货单位不在一地,购货单位应事先将代理收货单位通知销货单位。

如上述后三项有拒付情况,应按上述有关拒付规定办理。

(三) 委托收款结算的处理手续

1. 收款人开户行受理委托收款的处理

收款人办理委托收款时,在第二联委托收款凭证上加盖预留银行印鉴后,将其结算凭证和有关单证一并提交开户行。

收款人开户行收到凭证后,按照有关规定和要求进行审查。无误后,对凭证作如下处理:

将结算凭证第一联加盖业务公章退给收款人;将结算凭证第二联专夹保管,并登记发出委托收款凭证登记簿;在第三联上加盖结算专用章,将第三、四、五联连同有关单证,一并寄交付款人开户行。

2. 付款人开户行的处理

收到收款人开户行寄来的委托收款凭证及有关单证时,应认真审查。审查无误后,在凭证上注明收到日期和付款期。根据第三、四联凭证登记收到委托收款登记簿(以下简称登记簿)同时将第三、四联凭证专夹保管。在第五联凭证上加盖业务公章,连同有关单证送交付款人。

(1) 按期付款。付款人在付款期满日营业终了之前,帐户内有足够资金支付全部款项的,付款人开户行应在次日上午(遇例假日顺延),以第三联委托收款凭证进行付款转帐。

然后，在登记簿上填明转帐日期。将第四联委托收款凭证填上支付日期连同有关单证寄收款人开户行。若是电报划款的，以第四联凭证编制联行电划收款报单，凭以向收款人开户行拍发电报。

(2) 提前付款。付款人在付款期满前通知开户行提前付款的，银行在委托收款凭证和登记簿上分别注明"提前付款"字样，手续同（1）。

(3) 多付款。付款人如因商品价格，数量等原因，要求对本笔委托收款的多付款项一并划回的，应填制四联"多付款理由书"提交开户行。开户行在审查无误后，在凭证和登记簿上注明多付金额，以第三联凭证和第二联理由书进行转帐。然后，在第一联理由书上盖转讫章作支款通知交付款人。第三、四联理由书和第四联凭证同有关单证寄收款人开户行。若电报划款，除拍电报外，将第四联理由书寄收款人开户行。

(4) 无款支付。若付款人在付款期满日帐户没有足够资金支付全部款项的，银行向其发出索回单证的无款支付通知书四联。其中一联给收款人，三联专夹保管。付款人必须于银行发出通知的次日起2天内将有关凭证全部退还开户行。审核无误后，银行在委托收款凭证和登记簿上注明"无款支付"字样，一联无款支付通知书和第三联委托收款凭证留存备查，将另两联无款支付通知书同第四、五联委托收款凭证及有关单证一并寄收款人开户行。若是电报划款，不另拍电报。

(5) 全部拒绝付款。付款人在付款期内提出全部拒绝付款时，应填制全部拒绝付款理由书四联，同第五联委托收款凭证送交开户行。核对无误后，银行在委托收款凭证和登记簿上注明"全部拒付"字样。将第一联理由书加盖业务公章退给付款人。第二联理由书同第三联委托收款凭证留存备查，第三、四联理由书和第四、五联委托收款凭证寄收款人开户行。若电报划款，不另拍电报。

(6) 部分拒付款。付款人在付款期内提出部分拒绝付款时，应填制部分拒付款理由书四联，连同拒付部分商品清单送交开户行。审核无误后，银行在委托收款凭证和登记簿注明"部分拒付"及拒付金额。对同意付款的部分，以第二联理由书和第三联委托收款凭证进行转帐。然后，将第一联理由书加盖转讫章交付给人。第三、四联理由书和第四联委托收款凭证同拒付部分商品清单寄收款人开户行。若电报划款，拍发电报，其余手续同邮划。

3. 收款人开户行办理委托收款划回的处理

(1) 款项按期或提前划回。收款人开户行接到付款人开户行寄来的有关凭证时，将第二联委托收款凭证抽出与收到的第四联核对。无误后，注明转帐日期。将第四联盖转讫章交收款人，并销记发出委托收款凭证登记簿；若电报划回，应编制联行电报划收款补充报单三联，其余手续同邮划。

(2) 多付款。收款人开户行接到付款人开户行寄来的凭证后，抽出第二联委托收款凭证并注明多付金额，以第三联多付款理由书，第二联委托收款凭证转帐。然后销记登记簿。将第四联委托收款凭证和理由书交给收款人。若电报划回，比照邮划处理。

(3) 全部拒付或无款支付。收款人开户行接到付款人开户行寄来的凭证，核对无误后，抽出第二联委托收款凭证并注明"拒绝付款"或"无款支付"字样。销记发出委托收款凭证登记簿。将第四、五联委托收款凭证和第四联拒付理由书或无款支付通知书退给收款人。由收款人在第三联拒付理由书或无款支付通知书上签收后，连同第二联委托收款凭证保管备查。

（4）部分拒绝付款。收款人开户行收到付款人开户行寄来的凭证及有关单证时，核对无误后，抽出第二联委托收款凭证并注明"部分拒付"字样、日期和拒付金额。以第三联理由书和第二联委托收款凭证进行转帐。然后，将第四联委托收款凭证、第四联理由书及拒付部分商品清单交收款人。若电报划回的，比照邮划手续处理。

4. 三方交易、直达结算的处理

在商品经济生活中，商品交易一般是购销双方直接进行的，有时还涉及三个企业甚至更多企业之间的多环节交易。

在三方交易、直达结算中，销货单位、批发单位、购货单位都是独立的经济核算单位，事先应分别订立合同。销货单位受批发单位委托，将商品直接发送给批发单位指定的购货单位后，销货单位应填制两套委托收款结算凭证，一套用销货单位名义向批发单位委托收款，另一套用批发单位名义向购货单位委托收款。

三、异地托收承付结算

异地托收承付是指收款单位根据经济合同发货后，委托银行向异地付款人收取款项；付款人按合同验单或验货后，向银行承认付款的结算方式。

（一）异地托收承付结算的适用范围

异地托收承付结算适用于国营企业、事业、机关、部队（团以上）、团体、学校及符合条件的集体所有制工业企业等单位之间的商品交易及劳务供应款项的结算。

此种结算方式的款项划回方法有邮寄和电划两种，由收款人选用。

邮划异地托收承付结算凭证一式五联：第一联回单，第二联收款凭证，第三联支款凭证、第四联收帐通知，第五联承付通知；电划异地托收承付结算凭证由四联组成，缺少"收帐通知联"，用一、二、三、五来标记，以便和邮划托收承付结算凭证的联次、用途统一起来。

（二）异地托收承付结算的基本规定

（1）使用这种结算方式，收付双方必须签订符合经济合同法的经济合同，而且收付双方信用较好，能严格遵守合同。

（2）要有货物确已发运的证件，才能办理托收承付结算。

（3）每笔结算金额起点为1000元。

（4）付款人承付货款分为验单付款和验货付款两种。验单付款的承付期为3天，从银行向付款人发出托收承付通知的次日算起，邮寄的应另加邮寄时间；验货付款的承付期为10天，从运输部门向付款人发出提货通知的次日算起（遇例假日顺延）。

（三）异地托收承付结算的处理手续

结算从收款人托收开始，经付款人承付，然后由付、收款人开户行分别办理划款和收帐手续。

1. 托收

托收是指收款人委托开户行办理收款的过程。

收款人在货物发运后，应填制一式五联的邮划或电划（四联）托收承付凭证并注明合同号码和承付的类别，连同货物发运单等单证一同交开户行办理托收。

收款人开户行收到上述凭证及单证后，应认真审查。无误后，在第一联托收承付凭证上加盖业务公章退给收款人，表示受理。第二联专夹保管。在第三联上加盖业务公章，将第三、四、五联（电划凭证第三、五联）连同有关单证，一并寄付款人开户行。

同时，登记"发出托收结算凭证登记簿"，用以控制发出托收凭证的笔数和金额。

2. 承付

承付是指付款人开户行行使正当权益承认付款的过程。

付款人开户行接到收款人开户行寄来的邮划托收承付凭证第三、四、五联或电划第三、五联和其他单证后，应审查是否属于本行的凭证等其他内容。无误后，在各联凭证上填注收到日期和承付期限，并核定承付的类型。若是验单付款，承付期为3天；若是验货付款，承付期为10天。

银行在托收承付凭证第五联加盖业务公章，连同有关单证及时送交付款人。然后将邮划托收承付凭证三、四联（电划第三联）按承付到期日顺序专夹保管，以监督付款人及时付款。

同时，登记"定期代收结算凭证登记簿"，以反映和控制收到的托收承付凭证及每笔处理情况。

3. 划款

划款是指付款人同意承付后，付款人开户行从付款人帐户上划款的过程。

在承付期内，付款人未提出异议，即视同承付。银行在承付期满次日上午将款项按收款人指定的划款方式从付款人帐户内付出。

在第四联邮划凭证上填注支付日期连同有关凭证寄收款人开户行。以第三联凭证进行转帐划款。同时在"定期代收结算凭证登记簿"上登记销帐日期。

若电报划款，则向收款人开户行拍发电报，其他手续同上。

如果付款人不同意承付，必须填制"托收承付结算全部或部分拒绝承付理由书"（以下称理由书）四联连同原托收承付凭证第五联一并送交开户行。

4. 收帐

收帐是收款人开户行为收款人办理进帐的过程。

收款人开户行接到付款人开户行寄来的托收承付凭证第四联或拒付理由书后，加盖业务公章，并与原留存的第二联托收承付凭证核对无误后，注明转帐日期。将第四联作收帐通知交收款人，或将拒付理由书交收款人，说明付款人拒付的原因，由收、付双方协商解决。电划处理手续比照上述进行。

（四）结算中的拒付条件

现行制度规定，付款人在承付期内，经审查单证或检验商品发现下列情况可向开户行提出全部或部分拒绝付款。

(1) 托收的款项不是双方签订的经济合同中所规定的托收款项。

(2) 未经双方事先达成协议，收款人逾期交货，付款人不再需要该项货物的托收款项。

(3) 未经双方事先达成协议，收款人提前交货的托收款项。

(4) 未按合同规定的到货地址发货的托收款项。

(5) 验单付款的托收款项，经验单发现商品的品种、质量、规格、数量与合同规定不符。

(6) 验货付款的托收款项，经验货与合同规定或与发货清单不符。

(7) 款项已经付过或计算有误。

除上述情况外，付款人不得无理拒付。

第十四章 国外房地产金融

第一节 国外房地产金融机构

房地产金融业务、房地产金融机构最早出现在18世纪的英国。随着1775年英国伯明翰开创第一家互助性建筑社团，1831年美国宾西法尼亚州建立"牛津节俭会"组织，房地产金融就成为一个相对独立的金融行业，房地产金融业从此诞生。两个多世纪过去了，在房地产建筑业成为西方发达国家三大支柱产业之一的同时，房地产金融业也稳定发展，有力促进了房地产业的繁荣。鉴于我国房地产金融业发展刚刚起步，本章将对国外房地产金融的有关领域作些介绍。

一、国外房地产金融机构的概况

在世界上许多国家和地区都设立了房地产金融机构，从事专业或综合经营房地产信贷、投资、抵押、信托等金融业务。尽管这些房地产金融机构的名称、规模不一样，但其业务活动大体相同。

（一）国外房地产金融机构的类型

国外房地产金融机构的类型基本上可分为两类：一是银行型房地产金融机构，包括一般银行、储蓄银行、房地产信贷银行等；二是非银行型房地产金融机构，包括储蓄贷款协会、住房金融公司、保险公司、财务公司等。从住房金融的体制来看，主要有三种模式：一是会员储蓄模式，以德国、英国为代表。其特点是由居民自发组织建房协会，属互相合作性质，会员自愿入股，采取长期抵押贷款方式借款，股息和贷款利率均实行浮动。二是抵押贷款模式，以美国、加拿大为典型。其特点是通过银行债券融资，由金融中介把个人短期储蓄转变为长期贷款，利率实行浮动，借款人以房地产为抵押品进行担保。三是储贷结合模式。以新加坡等国为代表，其特点是借款人必须先参加储蓄，储蓄额达到购房款的30%后，才贷给其余70%的建房或购房款，贷款和储蓄利率固定，不受通货膨胀和资金供求情况的影响。

由于房地产金融的发展对房地产业往往具有决定性的作用，因此许多国家的政府一方面对房地产金融提供税收优惠，另一方面还成立专门的政府房地产金融机构，为购房、建房者贷款提供担保和直接贷款。这些机构大都不以盈利为目的，如日本的住房金融公库、美国的联邦住房管理局、政府全国抵押贷款协会和联邦住房贷款银行委员会，英国的"房屋互助会"，德国的13家州政府的住房储蓄银行，葡萄牙的全国住房协会等。

（二）国外房地产金融机构的特点：

1. 专业性房地产金融机构在房地产金融领域居于主导地位

由于西方银行立法对各类银行机构的业务作了明确分工，或者说是一种专业化体制。如商业银行主要从事工商企业的短期融资业务，人寿保险公司专门从事人寿保险业务，不仅各金融机构的资金用途受到严格限制,而且不同的金融机构遵守不同的专门法规。例如,住房协会是英国专门从事住房金融业务的专业化金融机构,200多年来,它一直是英国最大的住房金融机构。按照英国政府法律规定,住房协会只能专门从事住房抵押贷款业务。1986年的住房协会法尽管被认为从根本上改变了1874年住房协会法的基本法律框架,但该法仍然规定住房协会的商业资产(总资产减去流动资产和固定资产)的90%必须是住房抵押贷款。过去英国政府一直限制其它金融机构从事住房抵押贷款业务,尤其限制一直想进入住房抵押贷款市场的商业银行从事住房抵押贷款业务,因此在住房抵押贷款市场上,住房协会一直居于垄断地位。住房协会的住房抵押贷款在住房抵押贷款市场中所在份额一直处在80%以上,1978年高达94%。80年代以来,尽管英国政府对金融体制进行了大改革,允许和鼓励其他金融机构,尤其是商业银行从事住房抵押业务,使住房协会面临严峻竞争,住房协会的地位有所削弱,但在整个80年代,住房协会在住房抵押贷款市场上所占份额仍在70%以上,也就是说传统地位没有发生根本变化。在美国和加拿大等国,专业性住房金融机构虽没有英国住房协会那样高的地位,但也一直是住房金融领域的主要力量。

2. 政府对专业房地产金融机构采取积极支持的政策

政府对专业房地产金融机构采取积极支持的政策表现在政府对专业房地产机构的贷款利息减税、免税和放宽贷款条件。例如由于住房协会以吸取小额储蓄为主,而贷款对象又是分散的居民个人,因而交易成本、管理成本都较高,从而在竞争中处于不利地位,而住房协会却是专门向购建自己住房的居民,主要又是中低收入居民进行融资,这对改善居民的居住条件,提高住房自有化水平是相当重要的,为此英国政府采取一些优惠政策予以支持,使之能够同其他金融机构展开公平竞争,并能求得不断发展。

英国商业银行吸收的存款利息都必须纳税,贷款利息更须纳税,而住房协会的贷款利息则免税,这就使住房协会一方面可以大量吸收居民的小额储蓄,汇集成巨大的资金;另一方面又可以较低的利率贷款给居民,从而使住房金融蓬勃发展。英国中央银行为实施货币政策,对商业银行实行严格的监督,但不对住房协会进行监督,因而住房协会可更自由地运用资金,发放住房抵押贷款,这等于间接鼓励专业性住房金融机构的发展。另外,过去很长时间,英国政府只允许商业银行吸收活期存款,而活期存款又不许付息,相反,住房协会则吸收储蓄存款,政府允许住房协会支付存款利息,加之有免税优惠,因此住房协会发放贷款有充足的资金保证。

3. 房地产金融业发达,有众多的房地产金融机构

西方国家的房地产业非常发达,有众多的私人或民间的住房金融机构,也有较为系统的政府住房中介机构,以美国的房地产金融机构为例,包括:

(1)储蓄贷款协会。储蓄贷款协会是一个高度专业化的住房融资机构,该协会起源于18世纪,主要目的是帮助一般公民购置自己的住宅。储蓄贷款协会的性质是互助性的,参加协会的成员有存款的义务。储蓄贷款协会分为二级,一级在联邦政府注册,另一级在各州政府注册,储蓄贷款协会的资金来源主要是储蓄存款,采取活期存款、大额存单和货币市场存款等多种形式。目前60%的存款总额由联邦政府注册的储蓄贷款协会持有,其余由各州储蓄贷款协会持有。该协会的另一个资金来源是从联邦住房贷款银行取得的借款。联邦住房贷款银行系统成立于30年代,它由12家区域性的联邦住宅贷款银行组成,这些银行名义上由本地区内经联邦政府注册的储蓄贷款协会拥有,但其活动由总统任命的联邦住

宅贷款银行理事会控制。该理事会代表这 12 家区域性银行出售证券，为所属的成员协会的贷款筹集资金；紧急情况下，该理事会可以直接向美国财政部借款；各协会也可以向联邦储蓄系统借款。储蓄贷款协会的第三大资金来源是通过公开市场业务筹资，即在资本市场上出售房地产抵押债券，利率由市场供求决定。但因这部分资金成本较高，因此在协会资金来源中仅作为一种补充。储蓄贷款协会的融资总额仅次于商业银行具全美第二位。

（2）互助储蓄银行。美国的互助储蓄银行产生于 1816 年，开始是作为一个慈善性机构以鼓励穷人储蓄，吸引慈善、宗教等非盈利部门的存款，贷给贫困者，后来逐渐发展成为专门从事抵押（含住房）贷款的银行。目前它属于互助储金性质的机构，它将存户资金集中起来，以优惠的条件再贷给存户。互助储蓄银行没有股东，存户只是债权人，既对互助银行没有所有权，又对管理人员无权任免，互助储蓄银行没有董事会，只有一个由发起人所组成的受托人委员会来进行管理。美国政府给予互助储蓄银行有法定的优惠待遇，允许他们支付高于商业银行定期存款和储蓄存款的利息给存款人，同时互助储蓄银行还可享受纳税优惠待遇，并缴纳较低的存款准备金。

（3）住宅及城市开发部。该部成立于 1965 年，主要通过该部监督的以下三个机构向住宅购买人提供资金。住宅及城市开发部的三个机构是联邦住宅管理署、联邦国民抵押贷款协会（1968 年已改为民营）和政府国民抵押贷款协会。这些机构不直接放款，而是通过二级金融市场购买其他专业金融机构的住宅抵押贷款。

（4）储蓄贷款信用社。储蓄贷款信用社成立于 1831 年。该信用社主要提供住房抵押贷款，分期偿还。信用社所收取存款全部转付股票，这样存户就变成了信用社的股东而不是债权人。1933 年美国国会通过联邦住房贷款法案后，所有联邦注册的信用社均必须加入联邦住房银行系统，接受检查。同时，各信用社根据需要可以向住房银行系统申请转抵押借款，以利资金周转。

（5）商业银行。美国商业银行有 1500 多家，主要为企业、个人和政府服务，办理存款、贷款、结算及其他银行业务。但由于银行活动的发展，贷款方式的不断增加，特别是 20 世纪 30 年代以来，对消费者分期付款的贷款日趋发展，这种贷款总量不断增加，期限不断延长，其中又以住房抵押贷款种类繁多，数量和比例较大。1981 年商业银行发放的各项贷款中，房地产贷款占 29.3%，个人贷款占 19%，可见美国商业银行对房地产贷款是很重视的。

（6）保险公司。美国的保险公司分为三类：一是联邦存款与储蓄贷款保险公司、二是人寿保险公司、三是财产保险公司。联邦存款保险与联邦储蓄贷款保险公司主要对系统内包括储蓄贷款协会，互助储蓄银行等机构的储蓄存款保险。人寿保险公司和财产与灾害保险公司属商业性质，其中人寿保险公司发展极为迅速，资产额约占各类保险公司资产总额的四分之三。人寿保险公司最初只从事一般保险业务，后由于资金来源日益增多，且具有稳定性和长期性的特点，因此人寿保险公司开始将积累起来的资金投向房地产金融市场。财产与灾害保险公司因各类财产遭受意外灾害所造成的损失事前难以估计，故需要保存较多的流动资金做为赔偿损失的后备金，所以对房地产抵押贷款要少一些。

（7）其他。在美国经营住房抵押贷款业务以及其他住房金融业务的中介机构很多，如一些私人金融公司，除办理一般贷款外也办理住房贷款；众多信贷协会也对房屋修缮、建筑提供贷款；对于居住在农村的农民和非农民，还有农民房屋管理局，为他们建房、购房提供贷款。

第二节 国外房地产抵押贷款

一、国外房地产抵押贷款的特点

尽管国外房地产贷款的形式多种多样,如信用贷款、动产担保贷款等,但主要的形式是房地产抵押贷款。英国住房协会的总资产中90%以上是住房贷款,而住房贷款则都是住房抵押贷款。在美国等西方国家房地产抵押贷款一般占长期贷款的60%。采取房地产抵押贷款的贷款形式,最大的好处是能确保贷款人的债权利益。在通货膨胀的条件下,房地产价格上升的速度不低于物价水平的上升速度,尤其新房价格上升速度更快,这样就能确保借款人能按时清偿债务本息,这样贷款资金也能及时收回,形成资金的良性循环。若借款人不能按时清偿债务,贷款人通过对被抵押的房产进行拍卖或折价变现,也不会受到损失,所以贷款风险很小。正因为如此,房地产抵押贷款才成为房地产贷款的最重要形式。

国外的房地产抵押贷款有如下一些特点:

(一) 房地产抵押贷款时限长

例如,英国的住房抵押贷款的偿还期,一般长达15~25年,最长可达35年。法国的住房抵押贷款最长时间为15年,西班牙的住房抵押贷款最长期限也有10~15年。货款偿还期长,每年还本付息额就少,这样就使借款者具有充足的偿还能力。贷款偿还期长,当然并不意味着贷款的实际偿还期也必然很长,尽管英国住房抵押贷款的偿还期最长可达35年,但实际上英国住房抵押贷款平均偿还期只有7至8年,大多数借款人未到借款偿还期就提前归还贷款,这一方面卸下了借款人未来的债务负担,另一方面也使贷款人的资金,在较短的时间收回。借款人之所以这样做,主要在于有一个发达的房地产市场,可随时让住房卖出去;在住房价格不断上涨的条件下,能够比购进时高许多的价格卖出去,借款者往往能够以卖旧房所得收入偿还抵押贷款,然后通过抵押办法向金融机构借款买进新的住房。尽管贷款的实际偿还期不长,但如果贷款偿还期规定过短,借款人就会担心偿还能力不足,就会限制居民以金融机构取得抵押贷款。贷款的实际偿还期较短是以贷款合同偿还期较长为条件的。

(二) 房地产抵押贷款的贷款额度高

贷款额度是一个相对的概念,即指贷款数额占房地产价款的比重。例如,英国的住房抵押贷款的贷款额度一般可达80%,在有保险公司担保的条件下,则最高可达100%,美国也是世界上住房贷款额度较高的国家,贷款额度一般可达80%至90%。贷款额度大的好处是收入水平低的居民也能通过从金融机构借款的方式购置自有住房,特别是对于收入水平低的年青居民家庭具有特别重要的意义。年青居民家庭是收入水平低的阶层,同时也是购房欲望最强的阶层,是住房市场需求主体,大额度的贷款正可填补他们购置自有住房所存在的资金缺口。

(三) 房地产抵押贷款利率优惠,而且具有可变性

为了促进房地产开发和建筑业的发展,各国政府对建房者和住房贷款公司给予了一系列政策性优惠措施。如对住房抵押贷款实行免税政策、给建房者提供联邦政府担保的优惠贷款、批准储蓄机构和住房贷款公司发行高于国库券利率的储蓄券吸收资金等。这些措施一方面保证了房地产抵押贷款有充足的资金来源,另一方面也使金融机构可以以较低的利

率向居民提供贷款,从而减轻借款人的利息负担,刺激居民借款买房。

70年代后,各国都出现了严重的通货膨胀,如果实行较低的固定利率,则实际利率变为负值,结果不仅利息得不到保证,甚至本金也难收回。所以,70年代美国对房地产抵押贷款的利率,采用了可以调整的方法,通过可变利率抵押贷款和转期、重新协商的房地产抵押贷款把利率变动的风险分散,转移到借款者身上。而英国住房协会则一直实行可变性利率,具体做法是:住房协会之间的联合组织——住房联合会每月开会根据通货膨胀率和市场利率的变化来调整房地产抵押贷款利率。在物价水平和其他类贷款市场利率上升时,则调高贷款利率,反之,则调低贷款利率,以避免出现因利率僵死而导致资金周转困难的问题。但利率变动过于频繁,则既会增加住房协会本身的困难,更会影响借款人的信心,使借款人对未来债务本息的清偿感到担心,会损坏贷款市场的扩大。实际上,英国住房协会利率的调整并不是随意的,而是具有相对稳定性。它不是物价水平和其他贷款利率一上升,就马上跟随调高利率,也不是物价水平和其它种贷款利率一下降,就马上跟随调低利率,而是在物价水平和其它种贷款利率上升和下降较长时间后才调高或调低利率,这样做的结果虽然在物价水平和其它种贷款利率短期上升时,贷款本息利益会有一定损失,但在物价水平和其它种贷款利率短期下降时,贷款本息利益则又会增加,从而在长期趋势中使贷款本息利益不会因物价水平和其他贷款利率变动受损,也不会增加借款人的负担。

二、国外房地产抵押贷款的运作程序和主要形式

(一) 美国房地产抵押贷款的运作程序和主要形式

美国房地产抵押贷款的一般运行程序是:房地产金融机构把资金借给购房者,购房者以自己用贷款购得的房产作为抵押物(即将房产产权证明文件交存),也可以用股票、债券及大额存单作为抵押物。在抵押期间,房地产的所有权属于房地产金融机构,但购房者享有使用权。还款到期,如购房者无力清偿借款,房产即由房地产金融机构收回,然后房地产金融机构再出售、拍卖没收的房产抵押品或股票、债券,以筹集资金。

房地产抵押贷款还可以以私房房契作为抵押品,这是住房产权所有者以房契为条件,向债权者取得借款的一种借贷关系。房地产金融机构放款时,为了信用担保,由购房者提供房地产契约,借款者在借款期满时如能按期归还本利,即可收回抵押契约,到期无力偿还,即由放款者通过一定手续接收提供契约的房地产,但担保抵押期间内,住房产权所有者除按期付息外,住房产权仍自行管理,债权者只能按期取息,而无权使用。

美国房地产抵押贷款的具体运作程序和主要形式如下:

1. 集约住房抵押贷款

美国金融机构对住房贷款实行抵押集约型贷款方式。其具体运作程序包括:

(1) 贷款申请和资信调查。美国购房住房贷款,贷款机构有固定格式的贷款申请书、由申请人填写姓名、年龄、工作单位、家庭人口、月收入金额、尚未偿还的债务、结欠其它金融机构或个人的债务和偿还时间,以及住房贷款申请金额,归还时间和方式等。贷款机构根据申请审核:申请书内容的真实性;购买者的贷款偿还能力;购房者各种债务情况。

(2) 估值。利用成本估值法、市场分析法和收入分析法推算出被估住房的价值。成本估值法是估算重建同类住房的成本,以此推算该住房价值;市场分析法指利用房产市场的行情和各类房产价格的可比性对市场上销售的住房与被估住房进行质量、价格、建筑式样的比较,以此推算该住房的价值;收入分析法则从市场上选择种类相同的出租和出售住房,给出住房销售价格和租金的倍数关系及净收入，推算出被估住房的价值。美国金融机构依据资信调查和住房估值审批贷款金额，其贷款不足值的那部分金额，由购房者自己支付现金，被称为付现额。付现额就是住房估值或住房价格减去贷款余额。

（3）签约放款。借贷双方经协商以住房作为抵押品，借贷金额、利息、偿还期限、方式等达成一致后，签订抵押合同。抵押合同签订后，抵押关系即告成立，金融机构按合同发放住房贷款。

（4）还款。借款者得到贷款后就开始按借款条件在规定的时间内分期偿还贷款本金和利息，一旦全部款项还清，抵押也就自动取消。

2. 住房抵押贷款

住房抵押贷款是美国政府为了给建房者筹措资金而实行的一种联邦政府担保或保证的优惠贷款。

美国住房建筑资金的80%以上是通过抵押贷款获得的。由于抵押贷款利率的高低直接影响到房屋的建造与销售，因此美国政府常根据国内经济情况用调整抵押贷款利率的方法去控制建筑业的发展，从而干预整个社会经济生活。

美国发放抵押贷款的机构主要有商业银行、互助储蓄银行、抵押贷款公司、人寿保险公司、联邦信贷机构等，抵押贷款的需求者主要是个人、非盈利机构和部分工商企业。

美国住房抵押贷款常见的形式有：

（1）固定偿还额抵押贷款。它是每月偿还金额均等的一种抵押贷款，每次偿还份额由不断增长的本金和不断减少的利息所构成，直到抵押贷款全部偿还为止。

（2）累进偿还抵押贷款。它是美国年轻人最普遍采用的方式。这类贷款可以采用调节利率，也可以采用固定利率，但偿还是累进计算的，购房者起初偿还额少，以后逐年增多，这与年轻人预期未来收入逐年增加是相适应的。

（3）固定利率住房抵押贷款。固定利率住房抵押贷款是一种自偿还期第一天起25年至30年利率不变的传统住房抵押贷款。美国现在有一兆亿美元住房抵押贷款是此种贷款。它的特点是：归还本息稳定，购房者知道每月偿付的本金及利息；但利率及点数比一些新式种类的贷款高，借款人的收入也比浮动利率借款人的收入要求高。同时，固定利率多附加较高的提前偿还贷款的罚款及手续费。

（4）可调整利率抵押贷款。20世纪70年代以来，美国利率变动频繁，使一些按固定利率贷出贷款的房地产金融机构遭受损失，所以对房地产抵押贷款的利率采用了可调整的方法，这样就可以把利率变动的风险分散，转移到借款者身上。其实质是把长期抵押贷款转化为短期抵押贷款。不过，为了保护借款者的利益，法律也原则规定了还款可以变动的次数以及增加的幅度。

3. 住房用地抵押贷款

这实际上是美国的地产抵押贷款方式。因购买住房涉及到住房占用的土地产权。美国住房占用的地产，通常采用两种方式去取得，一是租借地产，二是使用土地抵押贷款。后者通常是：买卖土地的双方达成协议签订土地买卖合同，在此基础上，购方先付给卖主相当于土地买卖合同规定地价5%至15%的现金，余款则用分期付款方式偿还。在分期付款前一段时间内，卖主不转让土地的法律所有权，只有在买方支付地价的一定比例后（一般在50%以上），卖主才考虑转让土地所有权。卖主转让土地所有权通常要求土地或住房的第一抵押作为交换条件。原土地所有者作为第一抵押持有人对被抵押的土地或住房有优先的要求权。

4. 房地产抵押银行贷款

美国商业银行往往在房地产抵押银行需要资金周转而以其受押房产作担保时，提供这种称为"房地产抵押银行贷款"的贷款。商业银行常对房地产抵押银行提供住房建造抵押贷款业务所需要的资金，直至这些住房出售给人寿保险公司、储蓄与贷款协会和恤养基金会这样的大型长期投资机构为止。这种住房抵押贷款，以建造中的住房本身作为担保。

5. 住房反抵押贷款

反抵押贷款是指贷款者向年迈的住房所有者提供住房作为抵押的现金贷款，按月支付，期限不固定，至户主去世为止。作为一种贷款，这笔收入是免税的。住房抵押后，住房所有者仍住自己的住房，进行正常的维修，直至去世后由房地产经营处卖掉房子偿付贷款。在20世纪60年代和70年代购置房产的美国人，多已步入老年，他们的住房价值随房地产的暴涨，比购买时高出数倍，可是他们中一些人却因昂贵的医疗费和财产税不断地消耗自己多年的积蓄。于是，美国新泽西州的一家房地产公司在20世纪80年代中期创办了反抵押贷款。目前，这家公司拥有4000多个客户，平均每个客户每月可领取800美元现金。住房反抵押贷款对解决目前美国社会的老龄问题有一定的社会效益，对此，美国政府支持这项业务的发展。美国住房与城市开发署同意为房地产金融机构在全国范围内发放2500笔住房反抵押贷款提供保证。反抵押贷款每月支出的金额由下面几个因素决定：住房所有者的年龄在62岁以上，其房产现值、住房所有者去世后房产的预期值以及住房所有者愿意让出多少产权；住房所有者可以只向贷方让部分产权，留一部分作为遗产赠与后代，大约75%的借款者保留三分之一以上的产权。产权投入越多，每月收款定额就越大，房地产金融机构常常建议住房所有者保留一部分产权作为意外医疗费用备用款。住房反抵押贷款利息按每月放款数额累计计息。

6. 分级偿还抵押贷款

它是美国消费经济学研究成果与银行信贷理论和实践相结合产生的。即一个家庭的生命周期经历产生（结婚）、成熟（抚育儿女）、到死亡（家长死亡）等几个阶段。在结婚和孩子幼小阶段，家庭收入低，而消费力相当强，支出却较大，随着家长工作能力和技术的逐渐成熟，孩子长大成人家庭收入和支出处于高峰期。分级偿还抵押贷款主要是面向家庭生命周期中低收入高支出（尤其对住房）的年轻之家。获取这类贷款的购房者，不是在各期内平均偿还贷款，而是对各期规定不等的偿还额。一般来说，年轻人家庭收入偏低偿还贷款金额定得低一点，以后逐步定高，从而使各次分期偿还贷款的金额形成梯级越来越大的阶梯状。

7. 住房建购贷款

它是指那些企业或个人以建房的第一担保权作抵押的住房贷款。这种贷款房地产金融机构收益高，并且可以吸收更多的购房者。房地产金融机构多是经营这种业务的。住房建购贷款又可分为两种：一种是美国房地产金融机构对个人、企业或建造住房的企业因资金不足而发放的贷款，期限在一年以内；另一种是住房长期贷款，借期一般在5年以上，具体借款期限依承约时间长短而定。

8. 住房改良贷款

美国住房改良贷款内容比较多，包括借给借款者维修、改良其住房的联邦住房管理局保险贷款和非保险贷款，以及用来购买和安装取暖和空调系统、热水装置和橱房器具这类设备的贷款。住房改良贷款也可分为住房修缮和室内装饰贷款。住房修缮贷款是对旧住房维修进行贷款。室内装修贷款的期限为3个月，以后可以每个季度延期一次，在每一到期日照原始数额扣除特定的百分比，一年后全部还清。住房改良贷款的利息每季度支付一次。贷款除利息外，另外收取手续费，这在付款时从贷款收入中扣除。贷款金额不得超过住房抵押品价格的70%。

9. 工业房产贷款

它是以制造工业和仓储企业的房产作为抵押担保的抵押贷款。由于工业和仓储企业的房产用途单一，相比商业企业的房产易于适应多种用途，造成工业和仓储企业房产贷款比商业房产抵押贷款风险更大，因此，房地产金融机构发放工业房产贷款时，必须审慎考虑企业的实力和偿还贷款能力。

10. 抑制通货膨胀抵押贷款

本世纪70至80年代，难以预测的通货膨胀使传统的抵押贷款不稳定的因素增加，严重影响房地产抵押贷款市场的稳定发展。为此，美国政府开始倡导和鼓励改革传统的抵押贷款方式。

(1) "加拿大"式房地产抵押贷款。在标准抵押贷款改革中，该项改革使合同期短于偿付期。它是按1969年加拿大利率确定贷款利率，期限最长为5年，而偿付期另行确定。每过5年，购房者都要更新协商抵押期。加拿大式抵押贷款即使在5年期限内也是可变的，如果利率下跌，购房者可以偿还贷款，这样较短的贷款期限也减少了房地产金融机构清偿风险，有效地应付通货膨胀对房屋抵押贷款带来的影响。

(2) 可变利率抵押贷款。它是一种在一定限度内按照市场利率变动，调整借贷利率的住房抵押贷款。这种贷款在合同中规定，当市场利率变动，贷款的房地产金融机构可以变动原定的贷款利率和增加付款的金额和次数。为了保护借款者的利益，在合同中也规定了可以变动的次数和增加的幅度。一般情况是：借贷利率随市场利率变化浮动，市场利率上升时，计算借贷余额的实际利率在一定幅度内向上浮动；市场利率下跌时，借贷利率则向下浮动。这种利率的可变性很大，目的是减少因利率风险给房地产金融机构带来的损失。

(3) 比例增值房产抵押贷款。通货膨胀时期，降低最初月费的另一途径是给房屋抵押贷款出借人的房地产金融机构一定比例的房屋价值增加值，以取得较低的房屋抵押利率。在出借人的房地产金融机构通过较低的合同利率取得一定比例的预期资本收益同时，房屋所有者放弃的潜在收益可以通过较低的月费来弥补。

(4) 逆年金房地产抵押贷款。这是为了防止通货膨胀的影响，美国房地产金融机构专门为年老退修人员而采取的一种房地产抵押贷款方式，前提是他们的住房贷款已还清，住房完全归自己所有，但每月的退修金不足以支付生活费用，每月由房地产金融机构付给退修者一定金额，而不是由购房者每月付款给贷款者。期限通常在20年以下，在退修者去世后，处理遗产时收回本息，如到期退修者仍健在，则另行处理。

(5) 累进付费房地产抵押与调整价格房地产抵押贷款。累进付费房地产抵押的特点是：在抵押最初几年，月费较低，资金较少，在购买新房家庭的收入中占较少比例。但随着时间推移，月费随家庭收入的增长而提高。调整价格房地产抵押的特点是：付费增长率可以预先确定，也可以根据实际物价指数确定。最初交付较低的月费必须通过后期交付较高的月费来补偿，如果购房者借款追加本金，在抵押期限终了时，连本带利一并偿付。

（6）以抵押为基础的期货合同及抵押选择权贷款。以往的抵押贷款一般把利率风险转嫁给购房者或借款者，但抵押为基础的期货合同及抵押选择提供了一种套头交易手段，以防止通货膨胀带来的损失。它以包括政府全国抵押机构的抵押支持债券在内的标准抵押为基础，把标准抵押贷款的利率从那些不能承受风险的家庭、机构身上转移到市场上，市场上的冒险者将承担这种风险。

（二）香港地区的房地产"按揭"贷款

"按揭"一词来自香港法律，它本是英语 mortgage 的音译，大陆词典一般译为抵押，在香港抵押一词应为 charge，这两个词在大陆都译为抵押，在大陆所发布的法律中只有抵押而没有按揭这一用语。

一般来说，按揭与抵押在基本涵义上是一致的，即是对债务的一种担保形式，但只是抵押适用的范围较广，可以和多种抵押受益人发生关系，而按揭只是在"楼花"的买卖关系中发生，按揭的受益人则是银行。所以按揭是银行对房地产融资的一种方式，其与抵押主要的区别则是关于抵押客体所有权的处理。

在按揭关系中，按揭人将被按揭的房地产的所有权转让给按揭受益人即银行而获得贷款，该项贷款清偿完毕后，则由按揭人从银行赎回被按揭的房地产所有权；而在抵押关系中则不转移抵押房地产的所有权，抵押受益人只享有该抵押房地产按契约规定的权益，这些权益包括止赎、出售、指定接受人、为占有被抵押房地产进行诉讼等。由于以上的区别，当双方当事人发生纠纷时各方所处的地位也不相同，按揭受益人是以所有权的名义进行诉讼，而抵押受益人只能以抵押受益人的名义进行诉讼。

自 70 年代以来，随着香港地区经济的发展，人民生活水平有所提高，改善居住条件的要求日益迫切，购买住房楼宇者日益增多，但是，大多数居民仍然难以一次付清买楼款项，于是宁愿付出利息向房地产金融机构贷款，而房地产金融机构由于私人购买住房贷款，一般都有较稳定的收入作为还款保证，同时分散程度高，是所有贷款中最有保证收回的贷款，因此也极力扩展此项业务。房地产金融机构之间的竞争十分激烈，现在香港房地产金融机构对私人购买住房基本上采取抵押贷款形式。

1. 按揭贷款方式

（1）楼房贷款分期方式。即购房者以房屋作抵押，向房地产金融机构借部分房款，以后分期偿还。

（2）透支方式。购房者付过楼房长期款项之后，可向房地产金融机构申请一定限额的透支额，通常比贷款额低 5~7 成左右。虽然支付利息比分期高，但由于利息是以所透支的金额计算。此方法深受一般购房者欢迎。

（3）分期加透支方式。这是购房者同时申请分期付房地产抵押贷款与透支金额的综合方法。

（4）"更家好"房地产抵押方式。这种抵押贷款一般提供房价总额 90% 的贷款，还款期可达 20 年之久，同时有三种还款方式供借款人选择：一是分段还款。还款分为三阶段，还款额随每段递增；二是定额还款，即每月还款额保持不变；三是递减还款。

2. 按揭贷款的特点

（1）对公务员、教师、专业人员购房贷款以优惠。香港金融业对公务员、教师、专业人员购置房地产抵押贷款，在利率上给以优惠，希望以特别优惠利率吸引这些人购买住房并向房地产金融机构办理抵押贷款。具体优惠措施包括：

第一，一般房地产金融机构对楼价的最高抵押贷款是楼价的90%，而对上述三类人员的抵押贷款则是95%。

第二，赠送首年火险。

第三，贷款利率比一般楼房抵押贷款利率优惠半厘（每月）。

第四，对还款期也给予特别优惠，可长达20年，有些房地产金融机构容许贷款期延长到25年。

社会上这些人员所占比重不大，房地产金融机构便把范围扩大到个别居民，给予每月还款利率减少0.25厘的优惠。香港的这种特别优惠，一方面可以减轻购房者的经济负担，吸引购房者的购房兴趣，另一方面由于这类新建楼宇的建筑质量和设施比较好，即使购买者无力偿还贷款，房地产金融机构收回楼房再卖也不会遭受损失。

（2）对熟客给予按揭优惠贷款。在香港，一般房地产金融机构对楼房抵押贷款的最高额为楼价的90%，由于是熟客，房地产金融机构了解其月收入，还款能力及信用，个别情况可采取弹性服务，贷款额最高达楼价的95%，并对相差的5%多以私人借款方式进行，这样的弹性服务，既对房地产金融机构有利，又能促进一些有意购房而又未能筹足首期楼价的购房者加速购房。一般情况下，有意购房而一时又不能筹足首期价款的相当普遍，因为香港的多数楼价有上升的趋势，在筹足心目中楼房首期价款时，楼价上升的幅度往往高过一成或更多，所以房地产金融机构对购房熟客格外通融，其目的是为提高购房者购房的兴趣。

（3）按揭贷款具有很大的灵活性。按揭贷款的灵活性表现其一是可实行加按和再按。所谓加按，就是房地产抵押人利用正在抵押给房地产金融机构的房地产抵押品，再向房地产金融机构借取抵押品的最高数额与已还款间的差额。如：某人两年前将一个价值100万元的房地产抵押给房地产金融机构，经过两年还款，现在只欠60万元，于是他再向房地产金融机构申请追加房地产抵押贷款，房地产金融机构接到申请后，便委派人员将房地产重新估价，如房价已升至110万元，按房地产金融机构规定，最多只借房价的80%，即可再贷88万元，由于他还欠60万元，扣除这60万元后，还有28万元差额。把这款项再贷给借款人，就称"加按"。所谓"再按"就是指追加的抵押贷款方或者把房地产抵押给房地产金融机构后可抽取部分现金的方法。按揭贷款的灵活性表现其二是在对居民住房金额按揭上。在香港住房申请者，可分填绿表和白表：绿表申请者可获得楼价95%的贷款；白表申请者可获得楼价90%的贷款。两者贷款利率为5.25厘，并免手续费及免提早赎楼费，并可获赠送首年火险，另外，免费以电脑形式服务为购房者办理买房的结算业务。按揭贷款的灵活性表现其三是可采取更多的灵活方式按揭。如公义式按揭即楼房在建成以前可以出售，但所出售的只是地产商的一个承诺。在楼花期间所订立的房地产抵押贷款契约不同于产业本身的贷款，这类抵押贷款称为"公义式按揭"。升值分享按揭即房地产金融机构愿意提供一个较低利息的房地产抵押贷款，但投资者需要在出售房产获得经济效益时，将部分盈利分给房地产金融机构。还有递减还款按揭、定息按揭、增快还本按揭等。

第三节 国外住房金融

"居者有其屋"是各国政府发展经济的基础性目标，因为住房情况的好坏直接关系到社会的稳定与否，对带动宏观经济的发展也起着重要作用。

一、国外住房筹资种类和筹资主体

住房筹资指从拥有闲余资金的人或机构吸取资金，再把资金提供给需要资金的购房借款者。住房筹资的根本任务就是调剂资金余缺，实现资金在住房建设领域的优化配置。

（一）住房筹资的种类

为了筹措住房资金，各国根据不同的社会经济制度和住房政策，纷纷不同程度地建立起各自相对有效的住房筹资制度。归纳起来有以下四种：

1. 直接制

直接制是那些需要购房资金的人直接从拥有剩余金融资产的人借用，或者是由于个人关系，或者是由于商业关系，例如卖方可能向买方提供资金。许多发展中国家由于金融业务不发达，或因没有建立起正规的住房筹资制度，其居民通过该种非正规的途径来筹集必要的住房资金。做法上有下述几种方式。

一是亲友筹资。这主要是依靠血缘和亲缘关系，亲朋好友之间互相提供一部分资金，一定程度地解决购买建筑材料或支付施工费用等所需的资金。

二是使用互助信用社的资金。互助信用社的成员们按自律性规定定期交纳一定的款项，每位成员有权依信用社规定按程序借款。非洲和中东的国家通常采用抽签方式决定借款次序，借款人无须缴纳借款利息。亚洲的一些国家也采用这种方法来确定借款次序，但一般需付利息。

三是商业信用。这指的是分期付款形式，而非真正意义的贷款。近年来，某些发达国家中无法从金融机构获取贷款的购房者，也开始改用商业信用方法。比如80年代美国和瑞典均曾用过这一筹资方法。

总而言之，直接制是不发达国家和地区筹资住房资金的主要方式，也是发达国家筹集住房资金的一种重要补充手段。

2. 契约制

契约制的实质是，存入几年以上的定期储蓄，收取低于市场利率水平的利息，享受贷款的权利。一般地说，那些参加契约储蓄的人，可以得到政府房屋。无疑地，这是一种奖励，使得契约制有吸引力。

契约制不能提供购房者所需全部资金，最大只能提供购价40%的资金。从而这一筹资方式只能协同其他筹资方式一起运用。发展中国家的契约制的不同之处在于利用社会保险基金提供住房贷款。这种基金比其他机构的资金来源可能性大。

3. 存款制

存款制是住房金融最普遍的筹资方式，它通过吸收存款的房地产金融机构把存款的一部分用于购房贷款。

存款制一般意味着，对购房贷款实行可变利率。这是由于存款机构通常没有长期固定利率资金和长期固定利率贷款配套。

4. 抵押银行制

抵押银行制是从事抵押贷款的房地产金融机构通过发行债券来筹措和提供住房资金的制度。

抵押银行系统不承担任何零星存款的筹集，因此利用该制度时没有象银行那样的分行网络。抵押银行制的典型做法是：房地产金融机构发行债券，由金融媒介机构（诸如保险公司、退修基金会和商业银行）购买。在某些国家如瑞典，金融机构必须购买一定数量的低押债券，这种债券也可由个人投资者直接购买。

（二）住房筹资主体

1. 国家

包括政府直接投资住房建设资金，国家提供各种住房补贴以及提供给个人或住房发展局的信贷资金等。具体包括：

住房补贴又叫需求补贴。如：给予抵押贷款利息补贴；政府以低息或无息的方式向房地产金融机构提供贷款；对储蓄机构做出特殊规定，以降低抵押贷款利率；降低公共住房的售价和租金；按整个系统平均收费标准对基础设施收费，而不是按边际成本收费；豁免改建私房的财产税等。住房经营者补贴又称供应补贴。如：建房期间贷款利息补贴；降低房基地价，或由政府出面征地；给建筑业建筑材料补贴；减免主要进口建材的进口税；按低于成本或市价的价格提供有关住房开发的基础设施。

2. 私人

住房的受益人是居民，居民为了购房，理所当然要为住房出资。私人储蓄是私人筹集住房资金的主要途径。按用途私人储蓄可分为住房储蓄和一般储蓄。住房储蓄又可分为：购房者根据自我需要自由存取用于住房开支的自由储蓄；作为社会保险基金于平时存入，以备退修后使用，但提取其中一部分作为购房强制储蓄。

3. 公营私营机构

作为筹措建房资金主要部门的公营和私营机构，它们主要采取以下形式筹集资金。

一是发行建房公债。抵押银行等房地产金融机构可以发行建房公债筹资，然后向购房者发放贷款。抵押银行等房地产金融机构比较愿意经营住房资金，这在于投资房地产有房地产作抵押，安全可靠，而且可得到政府担保。

二是企业基金。在少数西方国家曾实行过由企业出资建房的做法，但随着市场经济的发展，企业为提高盈利，更关注于向生产经营领域投资，因此企业基金形式越来越少见。

三是退修与保险基金。许多国家，企业均从职工工资中扣除一定比例的金额作为养老金和保险金，再利用该种资金一定时期内沉淀闲置的特点，把部分资金用于购建房。

4. 混合住房合作

住房合作指采取政府资助、合作者互助、资金自筹、自行管理，通过减少中间环节来实现自我积累、自我发展、自我服务，并实行循环滚动。在资金方面，充分发挥政府的优势，合作者的积极性，及社会各界的诚心，以此求得住房合作事业的兴旺。

二、国外政府解决住房建设资金来源的渠道

（一）住房公积金

住房公积金制度具体实施的方法多种多样，但有比较共同的特点：其一，必须运用国家立法去建立基金，以保证住房基金能顺利地集中及投入运营；其二，在国家法律的保护下，主要采用信用方式，以实现资金效益优化；其三，住房基金的主要资金来源是居民个人货币收入的剩余部分；其四，由于住房基金实质是住房信贷资金的重要来源，因此一般由专业房地产金融机构统一管理和运营。

新加坡政府为确保吸收社会资金，建设和实现政府提出的"居者有其屋"计划，实行住房公积金制度，要求雇主和雇员（雇主法定存入不少于工资的22％，雇员存入23％）缴纳公积金以解决人民养老金、住房购买及医疗保健等福利储备来源。其中住宅购买储金所占的比例最大。自1955年新加坡成立公积金局，现已发展为200万名会员（占全部人口的85％），250亿新元存款，公积金已成为新加坡国民储蓄的主要部分。经过公积金局的批准，缴纳公积金的人可以运用公积金储蓄支付购买房屋的首期付款，但不得用于支付房租。购房者从各类银行借出的住房贷款，也可以用于每月缴纳的公积金作为分期付款之用。这实际上使新加坡居民购买住房的款项可全部用公积金储蓄来偿还。此外，缴公积金者在55岁退休后或丧失劳动能力时，可以靠公积金维持生活，一旦去世，可由当事人的法定继承人或指定继承人继承全部存款。

除新加坡外，意大利、埃及和巴西的住房基金制度也颇有效果。意大利的做法是，每位居民每月缴1.5％的工资形成公共住房基金，由民用建筑委员会每两年向各大行政区拨付一次用于建房，公共住房出售出租工作由各地住房自治协会负责组织。埃及是从1986年开始设立官办的住房经济组织的，为了解决青年人的住房问题，埃及政府规定学生每月按小学、初中、高中、大学分档交款，缴款用于集资建房，缴款学生参加工作一年内每人均可分得一套住房。

（二）邮政储蓄银行（机构）资金

新加坡邮政储蓄银行是政府所有的企业，其存款大约占该国存款的60％左右，在1983年末，它有122个支行，总存款达62.49亿新元，其相当一部分资金投资于住宅建设，是住宅发展局间接融资的途径。

日本的住房贷款公司是世界上最大的单一抵押贷款机构，它的资金来源主要通过邮政储蓄机构。日本的邮政储蓄机构是世界上最大的储蓄机构，它拥有的个人存款比英国的建房社团和美国的储蓄贷款协会都大十倍。它之所以成功的主要原因之一是享受税收减免。日本在对一般储蓄利息收入免税之外，对邮政储蓄利息收入额外免税，达到每一储蓄人300万日元以下的额度。而且，人们以更多的名字开户以取得最大的免税好处。现在在日本每人有三个储蓄帐户以上。日本住房贷款公司利用邮政储蓄系统巨额资金的基本目标是为建筑和购买住房提供长期低利资本，它也是履行政府某些住房计划的代理机构。

（三）国家住宅建设预算资金

新加坡政府住宅投资占该国国民生产总值的5％以上，住宅发展局发展住房建设的大部分资金都来自于国家住宅建设预算资金，享受优厚补助，利率较低，为6％，偿还期在10年以上。其为出租房产而取得的贷款，利率则为7.75％，偿还期为60年。另外，新西兰住房贷款公司也主要从政府预算拨款得到资金，而不是通过商业手段筹集资金。

（四）发行"优先住房债券"

为了保证住房金融机构通过销售债券取得资金。除住房金融机构发行"优先住房债券"外，政府本身也发行类似的债券。利率由国家规定，一般略低于市场利率水平。银行、保险公司和全国养老基金承诺购买这种债券的一定数量，这保证了住房金融机构充足的资金来源。

主 要 参 考 文 献

1 龙玮娟　郑道平主编. 货币银行学原理. 北京：中国金融出版社，1993
2 吴少新主编. 货币银行学. 北京：中国财政经济出版社，1993
3 何问陶　劳建光编著. 货币银行学. 广州：暨南大学出版社，1993
4 刘鸿儒编著. 金融调控论. 北京：中国金融出版社，1991
5 薛龙宝　刘洪祥编著. 国际金融. 大连：东北财经大学出版，1992
6 张学编著. 房地产金融市场. 北京：中国金融出版社，1993
7 马洪主编. 什么是社会主义市场经济. 北京：中国发展出版社，1993
8 张青林　张美林主编. 房地产经营实务. 北京：经济管理出版社，1993
9 郑修建等编著. 房地产金融. 北京：北京经济学院出版社，1993
10 朱晓璜等编著. 房地产金融卷. 北京：中国政法大学出版社，1994
11 叶德惠　肖善璋编著. 房地产金融学. 大连：大连理工大学出版社，1994
12 俞小平主编. 房地产金融. 北京：中国建材工业出版社，1993
13 邢天才　沈红鹰主编. 中国房地产金融. 大连：东北财经大学出版社，1994
14 丁　健　孙玉波. 建立和培育房地产金融市场.《中国房地产》杂志，1995. 4